L'Approche D'Armageddon?
Une Perspective Islamique

Un recueil des découvertes scientifiques
et des événements de la fin des temps
selon les prédictions du Prophète Mouhammad ﷺ

Cheikh Mouhammad Hicham Kabbani

Publié par
Le Conseil Suprême Islamique des États Unis d'Amérique

© 2009 Le Conseil Suprême Islamique des États Unis D'Amérique

Deuxième édition. Droits réservés. Toute reproduction d'une quelconque partie de ce livre est interdite sans l'autorisation écrite du Conseil Suprême Islamique des États Unis D'Amérique

Imprimé et Distribué par:
17195 Silver Parkway, #201
Fenton, MI 48430 USA
Tel: (888) 278-6624
Fax: (810) 815-0518
Email: staff@islamicsupremecouncil.org
Web: www.islamicsupremecouncil.org

Deuxième édition, Septembre 2007
Numéro de contrôle de Library of Congress: 2003107762
ISBN: 978-1-930409-66-8
Pour d'autres ouvrages sur la spiritualité et l'Islam traditionnel,
Veuillez visiter le site internet suivant: www.islamicsupremecouncil.org

﴿إِنَّهُ لَقَوْلُ رَسُولٍ كَرِيمٍ ذِي قُوَّةٍ عِندَ ذِي الْعَرْشِ مَكِينٍ مُطَاعٍ ثَمَّ أَمِينٍ﴾

Au Nom de Dieu, le Tout Miséricordieux, le Très Miséricordieux

Ceci est la parole d'un noble Messager,
doué d'une grande force,
ayant un rang élevé auprès du Maître du Trône,
Obéi, là-haut, (et) digne de confiance.

(Saint Corān, at-Takwīr 81:19-21)

Dédicace

Je dédie humblement cet ouvrage à mon maître bien-aimé, Cheikh Mouhammad Nāzim 'Adil al-Qoubrousī al-Haqqānī an-Naqchbandī, le leader mondial de l'Ordre Soufi Naqchbandī-Haqqānī et à tous ceux qui aiment le Prophète ﷺ et sa famille.

Cheikh Mouhammad Hicham Kabbani
12 Rabi' al-Awwal 1424
11 Mai 2003

Table des Matières

DÉDICACE	V
TABLE DES MATIERES	VI
UNE NOTE DU TRADUCTEUR	IX
NOTES DE L'ÉDITEUR	X

PREFACE — 13

   LA STATION DE L'ÉLU DE DIEU — 15
   A PROPOS DE L'AUTEUR — 24

INTRODUCTION — 27

   LA CONNAISSANCE MIRACULEUSE DU PROPHETE ﷺ — 29
      DE L'OCEAN DE LA CHARI'AH — 29
      LES HADITHS SONT UNE REVELATION D'ALLAH AU PROPHETE ﷺ — 35
      LA PROXIMITE DE L'HEURE FINALE — 39

L'ISLAM ET LA SCIENCE MODERNE — 47

   LES REALITES SCIENTIFIQUES DANS LA REVELATION DIVINE — 49
      LES SECRETS DU CORAN ET HADITH DEVOILES DANS L'ÈRE MODERNE — 49
      LE FER — 55
      LES COMBUSTIBLES FOSSILES — 60
      LES OCEANS SONT CONTIGUS MAIS NE SE MELANGENT PAS — 62
      LA DESCRIPTION CORANIQUE DE LA RONDEUR DE LA TERRE — 66
      LE BIG BANG — 71
      LE RESEAU DE CORDE DE MATIERE DANS L'UNIVERS — 94
      LA THEORIE DES CORDES ET L'UNIVERS DE DIMENSION DIX — 100
      LA PROBABILITE DANS LE CORAN — 106

LES PREDICTIONS — 115

   LES SIGNES DE L'APPROCHE DES JOURS DERNIERS — 117
      LES BEDOUINS RIVALISENT DANS LA CONSTRUCTION DE GRANDS ÉDIFICES — 117
      DIFFICULTE ET RECOMPENSE AU COURS DES JOURS DERNIERS — 122
      CELUI QUI IMITE UN GROUPE EN FAIT PARTIE — 130
      LE SAVOIR DISPARAITRA — 135
      LE TEMPS SE RETRECIT — 140
      LES SAVANTS SONT REMPLACES PAR DES LEADERS IGNORANTS — 145
      LE CORAN EST OUVERT — 150

La Torture Sera Repandue	155
Vetu mais Nu	162
Relations Sexuelles Publiques	166
La Salutation Reservee pour ceux que l'on Connait	170
Le Sevrage Des liens Familiaux	174
Les Faux Temoignages	175
Preeminence de l'Ecriture	177
Les Secrets Devoiles	179
Six Evenements	182
Le Virus du Nile Occidental et le Caractere de Nemrod	188

LA RELIGION DEVIENT ÉTRANGE   191

L'Étrangete de la Sounnah et de ses Adherents   193

L'Islam Commença comme une Chose Etrange et Redeviendra comme une Chose Etrange	193
Celui qui dit La Verite est Rejete	199
Khawarij	210
Calomnie «d'innovation»	218
La Destruction de Yathrib	222
Rejection de Hadith	229

TRIBULATIONS   239

Tuerie et Destruction   241

Armageddon	241
Trente Menteurs	246
Sanctions contre l'Iraq et Cham	253
Les Tribulations en Provenance de l'Est/Najd	257
Le Feu en Provenance du Hijaz	262
Cham et les Abdal	267
Les Occidentaux Embrassent l'Islam	275
L'Islam Entre Dans Chaque Foyer	279
L'Antechrist (Dajjal)	286
Le Mahdi	301
Le Retour de Jesus Christ ('Issa ibn Mariam)	310
La Bete de la Terre	315
Le Lever du Soleil a l'Ouest	318
La Terre est Couverte de Fumee	319
Gog et Magog (Ya'jouj et Ma'jouj)	323
La Destruction de la Ka'ba	328

JOUR DU JUGEMENT   331

L'Approche de l'Heure   333

Les Évenements Finaux	333
Le Coccyx Demeure	338
Le Coccyx et l'Embryologie	340
Le Residu du Coccyx et la Resurrection	341
Les Evenements du Jour du Jugement	343
Transpiration	345
L'Intercession	350

CONCLUSION   355

Occupez-vous de vous-meme	357

APPENDICE   369

Supplications et Recitations De Protection	**370**
Versets de la Sourat al-Kahf	370
Recitations quotidiennes pour une Protection des Tribulations	373
D'autres titres du Conseil Supreme Islamique des Etats Unis	**374**

Une Note du Traducteur

Traduit de l'anglais avec la permission de Cheikh Mouhammad Hicham Kabbani par Diomandé Vakoua et Diaby Losseny.

Toute erreur de traduction de l'anglais au français n'incombe nullement à l'auteur mais aux traducteurs.

Pour vos suggestions, écrivez-nous à:
staff@islamicsupremecouncil.org

Notes de l'Éditeur

Les citations du Corān et les hadiths (Traditions Prophétiques) sont rédigés en arabe et sont suivis par la traduction française. Les citations du Corān sont en gras et centrés:

Miséricorde pour l'univers. (al-Anbīyā' 21:107)

avec le nom de la *Sourate*/Chapitre, le numéro et le verset entre parenthèses. Les narrateurs des hadiths sont mentionnés en notes de bas de page. Par exemple, *Boukhārī*, *Mouslim*, *Āhmad*, etc. Les citations qui proviennent d'autres sources sont aussi alignées à gauche et les références sont mentionnées.

NOTE: Nous nous sommes efforcés de citer le Corān et les hadiths avec exactitude, mais seul Allāh ﷻ garantit le succès. Si une erreur est survenue dans les sources arabes, veuillez nous l'indiquer dès que possible en contactant par la poste, par Internet ou par téléphone notre bureau d'édition afin que les corrections soient faites.

Les dates des événements portent la mention «AH/– AD», laquelle signifie «après l'Hégire (la migration)» qui est la base du calendrier Islamique et «d'Ère Chrétien».

Traditionnellement, les Musulmans adressent des louanges lorsqu'ils prononcent, entendent ou lisent en arabe le nom de Dieu Allāh ainsi que les nombreux Attributs de Dieu. Les Musulmans adressent des salutations ou des louanges lorsqu'ils prononcent, entendent ou lisent les noms du Prophète Mouhammad, les noms des autres prophètes, les noms des membres de la famille du Prophète Mouhammad, ses compagnons et les noms des saints. Nous avons pris comme référence les normes internationales concernant la calligraphie et l'écriture arabe:

ﷻ *soubhānahou wa ta'alā* (Gloire à Dieu, le Plus Haut), une louange adressée à Allāh.

ﷺ *sall-Allāhou 'alayhi wa sallam* (Paix et bénédictions sur lui), une louange adressée au Prophète.

عليه السلام *'alayhi as-salām* (Que la paix soit sur lui), une louange adressée aux autres prophètes, aux anges et à Khidr.

عليها السلام *'alayhā as-salām* (Que la paix soit sur elle), une louange adressée à Marie, Mère de Jésus.

ﷺ *radī-Allāhou 'anh* (Que Dieu soit satisfait de lui ou d'elle), une prière pour un homme ou une femme qui a été un compagnon du Prophète.

ق *qaddas-Allāhou sirrah* (Que Dieu sanctifie son secret), une prière pour un saint.

PREFACE

La Station de l'Élu de Dieu

Al-Hassan ibn al-Mansoūr ق dit:

> L'identité du serviteur de Dieu devient inexistante en Présence Divine. Personne ne peut approcher cette personne et celle-ci ne peut supporter les [comportements érigés comme normes] que les autres [tolèrent]. Toutefois, celui qui a été élu parmi les serviteurs est comparable à la terre qui accepte toute sorte d'immondices mais continue à être douce. Le bon et le mauvais piétinent et méprisent le serviteur de Dieu. Et les pires de toute la création sont ceux qui prétendent être des élus de Dieu alors qu'ils sont avares (de ce qu'ils ont reçu).

Ash-Shiblī ق dit: «le serviteur élu de Dieu est séparé des créatures, et il est relié à la Vérité»[1]. Ibn 'Ajībā ق rapporte qu'il fut dit que: «Quiconque vit des états dont le caractère indique la proximité avec Dieu est insupportable. La montagne ne peut le porter». Il s'agit-là du degré de quiconque atteint celui de l'extinction. Al-Hassan ibn al-Mansoūr décrit celui qui est annihilé (*fānī*) dans l'amour d'Allah ﷻ, *maqām al-fanā*[2] de la façon suivante:

> Les gens ont de la difficulté à supporter celui qui a perdu tout sens de lui-même et qui reste intègre dans un état de révérence, subjugué par l'Absolue Existence de Dieu. Quiconque atteint ce rang (*maqam*) et qui en dévoile le secret, agira de façon différente du sens commun.

C'est pour cette raison que les Amis de Dieu (*awlīyāoullāh*), qui ont atteint ce niveau (*maqām*) vivent voilés de la masse. Le récit d'al-Khidr ﷺ qui est relaté dans le Saint Corān illustre cette vérité. Ces actions étaient différentes de celles du commun des gens, et même le Prophète Moïse ﷺ

---

[1] D'après *Le Commentaire de Hikam d'Ibn Ata'illah as-Sakandarī* par Ibn 'Ajībā. (*Ikāẓ al-himmam fī sharhi al-hikam li Āhmad bin Mouhammad bin 'Ajībā al-Hassanī*, p. 4.)

[2] *Maqām*—Ce à quoi le serviteur a abouti en termes d'*adab*, de perfection spirituelle et ce qui est transmis… [al-Qouchayrī]

eut du mal à les comprendre. À travers cet exemple, Dieu nous ordonne d'apprendre, et ceci n'est pas pour rabaisser le rang de Moïse ﷺ, car il demeure l'un des cinq grands Prophètes. Personne ne peut atteindre le niveau des prophètes ni de celui des Compagnons *(Sahāba)* du Prophète ﷺ. En nous informant sur ce qui eut lieu entre Moïse' ﷺ et Khidr ﷺ, le Corān nous donne un exemple de celui qui s'est rapproché de Dieu, l'un de Ses saints. Ce genre d'individus sont tels que décrits par le hadith *qoudsī*: «Mes saints sont sous mes dômes; personne ne les connaît sauf Moi». Allāh ﷻ voile Ses saints étant donné qu'ils Lui sont extrêmement précieux. Voici une autre Tradition Prophétique qui illustre ce propos «Quiconque offense l'un de mes bien-aimés, Je lui déclare la guerre».[3]

Parmi le commun des gens, les actions et propos des Amis de Dieu sont à peine acceptés, et c'est pour cela qu'Ibn 'Ajībā dit: «Personne ne peut approcher cette personne». Lorsque le Prophète Sayyidina Mouhammad ﷺ est venu avec Le Message, son peuple le rejeta. Tous les prophètes furent rejetés par leurs peuples. Si tel est le cas pour les prophètes, qu'en est-il des *awlīyā*? Il n'est pas alors insolite que ceux-ci soient rejetés par la masse parce que les *awlīyā'* sont des gens ordinaires qui ont reçu un mandat divin d'Allāh ﷻ.

Ces temps-ci, les savants religieux *('oulama)* disent qu'il n'y a plus de *awlīyā*, ce qui est une contre vérité. Ce raisonnement de rejet qu'ils tiennent s'explique par leur inaptitude à percevoir d'une part qui sont les *awlīyā* (Saints), et d'autre part par le fait que ceux-ci (les Saints) se voilent en refusant d'exhiber un signe quelconque – surtout en ces temps d'ignorance croissante – pouvant indiquer qu'ils ont été mandatés d'un pouvoir par leur Seigneur.

Ainsi, le plus grand des *walī* est celui qui agit comme le commun des mortels et ne se distingue pas d'eux par son comportement. Un tel comportement d'Un des Amis de Dieu *(awlīyā)* est si similaire à celui du commun des gens qu'il est dit de lui: «Il est comme nous. Où réside la différence?» Ce qu'ils ignorent pourtant, c'est que ce dernier est passé à travers plusieurs épreuves difficiles de la part d'autres *awlīyā*, du Prophète ﷺ et finalement de Dieu l'Exalté. Ayant réussi à ces épreuves, il lui a été confié des mandats divins *(amānāt)*.

---

[3] Même le rigoureux Ibn Taymīyya a validé ce hadith.

Ibn 'Ajībā ق poursuit: *Wa lā yaqbalou āhad* – «et celui-ci ne peut supporter les [comportements érigés comme normes] que les autres tolèrent». Cela veut dire qu'il les voit s'éloigner du Droit Chemin, les rappelle à l'ordre, mais ceux-là font la sourde oreille, après quoi, le saint les abandonne. Bayāzīd al-Bistāmī ق, l'un des grands saints en Islam était en perpétuelle état d'adoration d'Allāh ﷻ et se rapprochait davantage de Son Seigneur jusqu'à entendre les anges. Il atteignit un rang où il rechercha la Présence Divine et dit: «O mon Seigneur! Ouvre-moi la porte de ta Présence Divine». Il entendit une voix en son cœur qui lui repondit: «O Bayāzīd! Pénétrer en Ma Présence nécessite que tu sois un dépotoir pour les gens». D'où la phrase d'al-Hassan ibn Mansoūr ق: «Les serviteurs élus de Dieu sont comparables à la terre. Ils acceptent toute sorte d'immondices mais seule la douceur émane d'eux. Le bon et le mauvais foulent tous les deux la terre».

La «terre» est symbole de pouvoir. Quelle que soit la Volonté de Dieu, elle s'y soumet. Elle n'agit pas de son propre chef. Les *awlīyāoullāh* sont similaires en ce sens à la terre: «la chose la plus odieuse et horrible y est jetée», et elle ne s'y oppose pas. Le terme arabe *qabīh* utilisé ne veut pas seulement dire «détestable» ou «horrible», mais plutôt «fétide» et «sale», indiquant le pire déchet qui est déversé sur la terre. Et en dépit de cela, il (le saint) accepte. D'où la phrase, «seule la douceur émane de lui».

L'Ami de Dieu (*walī*) n'agit pas envers les autres tels qu'ils le font à son égard. Il répond par le bien lorsque du tort lui est fait. Il fut rapporté que Bayazid ق éprouva les docteurs de la loi avec ses paroles très extatiques au point qu'ils décidèrent finalement de le lapider. Ils en sont venus à cette résolution parce qu'ils ignoraient le rang spirituel à partir duquel il s'exprimait. Bayazid ق n'était pas un hérétique; même Ibn Taymiyya fit l'éloge de sa piété. Son intention était de les mettre à l'épreuve, car en vérité, telle était aussi leur intention à son égard.

En fin de compte, lorsqu'ils lapidèrent Bayazid ق et le pensèrent mort, son corps inerte fut jeté aux ordures. Il était en fait toujours en vie, mais demeurait très faible. Après avoir passé sept jours dans les ordures, blessé, il reprit conscience et réussi à se mouvoir. Il chercha de quoi manger. Il trouva alors un os, probablement vieux d'une semaine. Lorsqu'il le prit, un chien apparût aussitôt et lui dit: «Ici est mon territoire et cet os est ma nourriture. Tu ne peux y toucher». Dieu lui dévoila le langage des animaux.

Bayazid ق raconta: «Je suppliais Dieu et disais: «Ya Allāh! O mon Seigneur! Ce dont je suis à la recherche, je ne le poursuis que par amour pour Toi. J'ai souhaité qu'ils me tuent, mais Tu m'as ranimé et m'a permis de vivre. Et une fois que j'ai repris conscence, j'ai encore désiré qu'ils me tuent, et Tu m'as ranimé à nouveau et ils me lapidèrent une fois de plus. Tu me ranimais de nouveau et encore, et à chaque fois qu'ils me lapidèrent, je priais pour que Toi Mon Seigneur absolve leurs pêchés. Alors, quelles que soient les récompenses que Tu m'as accordées pour mes prières et mon combat spirituel, fais qu'ils puissent partager ces récompenses avec moi, O Seigneur!» Cela témoigne du dégré d'amour que le Saint (*wali*) affiche pour les serviteurs de Dieu lorsqu'il est pris d'amour pour Dieu.

Le discours que maintient un grand nombre de savants Musulmans de nos jours est «qu'Il n'y a plus de saints». En vérité, ils existent mais vivent voilés étant donné que seulement peu sont ceux qui comprendraient leurs états. Un autre propos que ces mêmes savants tiennent est que «Toute personne qui a la foi (*mou'min*) est un saint (*wali*)». Si tel est le cas, Dieu ne ferait pas de différence entre une personne qui a la foi et un saint.

Nul ne peut préténdre avoir la certitude d'être croyant (*mou'min*)? A cet effet, Dieu dit dans le Saint Corān:

قَالَتِ الْأَعْرَابُ آمَنَّا قل لَّمْ تُؤْمِنُوا وَلَكِن قُولُوا أَسْلَمْنَا وَلَمَّا يَدْخُلِ الْإِيمَانُ فِي قُلُوبِكُمْ وَإِن تُطِيعُوا اللَّهَ وَرَسُولَهُ لَا يَلِتْكُم مِّنْ أَعْمَالِكُمْ شَيْئًا إِنَّ اللَّهَ غَفُورٌ رَّحِيمٌ

Les Bédouins disent: «Nous avons la foi». Dis: «Vous n'avez pas encore la foi; dites plutôt», Nous nous sommes simplement soumis, car la foi n'a pas encore pénétré dans vos cœurs,' Et si vous obéissez à Dieu et à Son Messager, Il ne vous fera rien perdre de vos œuvres: Dieu est Pardonneur et Miséricordieux." (al-Houjourāt 49:14)

Qui peut prétendre que la foi (*Imān*) a pénétré son cœur? Cette assurance ne passe pas d'un Musulman à l'autre, plutôt elle est conférée par Allāh ﷻ au croyant.

Où qu'ils sont, les *awlīyā'* de Dieu bâtissent des lieux de prière, des *zāwiyas*, des *khāniqas* ou des *ribāts* (des lieux de rassemblement destinés aux exercices spirituels). Une fois ces édifices établis, d'où qu'ils viennent, tous ceux qui désirent les rencontrer ou participer à leurs exercices spirituels sont les bienvenues lors de leurs rassemblements. Aucune restriction n'est faite à quiconque contrairement à ce qui est courant ces jours-ci telle que: «ces individus sont nos ennemis ou ceux-là nous ont tenu des propos injurieux». Pourtant, le Prophète ﷺ fut envoyé à toute l'humanité – que certains lui soient hostile ou non.

وَمَا أَرْسَلْنَاكَ إِلَّا كَافَّةً لِّلنَّاسِ بَشِيراً وَنَذِيراً وَلَٰكِنَّ أَكْثَرَ النَّاسِ لَا يَعْلَمُونَ

Nous ne t'avons envoyé qu'en tant qu'annonciateur et avertisseur pour toute l'humanité, mais la plupart des gens ne savent pas.
(Sabā' 34:28)

Lorsqu'un ennemi lui venait, il ne refusait pas de le recevoir. Les *awliyāoullah* étant les héritiers du caractère et des états du Prophète ﷺ, cette caractéristique de recevoir quiconque se présente à leurs portes leur est conférée. Dans le cas contraire à quoi servirait le rang de *wilāyah* (sainteté)? Allāh ﷻ le leur accorda pour qu'ils se mettent à l'écoute et au service de l'humanité et la guider à l'Islam. Fermer cette voie sous un prétexte tel que: «Je ne travaille pas avec ces gens», ne pourrait aboutir qu'à l'isolement et à l'obstruction sur la Voie. Il devient alors impératif de tendre la main à tous, sans distinction de confession religieuse ou d'affiliation pour les mener à la Vérité (*Haqq*). C'est dans cet élan que Grand Cheikh Abd Allah al-Faiz ad-Daghestani ق se mettait disponible à quiconque désirait le rencontrer, et nous souhaitons suivre son exemple. On ne peut non plus se barricader derrière un système lucratif d'adhésion moyennant le payement d'une somme où il vous est dit: «Payez cinquante dollars et devenez membre». Malheureusement, c'est ce schéma qui est prévalant ces jours-ci, et Plus rien n'est fait uniquement pour Dieu.

«Le bon et le mauvais tourmentent et piétinent le serviteur de Dieu» au sens qu'il porte leurs fardeaux, il est le sac à ordures de la société, et en retour, il prie pour que celle-ci se remette à Dieu. Il se met au service de tous même si le pire lui est fait en retour.

Ibn 'Ajībā ق dit: «et les pires sont ceux qui prétendent être les serviteurs élus de Dieu alors qu'ils sont dépourvus de générosité». Le serviteur élu de Dieu est imbu de générosité, une qualité qu'il affiche à tout instant en se mettant au service et partageant avec autrui les faveurs qu'il reçoit de Dieu, contrairement à l'avare. Allāh ﷻ est le Plus Généreux des généreux (*Akram al-akramin*).

Allāh ﷻ décrit le Prophète ﷺ de façon similaire:

$$بِالْمُؤْمِنِينَ رَؤُوفٌ رَّحِيمٌ$$

Il est plein de bonté et de compassion à l'égard des croyants (at-Tawba 9:128)

et

$$وَمَا أَرْسَلْنَاكَ إِلَّا رَحْمَةً لِلْعَالَمِينَ$$

Nous ne t'avons envoyé que comme une Miséricorde pour les mondes. (al-Anbīyā 21:107)

Ce verset signifie que le Prophète Mouhammad ﷺ implorera le pardon d'Allāh ﷻ pour tous. Il en ressort qu'un serviteur de Dieu ne peut pas être avare. La pire des personnes est celle qui prétend être un serviteur élu de Dieu alors qu'elle demeure avare – non pas dans le sens pécuniaire – mais dans le sens qu'elle ne peut non seulement porter les fardeaux des autres mais retient pour soi-même les récompenses (*hassanāt*) qu'Allāh ﷻ leurs accorda comme faveurs par son biais.

Pires encore sont les serviteurs que Dieu a investis de la connaissance religieuse et de son sens profond mais qui ont failli à la transmettre à ceux qui sont aptes à la recevoir. Il s'agit ici des docteurs de la loi, les '*oulamā* qui tiennent des propos mensongers à propos de Dieu et déclarent permis ce qu'Il a interdit. Un exemple typique de leur défaillance spirituelle est leur attribution à Dieu de Sa volonté à ce que Ses serviteurs mettent leur vie en péril pour soutenir les principes mensongers ou corrompus ou de propager des doctrines erronées. Ces personnes sont vouées à l'échec et sont classées parmi les perdants au Jour du Jugement Dernier. Ils sont comme l'arbre qui est couvert de magnifiques bourgeons au printemps mais qui ne donne aucun fruit en l'automne. Ce genre d'individus abonde ces temps-ci.

Le statut de serviteur de Dieu relève de l'aptitude à endosser les péchés de ceux qui sont sous son autorité. Il sollicite en leur nom non seulement le pardon de Dieu mais supplie aussi de leur accorder les faveurs qu'il a reçues aux différents niveaux spirituels que Dieu lui accordé, et cela s'applique à quiconque vient le voir.

Le Prophète ﷺ dit:

> Allāh ﷻ a des anges qui sillonnent la terre partout à la recherche des gens qui font le Rappel (*dhikr*), et lorsqu'ils trouvent un groupe de gens qui font le dhikr, ils s'appellent et forment au-dessus d'eux des couches jusqu'au premier ciel …. Et au sujet de celui qui est assis en leur compagnie, venu pour une autre raison, Dieu dit: «quiconque s'assoie avec eux ne le regrettera pas — *lā yashqā jalīssahoum*».[4]

Cela se traduit par quiconque vient y prendre part pour quelques minutes, même s'il n'est pas adhérent au groupe aura la récompense de Dieu pour avoir été en leur compagnie. De même quiconque vient au *walī* recevra de ce que le *walī* a reçu d'Allāh ﷻ et du Prophète ﷺ. Ainsi est défini le contraire de l'avarice, c'est-à-dire donner avec la générosité dont il a été gratifié par Allāh ﷻ. Il endosse les difficultés et les problèmes de ceux qui viennent à lui.

Ash-Shibli ق poursuit en disant: «Le serviteur élu de Dieu est détaché des créatures, et il est lié à la Vérité, *al-Haqq*». Il poursuit, «*Mounqati' 'an il-khalq*» «son cœur est détaché des humains et est connecté au Divin». Littéralement, il rompt avec les créatures et se lie spirituellement à l'Amour de Dieu. Cela veut dire aussi à un niveau plus élevé qu'il rejette tout ce qui est faux et aime tout ce qui est vrai. Le serviteur de Dieu ne s'implique que dans ce qui le concerne et de ce qui est synonyme de Vérité. Il est attaché à la Vérité. Il aime tout ce qui est Vérité et déteste tout ce qui y est contraire. Lorsqu'il se détache du mensonge, il le voile et agit comme s'il ne le voyait pas bien qu'il en soit parfaitement conscient. Parallèlement, il ne critique pas et n'attire pas l'attention sur les mensonges et les injustices perpétrés par les autres.

Il agit ainsi afin d'équilibrer leurs méfaits en ramenant la Vérité de l'autre côté de la balance. Ne rien faire pour freiner l'escalade des méfaits ne peut qu'aboutir au désastre tant au sein de la Oummah qu'à l'échelle mondiale. Les *awlīyā* alors dans la Communauté sont à l'image des montagnes qui maintiennent la terre en équilibre:

وَالْجِبَالَ أَوْتَادًا

---

[4] Sahīh Boukhārī et Sahīh Mouslim.

Et placées les montagnes comme des piquets? (an-Nabā' 78:7)

Encore ici, les *awlīyā* sont décrits comme facteurs de stabilité. C'est pourquoi Allāh dit:

$$\text{أَلَا تَطْغَوْا فِي الْمِيزَانِ وَأَقِيمُوا الْوَزْنَ بِالْقِسْطِ وَلَا تُخْسِرُوا الْمِيزَانَ}$$

Afin que vous ne transgressiez pas dans la pesée. Donnez toujours le poids exact et ne faussez pas la pesée. (ar-Rahmān 55:8-9)

Ce verset signifie: «Maintenez l'équilibre sur la balance». Si les *awlīyā'* ne contré-carraient pas le mensonge au moyen de leurs prières, s'ils ne contré-carraient pas non plus ceux qui sont enclins à l'iniquité, ce monde matériel (*dounyà*) aurait disparu il y a longtemps.

Au sujet des signes de la Fin des Temps, 'Abd Allāh bin Amr Ibn al-'As ﷺ rapporta que le Prophète ﷺ dit:

> Allāh ne retirera pas le savoir des cœurs des savants, mais il reprendra les savants (c'est-à-dire qu'ils mourront). Il n'y aura plus de savants pour les remplacer, et les gens prendront des leaders extrêmement ignorants. Des questions leurs seront posées, et ils édicteront des *fatwas* (jugements) sans la moindre connaissance. Ils sont dans l'erreur, et ils induiront les autres en erreur.[5]

Les pieux serviteurs (*sālihīn*) ont pesé de leur poids dans la balance depuis le temps du Prophète ﷺ. En effet, au fil des âges, ils ont pesé de leur poids avec la vérité contre le mensonge. Aujourd'hui, la fin de cet équilibre qu'ils ont maintenu dans le monde se fait ressentir. En effet, le manque d'harmonie caractérise notre époque qui est matérialisé par tant de tueries contrairement à la paix qui est le sujet sur toutes les lèvres. Qu'Allāh ﷻ nous garde sous les ailes de Ses pieux serviteurs qu'Il a pourvu de connaissance et doté de pouvoir à guider la communauté de Mouhammad ﷺ, et qu'Il nous inspire à œuvrer dans la voie de la vérité.

Le Prophète d'Allāh ﷺ dit:

---

[5] Boukhārī 1:33, "*Kitāb al-'ilm*". Mouslim #157, "*Kitāb al-'ilm*":
Inna Allāha la yaqbidou al-'ilma intiz'ān yantazi'ouhou min al-'ibad wa lākin yaqbid oul-'ilma bi qabd il-'oulama hatta idha lam yabqa 'aliman itakhada an-nāsou rou'ousan jouhālan fa sou'ilou fa aftaw bi ghayri 'ilmin fa dallou wa adallou.

Après moi, viendront des califes, et après les califes viendront des princes, et après les princes viendront les rois et après les rois, viendront les tyrans. Et après les tyrans, un homme de Ma Maison rétablira la justice sur terre et après lui, viendra al-Qahtānī. Par Celui qui m'a envoyé avec la Vérité! Pas un mot de moins.[6]

Les califes mentionnés dans ce hadith sont «Les Bien Guidés»: Aboū Bakr, 'Oumar, 'Outhmān et 'Alī, qu'Allāh l'Exalté soit satisfait d'eux. Les princes sont les Califes Oumayyades de Damas et les Califes Abbasides de Baghdad. Les rois sont les Sultans Ottomans d'Istanboul. Selon le hadith, après les rois, viendront les tyrans et c'est ce dont nous sommes témoins aujourd'hui.

Les *Awlīyā* ne considèrent pas ce qui est prédit dans ce hadith comme des événements qui auront lieu dans un avenir lointain. Mieux, ils s'adressent à ceux qui voudront apprendre auprès d'eux, que ces hadiths sont des panneaux indicateurs sur le chemin qui mène à l'Au-delà. Si nous agissons à l'aveuglette, ignorons ce qui est apparent des signes du temps, alors quel serait le bénéfice d'une telle instruction éclairante? Le devoir des *awlīyā* comme héritiers des Prophètes est de rappeler, d'annoncer les bonnes nouvelles (*boushrā*) et d'avertir.

Soyons donc attentifs à la direction éclairée que nous avons reçue du Prophète, et préparons-nous pour les périodes de tribulations. A l'issu de ces épreuves, nous espérons parvenir à une période d'Or de civilisation Prophétique du genre inégalée.

Cheikh Mouhammad Nāzim 'Adil al-Qoubroussī al-Haqqānī an-Naqchbandī
12 Rabi' al-Awwal 1424
11 Mai 2003
Lefke, Chypre

---

[6] Na'īm bin Hammād dans "Fitan" de 'Abd ar-Rahmān bin Qays bin Jābir al-Sadafi. *Kanz al-'oummāl*, hadith #38704.

A Propos de l'Auteur

Cheikh Mouhammad Hisham Kabbani est un auteur et un savant religieux connu à l'échelle mondiale. Il a consacré sa vie à la promotion des principes traditionnels de l'Islam qui sont la paix, la tolérance, l'amour, la compassion et la fraternité tout en s'opposant à l'extrémisme sous toutes ses formes. Le cheikh est issu d'une lignée très respectée de savants de l'Islam traditionnel tels que l'ancien directeur de l'Association des Savants Musulmans du Liban et l'actuel Grand Moufti[7] du Liban.

Aux États-Unis, Cheikh Kabbani dirige le *Islamic Supreme Council of America*. Il est également le fondateur de l'Ordre Soufi Naqshbandi en Amérique; conseiller de l'Organisation mondiale pour le développement des Ressources et de l'Éducation; directeur de *As-Sounnah Foundation of America*; directeur de *Kamilat*, une organisation de femmes Musulmanes et fondateur et président d'une revue Musulmane, *The Muslim Magazine*.

Cheikh Kabbani a reçu une formation hors du commun, que ce soit dans les sciences ou dans la doctrine Islamique. Il est diplômé en chimie et a fait des études de médecine. Il possède également un diplôme dans la Loi Musulmane et sous l'autorité de Cheikh 'Abd Allah Daghestani ق, il a la permission d'enseigner, de guider et conseiller ceux qui sont intéressés à la spiritualité Musulmane en puisant dans les enseignements de Cheikh Mouhammad Nazim 'Adil al-Qoubrousi al-Haqqani an-Naqchbandi ق, le leader mondial de l'Ordre Soufi Naqchbandi-Haqqani.

Il est l'auteur des ouvrages suivants: *La Voie Soufie Naqchbandi, les Anges dévoilés, l'Encyclopédie de la Doctrine Islamique* (7 volumes), *Les Femmes Compagnons du Prophète Mouhammad* (avec Dr. L. Bakhtiar), *L'Intercession, La Science de la Purification du cœur (ou l'Etat d'Excellence), La Science Soufie de l'Accomplissement de Soi (Une approche des Dix-sept Caractères Destructifs), l'Islam Orthodoxe et la tradition Soufie Naqchbandi* (Novembre 2003).

Au-delà d'une promotion sans relâche d'une meilleure compréhension de l'Islam traditionnel, Cheikh Kabbani a organisé deux conférences internationales aux États-Unis qui ont réuni tous les savants du monde Musulman. En tant que porte-parole de l'Islam traditionnel, il

---

[7] La plus grande autorité religieuse du pays.

est sollicité par les journalistes, les intellectuels et les chefs de gouvernements pour donner des conseils.

INTRODUCTION

La Connaissance Miraculeuse du Prophète ﷺ

De l'Océan de la Chari'ah

Louange à Allāh ﷻ qui a fait de la pure *Chari'ah* un océan duquel jaillissent toutes les lumières divines des océans et des rivières de connaissances. Louange à Lui qui a permis à ces rivières de gnose de couler vers Sa création, arrosant la terre aride des cœurs, proches et lointains. Louange à Lui qui a choisi les Prophètes de parmi les meilleurs de Sa création: d'Adam ﷺ à Mouhammad ﷺ en passant par Noé ﷺ, Abraham ﷺ, Moïse ﷺ, Jésus ﷺ et enfin Mouhammad ﷺ qui a levé le voile sur les particularités du message divin, de façon détaillée et impeccable, du début à la fin.

Louange à Allāh ﷻ qui a fait des Ses Prophètes la source d'espérance pour l'humanité. Ils sont les sources de lumière et l'énergie de la création. Ils sont les lanternes directrices pour chaque aspirant (à son Seigneur), les oasis dans chaque désert, les vagues de tout océan, les périodes de crue pour chaque rivière et les cristaux dans chaque diamant. Ils sont la rosée céleste qui tombe sur chaque feuille, les étoiles, les soleils et les lunes dans chaque firmament. Ils sont les messagers connus dans toutes les traditions.

Il est bien fondé que Dieu créa les Prophètes pour qu'ils exécutent Ses ordres et transmettre Son message aux humains, message ayant trait à cette vie et à celle à venir. Ils sont les prototypes des qualités de perfection, d'obéissance et de dévouement. Ils sont dotés d'infinis pouvoirs miraculeux au travers desquels ils peuvent atteindre quiconque par la dissémination de la connaissance. Ils font usage de leur connaissance divine pour aider et guérir, pour servir et consoler, pour aimer et être aimer, pour préparer l'humanité au jour où ils rencontreront leur Seigneur chargés du fardeau de leurs actions accomplies dans cette vie.

D'un point de vue Islamique, la connaissance apportée par le Sceau des Messagers, le Prophète Mouhammad ﷺ, illumine notre vie matérielle et spirituelle à chaque instant et en chaque lieu. Tout comme l'eau prend la forme du récipient qui la contient, de même les lumières qui parcourent nos corps et âmes prennent la forme exacte et transparente du discernement de nos cœurs sur nos devoirs dans cette vie. Ces devoirs nous incombent depuis notre jour de naissance jusqu'à celui de notre mort, durant notre séjour dans la tombe jusqu'au Jour du Jugement où les gens seront rassemblés dans leurs différents lieux au Paradis. Cette connaissance véhiculée par le Prophète Mouhammad ﷺ est à l'image d'un arc-en-ciel embellissant le ciel. Nos esprits et nos cœurs peuvent puiser à loisir dans cette connaissance autant que le besoin se fait sentir pour appréhender les évènements qui jalonnent nos vies intérieures ou spirituelles. Ainsi, au moyen de cette connaissance, nous sommes en mesure de comprendre notre passé, notre présent et notre futur y compris le passé, le présent et le futur de ce monde matériel dans lequel nous vivons.

La Loi Divine (*Chari'ah*) apportée par le Prophète Mouhammad ﷺ englobe tous les niveaux de la religion, des cinq piliers de l'Islam aux six piliers de la foi (*īmān*) à l'état d'excellence morale (*ihsān*). Ainsi, la *Chari'ah* est semblable à un arbre géant dont les branches garnies de larges feuilles symbolisent les applications concrète (*fourou'*) des principes divins (*ousoūl*) qui ont valeur de racines. De cette instruction divine, nous pouvons apprendre à ajuster non seulement notre comportement à la *Chari'ah* mais aussi nos croyances en ce qui à trait au Jour Dernier et à ses signes indicateurs. En effet, nos croyances nous conduisent à des actions approuvées par Dieu.

Comme Allāh le dit dans le Saint Corān:

وَالشَّمْسِ وَضُحَاهَا(1) وَالْقَمَرِ إِذَا تَلَاهَا(2) وَالنَّهَارِ إِذَا جَلَّاهَا(3) وَاللَّيْلِ إِذَا يَغْشَاهَا(4) وَالسَّمَاءِ وَمَا بَنَاهَا(5) وَالْأَرْضِ وَمَا طَحَاهَا(6) وَنَفْسٍ وَمَا سَوَّاهَا(7) فَأَلْهَمَهَا فُجُورَهَا وَتَقْوَاهَا(8) قَدْ أَفْلَحَ مَن زَكَّاهَا(9) وَقَدْ خَابَ مَن دَسَّاهَا(10) كَذَّبَتْ ثَمُودُ بِطَغْوَاهَا(11)

Par le soleil et par sa clarté. Et par la lune quand elle le suit. Et par le jour quand il l'éclaire. Et par la nuit quand elle l'enveloppe. Et par le ciel et Celui qui l'a construit. Et par la terre et Celui qui l'a étendue. Et par l'âme et Celui qui l'a harmonieusement façonnée. Et lui a alors inspiré son immoralité, de même que sa piété. A réussi, certes, celui qui la purifie. Et est perdu, certes, celui qui la corrompt. (ash-Shams 91:1-10)

إِذَا السَّمَاءُ انْفَطَرَتْ(1) وَإِذَا الْكَوَاكِبُ انْتَثَرَتْ(2) وَإِذَا الْبِحَارُ فُجِّرَتْ(3) وَإِذَا الْقُبُورُ بُعْثِرَتْ(4) عَلِمَتْ نَفْسٌ مَا قَدَّمَتْ وَأَخَّرَتْ(5)

Quand le ciel se rompra et que les étoiles se disperseront, et que les mers confondront leurs eaux, et que les tombeaux seront bouleversés, tout âme saura alors ce qu'elle a accompli et ce qu'elle a remis de faire à plus tard. (al-Infitār, 82:1-5)

Ces versets témoignent du fait qu'Allāh ﷻ ait doté chaque âme de la capacité à discerner le vrai du faux. Il inspire à chacun ce qui pourrait lui être bénéfique ou le nuire, ce qui pourrait le peiner ou le guérir. Il a permis à chaque âme de se remettre en cause avant sa mort et à sa résurrection pour la vie éternelle. Il incombe à tous, Musulmans ou non d'emprunter le chemin vers Allāh ﷻ et de considérer comme viatique tout ce qu'Il a ordonné en terme d'adoration, de recherche de connaissance dans le but de jouir des merveilles qu'Il a mis à la disposition des enfants d'Adam ﷺ comme mentionnées dans le Saint Corān et élaborées dans les hadiths du Prophète ﷺ. Au moyen de la révélation, le Prophète ﷺ fut en mesure de donner des indications sur le futur relatif aux développements scientifiques et fut à même de décrire les conditions qui prévaudraient en prélude de la Fin des Temps. Ces révélations miraculeuses permettent aux gens de prendre non seulement leurs précautions, mais elles permettent de reconnaître la grandeur du Saint Corān et des hadiths.

Dans le premier chapitre de ce livre, le lecteur découvrira ce que l'Islam nous a appris concernant cette dernière page de l'histoire de l'humanité d'après le Livre d'Allāh ﷻ et la Sounnah pure de Son Prophète Mouhammad ﷺ.

Allāh ﷻ dit dans le Saint Corān:

$$\text{وَيَعْلَمُ مَا فِي الْبَرِّ وَالْبَحْرِ وَمَا تَسْقُطُ مِن وَرَقَةٍ إِلاَّ يَعْلَمُهَا وَلاَ حَبَّةٍ فِي ظُلُمَاتِ الأَرْضِ وَلاَ رَطْبٍ وَلاَ يَابِسٍ إِلاَّ فِي كِتَابٍ مُّبِينٍ}$$

Il connaît ce qui est dans la terre ferme, comme dans la mer. Et pas une feuille ne tombe qu'Il ne le sache. Et pas une graine dans les ténèbres de la terre, rien de frais ou de sec, qui ne soit consigné dans un Livre explicite (al-An'am 6:59)

Les prophéties contenues dans ces versets et dans les traditions font parties d'une catégorie de connaissance inaccessible à l'humanité si ce n'est par la révélation. C'est pour cette raison que seul le Prophète Mouhammad ﷺ fut capable de transmettre cette connaissance. Il fut un intermédiaire entre les cieux et la terre en apportant le Corān. Aujourd'hui, de façon miraculeuse, il continue à agir comme intermédiaire entre Dieu et les êtres humains et à attirer notre attention sur les événements et les signes de la Fin des Temps à travers les hadiths.

Ces prophéties lui ont été révélées afin qu'il délivre le message qu'Allāh ﷻ lui a confié, le Dernier Testament et la dernière révélation du message divin aux enfants d'Adam ﷺ. C'est pour cela que le Prophète, notre Maître Mouhammad ﷺ est de loin le plus érudit de tout autre prophète ou être humain, et il a été paré d'une multitude de beaux attributs tels que: «Le Messager de la Présence Divine», «Le Noble devant Dieu», «Investi par Dieu d'un pouvoir qui le rend capable d'une pure obéissance», «Bien estimé et solidement établit en Présence Divine», «Celui qui est obéit dans le monde terrestre» et «Le Digne de confiance dans la réception, le respect et la transmission de la révélation».

Dans ce livre, nous étudierons et analyserons certaines révélations Divines qui ont été transmises au Prophète Mouhammad ﷺ en prenant en compte les découvertes de la science moderne, les événements actuels et futurs. En examinant ces sources précieuses, il deviendra manifeste et clair que le savoir miraculeux du Prophète ﷺ ne pouvait venir que de la révélation Divine. Que Dieu fasse en sorte que la lucidité de

Mouhammad ﷺ renforce notre foi en lui, en son message et en l'imminence de la fin des temps, cette période qu'il mentionna et qui est proche.

Nous espérons qu'à travers ces chapitres, les lecteurs seront témoins de la réalisation des prédictions du Prophète Mouhammad ﷺ telles qu'elles se déroulent actuellement. Celles-ci sont clairement apparentes aujourd'hui, mais il est essentiel de garder en mémoire que ce chapitre de l'histoire a été révélé en détail il y a mille quatre cent ans. Ainsi, nous espérons que les lecteurs auront conscience de l'existence d'une vie future et qu'ils vivront chaque moment comme si c'était le dernier. C'est seulement de cette façon qu'ils pourront être véritablement considéré vouloir accéder aux récompenses suprêmes et aux miséricordes infinies dont le Prophète ﷺ s'est tant sacrifié à le leur rappeler tout le long de sa vie.

لَقَدْ جَاءَكُمْ رَسُولٌ مِنْ أَنْفُسِكُمْ عَزِيزٌ عَلَيْهِ مَا عَنِتُّمْ حَرِيصٌ عَلَيْكُمْ بِالْمُؤْمِنِينَ رَؤُوفٌ رَحِيمٌ

Un Messager issu de vous est venu à vous. Ce que vous endurez lui pèse. Il se soucie énormément pour vous. Il est plein de bonté et de compassion à l'égard des croyants. (at-Tawbah 9:128)

Nous avons réuni près de mille hadiths qui évoquent la fin du monde. Ils proviennent d'une variété de sources, des ouvrages de référence écrits par les Imams Boukhārī, Mouslim, Tirmidhī, Aboū Dāwoūd, et bien d'autres. Il est important de savoir que les descriptions des lieux et des événements ne sont pas le reflet d'une distribution partisane en faveur d'une région ou d'une nation en particulier. Nous espérons que le lecteur réalisera l'impartialité des paroles du Prophète ﷺ. Elles ne prennent parti pour aucun groupe, aucune nation, aucun pays ni aucune civilisation. Elles relatent plutôt avec précision ce qu'Allāh ﷻ lui a révélé et décrivent de façon détaillée les événements graves à venir et qui se rapprochent chaque jour. En bref, l'objectif est de transmettre les paroles du Prophète ﷺ telles qu'il les a prononcées et telles qu'elles sont consignées dans les livres de référence. C'est pour cette raison qu'elles sont présentées en arabe, la version originale, pour en assurer l'authenticité. Ces versets et ces hadiths décrivent les tribulations et les catastrophes qui ont lieu aujourd'hui dans divers endroits du monde et qui aboutiront à des guerres, des morts et des tragédies telles que prédites miraculeusement par le Prophète ﷺ.

Les Hadiths Sont une Révélation d'Allāh au Prophète ﷺ

Le Corān est Saint. Il renferme les Paroles Sacrées d'Allāh ﷻ. Il s'adresse à tous les peuples et à toutes les époques. Le Prophète ﷺ dont le titre est «Le Messager de Dieu» reçut la révélation et fut guidé par Dieu dans chacune de ses paroles et dans chacune de ses actions. Allāh ﷻ dit dans le Saint Corān:

وَالنَّجْمِ إِذَا هَوَى مَا ضَلَّ صَاحِبُكُمْ وَمَا غَوَى وَمَا يَنطِقُ عَنِ الْهَوَى إِنْ هُوَ إِلَّا وَحْيٌ يُوحَى

Par l'étoile à son déclin! Votre compagnon ne s'est pas égaré et n'a pas été induit en erreur. Et il ne prononce rien sous l'effet de la passion Ceci n'est que révélation à lui révélée. (al-Najm 53:1-4)

Allāh ﷻ jure par l'étoile à son déclin que Son Prophète ﷺ ne s'éloigne point de Ses ordres. Le Prophète ﷺ ne dit rien sous l'effet de la passion ni sous impulsion, fusse t-il bon ou mauvais. Chaque parole, chaque mouvement, chaque souffle du Prophète ﷺ était en fait une révélation d'Allāh ﷻ et donc de valeur inestimable lorsqu'on souhaite comprendre et suivre le Corān ainsi que l'Islam en tant que religion.

Le Compagnon, Jābir ibn Abd Allāh ﷺ a dit: «Le Messager ﷺ d'Allāh était parmi nous lorsque le Corān lui était révélé, et il connaissait son explication. Tout ce qu'il pratiquait, nous le faisions aussi».[8]

حدثنا عبد الله حدثني أبي حدثنا هاشم بن القاسم قال حدثنا مبارك عن الحسن عن سعيد بن هاشم بن عامر قال أتيت عائشة فقلت: يا أم المؤمنين أخبريني بخلق رسول الله صلى الله عليه وسلم قالت: كان خلقه القرآن...

---

[8] Relaté par Mouhammad al-Bāqir, une partie d'un long hadith rapporté par *Mouslim*, Aboū Dawoūd, et Āhmad.

Lorsqu'on lui demanda à propos du caractère du Prophète ﷺ, (son épouse et jurisconsulte renommée de l'époque), 'A'icha ؓ dit: «Son ﷺ caractère était le Corān».⁹

Les hadiths sont les applications des principes mentionnés dans le Corān, des actes d'adorations les plus rudimentaires aux plus sublimes. Par exemple, dans le Corān, Allāh ﷻ ordonne à plusieurs reprises:

وَأَقِيمُوا۟ ٱلصَّلَوٰةَ وَءَاتُوا۟ ٱلزَّكَوٰةَ

Accomplissez la prière (salat) et acquittez-vous de la (zakat).
(2:43, 2:83, 2:110, 4:77, 24:56, 73:20)¹⁰

Nous comprenons de ceci que la prière et l'aumône nous sont requit. Cependant, pour apprendre les détails essentiels pour accomplir la prière tels que la manière et le temps pour la faire, pour qui demeure t-elle obligatoire, etc..., nous devons consulter les hadiths. Une description

---

⁹ Āhmad dans son ouvrage *Mousnad* #23460.
¹⁰ Autres versets:

وَأَقِيمُوا۟ ٱلصَّلَوٰةَ وَءَاتُوا۟ ٱلزَّكَوٰةَ وَٱرْكَعُوا۟ مَعَ ٱلرَّٰكِعِينَ

Accomplissez la prière, acquittez-vous de la zakat (aumône) et inclinez-vous avec ceux qui s'inclinent. (al-Baqara 2:43)

وَأَقِيمُوا۟ ٱلصَّلَوٰةَ وَءَاتُوا۟ ٱلزَّكَوٰةَ ثُمَّ تَوَلَّيْتُمْ إِلَّا قَلِيلًا مِّنكُمْ وَأَنتُم مُّعْرِضُونَ

Accomplissez la prière et faites la zakat. Et puis, vous avez fait volte-face, sauf un petit nombre d'entre vous, et vous vous en êtes détournés. (al-Baqara 2:83)

وَأَقِيمُوا۟ ٱلصَّلَوٰةَ وَءَاتُوا۟ ٱلزَّكَوٰةَ وَمَا تُقَدِّمُوا۟ لِأَنفُسِكُم مِّنْ خَيْرٍ تَجِدُوهُ عِندَ

Accomplissez la prière et acquittez-vous de la zakat; et tout ce que vous avanciez comme bien pour vous-mêmes, vous le retrouverez auprès de Dieu. (al-Baqara 2:110)

أَلَمْ تَرَ إِلَى ٱلَّذِينَ قِيلَ لَهُمْ كُفُّوٓا۟ أَيْدِيَكُمْ وَأَقِيمُوا۟ ٱلصَّلَوٰةَ وَءَاتُوا۟ ٱلزَّكَوٰةَ

N'as-tu pas vu ceux auxquels on avait dit: Abstenez-vous de combattre, accomplissez la prière et acquittez la zakat; (an-Nisā' 4:77)

وَأَقِيمُوا۟ ٱلصَّلَوٰةَ وَءَاتُوا۟ ٱلزَّكَوٰةَ وَأَطِيعُوا۟ ٱلرَّسُولَ لَعَلَّكُمْ تُرْحَمُونَ

Accomplissez la prière, acquittez la zakat et obéissez au Messager, afin que vous ayez la miséricorde. (an-Noūr 24:56)

وَأَقِيمُوا۟ ٱلصَّلَوٰةَ وَءَاتُوا۟ ٱلزَّكَوٰةَ وَأَقْرِضُوا۟ ٱللَّهَ قَرْضًا حَسَنًا

Récitez-en donc ce qui vous est possible, et accomplissez la prière et acquittez-vous de la zakat et faites à Dieu beau crédit. (al-Mouzzamil 73:20)

pratique de l'aumône, du montant, à qui incombe-t-elle, à qui elle est destinée, etc… ne figure que dans les hadiths, et c'est le cas avec toutes les autres obligations.

Bref, les hadiths du Prophète ﷺ sont indispensables à la compréhension du Coran. Pour tout évènement advenu dans sa vie, Allāh ﷻ révéla au cœur du Prophète ﷺ ce que dire et quoi faire. Le Coran et les hadiths dérivent tous de la révélation et sont des sources indissociables pour la compréhension et la mise en pratique du message de l'Islam[11].

Comme le Coran est le Dernier Testament et la dernière révélation d'Allāh ﷻ à l'humanité, le Prophète Mouhammad ﷺ est le dernier messager, et il représente la finalisation du Message Divin. Allāh ﷻ dit dans le Saint Coran:

$$\text{مَا كَانَ مُحَمَّدٌ أَبَا أَحَدٍ مِن رِّجَالِكُمْ وَلَٰكِن رَّسُولَ اللَّهِ وَخَاتَمَ النَّبِيِّينَ وَكَانَ اللَّهُ بِكُلِّ شَيْءٍ عَلِيمًا}$$

Mouhammad n'a jamais été le père de l'un de vos hommes, mais le Messager d'Allah, et le Sceau des Prophètes… (al-Ahzāb 33:40)

Dans le Coran et les hadiths, figure toute la connaissance nécessaire pour réussir dans ce monde et accéder à la félicité dans l'autre, aussi bien pour sa génération et celles à venir jusqu'au Jour du Jugement Dernier. Les signes et les événements concernant la communauté de la Fin des Temps ne sont qu'une infime partie de cette connaissance.

---

[11] Le Prophète a dit:
    Véritablement, ce Coran est difficile, et il est un fardeau pour quiconque le hait, mais il devient facile pour quiconque le suit. Véritablement, mes paroles sont difficiles et sont un fardeau pour quiconque les hait, mais elles deviennent faciles pour quiconque les suit. Celui qui entent ma parole et la préserve, en la mettant en pratique, s'avancera avec le Coran le Jour de la Résurrection. Quiconque nie mes paroles, nie le Coran, et quiconque nie le Coran a perdu ce monde et le prochain.

Relaté par al-Hakam ibn 'Oumayr al-Thoumalī d'après Khatīb dans *al-Jāmi'li Akhlāq al-Rāwī* (1983 éd. 2:189), Qourtubī dans son *Tafsīr* (18:17), Aboū Nou'aym, Aboū al-Shaykh, et Daylamī.

عن حذيفة قال: قام فينا رسول الله صلى الله عليه وسلم مقاما . ما ترك شيئًا يكون في مقامه ذلك إلى قيام الساعة، إلا حدث به . حفظه من حفظه ونسيه من نسيه . قد علمه أصحابي هؤلاء . وإنه ليكون منه الشيء قد نسيته فأراه فأذكره . كما يذكر الرجل وجه الرجل إذا غاب عنه . ثم إذا رآه عرفه

Houdhayfa ﷺ rapporta:

> Un jour, à cet endroit précis, le Messager ﷺ d'Allāh s'est tenu debout devant nous, et il n'omit rien de ce (qu'il devait dire) qui se produirait (sous forme de tourment) jusqu'à la Dernière Heure. Ceux qui devraient se rappeler de ces paroles les ont mémorisées et ceux qui ne pouvaient pas s'en rappeler les ont oubliées. Mes amis les connaissaient et il y a certaines qui m'échappent, mais je m'en souviens quand quelqu'un les mentionne à la manière dont on se souvient d'une personne une fois qu'on revoit son visage.[12]

---

[12] *Sounan Aboū Dāwoūd*, "Kitāb al-Fitan." *Sahīh Mouslim*, "Kitāb al-Fitan."

La Proximité de l'Heure Finale

Il y a mille quatre cent ans, Allāh ﷻ mentionna dans le Saint Corān:

$$\text{اقْتَرَبَتِ السَّاعَةُ وَانْشَقَّ الْقَمَرُ}$$

L'Heure (du Jugement) approche et la lune s'est fendue.
(al-Qamar 54:1)

La lune fut fendue en deux au temps du Prophète ﷺ aux yeux des Mecquois païens qui demandèrent un miracle comme preuve de sa prophétie. Dans la *Soūrate al-Qamar* (La Lune), Allāh ne témoigne pas uniquement de ce miracle mais indique également la proximité de l'Heure Finale dans cette prédiction. Comme Mouhammad ﷺ est le Dernier Prophète, sa Communauté sera la dernière à exister sur terre suivi du Jour du Jugement.

حدثني عبد الله بن محمد هو الجعفي: حدثنا وهب بن جرير: حدثنا شعبة، عن قتادة وأبي التَّيَّاح، عن أنس، عن النبي صلى الله عليه وسلم قال: بعثت أنا والساعة كهاتين (أخرجه مسلم في الفتن وأشراط الساعة، باب: قرب الساعة)

Le Prophète ﷺ dit: «J'ai été envoyé si proche du Jour du Jugement comme le sont ces deux doigts».[13]

La connaissance du moment exact du Jour du Jugement Dernier est du ressort d'Allāh ﷻ Seul, mais les signes précurseurs sont mentionnés dans le Corān et dans les hadiths.

Dans une autre *Soūrate*, Allāh ﷻ fait le serment:

$$\text{وَالْعَصْرِ}$$

Par le Temps. (al-'Asr 103:1)

'Asr a plusieurs sens: il désigne en général le temps, une époque spécifique ou la prière obligatoire *'Asr* (de l'après-midi). L'autre sens de

---

[13] *Sahīh Boukhārī*, (8:510) "Kitāb al-Tafsīr." *Soūrate an-Nāzi'āt*.

'*Asr* est *'Asr an-Noubouwwa* ou l'Ère de la Prophétie de Mouhammad[14] ﷺ qui commença lorsque Mouhammad ﷺ reçut la révélation à travers l'Archange Gabriel et qui se poursuit jusqu'au Jour du Jugement Dernier. Allāh fait ce serment par *al-'Asr*, indiquant ainsi l'importance de consacrer son temps à accomplir des bonnes œuvres, l'importance de faire la prière de *'Asr* et la signification de l'Avènement de la Communauté du Prophète Mouhammad ﷺ. Une indication de la durée de vie de la Communauté figure dans le hadith du Prophète ﷺ:

إِنْ إِسْتَقَامَت أُمَّتِي فلها يَوْم و إِنْ لَمْ تَسْتَقِمْ فلها نِصْفُ يَوْم (روح البيان)

> Si ma Communauté suit le droit chemin, elle vivra une période équivalente à un jour, et si elle s'en écarte, elle vivra une période équivalente à la moitié d'un jour.[15]

Allāh ﷻ dit dans le Saint Corān:

وَإِنَّ يَوْماً عِندَ رَبِّكَ كَأَلْفِ سَنَةٍ مِّمَّا تَعُدُّونَ

> *Et un jour auprès de ton Seigneur équivaut à mille ans de ce que vous comptez.* (al-Hajj 22:47)

Ainsi, la communauté islamique sur le droit chemin vivra mille ans et la communauté en déclin vivra cinq cent années.

Pendant le premier millénaire de la civilisation islamique, les Musulmans furent bénis par Allāh ﷻ d'un progrès jamais égalé auparavant ni après. Les Musulmans occupaient non seulement le premier rang dans l'essor religieux, ils constituaient aussi la référence dans le monde en ce qui concerne la recherche, la médecine, la chimie, l'astronomie, la botanique, la philosophie et l'architecture. Les Musulmans furent les flambeaux qui éclairèrent l'Europe et qui déclenchèrent la Renaissance. Après le premier millénaire, la Oummah

---

[14] Haqqī, Ismaʻil. *Tafsīr rūh al-bayān*.
[15] Le hadith est mentionné dans *Roūh al-Bayān*, le *Tafsīr* de la *Soūrate al-'Asr*. "*In istaqāmat ummatī falahā yawm wa in lam tastaqim falahā nisfa yawm.*"
Dans une autre version, le Prophète ﷺ a dit: "Si ma Communauté suit le droit chemin, elle vivra une période équivalente à un jour, et si elle devient corrompue, elle vivra une période équivalente à la moitié d'un jour."
Al-Mounawī cite *Fayd al-Qadīr* de Cheikh Mouhyī al-Dīn Ibn 'Arabī.

connut un déclin progressif et irréversible qui se poursuivit jusqu'aujourd'hui. Dans la mesure où les Musulmans se sont éloignés de la voie du Prophète ﷺ et du message de l'Islam révélé par Allāh ﷻ, de façon similaire, les bénédictions divines et le soutien divin se sont amoindris. Miraculeusement, le Prophète ﷺ prédit que ce processus durerait mille ans et cette prédiction s'est réalisée[16]. La deuxième prédiction dans ce hadith indique que la Oummah continuera dans son déclin pendant cinq cent années de plus.

Donc, selon ce hadith, Allāh ﷻ donna à la Oummah une durée de vie de mille cinq cent années, et Allāh ﷻ est Savant; aujourd'hui, nous sommes à l'an 1424 de l'*Hégire* (2003 A.D)[17]. Cette durée de vie de mille cinq cent années qui fut prédite correspond aussi aux récents Signes de la Fin des Temps qui sont apparus. Ces signes n'étaient pas apparus dans leur totalité jusqu'à récemment. D'ailleurs, même une étude rapide de ces signes fait état de leur déroulement actuel tel que prédit par le Prophète Mouhammad ﷺ il y a mille quatre cent ans. Ces prédictions détaillées sont des points de repère qui nous permettent de nous orienter sur la chronologie eschatologique.

Les deux hadiths suivants sont un exemple apparent de cette prévision. Dans ces hadiths, le Prophète ﷺ prédit les différentes formes d'autorité auxquelles la Oummah sera sujette au fil du temps pour finir avec une prédiction de son destin final.

حدثنا سليمان بن داود الطيالسي حدثني داود بن إبراهيم الواسطي حدثني حبيب بن سالم عن النعمان بن بشير قال
كنا قعودا في المسجد مع رسول الله صلى الله عليه وسلم وكان بشير رجلا يكف حديثه فجاء أبو ثعلبة الخشني فقال يا بشير بن سعد أتحفظ حديث رسول الله صلى

---

[16] Le millénaire du calendrier Musulman de l'Hégire a été marqué par le règne du sultan Ottoman Murād III 1546–95 (il a régné de 1574–95), fils et successeur de Selim II. Il était dominé par sa famille et bien que ses généraux aient vaincu la Perse, son règne a marqué le début du déclin de l'Empire Ottoman et du Caliphat Islamique dans son ensemble.

[17] Note du traducteur: La traduction Française a été faite à partir de la deuxième édition du livre en anglais publié en Septembre 2003.

الله عليه وسلم في الأمراء فقال حذيفة أنا أحفظ خطبته فجلس أبو ثعلبة فقال حذيفة قال رسول الله صلى الله عليه وسلم تكون النبوة فيكم ما شاء الله أن تكون ثم يرفعها إذا شاء أن يرفعها ثم تكون خلافة على منهاج النبوة فتكون ما شاء الله أن تكون ثم يرفعها إذا شاء الله أن يرفعها ثم تكون ملكا عاضا فيكون ما شاء الله أن يكون ثم يرفعها إذا شاء أن يرفعها ثم تكون ملكا جبرية فتكون ما شاء الله أن تكون ثم يرفعها إذا شاء أن يرفعها ثم تكون خلافة على منهاج النبوة ثم سكت (مسند أحمد)

Houdhayfa ﷺ relata que le Prophète Mouhammad ﷺ dit:

> La prophétie demeurera parmi vous tant que Dieu le souhaitera. Elle disparaîtra quand Dieu souhaitera qu'elle disparaisse. Ensuite, viendra le *Khilāfa* (une autorité ordonnée par Dieu) suivant le modèle de la prophétie et elle demeurera tant que Dieu le souhaitera. Ensuite, viendra la royauté (*moulkoun 'ad*) et elle demeurera tant que Dieu le souhaitera. Ensuite, viendra la tyrannie (*moulkoun jabri*) et elle demeurera tant que Dieu le souhaitera. Ensuite, elle disparaîtra quand Dieu le souhaitera. Ensuite, viendra le *Khilāfa* suivant le modèle de la prophétie.

Puis, il garda le silence.[18]

يكون بعدي خلفاء، وبعد الخلفاء الأمراء، وبعد الأمراء الملوك، وبعد الملوك الجبابرة، وبعد الجبابرة رجل من أهل بيتي يملأ الأرض عدلا، ومن بعده القحطاني، والذي بعثني بالحق! ما هو دونه. (نعيم بن حماد في الفتن عن عبد الرحمن بن قيس بن جابر الصدفي)

Le Prophète d'Allāh ﷺ dit:

> Après moi, viendront des califes, et après les califes viendront les princes, et après les princes viendront les rois, et après les rois viendront les tyrans. Et après les

---

[18] *Mousnad* de Imām Āhmad ibn Hanbal, 4.273.

tyrans, un homme de Ma Maison rétablira la justice sur terre, et après lui viendra al-Qahtānī. Par Celui qui m'a envoyé avec la Vérité! Pas un mot de moins.[19]

Dans son commentaire de ce hadith, Mawlana Cheikh Nāzim al-Haqqani indique que les califes mentionnés dans ces deux hadiths sont «Les Bien Guidés» — *ar-rāchidoūn*: Aboū Bakr ﷺ, 'Oumar ﷺ, 'Outhman ﷺ et 'Alī ﷺ, qu'Allāh ﷻ soit satisfait d'eux. Les princes sont les Califes Ommeyades de Damas et les Califes Abbasides de Baghdad. Quant aux rois, il s'agit des Sultans Ottomans d'Istanbul. Après les rois, selon le deuxième hadith, viendront les tyrans et c'est ce dont nous sommes témoins aujourd'hui. Et enfin, ce qui constitue une prédiction pour nous est l'apparition d'un homme de la famille du Prophète ﷺ qui fera régner la justice.

Et Allāh ﷻ est Savant, car Il n'a révélé l'Invisible à personne:

$$\text{يَسْأَلُونَكَ عَنِ السَّاعَةِ أَيَّانَ مُرْسَاهَا قُلْ إِنَّمَا عِلْمُهَا عِندَ رَبِّي لَا يُجَلِّيهَا لِوَقْتِهَا إِلَّا هُوَ ثَقُلَتْ فِي السَّمَاوَاتِ وَالْأَرْضِ لَا تَأْتِيكُمْ إِلَّا بَغْتَةً}$$

Ils t'interrogent sur l'Heure: « Quand arrivera t-elle? » Dis: «Seul mon Seigneur en a la connaissance. Lui seul la manifestera en son temps. Lourde elle sera dans les cieux et sur la terre et elle ne viendra à vous que soudainement». (al-'Arāf 7:187)

Il est donc certain que personne ne sait le jour exact ni l'heure du Jugement. Néanmoins, nous pouvons déduire à partir des signes susmentionnés par le Prophète ﷺ que nous approchons la Fin des Temps même si nul ne peut prédire sa date exacte. Il y a toujours une possibilité d'erreur chez les êtres humains. Seuls les prophètes sont infaillibles (*ma'soūm*). Notre objectif ici n'est pas de prédire avec précision le moment de la Fin des Temps mais d'analyser les signes que nous a indiqués le Prophète Mouhammad ﷺ en attendant la Dernière Heure.

---

[19] Na'īm bin Hammād dans "Fitan" de 'Abd ar-Rahmān bin Qays bin Jābir al-Sadafī, *Kanz al-o'ummāl*, hadith #38704.

يَسْأَلُونَكَ عَنِ السَّاعَةِ أَيَّانَ مُرْسَاهَا(42) فِيمَ أَنتَ مِن ذِكْرَاهَا(43) إِلَى رَبِّكَ مُنتَهَاهَا(44) إِنَّمَا أَنتَ مُنذِرُ مَن يَخْشَاهَا(45)

Ils t'interrogent au sujet de l'Heure: «Quand va-t-elle jeter l'ancre ?» Quelle science en as-tu pour le leur dire? Son terme n'est connu que de ton Seigneur. Tu n'es que l'avertisseur de celui qui la redoute.

(an-Nāzi'at:79: 42-46)

Ceux qui croient en la Fin des Temps, vivent dans la peur qu'elle arrive soudainement alors qu'ils ne se sont pas apprêtés. Ce genre d'avertissements comme dans ces versets nous exhorte à être attentifs à son apparition, et c'est pour cette raison que ce livre a été édité, car le Prophète ﷺ incitait constamment ses Compagnons à garder en mémoire l'approche de la Fin des temps.

حدثنا عبدان أخبرنا أبي عن شعبة عن عمرو بن مرة عن سالم بن أبي الجعد عن أنس بن مالك
أن رجلا سأل النبي صلى الله عليه وسلم متى الساعة يا رسول الله قال ما أعددت لها قال ما أعددت لها من كثير صلاة ولا صوم ولا صدقة ولكني أحب الله ورسوله قال أنت مع من أحببت

Relaté par Anas bin Mālik:

> Un homme demanda au Prophète ﷺ: «Quand arrivera l'Heure, O messager d'Allāh ﷺ?» Le Prophète ﷺ répondit: «Qu'as-tu préparé pour ce jour?» L'homme dit: «Je n'ai pas préparé grand chose en prières, en jeûne ou en aumône, mais j'aime Allāh ﷺ et Son Messager». Le Prophète ﷺ répondit: «Tu seras avec ceux que tu aimes».[20]

Dans ce hadith, un Bédouin demanda quand adviendra l'Heure. Plutôt que de lui indiquer un temps, le Prophète ﷺ lui dit: «Qu'as-tu préparé pour ce jour?» Il est donc primordial, et c'est un aspect de la foi,

---

[20] *Sahīh Boukhārī.*

de garder en mémoire le Jour du Jugement Dernier et ne pas le considéré comme un événement éloigné mais comme quelque chose d'imminent, qui pourrait se produire à tout moment. Ces signes sont des indicateurs que le Jour du Jugement est proche, le jour où Allāh ﷻ passera son jugement sur toute l'humanité. Allāh ﷻ dit:

$$\text{يَسْأَلُكَ النَّاسُ عَنِ السَّاعَةِ قُلْ إِنَّمَا عِلْمُهَا عِندَ اللَّهِ وَمَا يُدْرِيكَ لَعَلَّ السَّاعَةَ تَكُونُ قَرِيبًا}$$

Les gens t'interrogent au sujet de l'Heure. Dis : «Sa connaissance est exclusive à Dieu». Qu'en sais-tu ? Il se peut que l'Heure soit proche. (al-Aḥzāb 33:63)

※❀※

L'Islam Et La Science Moderne

Les Réalités Scientifiques Dans La Révélation Divine

Les Secrets du Corān et Hadith Dévoilés dans L'Ère Moderne

Non seulement le Prophète ﷺ a décrit avec précision les événements et les conditions des Derniers Jours, mais il fait preuve d'une remarquable familiarité d'avec les découvertes scientifiques inconnues jusqu'à la période scientifique contemporaine.

حدثنا سعيد بن عفير حدثنا الليث حدثني عقيل عن ابن شهاب أخبرني سعيد بن المسيب أن أبا هريرة قال سمعت رسول الله صلى الله عليه وسلم يقول بعثت بجوامع الكلم...

Le Prophète ﷺ dit: «J'ai été envoyé avec les expression les plus brèves ayant les significations les plus vastes… »[21]

A l'examen des hadiths du Prophète ﷺ aujourd'hui, autant les Musulmans que les non-Musulmans commencent à comprendre plusieurs de ces vastes explications. Il n'est pas désirable que la science détermine la foi d'autrui parce que les Musulmans croient en tout ce qui est contenu dans le Corān et les hadiths en dépit de ce que disent les scientifiques. Cependant, les chercheurs découvrent aujourd'hui beaucoup de réalités inconnues d'eux auparavant auxquelles le Prophète Mouhammad ﷺ fit allusion et qui sont mentionnées dans le Saint Corān et les hadiths il y a 1400 ans.

Ces choses ne furent pas élucidées par le Prophète ﷺ aux gens de son temps pour deux raisons. Premièrement, ils ne pouvaient pas

---

[21] Rapporté d'Aboū Hourayradans *Sahīh Boukhārī*.

comprendre ces découvertes. Deuxième, le Prophète ﷺ n'expliqua pas ces versets du Corān ou ces hadiths afin qu'ils puissent servir ultérieurement de preuves indépendantes lorsque les scientifiques finiraient par les découvrir et vérifier leur réalités. Elles furent laissées aux générations futures pour leur permettre de mesurer la grandeur du Prophète Mouhammad ﷺ et le savoir miraculeux dont il fut gratifié par Allāh ﷻ à travers le Corān et les hadiths. Lorsque les chercheurs non-Musulmans font une «découverte» usant de la technologie et la connaissance scientifique avancée d'aujourd'hui, c'est un hommage édifiant au Corān et aux hadiths qui en ont fait cas il y a plusieurs siècles avant même qu'il ne fut possible d'en savoir sur ces choses là.

Si les Musulmans avaient fait ces découvertes, l'on aurait pu spéculer qu'ils essayaient seulement de magnifier leur propre foi. Pourtant ce sont les non-Musulmans qui sont en train de corroborer ces faits de manière indépendante, vérifiant les réalités dont le Prophète ﷺ fit allusion il y a 1400 ans. De cette façon, Allāh ﷻ guide les non-Musulmans au moyen de leurs travaux de recherche pour confirmer que le Prophète ﷺ a dit la vérité lorsqu'il mentionna ces réalités, par extension affirmer qu'il a dit la vérité dans la transmission du message de l'Islam, la religion d'Allāh ﷻ. Plusieurs choses furent découvertes, mais certaines restent encore ou sont en voie de découverte. Le Prophète ﷺ avait la connaissance des découvertes qui adviendraient sur terre et de celles au-delà de la terre, dans l'espace.

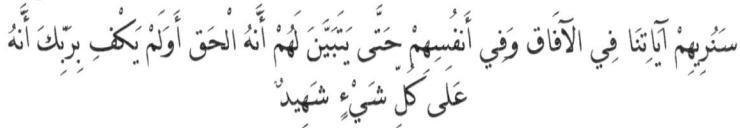

Bientôt Nous leur ferons voir Nos signes à tous les horizons, tout comme dans leurs propres personnes, jusqu'à ce qu'il leur devienne évident que, oui, c'est cela la vérité…. (Foussilat 41:53)

Le verset ne dit pas: «Nous sommes en train de leur montrer», mais «*Nous leur montrerons nos signes aux horizons*», c'est à dire dans les cieux et l'espace. Les signes ne sont pas des (décisions) ou des verdicts de juristes s'appuyant sur des précédents dans l'histoire, mais plutôt le dévoilement de réalités. Allāh ﷻ dit: «*Je leur montrerai dans l'atmosphère*». Une découverte faite sur terre aujourd'hui peut l'avoir été bien au préalable.

Cependant, il est impossible il y a quatorze siècles pour quelqu'un d'avoir su les découvertes faites grâce à l'exploration de l'espace. Les savants Musulmans qui ont lu ce verset se sont par le passé demandés quels genres de signes Allāh ﷻ dévoilera aux horizons. Certains aspects du Corān et du hadith ne furent pas expliqués par le Prophète ﷺ mais laissé afin qu'ils puissent être découverts ultérieurement. C'est pourquoi jusqu'à nos jours, il y a plusieurs éléments que les scientifiques sont en train de découvrir dans le Corān et qui ne furent pas comprises, même jusqu'à récemment.

Le Prophète ﷺ donna à chacun des Compagnons quelque chose de bien précis. Pour cette raison, ceux qui compilèrent les hadiths du Prophète ﷺ tel que l'Imām Boukhārī, ont du les recueillir de partout parce qu'aucun Compagnon ne savait tout mais chacun savait quelque chose de précis. Cela montre que la connaissance ne peut être léguée qu'à ceux qui sont en mesure de la comprendre, en fonction de la capacité du cœur à recevoir.

Allāh ﷻ le souligne:

لاَ يُكَلِّفُ اللَّهُ نَفْساً إِلاَّ وُسْعَهَا

Allah n'impose à une âme que ce qu'elle peut supporter...
(al-Baqara 2:286)

Allāh ﷻ n'impose à personne aucun fardeau au-delà de sa capacité. Le Prophète ﷺ connaissait la capacité de chaque personne recevant de lui et donna en conséquence.

Aboū Hourayra ؓ est un Compagnon bien connu du Prophète ﷺ qui rapporta plus de quatre mille hadiths.

حدثنا إسماعيل قال: حدثني أخي، عن ابن أبي ذئب، عن سعيد المقبري، عن أبي هريرة قال حفظت من رسول الله صلى الله عليه وسلم وعاءين: فأما أحدهما فبثثته، وأما الآخر فلو بثثته قطع هذا البلعوم (صحيح البخاري في كتاب العلم)

Aboū Hourayra ؓ dit:

> J'ai mémorisé du Prophète ﷺ deux sortes de connaissances. L'une, je l'ai propagé à tous et en ce qui concerne l'autre, si je la propage, on me coupera la tête.[22]

Cela laisse entrevoir la perception de certains savants par rapport à ce type de savoir comme un don du Prophète ﷺ à Aboū Hourayra ؓ par Allāh – comme si cela avait été déversé dans son cœur. Il fit cette déclaration mais pas en notre temps, plutôt durant la période où il était parmi les Compagnons du Prophète ﷺ. Il ne dévoila pas une portion du savoir dont il bénéficia du Prophète ﷺ parce que certains n'étaient pas en mesure de l'apprécier ou suffisamment apte à le comprendre.

Qu'est ce qu'Aboū Hourayra ؓ refusa alors de dévoiler? Plusieurs éléments dans le Corān restent incompris, même aujourd'hui. Même les savants d'aujourd'hui disent que le Corān regorge de secrets, et cela est un aspect du savoir miraculeux qui s'y trouve (*i'jāz al-Qour'ān*). Ces aspects sont ceux qui ne furent pas expliqué même aux Compagnons parce qu'ils n'étaient pas en mesure de les comprendre.

نضر الله عبدا سمع مقالتي فوعها و حفظها و بلغها فرب حامل فقه غير فقيه و رب حامل فقه إلى من هو أفقه منه ثلاث لا يغل عليهن قلب مسلم إخلاص العمل لله منا صحبة أئمة المسلمين و لزوم الجماعة فإن الدعوة تحيط من ورائهم

Le Prophète ﷺ dit:

> Qu'Allāh ﷻ illumine le visage de celui de parmi Ses serviteurs qui entend mes mots, s'en souvient, les préserve et les transmet. Combien de fois celui qui transmet la connaissance n'en comprend rien, et plusieurs transmettront une connaissance aux autres qui l'appréhenderont mieux qu'eux-mêmes...[23]

---

[22] *Sahīh Boukhārī*, (1:121):
   Hafiztou min rasoūlillāhi wi'ā'ayn fa amma ahadouhoumā fa bathathtouhou lilkhalq wa amma al-ākhar law bathathtouhou qoutī'a hadha al-bal'oūm.
Une autre version dit, "*sabba fī qalbī rasoūloullāh*"—"Le Prophète déversa dans mon cœur..."
[23] Rapporté de Zayd ibn Thābit by Tirmidhī (*hasan*), Aboū Dawoūd, Ibn Mājah, Āhmad, al-Dārimī, et al-Shafi'ī dans sa *Risāla* (#1102). La version d'Al-Tirmidhī ne

Ici, le Prophète ﷺ prédit que les transmetteurs de hadiths pourraient ne pas comprendre la portée de certains de ses discours, mais dans le but de permettre aux générations futures, celles-là mieux aptes à les comprendre, de les entendre sans faute, il insista des transmetteurs une attitude minutieuse dans la préservation mot à mot des discours originaux.

Le savoir miraculeux dispensé par le Prophète ﷺ nous parvient aujourd'hui de deux sources: le Saint Corān et les hadiths. De nos jours, les scientifiques ont trouvé une congruence édifiante entre le contenu du Corān et des hadiths avec ce que la science est en train de découvrir des merveilles de la création d'Allāh ﷻ. Ces découvertes s'étendent sur une vaste étendue du domaine scientifique et révèlent les niveaux de connaissance du Prophète Mouhammad ﷺ dont il fut inspiré il y a quatorze siècles.

La prédiction stupéfiante et détaillée de ces réalités n'aurait pas été découverte indépendamment de la technologie moderne ni n'est le fait du hasard ou de l'imagination. Tout simplement, les prédictions du Prophète Mouhammad ﷺ sont d'une précision rare, sans précédente et détaillée, avec une teneure révélée ni avant et ni après lui. Cela prouve que la connaissance que le Prophète ﷺ dispensa n'a pu être reçue qu'uniquement à travers la révélation émanant d'Allāh ﷻ.

Avec l'apport de la science moderne, les gens apprécient aujourd'hui de façon singulière le savoir incroyable et miraculeux du message de l'Islam apporté par le Prophète Mouhammad ﷺ à travers le Saint Corān et les hadiths. Avant d'aborder les hadiths traitant des événements des Derniers Jours, nous examinerons quelques versets du Corān et leurs significations à la lumière des récentes découvertes scientifiques. Ces versets illustrent le savoir miraculeux dont le Prophète ﷺ fut gratifié par Allāh ﷻ et constitue un témoignage poignant qui invitent tous, Musulmans comme non-Musulmans à examiner le message du Prophète

---

mentionne pas la dernière phrase. Au sujet des versions de cet important hadith, veillez consulter *al-Rassoūl al-Mou'allim* (p. 55-56) de Cheikh 'Abd al-Fattāh Aboū Ghoudda.

Mouhammad ﷺ dans son intégrité et particulièrement ses prédictions pour le futur.

Tout comme le Corān abonde d'exemples stupéfiants, matérialisant le savoir divin dont le Prophète Mouhammad ﷺ fut gratifié, similairement les hadiths du Prophète ﷺ traitant des événements des Derniers Jours sont miraculeux tant dans leur portées scientifiques que dans leurs descriptions précises du monde actuel. Les signes des Jours Derniers mentionnés par le Prophète ﷺ prouvent de façon éloquente qu'aussi bien les hadiths et le Corān constituent une révélation divine d'Allah ﷻ au Prophète Mouhammad ﷺ. Tout ce qui sera mentionné dans les chapitres à suivre ne représente qu'une goutte des océans de la connaissance divine dont le Prophète ﷺ fut gratifié et à propos duquel Allāh ﷻ dit:

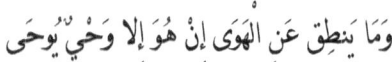

Il ne parle pas par caprice. Il s'agit uniquement d'une révélation reçue (an-Najm 53:3-4)

Dans les passages suivants, nous décrirons cinq des découvertes scientifiques dont l'existence furent déjà établi dans le Saint Corān il y a quatorze siècles.

Le Fer

Dans le Saint Corān, Allah dit:

وَأَنزَلْنَا الْحَدِيدَ فِيهِ بَأْسٌ شَدِيدٌ وَمَنَافِعُ لِلنَّاسِ

Nous avons aussi fait descendre le fer, qui est source d'une puissance terrible et de commodités pour les hommes... (al-Hadīd 57:25)

Les savants Musulmans par le passé et même jusqu'à récemment ont traduit *anzalnā* (Nous avons fait descendre, révélé) par *khalaqnā* (Nous avons crée). Ils savaient que le fer était extrait des profondeurs terrestres mais ne pouvaient concevoir que le fer descendit ou fut acheminé sur terre de l'espace.

Les scientifiques ont découvert qu'on retrouve le fer non seulement dans la terre mais aussi dans le soleil et plusieurs types d'étoiles et à travers l'univers. Mieux, les savants Musulmans se sont rendu compte qu'il est impossible que même un seul atome de fer puisse avoir été crée sur terre, même avec les énergies extrêmes dont la terre dispose en son sein. Produire un atome de fer (*hadīd*) nécessite une énergie plus grande que celle du soleil. Selon la théorie de la nucléosynthèse, le seul lieu dans l'univers suffisamment chaud pour produire du fer se trouve au sein d'une étoile super géante qui après explosion disséminerait le fer à travers l'univers[24]. Cela confirme que le fer n'a pas été crée sur terre mais

---

[24] Donald Clayton dit:
> Les astrophysiciens d'aujourd'hui croient que l'univers est essentiellement composé d'hydrogène et d'hélium au regard des observations palpables qu'ils ont mené. Ils sont partis de l'hypothèse selon laquelle le Big Bang duquel la création de l'univers originellement découle, a produit principalement l'hydrogène, l'hélium avec des quantités de minuscules éléments légers et avec une production moins significative en carbone, en nitrogène, en oxygène, en fer, en magnésium, en silicium et autre éléments plus lourds que le fer. Ils sont partis de l'hypothèse selon laquelle la fournaise thermonucléaire au sein

d'étoiles à haute température est "le lieu de fonte et de synthèse" de ces éléments longtemps après l'occurrence du Big Bang.

Dans d'un processus connu comme la nucléosynthèse, le type le plus courant parmi les étoiles connu sous le nom d'étoile à fréquence courante, génère de l'énergie en transformant l'hydrogène en hélium par la fusion thermonucléaire. Lorsque les étoiles épuisent leur réserve en hydrogène, elles évoluent d'étoiles à fréquence-courante pour devenir celles qui sont connues comme les étoiles géantes ou super géantes pouvant produire plus de cent fois l'énergie issue de leur luminosité initiale. Au cours de ces phases, les étoiles commenceront à "brûler" l'hélium ou même d'autres éléments plus lourds au fur et à mesure que l'étoile en son sein s'élève d'avantage en température et en densité. La procédure perdure en fonction de la densité de l'étoile. Les étoiles de masse moindre ne finiront jamais tout l'hydrogène dont elles disposent alors que celles de plus grandes masses pourront produire des éléments jusqu'au fer. Au sein d'étoiles plus grandes où l'hydrogène est transformé en hélium et est complètement épuisé, la pression interne diminue, et une grande augmentation en température s'en suit. A un certain point, au lieu d'une fusion de l'hydrogène en hélium, la température atteint le niveau où la fusion de l'hydrogène fait place à celle de l'hélium en carbone. Le centre est le siège de plusieurs étapes de transformation où le produit de la fusion thermonucléaire à un point donné sert de combustible à l'étape suivante. Le nouvel élément ou produit gagne en masse au cours de la série de phases, et en fonction de la masse initiale de l'étoile, cette transformation évolutive débute avec l'hélium en passant par le carbone, l'oxygène, le silicium pour en finir avec le Fer.

Pour chaque changement de combustibles, la température augmente au centre et aux périphéries des étoiles qui alors commencent à se dilater pour aboutir à ce qu'on appelle les étoiles géantes ou super géantes. La plus énorme de ces étoiles a une structure externe comparable à celle de l'oignon – au centre se trouve le fer entouré de couches composées d'éléments étant eux-mêmes "produits" des phases antérieures, l'élément le plus lourd continue de brûler au centre pour produire le rendement énergétique de l'étoile. L'étoile rouge géante qui amorce une transformation pourrait se dilater jusqu'à environ 40 fois son rayon normal, atteignant 30 millions de km et une température de 400 million de degré K (kelvin).

La fusion d'éléments plus légers produit une énergie associée à l'étoile. Cependant, une fois que le Fer devient le combustible au centre de l'étoile, la production d'énergie s'estompe et le Fer fait usage de l'énergie emmagasinée. Lorsque ce cas de figure se présente, et ceci n'advient que seulement dans le cas où les étoiles sont excessivement énormes, il arrive alors qu'à un point donné, le centre de l'étoile devienne le siège d'une explosion interne massive connue sous le nom de supernova au comme Allāh ﷻ dit: *descendit* ou *envoyé d'en haut* vers la terre[25]. C'est impossible pour quelqu'un ayant vécu il y a quatorze siècles d'avoir su que le fer ne provenait pas de la terre mais plutôt fut descendu sur terre de l'espace. Ceci est un exemple de la connaissance miraculeuse dont

---

cours de laquelle les couches périphériques sont projetées dans l'espace à de gigantesques vitesses. Au cours de la transformation, toutes sortes de réactions nucléaires adviennent, produisant une synthèse d'éléments allant jusqu'au plutonium ou au-déla. C'est cette transformation qui selon les astrophysiciens est à l'origine des nuages stellaires au sein des galaxies composées d'éléments plus denses – des éléments qui, à un point donné, pourraient se condenser durant la formation des planètes, notamment la terre à partir de laquelle la vie fut possible.

Après l'occurrence du supernova, ce qui reste de l'étoile initiale n'est qu'un minuscule noyau d'environ 100 km de rayon, brûlant à une température incroyable de 100 milliards de degré K(Kelvin) avec une vitesse de rotation de 2000 rpm (rotation par minute). De telles étoiles sont connues sous le nom d'étoiles neutron, car c'est l'accouplement des protons et des électrons sous l'énorme champ gravitationnel qui a donné naissance aux neutrons.

Mieux, plus les étoiles sont énormes, plus le résultat est spectaculaire. Les forces de gravitation sont si fortes que l'explosion interne au sein de l'étoile est permanente et devient un point de densité infinie. Ces points sont connus sous le nom de trous noirs. Même la lumière ne peut échapper au champ de gravitation d'un trou noir.

L'Origine des Éléments et la Vie d'une Etoile, Donald Clayton, l'Université Clayton, 1999.

[25] ...les nombres associés aux atomes des métaux naturellement produits compris entre les poids atomiques 45 et 65... sont surplombés comme par une montagne, par quatre isotopes du fer de façon abondante. Parlant d'abondance, c'est ce genre de données que la théorie de la nucléosynthèse doit considérer. La méthodologie scientifique a accompli un progrès triomphal dans ce cas précis, parlant de la thèse initiale d'il y a un demi siècle de cela que le fer est le produit naturel de l'évolution du noyau stellaire jusqu'à la récente découverte des rayons gamma au sein des supernovae; Cette découverte a mis en évidence que les isotopes du fer sont émis ou produit comme des isotopes du nickel et du cobalt sous forme radioactive et ceux-ci en proportion similaire à ceux contenus dan un marteau ordinaire!... Le calcium contenu dans nos os, le fer dans notre hémoglobine, tous à l'exception de l'hydrogène et de l'hélium initiaux, sont des débris thermonucléaires résultant de l'explosion des étoiles. *L'Origine des Éléments et la Vie d'une Etoile*, Donald Clayton, l'Université Clayton, 1999

Allāh ﷻ gratifia le Prophète Mouhammad ﷺ à travers le Saint Corān et les hadiths.

Il y a le *i'jāz al-'ilmi* (stupéfiante ou miraculeuse connaissance), et il y a *i'jāz al-raqami* (ou *i'jāz al-'adadi*) l'extraordinaire numérologie dans le Corān. Dans le Corān, il y a plusieurs exemples de nombres se rapportant ou faisant allusion à quelque chose que la science découvre plus tard.

Le nombre atomique (le nombre de protons dans le noyau) du fer est 26. Il y a quatre isotopes stables naturellement disponibles du fer avec les masses atomiques suivantes: 54, 56, 57, et 58 (voir Table 1). L'isotope du fer 56 est le plus abondant sur terre[26]. La 57ème *Soūrah* du Corān se nomme le fer, *Soūrat al-Hadīd*, et le fer 57 est l'isotope le plus abondant indubitablement dans l'univers[27]. Dans cette *Soūrah*, le mot «fer» apparaît dans le 25ème verset. Tous les chapitres du Corān (à l'exception d'un seul) commencent avec le *basmala*[28], et ceci est considéré par plusieurs savants comme un verset à part entière. Comptant ainsi le *basmala* comme un verset, ramène le mot (*hadīd*) au 26ème verset qui est identique au nombre atomique du fer c'est à dire le nombre de protons. La *Soūrah* est composée de 29 versets mais incluant la *basmala*, le total est 30 qui est le nombre de neutrons dans le fer.

Isotope du Fer	Masse atomique (ma/u)	L'abondance naturelle (pourcentage atomique)
54Fe	53.9396127 (15)	5.845 (35)
56Fe	55.9349393 (16)	91.754 (36)
57Fe	56.9353958 (16)	2.119 (10)

---

[26] Rapport de la Commission sur les masses Atomiques et les abondances des Isotopes pour l'Union Internationale de la Chimie Pure et Appliquée à propos de la composition en Isotope des Eléments 1989, Chimie Pure et Appliquée, 1998, 70, 217. [droit d'auteur 1998 IUPAC]

[27] 57 est la masse de l'isotope stable le plus abondante du fer (variante du noyau) observé dans le voisinage du soleil selon les données fournies par Charge, Elément, Système d'analyse de l'isotope (CESAI) à bord du vaisseau spatial SOHO. Il se pourrait que dans l'univers entier, ceci puisse être en effet l'Isotope dominant.
L'origine des Eléments et la vie d'une Etoile, Clayton, Donald, Université Clayton, 1999]

[28] *Bismillāh ir-Rahmān ir-Rahīm* Au Nom de Dieu, le Très Miséricordieux, le Tout Miséricordieux.

58Fe	57.9332773 (16)	0.282 (4)

Table 1. Abondance des isotopes du Fer sur terre

Certains savants non-Musulmans étaient surpris de cette corrélation mystérieuse. D'autres scientifiques qui ont entendu parler de ces révélations Corāniques concernant le fer (*hadīd*) sont même devenus Musulmans. Il était impossible qu'une personne, il y a quatorze siècle, puisse avoir su que le fer ne provenait pas de la terre mais plutôt des cieux vers la terre, et ait su aussi le nombre de protons (avant que les protons ne furent même découverts) ainsi que la masse atomique du type de fer le plus naturellement disponible et ensuite faire usage de ces nombres comme coordonnées pour repérer la plus importante référence du fer dans le Corān (57:25) dans le chapitre du Fer, *Hadīd*.

Avant de passer dans l'au-delà, le Prophète ﷺ rassembla ses Compagnons et les informa de la position de chaque verset et chaque *Soūrah*, attribuant le nombre 57 à la *Soūrat al-Hadīd*. Bien que l'isotope 56 soit la forme la plus répandue sur terre, néanmoins le Prophète ﷺ a choisit la *Soūrah* 57 pour être celle du Fer dans le Corān. L'isotope 57 est la plus répandue dans l'espace, et le Prophète ﷺ prouve ainsi aux scientifiques d'aujourd'hui et à tout le monde que la révélation dont il a bénéficié surpasse les limites de la connaissance ordinaire disponible sur cette terre. C'est le Saint Corān, la révélation d'Allāh à toute l'humanité à travers Son Prophète bien aimé Mouhammad ﷺ, et ceci n'est qu'une facette de la nature miraculeuse et la parfaite transmission par le Prophète ﷺ du message de son Seigneur.

Les Combustibles Fossiles

Dans le Saint Corān, Allāh dit:

الَّذِي جَعَلَ لَكُم مِّنَ الشَّجَرِ الْأَخْضَرِ نَارًا فَإِذَا أَنتُم مِّنْهُ تُوقِدُونَ

C'est Lui qui, pour vous, a fait jaillir de l'arbre vert le feu dont vous utilisez une flamme! (Yāssīn 36:80)

Dans ce verset, il y a une trace d'information qui était inconnue au temps de la révélation Corānique et même mieux inconnue jusqu'au siècle dernier. Ce verset décrit clairement les origines des carburants dérivés des fossiles si les scientifiques modernes l'analysent de près.

Les carburants dérivés des fossiles sont des substances riches en énergie: le pétrole, le charbon et le gaz naturel qui produisent la plus grande quantité de l'énergie qui fait fonctionner la société industrielle moderne. Ceci est accompli lorsqu'on les brûle. Ces substances sont extraites de la croûte de la terre et si nécessaire transformées en combustibles utilisables comme l'essence, le mazout pour le chauffage et le kérosène.

Il est aujourd'hui évident que ces combustibles se sont formés à partir des plantes et microorganismes longtemps ensevelis, ayant subi une compression poussée et une transformation lente pour aboutir à leur état actuel. Ainsi, l'essence dont nous remplissons nos voitures, le charbon qui alimente plusieurs centrales électriques et le gaz naturel de nos chauffages domestiques proviennent de la matière organique c'est-à-dire provenant soit des arbres, plantes ou algues ou de minuscules créatures marines dotées de carbone appelées plancton..

Nous voyons ici un exemple de *i'jāz al-'ilmi* (connaissance stupéfiante ou miraculeuse) dans le Corān lorsqu'Allāh ﷻ décrit quelque chose qui n'aurait pu être découverte du temps du Prophète ﷺ. La houille a été utilisée par l'humanité depuis les temps immémoriaux, mais le fait qu'il se soit formé à partir d'arbres et de plantes vivantes nous était inconnu jusqu'à récemment. Le bois vert se brûle difficilement et pour cette raison est adéquatement asséché avant de le brûler. Dans ce verset, nous voyons l'arbre vert décrit comme une chose à partir de laquelle le feu est produit (*nār*). L'*Encyclopedie Encarta* décrit la formation du charbon de la façon suivante:

> Le charbon est un combustible fossile solide formé de vieilles plantes – comprenant les arbres, les fougères et les moussent qui poussent dans les marécages et les marais ou le long des rivages côtiers – Plusieurs générations de ces plantes, une fois morte, ont été graduellement ensevelis sous des couches de sédiment. Lorsque la couche de sédiment s'est considérablement accrue, la matière organique, elle, a comme résultat subi une croissance en chaleur et en pression pour aboutir au charbon en passant par plusieurs états intermédiaires. L'augmentation de la pression et de la température a permit à la matière organique, au préalable riche en carbone, hydrogène et oxygène à s'enrichir continuellement en carbone et à s'appauvrir en hydrogène et en oxygène.[29]

---

[29] L'encyclopédie Encarta sur l'Internet. "Les combustibles Fossiles", disponible sur l'internet à WWW:http://encarta.msn.com/encyclopedia_761586407_1/Coal_:_formation :_Fossil_Fuels.html#p88.

Les Océans sont contigus mais ne se mélangent pas

Dans ces versets, Allāh ﷻ étale une preuve manifeste de Son Pouvoir en édifiant ce qui est inimaginable dans le domaine de l'expérience humaine.

مَرَجَ الْبَحْرَيْنِ يَلْتَقِيَانِ بَيْنَهُمَا بَرْزَخٌ لَّا يَبْغِيَانِ فَبِأَيِّ آلَاءِ رَبِّكُمَا تُكَذِّبَانِ

Il a fait confluer les deux mers: elles se rencontrent ; entre elles est un isthme qu'elles ne dépassent pas. Lequel des bienfaits de votre Seigneur nierez-vous donc tous les deux ? (ar-Rahmān 55:19-21)

Ces versets font états de deux entités d'eau salée qui se croisent mais restent *contigües* ou ne se mélangent pas. Les entités d'eau sont séparées par une barrière (*barzakh*, isthme). Un verre d'eau salée et un verre d'eau sucré ne se mélangent pas lorsque versée dans un même récipient. Deux verres d'eau salées se mélangent facilement lorsqu'on les combine parce qu'ils contiennent le même soluble. Pourtant le verset du Corān affirme que les deux masses d'eaux salées ne se mélangent pas.

Le Prophète ﷺ décrit une barrière similaire à la frontière d'un pays, qu'aucune des deux entités ne peut envahir ou transgresser. Il est logique de penser qu'une masse d'eau gigantesque comme l'océan Atlantique pourrait envahir la méditerranée qui est moins large. Pourtant, les chercheurs ont découvert que les deux masses d'eau ne se mélangent pas[30], ni le poisson de l'océan Atlantique de passer dans la méditerranée

---

[30] Richard Davis dit:
> Occasionnellement, l'eau gagne en poids à cause de son abondante salinité. Telle est le cas de la Mer Méditerranée. L'eau qui jaillit du détroit de Gilbratar a une salinité plus grande que celle adjacent provenant de l'océan Atlantique, et cela parce qu'elle pèse plus, et par conséquent elle coule en profondeur. Le flux de l'eau de la méditerranée

et vice-versa. Si un poisson est jeté d'une masse d'eau à une autre, il devient malade. L'eau de chaque côté ne traverse pas la frontière invisible entre les deux mais plutôt elles viennent à la barrière et repartent sans traverser. Pas de doute, il y a certainement des cas rares ou un poisson peut trépasser la barrière mais pas généralement – tout comme les diplomates de différentes nations sont habilités à traverser les frontières des uns et des autres, mais ce n'est pas le cas pour les simples citoyens.

Comme on l'a souligné ci-dessus, Allāh ﷻ dit qu'Il rendra Ses signes manifestes:

سَنُرِيهِمْ آيَاتِنَا فِي الْآفَاقِ وَفِي أَنْفُسِهِمْ حَتَّىٰ يَتَبَيَّنَ لَهُمْ أَنَّهُ الْحَقُّ

Nous leur montrerons Nos signes dans les horizons et en eux-mêmes, jusqu'à ce qu'il leur apparaisse avec évidence que ceci est la Vérité.… (Fussilat 41:53)

Allāh ﷻ dit qu'Il leur montrera Ses signes *en eux-mêmes*, c'est à dire ici sur terre.

Dans un autre verset, Allāh ﷻ mentionne la barrière entre une masse d'eau salée et une masse d'eau douce. En plus de cette barrière (*barzakh*) mentionnée ci-dessus, Allāh décrit quelque chose similaire à une région cloisonnée (zone tampon).[31]

---

peut être perçue comme une "langue" de haute salinité d'eau coolant tout en travers le long de l'océan atlantique. Ce qui signifie que le flux d'eau provenant de la mer méditerranée ne se mélange pas avec l'eau de l'océan atlantique. Ce flux qui en jaillit ne perd pas son identité après avoir coulé sur une courte distance. De façon surprenante, le flux d'eau de la mer méditerranée continue de couler "principalement en travers de l'océan atlantique". Puisque la superficie de l'océan atlantique est d'environ 31,831,000 square miles, [c'est à dire 824637.6 km2 ikm2=0.386 sqare mile)], c'est donc une distance considérable que parcours ce flux. …cette eau de haute densité est aperçue comme une "langue" jaillissante cernée par une eau de densité moindre.

Principes d'Océanographie, Davis, Richard A., Jr. and Don Mills, [Ontario, Addison-Wesley Publishing,1972], p. 92-93.

31 Allāh décrit cette zone comme *hijran mahjoūrā*. Le dictionnaire Arabo-Anglais *al-Mawrid* définit *hijr* comme: interdit, prohibé, banni. *Mahjoūrā* est: enfermé, comprimé, contenu, limité, confiné, restreint, isolé, reclus.

$$\text{وَهُوَ الَّذِي مَرَجَ الْبَحْرَيْنِ هَذَا عَذْبٌ فُرَاتٌ وَهَذَا مِلْحٌ أُجَاجٌ وَجَعَلَ بَيْنَهُمَا بَرْزَخًا وَحِجْرًا مَّحْجُورًا}$$

C'est Lui qui a fait confluer les deux mers : l'une est douce, rafraîchissante, l'autre est salée, amère. Il a placé entre les deux un isthme, une barrière infranchissable.

(al-Fourqān 25:53)

L'eau douce se trouve dans des masses d'eau plus restreintes telles que les rivières ou les lacs alors que les grandes masses comme les océans et les mers sont toutes salées. Bien que les gigantesques océans salés puissent à priori envahir les rivières d'eau douce, pour certaines raisons cependant, ils ne les envahissent pas, et les deux masses d'eau ne trépassent pas la barrière qui les sépare. Le poisson de l'eau salée ne s'aventure pas dans l'eau douce et, inversement aucun ne peut survivre dans l'environnement de l'autre comme déjà mentionné pour les deux masses d'eau salée. Le cas du saumon et de la truite à tête d'acier, qui sont conçus et naissent dans l'eau douce et qui passent presque leur vie dans les océans et finalement retournent à l'eau douce pour simplement s'accoupler et y mourir, sont des exceptions dont la rareté et la singularité ne justifient que la règle.

Dans la *Soūrate al-Fourqān*, Allāh ﷻ mentionne qu'en plus de la barrière (*barzakh*, aussi mentionné dans la *Soūrate ar-Rahmān*), il y a un *hijran mahjoūrā* qui signifie une région complètement séparée, isolée et inaccessible. *Hijran mahjoūrā* est une affirmation de l'isolement absolu comme dans le cas d'une quarantaine. Les quarantaines sont nécessaires pour isoler et protéger les gens d'éléments dangereux comme dans le cas d'une infection ou d'une violence. Il y a aussi une zone de confinement pour le poisson vivant entre l'eau douce et l'eau salée. Au point où l'eau douce ou la chute d'eau rencontre l'eau de mer, l'eau douce descend en profondeur. A ce point, il y a une zone distincte d'eau qui n'est ni douce ni salée et qui est interdit d'accès. L'eau de cette zone descend en profondeur suivant un mouvement cylindrique et elle a ses propres espèces de poissons qui y survivent. Ni le poisson d'eau douce ni le poisson d'eau salée ne peuvent survivre dans cette zone en quarantaine. C'est un mélange d'eau douce et d'eau salée et cela n'accommode que le type de poisson qui lui est propre. Les poissons de cette zone en quarantaine sont incapables d'en trépasser les limites sous peine de périr. Le Saint Prophète ﷺ, il y a 14 siècles de cela, a fait allusion à ces phénomènes qui furent découverts et compris ultérieurement par les scientifiques modernes.

Le puissant océan demeure dans sont lit sans envahir les eaux douces. Par comparaison aux humains, l'océan qui est plus grand et plus puissant, fait néanmoins preuve d'humilité à ne pas trépasser les limites établies par son Seigneur. Allāh ﷻ nous montre par cet exemple que quelque soit son imposante stature ou sa puissance physique, l'être humain doit faire preuve de respect envers tous et non faire étalage d'arrogance, d'animosité ou de cruauté envers les autres. Les humains ne peuvent boire l'eau salée bien que plusieurs autres créatures en sont capables. Ainsi, Allāh ﷻ nous recommande d'éviter d'être rude et amer comme l'eau salée mais d'être doux et tolérant. Allāh ﷻ montre ainsi que les humains doivent rechercher l'amabilité et la douceur dans leurs actions et leurs vies. Il n'aime pas la transgression par des actes dégoûtants et répugnants.

La Description Corānique de la Rondeur de la Terre

Plusieurs années avant Copernic (d. 1543 AD) et Galilée (d. 1642 AD), le langage Corānique fit étalage d'une profonde appréhension du monde physique. Par exemple, le Corān fait usage de plusieurs expressions similaires pour montrer que la terre s'étale dans un mouvement d'expansion curviligne continu.

وَالْأَرْضَ فَرَشْنَاهَا فَنِعْمَ الْمَاهِدُونَ

Et la terre ? Nous l'avons déployée comme un tapis, et quelle perfection pour Celui qui l'a ainsi étendue ![32] *(adh-Dhāriyāt 51:48)*

وَالْأَرْضَ مَدَدْنَاهَا وَأَلْقَيْنَا فِيهَا رَوَاسِيَ وَأَنبَتْنَا فِيهَا مِن كُلِّ شَيْءٍ مَّوْزُونٍ

Quant à la terre, Nous l'avons étendue, (comme un tapis).[33] *(Hijr 15:19)*

وَاللَّهُ جَعَلَ لَكُمُ الْأَرْضَ بِسَاطًا

Dieu a fait pour vous de la terre un tapis (en extension continue).[34] *(Noūh 71:19)*

Pour qu'elle se déroule constamment et soit à la fois en expansion constante, la terre doit être soit infiniment longue ou ronde et en «circonvolution» dans l'espace. Cette dernière conclusion est corroborée par un autre verset:

---

[32] *Wal arda farashnāhā fa ni'm al-māhidoūn.*
Farasha: Dérouler, allonger, étendre, défaire, élongation, extension, étirer.
Mahada: Aplanir, rendre lisse, enrouler.
[33] *Madda*: étendre, étaler, débaler, défaire.
[34] *Basata*: Dérouler, étaler, étirer, dénouer, déplier, dérouler, étaler, allonger, dérouler.

$$\text{خَلَقَ السَّمَاوَاتِ وَالْأَرْضَ بِالْحَقِّ يُكَوِّرُ اللَّيْلَ عَلَى النَّهَارِ وَيُكَوِّرُ النَّهَارَ عَلَى اللَّيْلِ وَسَخَّرَ الشَّمْسَ وَالْقَمَرَ كُلٌّ يَجْرِي لِأَجَلٍ مُسَمًّى أَلَا هُوَ الْعَزِيزُ الْغَفَّارُ}$$

Il a créé avec vérité les cieux et la terre (en vraies proportions): Il enroule[35] la nuit au jour, et enroule le jour à la nuit ... (az-Zoumar 39:5)

De façon intéressante, le Corān a aussi précisé que bien que la terre soit ronde, elle n'est pas une sphère parfaite. Allāh ﷻ dit: *«Et après qu'Il ait étendu (d'une expansion remarquable)»* (an-Nāzi'āt 79:30). Ici, le terme traduit comme «étendue» est en fait *dahāhā* qui signifie que la terre a la forme d'un œuf, donc elle n'est pas parfaitement ronde. Ceci est aussi le point de vue des astronomes contemporains qui décrivent sa forme comme un sphéroïde oblong.

La rotation de la terre permet d'expliquer les différentes références à l'Est et à l'Ouest dans le Corān. L'Est et l'Ouest sont bien connus de tout le monde. Le Corān mentionne l'Est (*machriq*, littéralement le lieu du lever du soleil) et l'Ouest (*maghrib*, le lieu du coucher du soleil):

$$\text{رَبُّ الْمَشْرِقِ وَالْمَغْرِبِ}$$

Le Seigneur du Levant et du Couchant . (Mouzzammil 73:9)

Il mentionne aussi les deux lieux du lever du soleil (*al-machriqayn* – les deux Est) et les deux lieux du coucher du soleil (*al-maghribayn* – les deux Ouest):

$$\text{رَبُّ الْمَشْرِقَيْنِ وَرَبُّ الْمَغْرِبَيْنِ}$$

Il est le Seigneur des deux levants et le Seigneur des deux couchants.. (ar-Rahmān 55:17)

Lorsque l'on voyage sur une certaine distance, le lieu du lever et celui du coucher du soleil changent de leurs positions initiales au départ du voyage. Ainsi pour un voyageur, il y a deux points de lever et coucher de soleil. Le Corān mentionne aussi plusieurs points de lever et plusieurs points de coucher de soleil.

---

[35] *Kawwara* – enrouler, ballonner, nouer (un turban).

$$\text{فَلَا أُقْسِمُ بِرَبِّ الْمَشَارِقِ وَالْمَغَارِبِ}$$

Le Seigneur des Orients et des Occidents. (al-Maʿarij 70:40)

Les références aux nombreux points de lever et de coucher indiquent que le lieu du lever du soleil varie constamment sur la terre de même que le lieu du coucher du soleil. Le Corān mentionne le lever du soleil et le coucher du soleil au singulier, marquant ainsi l'expérience journalière des gens. Le Corān les mentionne aussi dans la forme duale: deux points de lever du soleil et deux points de coucher du soleil pour les voyageurs. Aujourd'hui, avec les moyens de déplacement à travers le monde, l'on peut être aussi au rendez-vous du lever ou du coucher continu du soleil. Si l'on voyage en avion vers l'Ouest, l'on peut observer le mouvement perpétuel du lever ou du coucher du soleil au fur et à mesure qu'il se déplace autour du globe d'un lieu à un autre. [36]

Avec la rotation constante de la terre, un point de l'équateur se déplace à la vitesse de 1044 miles/h (soit 16704 km/h) autour de son axe; et il y a un perpétuel lever et coucher du soleil et une vague perpétuelle de Musulmans en prière couvrant la terre. La prière de *maghrib* (coucher du soleil) et la prière du matin avant le lever du soleil, la prière lorsque le soleil passe le zénith, la prière de l'après-midi, la prière de la nuit, toutes, balaient la surface de la terre dans un cycle interminable d'adoration d'Allāh ﷻ et de louanges de Son Prophète ﷺ.

Au-delà de la description de la forme de la terre et de sa rotation, le Corān décrit le mouvement du soleil, de la lune et de l'univers dans sa totalité.

$$\text{لَا الشَّمْسُ يَنْبَغِي لَهَا أَنْ تُدْرِكَ الْقَمَرَ وَلَا اللَّيْلُ سَابِقُ النَّهَارِ وَكُلٌّ فِي فَلَكٍ يَسْبَحُونَ}$$

Il n'est pas donné au soleil de rattraper la lune, ni à la nuit de devancer le jour: chacun d'eux vogue dans son orbite. (Yā Sīn 36:40)

---

[36] Ce phénomène se passe lorsqu'un avion vole d'Est en Ouest inversement à la rotation de la terre, qui elle fait virer l'atmosphère et l'avion vers l'Est.

Tout corps céleste se déplace sur une orbite qui lui est assignée, parfaitement ordonné en concordance avec le décret d'Allāh.

Les astronautes contemporains soutiennent que la terre voyage à la vitesse de 67,000 miles/heure soit 10720 km/h sur son orbite annuel autour du soleil. Le soleil à son tour est en mouvement perpétuel sur son orbite bien qu'il semble figé pour les observateurs sur la terre. Allāh ﷻ mentionne dans le Saint Corān:

$$\text{وَسَخَّرَ لَكُمُ الشَّمْسَ وَالْقَمَرَ دَائِبَيْنِ وَسَخَّرَ لَكُمُ اللَّيْلَ وَالنَّهَارَ}$$

Il a mis à votre service le soleil et la lune qui gravitent avec régularité. Il a mis à votre service la nuit et le jour. (Ibrāhīm 14:33).

Toutes ces vitesses interagissent l'une avec l'autre, pourtant, nous ne ressentons aucun signe de vertige ni ne percevons le moindre mouvement. Malgré ce mouvement accéléré à travers notre galaxie et l'espace à une vitesse incroyable, nos corps ne subissent aucun déséquilibre. La terre est comme une navette spatiale à grande échelle, complètement pourvue de tout ce que nous avons besoin: la nourriture, l'oxygène et de quoi s'abriter.

Dans un autre verset, Allāh ﷻ dit:

$$\text{وَتَرَى الْجِبَالَ تَحْسَبُهَا جَامِدَةً وَهِيَ تَمُرُّ مَرَّ السَّحَابِ صُنْعَ اللَّهِ الَّذِي أَتْقَنَ كُلَّ شَيْءٍ إِنَّهُ خَبِيرٌ بِمَا تَفْعَلُونَ}$$

Tu verras les montagnes, que tu croyais inertes, défiler comme défilent les nuages. Telle est l'œuvre de Dieu, de Celui qui a rendu parfaite toute chose. Il est certes bien informé de ce que vous faites.
(an-Naml 27:88)

Pour l'observateur ordinaire, les montagnes apparaissent stationnaires, solidement figées à leurs places. Dans ce verset, Allāh ﷻ fait montre de Sa Miséricorde puisque, en dépit des vitesses étourdissantes de la terre en rotation sur elle-même et de son déplacement sur son orbite, ses habitants ne décèlent même pas le moindre mouvement, et par conséquent les montagnes leur paraissent figées. Allāh ﷻ attire notre attention sur les nuages dans le ciel pour montrer le fait que les montagnes se déplacent rapidement à travers l'espace accompagnées de toute autre chose de l'univers. Les astronautes soutiennent même que l'univers n'est pas stationnaire mais au contraire est toujours en expansion et se déplace avec toutes ses composantes: les planètes, les étoiles et les galaxies.[37]

Ces profondes réalités de l'univers furent décrites dans le Corān il y a 1400 ans.

---

[37] Cette assertion est confirmée par les astronomes contemporains qui affirment que le soleil tourne autour du centre de notre galaxie à 250 kilomètres par seconde et que celle-ci se déplace en fonction de la "vitesse moyenne de l'univers" à 600 kilomètres par seconde:
> Le mouvement de la terre n'est pas statique. La terre se déplace autour du soleil, lequel orbite le centre de notre galaxie appelée "Voie Lactée". La Voie Lactée orbite à son tour dans le Groupe Local des galaxies (un ensemble d'une trentaine de galaxies). Le Groupe Local appartient à un super amas de galaxies appelé Super amas de la Vierge. Mais ces vélocités relatives sont moins élevées que la vitesse avec laquelle tous ces objets réunis se déplacent par rapport au rayonnement de fond micro-onde ou fond diffus cosmologique (Cosmic Microwave Background). Sur la carte générée par le satellite COBE, la radiation qui apparait dans la direction de mouvement de la terre est bleue, donc chaude tandis que celle du côté opposé au ciel est rouge et froide. La carte indique que le Groupe Local se déplace á une vitesse de 600 kilomètres par seconde par rapport à cette radiation primordiale. Cette grande vélocité fut originellement inattendue et n'est toujours pas expliquée.

2003. *How did the Known Structure in the Universe Evolve?* [article en ligne] Cet article est disponible sur Internet à l'adresse suivante: http://imagine.gsfc.nasa.gov/docs/science/mysteries_l1/structures.html.
Centre de Recherche des Archives de la Science des Hautes Energies Astrophysiques de la NASA (HEASARC).

Le Big Bang

La théorie selon laquelle l'univers procède initialement d'une énorme explosion appelée le Big Bang est un fait sur lequel les scientifiques d'aujourd'hui sont en majorité d'accord.

وَالسَّمَاءَ بَنَيْنَاهَا بِأَيْدٍ وَإِنَّا لَمُوسِعُونَ

Le ciel, Nous l'avons construit par Notre puissance: et Nous l'étendons (constamment) dans l'immensité! (adh-Dhāriyat 51:47)

Des siècles avant la théorie du Big Bang, le Corān mentionne l'expansion continue des cieux et de l'univers comme un signe de l'énorme pouvoir et puissance d'Allāh. Plus précisément, le Corān décrit la fracassante explosion à partir de laquelle les cieux et la terre, à l'origine soudés en un bloc, furent séparés:

أَوَلَمْ يَرَ الَّذِينَ كَفَرُوا أَنَّ السَّمَاوَاتِ وَالْأَرْضَ كَانَتَا رَتْقًا فَفَتَقْنَاهُمَا

Ceux qui mécroient n'ont-ils pas vu que les cieux et la terre étaient be et bien cousus? Ensuite Nous les avons dégagés tous deux (al-Anbyā: 21:30)

D'après Ibn 'Abbās, *Moujāhid* et autres, le sens de *ratqan* utilisé dans ce verset fait allusion aux cieux et la terre comme deux entités soudées ou confondues et qui furent ultérieurement séparées l'une de l'autre.

La théorie soutient qu'à partir d'absolument rien, eut une gigantesque explosion de laquelle l'univers entier soudain exista; c'est-à-dire, à partir de rien, *ex nihilo*, l'univers apparut tout comme l'Imām al-Ghazzālī l'a soutenu dans ses fameux travaux contre les philosophes il y a plusieurs siècles: *L'incohérence des philosophes (Tahafout al-falsafa)*. Dans ses travaux, l'Imām al-Ghazzālī a glorifié la Volonté Divine en corroborant la justesse de vue de la doctrine (*'aqīdah*) de l'Imām Ach'arī qui a prit d'assaut les Mou'tazilites et les philosophes au moyen de la vraie doctrine d'*ithbāt as-siffāt* – l'affirmation des Attributs d'Allāh. Al-Ghazzālī ainsi soutient que l'univers a commencer à exister exactement au moment où Allāh l'a voulu, tout comme Exalté soit – Il l'a dit:

$$إِنَّمَا أَمْرُهُ إِذَا أَرَادَ شَيْئًا أَنْ يَقُولَ لَهُ كُنْ فَيَكُونُ$$

En vérité quand Il veut une chose, Son commandement consiste à dire: "Sois", et c'est.!
(Yā Sīn 36:82)

Mieux, Lui, l'Exalté, se décrit comme فَعَّالٌ لِّمَا يُرِيدُ — Faiseur de ce qu'Il veut (al-Bouroūj 85:16). Allāh n'a pas choisi un monde de parmi les non existants (m'adoūmāt) pour créer comme le prétendent les Mou'tazilites, et l'univers n'a pas non plus existé éternellement sans commencement. En réalité, il n'y avait aucun monde avant qu'Il n'ait crée puisqu'Il a crée l'univers ex *nihilo* et à un moment bien défini dans le temps.

Ainsi, crée à partir de rien, l'univers a commencé sa rapide expansion, une expansion qui perdure depuis des milliards d'années, produisant dans sa course d'innombrables étoiles, galaxies et amas de galaxies. Aujourd'hui, nous sommes en mesure d'observer certains au moyen de télescopes sophistiqués. Jusqu'à nos jours, il n'y a aucune théorie palpable pour infirmer l'hypothèse du Big Bang. Bien au contraire, elle offre une explication de plusieurs phénomènes que nous observons dans l'univers.

$$وَالسَّمَاءَ بَنَيْنَاهَا بِأَيْدٍ وَإِنَّا لَمُوسِعُونَ$$

Le ciel, Nous l'avons construit par Notre puissance: et Nous l'étendons (constamment) dans l'immensité. (adh-Dhārīyāt 51:47)

Ce verset décrit comment le Seigneur a bâti le firmament *bi aydin*, littéralement «par la Main». «La Main» ici exprime le Pouvoir d'Allāh. Le verset continue: «Nous sommes en mesure de continuer à le dilater». Les physiciens ont découvert des regroupements énormes de galaxies, chacune abondant de centaines de millions d'étoiles se dilatant d'un point local de l'espace – le lieu du Big Bang. Les physiciens et les autres scientifiques qui s'intéressent à l'aérospatiale sont stupéfaits lorsqu'ils lisent ce verset du Corān.

Selon la science moderne, si une explosion a lieu dans le vide de l'espace, c'est à dire au sein d'un environnement où il n'y a absolument aucune force extérieure, aucune gravité, l'objet soumis à l'explosion se désintègrera, et les particules voleront en éclat sous l'impulsion d'une force identique qui les éloignera du lieu de l'explosion. L'explosion a un centre – son centre de masse. La force la plus puissante de l'explosion affecte ce centre. Au fur et à mesure que les particules s'éloignent du centre, l'intensité de la force s'exerçant sur elles s'amenuise jusqu'à ce que les particules n'aient aucune force d'accélération mais continuent leur mouvement centrifuge.

De nos jours, l'observation empirique prouve que le Big Bang a bel et bien eu lieu. Mais son expansion ne s'est pas perpétuée indéfiniment. Cela est évidemment troublant puis que les lois élémentaires de la physique soutiennent qu'un objet en mouvement le restera continuellement jusqu'à rencontrer une autre force opposée. Les lois de la physique ne sont ni à être ignorées ni à être mise en application arbitrairement. Ainsi, dans l'explosion soudaine de la création de l'univers et de notre observation des planètes et des galaxies régies par un certain ordre, il est implicite qu'il y a une force freinant l'immense expansion initiale et la soumettant à un ordre bien défini. S'il n'y avait aucune force d'opposition, toutes les composantes de l'univers y compris tous les atomes de la terre auraient continué à s'éloigner et à se séparer dans un mouvement indéfini causé par l'impulsion initiale à l'origine du Big Bang. Bien au contraire, elles se sont amassées et formées des structures denses: les galaxies, les étoiles, les nuages gazeux, les nébuleuses, les astéroïdes et les comètes.

Retournons au verset du Corān cité précédemment où Allāh dit:

إِنَّمَا أَمْرُهُ إِذَا أَرَادَ شَيْئًا أَنْ يَقُولَ لَهُ كُنْ فَيَكُونُ

En vérité, quand Il veut une chose, Son Commandement consiste à dire: «sois» et c'est!

(Yāssīn 36:82)

En Arabe, le mot traduisant la forme impérative «soit» est *koun* et pour «Ceci est» c'est *yakoun*. *Koun* s'épelle *kāf* (ك) *noūn* (ن). Il est dit: «*Wa amrouhou bayna al-kāf wa an-noūn* – L'ordre d'Allāh, lorsqu'Il ordonne à quelque chose «d'être», se trouve entre le *kāf* et le *noūn*. L'ordre d'Allāh à la création de paraître eut lieu entre ces deux lettres. Rien ne peut advenir sans le pouvoir d'Allāh, ainsi la création du Big Bang eût lieu entre *kāf* et *noūn*. Entre les deux, le *kāf* est la force centrifuge, s'éloignant de l'explosion alors que le *noūn* est la force centripète.

Noūn symbolise le mot Arabe *nihāya* puisque la lettre qui la suit dans l'ordre alphabétique est *hā* (ه) suivi de *wāw* (و) – qui peut être prononcé comme *alif* – et enfin *yā* (ي). *Nihāya* signifie «fin» et pour cela, l'action provoquée par la fracassante explosion s'est arrêtée précisément là où Allāh ﷻ a voulu. Au moment parfait, à l'heure parfaite, au lieu parfait, à la place exacte, au point où aujourd'hui, toute minuscule particule et toute gigantesque galaxie on été retenues dans leurs positions assignées. Bien que l'explosion continue sa course en s'éloignant du centre, la force opposée a permis aux particules de la matière de ne pas se séparer les unes des autres et indéfiniment.[38]

---

[38] Paul Shestople dit:
    Selon les différentes théories du Big Bang, la force qui s'oppose à l'expansion de l'univers est l'attraction gravitationnelle de toute la matière de l'univers et dont le centre est le Big Bang. Les scientifiques affirment que la force de gravité est à l'origine de la transformation de la matière en galaxies, nuages célestes, étoiles, etc. Cependant, une question demeure: d'où proviennent la structure et la différence de densité de la matière de l'univers? Si l'univers était parfaitement symétrique après le Big Bang, il n'y aurait pas eu d'axe autour duquel ces galaxies, nuages célestes et étoiles se seraient formés. Ainsi, le fait que ces objets célestes possèdent une structure prouve qu'il existait déjà une structure innée au moment du Big Bang. C'est précisément ce que les cosmologistes recherchent et pensent avoir trouvé dans l'étude des fluctuations du fond diffus cosmologique. Cette théorie explique la présence de photons datant du Big Bang et découverts dans les années 1960 avant d'être ensuite analysés au début des années 1990 par une équipe de Berkeley et plus récemment par le satellite COBE et la sonde WMPA. La dernière image de la sonde WMPA révèle des fluctuations de température vieilles de 13 milliards d'années et qui, selon les scientifiques, correspondraient aux particules qui donnèrent naissance aux structures cosmiques. Et bien que la force gravitationnelle, laquelle ralentit l'expansion de l'univers, puisse accentuer les minuscules fluctuations détectées pendant la période primordiale de l'univers, elle ne peut pas créer ces fluctuations. Les

Maintenant, le centre de cette explosion est le lieu où se déroulent les plus puissantes interactions. Ce centre au sens réel aurait dû perpétuellement exploser exactement comme nous l'observons dans une réaction atomique. Le noyau central est la source continue d'énergie explosive qui permet aux atomes qui y résident de maintenir une réaction en chaîne ininterrompue. Une force opposée interviendra à un certain moment donné; elle arrêtera les particules issues de l'explosion qui se figeront sous l'effet de la force de résistance du *noūn*. Le reste des particules continuera de s'éloigner parce qu'Allāh ﷻ continue perpétuellement de créer au moyen d'énergie et de matière énergétiques produites à travers le cosmos.

La relation en chaîne continue en principe au centre de l'univers, sans fin. En réalité, le Big Bang, bien que perdant de vigueur au fil d'un temps ne doit pas s'arrêté. Mais en fait, c'est ce qui s'observe. Si le Big Bang n'avait été qu'un phénomène instantané et s'était estompé, la structure de l'univers aurait ressemblé à une carcasse de matière et d'énergie se dilatant du noyau central et cela avec rien entre les deux. Il est bien établi que le plus intensément l'on regarde dans l'espace, le plus loin l'on regarde en arrière dans le temps jusqu'au Big Bang original. Ce que nous constatons du début jusqu'à nos jours est que tout l'espace est truffé d'innombrable galaxies, d'amas de galaxies et d'amoncellement d'étoiles sans présence d'aucun vide.

---

cosmologistes spéculent ainsi sur la physique nécessaire pour produire ces fluctuations qui ont formé les galaxies.
Il est extrêmement difficile de générer un model expliquant l'origine de cet amas de fluctuation; cependant, la majorité des modèles s'entend sur le fait que ce phénomène se réalisa plus rapidement que prévu. Ceci pourrait s'expliquer par la théorie de l'inflation, laquelle affirme que juste après le Big Bang, l'univers traversa une période d'expansion accélérée qui causa l'émission des particules dans toutes les directions à une vitesse supérieure à celle de la lumière. La théorie de l'inflation est très soutenue par la communauté astrophysique car elle réunit théorie et observation. Cependant, il est important de noter que cette théorie n'est pas directement vérifiable.
Big Bang Cosmology Primer, Paul Shestople, 1997.

La création est perpétuelle. En termes théologique, l'attribut d'Allāh ﷻ *al-Khāliq* – le Créateur – est invariable et constant. Ainsi, son effet est permanent, c'est à dire que l'attribut se manifeste à tout moment. C'est cela le sens d'*al-Khāliq* – Celui qui ne provient de rien. Alors, il s'impose que le pouvoir créatif d'Allāh ﷻ se manifeste quelque part à chaque instant, produisant quelque chose à partir de la non-existence.[39]

Cependant, la question demeure: Qu'est ce qui a engendré le Big Bang? D'où provient la masse énorme de l'univers? Un pré requis de la théorie du Big Bang soutient que les conditions et les éléments étaient en place pour qu'il ait lieu avant l'explosion. Néanmoins, cette théorie semble reposer sur la foi. La science n'explique pas comment cela a pu se mettre en place. Mais nous devons poser la question: Comment ces multi milliards de particules ont-elles pu être condensées au même lieu initialement? Cela n'a t-il pas nécessité de l'énergie pour amasser toute cette matière en un lieu super dense? Le tout est-il simplement advenu? Qu'est-ce qui a déclenché tout ceci en une explosion? Comment cette masse colossale a t-elle commencé à exister et quelle force a agi sur elle pour déclencher l'explosion? D'où provient l'arrangement issu de ces innombrables particules dispersées à travers l'univers?

Les réponses à ces questions figurent dans le Saint Corān. Allāh ﷻ dit:

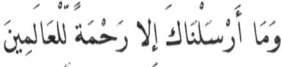

Nous ne t'avons envoyé que comme une Miséricorde pour les mondes. (al-Anbīyā' 21:107)

Il y a deux sens pour le mot Arabe *'alamīn*. *'Alamīn* peut signifier les humains et les jinn. Il peut aussi signifier tout le monde et toute chose.

---

[39] Le fait que le centre du Big Bang soit continuellement en explosion, produisant ainsi de l'énergie et de la matière, ne peut être vérifié par observation, car le centre de l'univers est si éloigné qu'il est impossible de le voir. Selon la théorie de l'inflation, cela est dû à l'époque de l'inflation pendant laquelle l'expansion de l'univers se fit à une vitesse supérieure à celle de la lumière; après cette époque, les lois scientifiques empêchant une telle vitesse se sont manifestées. Ainsi un rayon de lumière émergeant du centre de l'univers ne pourra jamais nous atteindre.

Toute chose créée par Allāh ﷻ fait partie d'*'alamīn*. Allāh ﷻ le dit dans le chapitre d'ouverture du Corān (*Soūrat al-Fātiha*):

$$\text{الْحَمْدُ لِلَّهِ رَبِّ الْعَالَمِينَ}$$

Louange à Dieu, Seigneur des Mondes. (al-Fātiha 1:1)

'Alamīn signifie qu'Allāh ﷻ est le Seigneur de toute chose. Le Prophète ﷺ comme une miséricorde pour les mondes (*'alamīn*) est corrélativement envoyé à toute la création d'Allāh ﷻ. Toute chose en dehors d'Allāh ﷻ est récipiendaire de Sa miséricorde et de Ses bénédictions à travers le Prophète ﷺ.

رواه عبد الرزاق بسنده عن جابر بن عبد الله بلفظ قال قلت: يا رسول الله، بأبي أنت وأمي، أخبرني عن أول شيء خلقه الله قبل الأشياء. قال: يا جابر، إن الله تعالى خلق قبل الأشياء نور نبيك من نوره، فجعل ذلك النور يدور بالقدرة حيث شاء الله، ولم يكن في ذلك الوقت لوح ولا قلم ولا جنة ولا نار ولا ملك ولا سماء ولا أرض ولا شمس ولا قمر ولا جنّيٌ ولا إنسي، فلما أراد الله أن يخلق الخلق قسم ذلك النور أربعة أجزاء: فخلق من الجزء الأول القلم، ومن الثاني اللوح، ومن الثالث العرش، ثم قسم الجزء الرابع أربعة أجزاء، فخلق من الجزء الأول حَمَلَة العرش، ومن الثاني الكرسي، ومن الثالث باقي الملائكة، ثم قسم الجزء الرابع أربعة أجزاء: فخلق من الأول السماوات، ومن الثاني الأرضين، ومن الثالث الجنة والنار، ثم قسم الرابع أربعة أجزاء، فخلق من الأول نور أبصار المؤمنين، ومن الثاني نور قلوبهم وهي المعرفة بالله، ومن الثالث نور إنسهم وهو التوحيد لا إله إلا الله محمد رسول الله. الحديث.

كذا في المواهب

Il est rapporté que Jābir ibn 'Abd Allāh ؓ a dit au Prophète ﷺ: «O Messenger d'Allāh! Puisse mon père et ma mère soient sacrifiés pour toi! Parle –moi de la première chose créée par Allāh avant toute autre». Il répondit:

> O Jābir! La première chose créée par Allāh ﷻ fut la lumière de ton Prophète à partir de Sa lumière et celle-là

fut maintenue[40] au sein de Son pouvoir aussi longtemps qu'il l'ait souhaité, et à ce moment il n'y a avait ni Tablette, ni Calam, ni Paradis, ni Feu, ni ange, ni ciel, ni terre. Et lorsqu'Allāh ﷻ souhaita créer, il divisa cette Lumière en quatre parties et de la première, Il créa le Calame, de la deuxième Il créa la Tablette, de la troisième Il créa le Trône, et Il divisa le dernier quart en quatre parties [et de celles-ci créa toute autre chose].[41]

Le Prophète ﷺ dit à Jābir ؓ: «O Jābir! La première chose créée par Allāh ﷻ est la lumière de ton Prophète». Si nous faisons attention à ce que la physique moderne nous enseigne, alors cette lumière doit être la source de l'énorme Big Bang. Les physiciens disent qu'il n'y avait rien avant l'explosion. Ensuite, Allāh ﷻ dit: «*Koun* – soit!» et «ce fut – *fayakoūn*». Les Physiciens ne disent pas que – rien n'existait quand soudain le Big Bang eut lieu – une immense explosion d'énergie ou de lumière, et cette lumière est l'essence de l'univers.[42]

Le Prophète ﷺ disant: «La première chose créée par Allāh ﷻ est ma lumière», et à partir d'elle toute autre chose créée par Allāh comme mentionné dans le hadith ci-dessus, révèle qu'en vérité, c'est une faveur d'Allāh ﷻ d'avoir crée chacun à partir de la lumière du Prophète ﷺ. Cela provient de ce qu'Allāh ﷻ dit: «*Nous ne t'avons envoyé (O Prophète) que comme une miséricorde pour les mondes*». En effet, de la Lumière du Prophète ﷺ, Allāh ﷻ créa le Calame, la Tablette, le Trône et ensuite toute autre chose qui existe matériellement,.

---

[40] Littéralement: "tourna"
[41] 'Abd al-Razzāq (d. 211) cite cette tradition dans son ouvrage *Moussannaf*. Bayhaqī (d. 458) la cite avec une tournure différente dans *Dalā'il al-noubouwwa* selon Zourqānī dans son ouvrage *Sharh al-mawāhib* (1:56 de l'ouvrage *Matbá'a al-'amira* au Caire) et Diyārbakrī dans *Tārīkh al-khāmis* (1:20).
[42] En fait, les physiciens admettent qu'ils n'ont aucune idée au sujet de ce qui exista avant le Big Bang, et la plus part d'eux disent que cette question est insignifiante en terme de physique parce qu'elle ne peut être déduite à partir de phénomène observable. Certains disent qu'il existait "des fluctuations arbitraires dans le vide" et d'autre disent qu'il y aurait un univers précédent qui a fini par s'écraser (à l'opposé du Big bang), qui par suite a explosé de nouveau pour former l'actuel.

Le Prophète ﷺ dit: «Cette lumière tournoya au sein de Son Pouvoir aussi longtemps qu'Il le souhaita».

Allāh causa cette lumière à tournoyer (*yadourr*) autour de l'Essence de l'Attribut Divin du Pouvoir – l'océan du Pouvoir d'Allāh – de la manière que les gens font le tour de la Kaʿba, et comme les électrons tournent autour du noyau de l'atome.

Lorsqu'un objet tournoie, il produit de l'énergie comme un générateur en produit quand il tourne sous l'effet de la turbine dans une centrale hydroélectrique. Pendant que la lumière du Prophète ﷺ tournoyait en présence de l'Attribut Divin de Pouvoir, *bahr al-qoudra*, elle emmagasinait davantage et davantage d'énergie. A un certain point, la Lumière du Prophète ﷺ fut envahie par l'immense énergie qui s'y est accumulée – au point qu'il devint nécessaire que l'énergie puisse être libérée. Lorsque l'énergie accumulée ne pouvait plus être contenue, Allāh ﷻ l'ordonna d'exploser en ce qui devint le Big Bang.

L'expansion de cette lumière et de l'énergie du Big Bang continuent jusqu'à maintenant. De ce fait, le Prophète Mouhammad ﷺ est le centre de la lumière. Allāh ﷻ créa la lumière du Prophète ﷺ et l'a dota d'une vaste énergie provenant de Son Océan de Pouvoir. C'est à travers l'explosion de cette énergie que toute chose de cet univers est venue à exister – toute chose par le truchement du Prophète ﷺ.[43]

---

[43] De nos jours, les physiciens s'entendent sur le fait que la théorie de la relativité restreinte d'Einstein $E=mc^2$ fait de la lumière, ou plutôt de l'énergie électromagnétique la pierre angulaire de l'univers. L'auteur Lee Baumann a dit: "... il semble que la lumière a été élevée au rang de pierre angulaire de la physique moderne et des lois naturelles". Amit Goswami, auteur et professeur de physique à l'Université d'Oregon, affirme dans son ouvrage *The Self-Aware Universe*: "la lumière est la seule réalité". Le physicien et auteur Gerald Schroeder, nota que l'une des caractéristiques principales de la lumière, caractéristique qui élude même les physiciens, est que la lumière existe en dehors du temps. Il explique: "Einstein nous a montré par déduction à travers le mouvement de la lumière l'existence du Présent Eternel: je fus, je suis et je serai".
Afin d'examiner ce concept en détails, considérons une particule de lumière appelée photon. Une fois créée, cette particule sans masse voyage à la vitesse de la lumière (299,792 kilomètres par seconde), laquelle fut déterminée par la théorie de la relativité restreinte d'Einstein comme étant à la fois la "vitesse

Si l'essence de toute la création provient de la Lumière Divine, toute existence est le résultat de la Miséricorde d'Allāh ﷻ. En effet, cela s'en suit comme une logique nécessaire parce qu'il n'y a aucun pourvoyeur de miséricorde (*rahmān*) sans qu'il n'y ait aussi un *marhoūm* – quelque chose qui reçoit la miséricorde. Bref, rien de ce qui existe ne l'est sans être un objet de la Miséricorde Divine. La Miséricorde est l'océan dans lequel baigne toute la création.

L'Océan du Pouvoir provident de l'Essence – dont personne ne connaît la réalité, même pas le Prophète ﷺ. Ceci est évidemment la signification de *Allāhou wahdahou lā charīka lah* – Allāh est Unique sans associé et,

$$\text{لَيْسَ كَمِثْلِهِ شَيْءٌ وَهُوَ السَّمِيعُ الْبَصِيرُ}$$

Il n'y a rien qui Lui ressemble; et c'est Lui l'Audient, Celui qui voit tout (ash-Shoūra 42:11)

et,

$$\text{سُبْحَانَ اللَّهِ عَمَّا يَصِفُونَ}$$

---

limite" de l'univers et une constante - un aspect de la lumière qui défie encore l'imagination. Einstein expliqua que lorsqu'un objet gagne en vitesse, sa longueur diminue dans la direction du mouvement, sa masse augmente et le temps ralentit. Si la vitesse de l'objet atteint celle de la lumière, la distance cesse d'exister et le temps s'arrête; ceci ne peut être réalisé que par une particule sans masse telle le photon (une conséquence de ce phénomène est qu'une particule sans masse voyage toujours à la vitesse de la lumière et ne peut se déplacer à une autre vitesse). A partir de ces notions fondamentales les physiciens ont conclus que la lumière est composée d'énergie illimitée. Lee Baumann explique dans son ouvrage *God at the Speed of Light*: "une des conséquences de ce phénomène est que lorsque les physiciens ont tenté de calculer le niveau d'énergie des électrons et des atomes, le résultat des sommes de ces calculs était infini. Selon l'équation d'Einstein $E=mc^2$ cela signifie que les masses des particules nucléaires sont infinies! De tels paradoxes scientifiques furent plus ou moins contournés grâce à des astuces mathématiques mais ils représentent de sérieux obstacles pour la capacité limitée de l'intellect à saisir la nature existentielle de l'univers matériel.

(Gloire et pureté) à Allah! Il est Supérieur à tout ce qu'ils décrivent
(al-Mouminoūn 23:91)

Ici, Allāh ﷻ mentionne l'Essence Divine. Allāh ﷻ révèle au Prophète ﷺ ce qu'Il veut de la connaissance de Ses Attributs, Ses Noms et Ses Actes, mais la connaissance de son Essence Absolu, Il ne la partage avec personne. Il dit: *Il n'y a rien de quelque nature que ce soit qui lui soit semblable et Il est Celui qui entend et qui voit (toutes les choses)»*, affirmant ainsi l'impossibilité de connaître Son Essence mais en même temps affirmant Ses Attributs, une certaine connaissance de Lui-même dont Il a révélé, dans Sa Générosité, à l'humanité par le truchement du Prophète ﷺ.

Essayer de pénétrer la dimension spirituelle du Big Bang, c'est pénétrer une portion de la Réalité Mouhammadienne ﷺ. En donnant l'ordre: «*Koun!*» Allāh ﷻ donnait forme à un son dont les vibrations ont constituées le Prophète ﷺ. C'est la Parole Divine émanant de l'Essence à l'Existence ou la Réalité. L'Existence à son tour, a été formée à partir de cette même Réalité représentée par l'être physique. La création de la Réalité Mouhammadienne a eu lieu avant la création des anges et la réalité de cet événement est quelque chose qui relève du domaine d'Allāh ﷻ. Cependant, à ce stade de la réalité, tous les prophètes acceptèrent leur part d'héritage[44]. En effet, selon le hadith transmis par Ibn 'Abbās, la Réalité Mouhammadienne va de prophète en prophète (*min nabīyyin ila nabīyyin*) jusqu'au moment où Allāh ﷻ le fit émerger (*akhraja*) en tant que l'historique du Prophète Mouhammad.[45]

Expliquant cet aspect colossal de notre bien-aimé Prophète Mouhammad ﷺ, Cheikh 'Abd al-Qādir Jilānī, (d. 561) dans son livre *Sirr al-asrār fī mā yahtāju ilayh al-abrār* dit:

---

[44] Et lorsqu'Allah prit cet engagement des prophètes: "Chaque fois que Je vous accorderai un Livre et de la Sagesse, et qu'ensuite un messager vous viendra confirmer ce qui est avec vous, vous devez croire en lui, et vous devrez lui porter secours." Il leur dit: "Consentez-vous et acceptez-vous Mon pacte à cette condition?" – "Nous consentons", dirent-ils. "Soyez-en donc témoins, dit Allah. Et Me voici, avec vous, parmi les témoins." (āl-'Imrān 3:81)
[45] Voir Ibn Sa'd *Tabaqāt* (Leiden: 1909) voll. I/1, page 96; Cf. Tabarī, *Tafsīr*, (Cairo: 1323 AH) vol. xxi, page 79.

Sachez que, puisqu'Allāh ﷻ créa en premier lieu l'âme de Mouhammad ﷺ à partir de la lumière de Sa Beauté comme Il le dit: *J'ai crée Mouhammad à partir de la Lumière de Ma Face*, et comme le Prophète l'a dit: *La première chose créée fut mon âme*, et *la première chose créée fut le Calame*, et *la première chose créée fut l'Intellect* – Le tout signifie la seule et même chose, et c'est le *haqīqa Mouhammadīyya*. Cependant, elle fut appelée lumière parce qu'elle est absolument purifiée de toute obscurité comme Allāh ﷻ l'a dit: *«Est venu d'*Allah à vous une Lumière et un Livre clair*»*. Ce fut appelé aussi un intellect parce que c'est la cause de la transmission de la connaissance, et le calame est son moyen de transmission dans le monde des lettres. L'âme Mouhammadienne (*al-roūh al-mouhammadīyya*) est par conséquent la quintessence de toutes les choses créées et la première d'entre elles et leur origine comme le Prophète a dit: Je suis issu d'Allāh ﷺ, et les croyants sont issus de moi, et Allāh ﷻ a créé toutes les âmes à partir de moi dans le monde spirituel, et Il a fait ainsi dans la forme la plus parfaite. C'est le nom de la totalité du genre humain dans ce monde ancien, et quatre mille ans après sa création, Allāh ﷻ créa le Trône à partir de la lumière de Mouhammad lui-même et à partir d'elle le reste de la création.[46]

Toutefois, ce qu'Allāh ﷻ a créé et donné au Prophète ﷺ à ce moment là n'est su de personne. Il dit:

اللَّهُ نُورُ السَّمَاوَاتِ وَالْأَرْضِ مَثَلُ نُورِهِ كَمِشْكَاةٍ فِيهَا مِصْبَاحٌ الْمِصْبَاحُ فِي زُجَاجَةٍ الزُّجَاجَةُ كَأَنَّهَا كَوْكَبٌ دُرِّيٌّ يُوقَدُ مِن شَجَرَةٍ مُّبَارَكَةٍ زَيْتُونِةٍ لَّا شَرْقِيَّةٍ وَلَا غَرْبِيَّةٍ يَكَادُ زَيْتُهَا يُضِيءُ وَلَوْ لَمْ تَمْسَسْهُ نَارٌ نُّورٌ عَلَى نُورٍ يَهْدِي اللَّهُ لِنُورِهِ مَن يَشَاءُ وَيَضْرِبُ اللَّهُ الْأَمْثَالَ لِلنَّاسِ وَاللَّهُ بِكُلِّ شَيْءٍ عَلِيمٌ

Allah est la Lumière des cieux et de la terre ! Sa Lumière est semblable à une niche dans laquelle se trouve une lampe. La lampe

---

[46] p. 12-14 de l'édition de Lahore. Ce livre a été traduit by cheikh Tosun Bayrak al-Jerrahi sous le titre de *Le Secret des Secrets* (Cambridge: Islamic Texts Society, 1994).

est placée dans un cristal. Le cristal est pareil à un astre brillant qu'allume un arbre béni, un olivier qui n'est ni d'Orient, ni d'Occident, dont l'huile pourrait presque éclairer sans que le feu la touche. Lumière sur lumière ! Dieu guide vers Sa Lumière qui Il veut. Et Dieu propose aux hommes les paraboles. Et Dieu est parfait connaisseur de toute chose. (an-Noūr 24: 35)

«*Allāh est la lumière des cieux et de la terre*», signifie qu'Il est le Créateur de toute chose autre que Lui. Toute chose autre qu'Allāh est appelée *mā siwa-Allāh*. Allāh ﷻ a créé toute chose: Le Calame, les cieux, la terre, le paradis, les anges, les univers, les galaxies, les étoiles, les planètes et les plus petits objets. «Et la similitude à sa Lumière», est pourvue par Allāh ﷻ comme un exemple pour nous permettre de comprendre « une niche où se trouve une lampe». *Michkāt* est couramment traduit comme niche mais en réalité c'est un rouleau comme se présentent les bananes ou l'ail, attachés ensemble. «*Mathalou noūrihi ka michkātin*» peut être traduit par: «d'exemple de Sa Lumière est comme un rouleau». A l'intérieur du rouleau se trouve un *misbāh*. *Misbāh* vient de *sabah* c'est à dire un instrument qui produit de la lumière comme lorsqu'Il dit au Prophète Loūt ﷺ:

أَلَيْسَ الصُّبْحُ بِقَرِيبٍ

et l'aube n'est-elle pas proche? (Hoūd 11:81)

K'ab al-Āhbar ﷺ applique ce verset entier au Prophète Mouhammad ﷺ — C'est une métaphore de la lumière de Mouhammad. Le Messager d'Allāh ﷺ est la niche, la lampe est la prophétie, le verre est son cœur, l'arbre béni est la révélation et les anges qui l'ont apporté, l'huile est la preuve et l'évidence qui contiennent la révélation[47]

Les véritables savants et *awliyā'* disent que ce verset se réfère au Prophète ﷺ. 'Alī al-Qārī, commentant le titre du Prophète ﷺ:

سِرَاجًا مُنِيرًا

Une Lampe répandant la Lumière, (al-Ahzāb 33:46)

---

[47] Al-Qourtoubī: Jam' li-ahkām al-qour'ān

Mouhammad... est une lumière extraordinaire et la source de toutes les lumières, il est aussi un livre qui assemble et clarifie tous les secrets... *sirājan mounīran* signifie un soleil lumineux par ce qu'Il dit:

$$\text{تَبَارَكَ الَّذِي جَعَلَ فِي السَّمَاءِ بُرُوجاً وَجَعَلَ فِيهَا سِرَاجاً وَقَمَراً مُنِيراً}$$

Il a placé une énorme lampe et lune dispensant la lumière
(al-Fourqān 25:61).

Il y a dans ce verset une indication que le soleil est la plus considérable des lumières matérielles et que les autres lumières lui sont redevables de leurs éclats: similairement, le Prophète ﷺ est la plus considérable des lumières spirituelles, et les autres lumières dérivent de lui due à la connexion médiane qu'il fournit et à son rôle de pivot dans toute la sphère de la création. C'est l'allusion faite dans le hadith: «La première chose qu'Allāh ﷻ a créé est ma lumière».[48]

Allāh ﷻ donne un exemple de Sa Lumière – mais pas de Son Essence. Ici, Allāh ﷻ ne se décrit pas Lui-même puisque rien ne peut décrire Son Essence. Au contraire, Il décrit l'un de Ses Attributs – *an-Noūr* – un nom qui révèle Sa Lumière. Ici, la lumière du Prophète ﷺ qui est la source du Big Bang, la source de la lumière des cieux et de la terre, est comparée à un rouleau de lumière allumé soutenant un instrument qui fournit de la lumière, et cette lumière est le Prophète ﷺ. «*La lampe est dans un verre*». Cette lumière est contenue dans une forme de verre. «Le verre est comme une étoile scintillante». *Ce n'est pas un verre ordinaire.* Au contraire, c'est comme une étoile créée à partir d'*ad-dourr*, une pierre précieuse de grande valeur ou, *lou'lou'*, qui est un genre de perle. Cette description pour accentuer la valeur de cette lumière. Il dit: «La lampe est dans un verre», la lampe brille à l'intérieur du verre, et «le verre est comme une étoile scintillante». Cela signifie que la lumière qui s'y trouve n'a pas encore émergée. Pourtant, cette réalité du Prophète ﷺ, le *haqīqat al-Mouhammadīyya*, illuminée, une sorte de perle, une véritable constellation

---

[48] *Sharh al-shifā'* (1:505).

«comme si c'était une étoile scintillante» y demeure. Cette lumière du Prophète ﷺ est la lumière de *Mouhammadoun Rassoūloullāh*. C'est *al-haqīqat oul-Mouhammadīyya*, la Réalité Mouhammadienne dont le caractère interne signifie qu'il réfléchit le Cœur de l'Essence puisque le cœur du Prophète ﷺ est en mouvement sans restriction dans l'orbite des quatre vingt dix neuf Noms et Attributs. Il a été béni par le fait d'être orné au moyen des quatre vingt dix neuf Noms au sein desquels se trouve une perle scintillante n'ayant pas encore émergée. Donc, la Réalité Mouhammadienne n'a jamais apparu – elle demeure toujours cachée et n'émerge pas. Mais ce qui s'est manifesté dans cette vie, c'est *Mouhammadoun rassoūloullāh*.

Alors *Lā ilāha ill-Allāh* dans la déclaration de foi représente le Créateur et *Mouhammadoun rassoūloullāh* symbolise la totalité de la création.

Le *kāf* dans *koun* de l'ordre d'Allāh ﷻ représente *Lā ilāha ill-Allāh* et le *noūn* représente *Mouhammadoun rassoūloullāh* dans l'Ordre d'Allāh ﷻ qui se trouve entre le *kāf* et le *noūn*. L'Ordre d'Allāh ﷻ procède de l'Essence Divine et abouti à la création de le Réalité Mouhammadienne. Allâh ﷻ est le Seul qui cause son expansion à la façon dont Il l'a voulu. Ainsi, la lumière du Prophète ﷺ existe dans toute chose, c'est la raison pour laquelle Allāh ﷻ dit:

وَاعْلَمُوا أَنَّ فِيكُمْ رَسُولَ اللَّهِ

Et sachez que le Messager d'Allah est en vous. (al-Houjourāt 49:7)

Al-Khātib Aboū al-Rab'i Mouhammad ibn al-Layth dans son livre *Chifā' al-soudoūr* dit:

> La première chose créée par Allāh ﷻ est la lumière de Mouhammad ﷺ, et cette lumière est venue se prosternée devant Allāh ﷻ. Allāh ﷻ la divisa en quatre part et créa à partir de la première le Trône, de la seconde Il créa la plume, de la troisième la Tablette et similairement il divisa le dernier quart en subdivisions et créa le reste de la création. Par conséquent, la lumière du Trône émane de celle du Prophète ﷺ, la lumière de la Plume émane de

la lumière du Prophète ﷺ, la lumière de la Tablette émane de la lumière du Prophète ﷺ, la lumière du jour, la lumière de la connaissance, la lumière du soleil et de la lune, et la lumière de la vision et de la vue émanent toutes de la lumière du Prophète ﷺ.[49]

عن ابن عباس: إنّ قريشا (في بعض النسخ: روحه يعني الرسول صلى الله عليه) كانت نورا بين يدي الله تعالى قبل ان يخلق آدم بألفي عام. يسبّح ذلك النور، و تسبّح الملائكة بتسبيحه، فلما خلق الله آدم ألقى ذلك النور في صلبه (ابن أبي عمر العدني في مسنده)

Ibn 'Abbās ؓ dit:

> En vérité, l'esprit du Prophète ﷺ était une lumière en présence d'Allāh ﷻ deux mille ans avant la création d'Adam ؑ. Cette lumière Le glorifia et les anges se joignirent à lui en glorification. Lorsqu'Allāh ﷻ créa Adam ؑ, Il moula cette lumière dans ses croupes.[50]

'Alī ibn al-Houssayn ؓ rapporta de son père, qui le transmit de son grand-père, que le Prophète ﷺ dit:

> J'étais une lumière en présence de mon Seigneur pendant quatorze mille ans avant qu'Il ne crée Adam.[51]

C'est cette lumière qui fut envoyée sur cette, qui devint manifeste lorsque le Prophète ﷺ naquit.

Al-Qourtoubī dit:

> «*S'alluma au moyen d'un arbre béni, un olivier*», peut être considéré comme se référant à tous les Prophètes dans lequel cas,

---

[49] Cité dans le livre (Mouhammad ibn Mouhammad d. 736) d'Ibn al-Hajj al-Abdarī *al-Madkhal* de 2:34 de l'édition publié par Dar al-kitāb al-'arabī, Beirut.

[50] Souyoūtī dit dans *Manāhil al-safa* (p. 53 #128): "Ibn Abi 'Oumar al-'Adanī le cite dans son *Mousnad*." Dans *Takhrīj ahādīth sharh al-mawāqif* (p. 32 #12) Souyoūtī le cite avec l'expression suivante: "Les Qouraysh étaient une lumiere en présence d'Allāh".

[51] Une expression similaire est rapportée par l'Imām Āhmad dans son *Faḍā'il al-sahāba* (2:663 #1130), Dhahabī dans *Mīzan al-i'tidāl* (1:235), et al-Tabarī dans *al-Riyāḍ al-nāḍira* (2:164, 3:154).

Adam ﷺ serait l'arbre béni ou Ibrahim parce qu'Allāh ﷻ le qualifia de «béni».

C'est de cet arbre familial béni dont le fruit le plus béni, notre maître le Prophète Mouhammad ﷺ naquit.

Imām as-Souyoūtī dit dans *al-Riyād al-aniqa*:

> Ibn Joubayr ﷺ et K'ab al-Āhbar ﷺ ont dit: «Ce à quoi fait référence la deuxième lumière [dans *lumière sur lumière*] est le Prophète ﷺ parce qu'il est le Messenger, le Clarificateur et le Convoyeur de ce qui est éclairant et manifeste». K'ab, se référant à «dont l'huile scintille d'elle même *bien qu'aucun feu ne l'est touché*» a dit: «Son huile bien familier brillerait parce que le Prophète ﷺ bien familier serait reconnu par les gens même s'il ne disait pas qu'il était un Prophète ﷺ, tout comme cette huile scintillerait sans feu».

Dans le même ordre d'idée, le Prophète ﷺ dit: «La nuit où ma mère accoucha de moi, elle vit une lumière qui éclaira les châteaux de Damas d'une intensité qui les lui rendit visibles»[52].

La lumière du Prophète ﷺ est la source de la lumière de tous les croyants, car bien que toutes les choses furent créées à partir de sa lumière, les croyants furent créés d'une manière spéciale. Al-Qourtoubī rapporte dans *Jam' li-ahkām al-qour'ān* d'Anas ﷺ qui dit que le Prophète ﷺ dit:

> Allāh ﷻ me créa à partir de lumière et Il créa Aboū Bakr de ma lumière, et Il créa 'Oumar et 'A'icha de la lumière d'Aboū Bakr, et Il créa les croyants mâles de ma communauté à partir de la lumière d'Oumar, et Il créa les croyants femelles de ma communauté à partir de la lumière d' 'A'icha, et Quiconque ne m'aime pas, n'aime

---

[52] Rapporté par al-Hākim dans son *Moustadrak* (2:616-617), Āhmad dans son *Mousnad* (4:184), et Bayhaqī dans *Dalā'il al-noubouwwa* (1:110, 2:8). Ibn al-Jawzī le cite dans *al-Wafā'* (p. 91, ch. 21 de *Bidāyat nabīyyina sall-Allāhou 'alayhi wa sallam*), et Ibn Kathīr dans *Mawlid rassoūl Allāh* et son *Tafsīr* (4:360). Haythamī le cite dans *Majma' al-zawā'id* (8:221) et dit que Tabarānī et Āhmad l'ont rapporté, et la chaîne d'Āhmad est bonne *(hassan)*. Voir le texte complet *Bishāratou 'Isā* (#454) d'Āhmad.

pas Aboū Bakr, n'aime pas 'Oumar et 'A'icha et n'a aucune lumière.

Ce hadith explique l'amour considérable que le Prophète ﷺ manifeste à l'égard d'Aboū Bakr as-Siddīq ؓ qui fut son seul compagnon lorsqu'il immigra de Makkah à Madīnah et qui futt son compagnon dans la grotte, incident dont Allāh ﷻ témoigne:

إِلَّا تَنصُرُوهُ فَقَدْ نَصَرَهُ اللَّهُ إِذْ أَخْرَجَهُ الَّذِينَ كَفَرُواْ ثَانِيَ اثْنَيْنِ إِذْ هُمَا فِي الْغَارِ إِذْ يَقُولُ لِصَاحِبِهِ لَا تَحْزَنْ إِنَّ اللَّهَ مَعَنَا

> *Si vous ne secourez pas le Prophète, [souvenez-vous que] Dieu l'a déjà secouru lorsque les mécréants l'ont expulsé, lui, le deuxième de deux. Ce jour-là, tous deux se trouvaient dans la caverne et il dit à son compagnon : « Ne t'afflige pas, Dieu est avec nous ! »* (at-Tawbah 9:40)

Cette magnifique réalité s'applique à ceux qui n'ont aucun lien de sang avec le Prophète ﷺ et indique à quel point les croyants sont proches de lui par vertu de l'amour qu'ils lui portent. A travers ces hadiths, le Prophète ﷺ manifeste son amour pour ceux qui n'ont aucune relation sanguine avec lui mais qu'il aime à travers leur lien spirituel à lui et à cause de leur piété et leur sincérité envers Dieu.

De l'autre côté, sur le plan du sacrifice de soi, il y avait le futur gendre du Prophète ﷺ, le père à venir de ses grand-enfants, Sayyidinā 'Alī ؓ. En effet, pendant l'émigration de Makkah, quand les mécréants conspiraient pour tuer le Prophète ﷺ, Sayyidinā 'Alī ؓ occupa le lit du Prophète ﷺ. Sayyidinā 'Alī ؓ accepta volontairement d'occuper le lit du Prophète ﷺ – espérant être tué par les violents Qouraych. Pour ce fait, un verset Corānique fut révélé en faveur de Sayyidinā 'Alī ؓ:

وَمِنَ النَّاسِ مَن يَشْرِي نَفْسَهُ ابْتِغَاءَ مَرْضَاتِ اللَّهِ وَاللَّهُ رَءُوفٌ بِالْعِبَادِ

> *«Et parmi les hommes, il en est qui livrent leur âme pour obtenir la Satisfaction divine. Dieu est compatissant envers les serviteurs ».* (al-Baqara, 2:207)

Cet esprit de sacrifice a été constamment réitéré par la famille du Prophète ﷺ le long de la vie de la nation (Oummah) jusqu'à nos jours.

Pour leur amour pour le Prophète ﷺ, ils ont endossé de lourds fardeaux au moyen desquels la communauté fut soulagée, protégée et préservée.

Et Allāh ﷻ dit, concernant la famille du Prophète ﷺ:

قل لا أَسْأَلُكُمْ عَلَيْهِ أَجْراً إِلا الْمَوَدَّةَ فِي الْقُرْبَى

> Dis : «Je ne vous demande pour cela aucun salaire, si ce n'est l'affection envers vos proches». («ash-Shūrā 42:23)

Cela montre les deux aspects de l'amour du Prophète ﷺ — d'un côté l'amour pour sa famille; de l'autre, l'amour pour la *Oummah*, en particulier pour les sincères, les guidés et les pieux qui s'accrochent à la *Sounnah*.

Concernant le premier type d'amour, le Prophète ﷺ dit: «Je vous ai laissé avec deux choses, auxquelles si vous vous accrochez, vous ne serez jamais détournés du droit chemin: le Livre d'Allāh ﷻ et la Sounnah de Son Prophète».[53] Une version rajoute: «Et ces deux choses ne se sépareront jamais jusqu'à ce qu'elles se présentent au Bassin».[54]

حدثنا ابن نمير حدثنا عبد الملك بن أبي سليمان عن عطية العوفي عن أبي سعيد الخدري قال

قال رسول الله صلى الله عليه وسلم إني قد تركت فيكم ما إن أخذتم به لن تضلوا بعدي الثقلين أحدهما أكبر من الآخر كتاب الله حبل ممدود من السماء إلى الأرض وعترتي أهل بيتي ألا وإنهما لن يفترقا حتى يردا علي الحوض

D'autres versions affirment:

> Je vous laisse ce dont, si vous vous y accrochez, vous ne perdrez jamais le chemin de la droiture, l'une d'elle a plus de valeur que l'autre: Le Livre d'Allāh ﷻ – une corde qui s'étend du ciel à la terre – et mon manteau (*'itra*), les Gens de ma Maison. Ceux deux choses ne se sépareront jamais jusqu'à ce quelles se présentent au Bassin. Faites

---

[53] Rapporté d'Ibn 'Abbās par al-Bayhaqī dans *al-Sounan al-koubrā* (10:114 #20108) et – une portion d'un long hadith – par al-Hākim (1:93=1990 ed. 1:171) qui le déclare *sahīh* et – sans chaîne – par Mālik dans son *Mouwattā'*.
[54] Rapporté d'Aboū Hourayra par al-Hākim (1:93=1990 ed. 1:172) et al-Bayhaqī dans *al-Madkhal*.

bien attention à la manière dont vous les traitez après moi.⁵⁵

Les cinq mentionnés ici sont connus comme les *Āhl al-'abā'a*, puisque Jibrīl les couvrit avec le manteau (*'abā'a*) du Prophète ﷺ, et ils reçurent cette importance d'*Āhl al-Bayt* au cours de deux incidents mentionnés dans le Corān:

حدثنا قتيبة بن سعيد حدثنا حاتم بن إسماعيل عن بكير بن مسمار عن عامر بن سعد عن أبيه قال

سمعت رسول الله صلى الله عليه وسلم يقول له وخلفه في بعض مغازيه فقال علي أتخلفني مع النساء والصبيان قال يا علي أما ترضى أن تكون مني بمنزلة هارون من موسى إلا أنه لا نبوة بعدي وسمعته يقول يوم خيبر لأعطين الراية رجلا يحب الله ورسوله ويحبه الله ورسوله فتطاولنا لها فقال ادعوا لي عليا فأتي به أرمد فبصق في عينه ودفع الراية إليه ففتح الله عليه ولما نزلت هذه الآية

نَدْعُ أَبْنَاءَنَا وَأَبْنَاءَكُمْ دعا رسول الله صلى الله عليه وسلم عليا وفاطمة وحسنا وحسينا فقال اللهم هؤلاء أهلي (مسند أحمد)

---

⁵⁵ Rapporté de Zayd ibn Arqam par al-Tirmidhī (*hassan gharīb*) et al-Hākim (3:148), le dernier avec une bonne chaîne aussi confirmée par al-Dhahabī mais sans la dernière expression "mon manteau"; d'Abou Sa'īd al-Khoudrī par al-Tirmidhī (*hassan gharīb*) et Āhmad avec des chaines faibles à cause d'Atīyya ibn Sa'd al-'Awfī; et de Zayd ibn Thābit par Āhmad et al-Tabarānī dans al-Kabīr (5:153) avec des chaines contenant al-Qāssim ibn Hassan qui est passable (*maqboūl*) et n'est pas fiable contrairement à la revendication d'al-Haythamī dans *Majma' al-zawā'id* (1:170). Cette dernière version dit: "Je vous laisse avec deux successeurs (*khalīfatayn*)..." Rapporte aussi de Zayd ibn Arqam par al-Nasā'ī dans *al-Sounan al-koubra* (5:45, 5:130) avec l'expression: "Je vous laisse avec deux affaires importantes..."
Une autres version dit que Jābir ibn 'Abd Allāh dit:
> Je vis le Messager d'Allāh au cours de son pèlerinage au jour d''Arafāt alors qu'il était sur son chameau al-Qaswā', s'adressant aux gens, et je l'entendis dire: "Oh gens! Je vous ai laissé ce dont si vous y accrocher, vous ne vous égarerez jamais: le Livre d'Allah et mon manteau ('itra), les gens de ma Maison".

Rapporté par al-Tirmidhī (*hassan gharīb*) avec une faible chaîne à cause de Zayd ibn al-Hassan al-Qourashī.

'Amir bin Sa'd bin Abī Waqqās rapporte de son père que Mou'awīya bin Abī Sufyān designa Sa'd comme gouverneur et dit: «Qu'est-ce qui t'empêche d'abuser d'Aboū Tourāb ('Alī)?» A ceci, il répondit: «C'est à cause de trois choses dont je me souviens le Messager d'Allah ﷺ avoir dit à son sujet que je n'abuserais jamais de lui, et même si l'une de ces trois choses m'est à portée, elle me serait plus précieuse que les chameaux rouges. ... (La troisième occasion est) lorsque le verset (suivant) fut révélé: «Appelons nos enfants et vos enfants». *Le Messager d'*Allāh ﷺ appela 'Alī, Fātima, Hassan et Houssayn et dit: Ô Allāh! Ils sont ma famille.[56]

Il est établi que lorsque le verset de malédiction mutuelle (*moubāhala*) fut révélé:

فَمَنْ حَاجَّكَ فِيهِ مِن بَعْدِ مَا جَاءَكَ مِنَ الْعِلْمِ فَقُلْ تَعَالَوْا نَدْعُ أَبْنَاءَنَا وَأَبْنَاءَكُمْ وَنِسَاءَنَا وَنِسَاءَكُمْ وَأَنفُسَنَا وَأَنفُسَكُمْ ثُمَّ نَبْتَهِلْ فَنَجْعَل لَّعْنَتَ اللَّهِ عَلَى الْكَاذِبِينَ

Si quelqu'un argumente contre toi en cette affaire après ce que tu as reçu de science, dis : « Venez ! Nous appellerons nos fils et vos fils, nos femmes et vos femmes, nous mêmes et vous-mêmes, puis nous ferons une ordalie en appelant la malédiction de Dieu sur les menteurs». (Āli-'Imrān 3:61),

Le Prophète ﷺ appela 'Alī, Fātima, al-Hassan, al-Houssayn et dit: «Ô Allāh! Ceux-ci sont ma Famille» (*Allāhoumā hā'oūlā'i Āhlī*).[57]

Il réitéra cet acte lorsque le verset de purification des gens de la Maison fut révélé:

إِنَّمَا يُرِيدُ اللَّهُ لِيُذْهِبَ عَنكُمُ الرِّجْسَ أَهْلَ الْبَيْتِ وَيُطَهِّرَكُمْ تَطْهِيرًا[58]

---

[56] *Sahīh Mouslim* et une narration dans le *Mousnad* d'Ahmad.
[57] Rapporté de Sa'd ibn Abī Waqqās par Mouslim, al-Tirmidhī (*hassan sahīh gharīb*), al-Hākim et autres.
[58] Rapporte d'Oumm Salama par Āhmad avec six chaînes, al-Tirmidhī avec plusieurs chaînes (*hassan sahīh*), al-Hākim, al-Tabaranī, et autres.

Allāh ne veut que vous débarrasser de toute souillure, ô gens de la maison (du Prophète), et veut vous purifier pleinement, (al-Ahzāb 33:33)

Il est aussi mentionné dans le hadith suivant:

قال ابن جرير حَدَّثَنَا ابن الْمُثَنَّى حَدَّثَنَا بَكْرُ بْنُ يَحْيَى بْنِ أَبَانَ الْعَنزِيّ حَدَّثَنَا مِنْدَلٌ عَنْ الْأَعْمَشِ عَنْ عَطِيَّةَ عَنْ أَبِي سَعِيدٍ رَضِيَ الله عَنْهُ قال قال رَسُولُ الله صَلَّى الله عَلَيْهِ وَسَلَّمَ نَزَلَتْ هَذِهِ الْآيَةُ فِي خَمْسَةٍ : فِيَّ وَفِي عَلِيٍّ وَحَسَنٍ وَحُسَيْنٍ وَفَاطِمَةَ " إنَّمَا يُرِيدُ الله لِيُذْهِبَ عَنْكُمْ الرِّجْسَ أَهْلَ الْبَيْتِ وَيُطَهِّرَكُمْ تَطْهِيرًا" قَدْ تَقَدَّمَ أَنَّ فُضَيْلَ بْنَ مَرْزُوقٍ رَوَاهُ عَنْ عَطِيَّةَ عَنْ أَبِي سَعِيدٍ عَنْ أُمِّ سَلَمَةَ رَضِيَ الله عَنْهَا كَمَا تَقَدَّمَ وَرَوَى ابْنُ أَبِي حَاتِمٍ مِنْ حَدِيثِ هَارُونَ بْنِ سَعْدٍ الْعِجْلِيّ عَنْ عَطِيَّةَ عَنْ أَبِي سَعِيدٍ رَضِيَ الله عَنْهُ مَوْقُوفًا وَالله سُبْحَانَهُ وَتَعَالَى أَعْلَمُ

Abī Saʿīd ﷺ a rapporté du Prophète ﷺ ceci:

> Ce verset fut révélé concernant cinq: me concernant; concernant ʿAlī, Hassan, Houssayn et Fātima: «*Allah veut seulement écarter de vous la souillure et vous purifier complètement, Ô gens de la Maison.*»[59]

Dans le dictionnaire, le terme *ʿitra* est défini comme «des proches d'une personne tels que ses enfants, ses grand-enfants et cousins paternels»[60] alors que dans le contexte des hadiths présents, il a été défini comme «Ceux de la Famille du Prophète ﷺ qui pratiquent sa religion et adhèrent à ses injonctions»[61]. Ce qui résulte de ces termes en conjonction avec les deux formulations du hadith «Je vous ai laissé deux choses» est une preuve tangible qu'il y a un lien inséparable jusqu'au Jour Dernier entre le Corān, la Sounnah et la Famille du Prophète ﷺ.

Sachez que la lumière du Prophète ﷺ est en vous, puisqu'Allāh dit:

وَاعْلَمُوا أَنَّ فِيكُمْ رَسُولَ اللَّهِ

. *Et sachez que l'Envoyé de Dieu est en vous;* (al-Houjourāt, 49:7)

---

[59] *Mawqoūfan* d'Abī Saʿīd in Ibn Abī Hātim.
[60] Mouʿjam maqayis al-lougha (4:217).
[61] Al-Tahāwī, Sharh moushkil al-athar (9:88).

A travers ce verset et les narrations précédentes, nous devons savoir que le Prophète Mouhammad ﷺ nous informe du fait que sa lumière réside en chaque croyant; avec un accent particulier sur les qualités de perfection de caractère dont Sayyidinā Aboū Bakr ؓ et Sayyidinā 'Oumar ؓ ont fait preuve, alors que ceux qui sont affiliés au Prophète ﷺ par le sang ont le privilège d'être de sa famille, ceux dont Allāh a fait une faveur considérable – particulièrement les descendants d'*Āhl al-abā'a*, les enfants de Sayyidinā 'Alī ؓ et de Sayyida Fātima ؓ. Tous viendront avec le Prophète ﷺ au Bassin, le Jour du Jugement.

Le Réseau de Corde de Matière dans l'Univers

Il y a quatorze siècles, Allāh ﷻ révélait au Prophète Mouhammad ﷺ un autre verset qui décrit l'univers :

وَالسَّمَاءِ ذَاتِ الْحُبُكِ إِنَّكُمْ لَفِي قَوْلٍ مُخْتَلِفٍ

(Je jure) Par le ciel rayé de cordes ! Vous tenez [sur la vérité] des discours divergents. (adh-Dhārīyāt 51:7-8)

La mention des cordes (*houbouk*)[62] par Allāh ﷻ dans Son Puissant serment accorde une certitude divine à sa réalité et à son importance. Il jure par les cordes dans le ciel que les gens sont de différentes opinions au sujet du Prophète ﷺ et le message de l'Islam dont il est l'émissaire. Auparavant, les savants Musulmans n'avaient pas une parfaite compréhension de ce à quoi *houbouk* (les cordes) se referaient mais les découvertes récentes ont jetées la lumière sur la structure de l'univers. Les Musulmans croient avec certitude en tout ce qui est dans le Corān et savent que c'est la vérité. Quelle que soit la plus récente compréhension, les théories et les découvertes scientifiques atteindront le summum dans leur dévoilement de la réalité et de la description parfaite mentionnée il y a quatorze siècles dans le Saint Corān.

Le Corān mentionne les cieux (et l'espace) avec leurs cordes et par conséquent les nœuds. Au moyen de technologie sophistiquée, une compréhension de l'univers physique qui a émergé semble expliquer ce verset. Selon les astronautes, la matière visible de la structure de l'univers à grande échelle obéit à une allure filamenteuse.[63]

---

[62] Les *houbouks* sont des cordes ou câbles. Le terme *houbouk* est dérivé de la racine du verbe *habaka* qui signifie tisser des fils, crocheter, attacher, faire des nœuds.

[63] A propos de la large structure filamenteuse de l'univers Dr. Martin Hendry écrit :
> Le modèle d'ondulation cosmique que nous observons dans le rayonnement de fond micro-onde est à l'origine de la structure de

Cette toile de cordes cosmiques est apparente tant dans l'univers visible que dans ce que les astronomes appellent «la matière noire».[64]

---

l'univers. Si nous mesurons les positions et distances des galaxies à travers une expérience appelée «décalage vers le rouge», nous remarquons que les galaxies ne sont pas uniformément distribuées dans l'univers. Au contraire, elles sont arrangées par amas de filaments et feuilles cosmiques dont le modèle géométrique nous renseigne grandement sur la manière dont la structure cosmique fut formée... galaxies, décalage vers le rouge, amas célestes, filaments et existence de vides dans la distribution cosmique.

Hendry, Martin, 2003. *Dr. Martin Hendry's teaching website* [article en ligne]. La publication est disponible sur Internet: http://www.astro.gla.ac.uk/users/martin/outreach/lss.html

Bien que le phénomène d'amas de galaxies est un fait reconnu, les chercheurs scientifiques n'ont pas encore réussi à établir une description complète de cet amas et de ses caractéristiques géométriques.

Les [modèles] actuels présentent une étonnante variété de formes qui indiquent une distribution très avancée de la matière et qui sont souvent associées à une toile cosmique ou structure filamenteuse.

La plupart de ces descriptions est basée sur une observation visuelle de la structure cosmique qui est souvent identifiée à un réseau d'amas à cause de sa grande connectivité.

Disentangling the Cosmic Web I: Morphology of Isodensity Contours, Schmalzing, Jens; Buchert, Thomas; Melott, Adrian L; Sahni, Varun; Sathyaprakash, B S ; Shandarin, Sergei F, Astrophys.J. 526 [1999] 568-578.

[64] En ce qui concerne les filaments de matières sombres, Alan Boyles dit:
...Il y a parmi les scientifiques une convergence de pont de vue à propos des principes de bases: un cosmos léger, vieux de 12 à 15 milliards d'années, en accélération et dominé par une mystérieuse "énergie sombre".

Boyle, Alan. 2003. *Un Cosmos Etrange, d'avantage léger et Rajeumi* [sur l'Internet]. L'information relative à la publication est disponible sur www: msnbc.com [Informartions sur la technologie et la Science de l'Espace].

Par ailleurs:
Les scientifiques disent que la majeure partie de la matière dans l'univers ne peut pas être directement observable. Mais, une équipe internationale de recherche a commencé à lever ce voile d'invisibilité: Les chercheurs ont fait usage d'un télescope ultra sensible et à même de supporter d'intense analyse informatiques pour illustrer pour la première fois l'effet à grande échelle de la matière sombre.

Tout tourne autour du fait que, bien qu'elle ne soit pas observable, la matière sombre a un effet gravitationnel sur les choses qu'on peut voir. A moins que la matière sombre existe, les physiciens ne peuvent pas

Cela montre que non seulement les galaxies que nous voyons se trouvent au sein de plus larges masses de matières noire, mais que ces mases sont reliées par des «filaments cosmiques» – sorte de ponts de matière noire qui relient les amas. L'existence de ces filaments a longtemps été une prédiction de la théorie de la matière noire – qui

> expliquer le pourquoi de la rotation des galaxies par rapport à leurs centres ni pourquoi les amas de galaxies ne se désagrègent pas.
> La densité de la matière sombre est aussi un facteur ou un paramètre essentiel des équations qui décrivent comment l'univers a évolué sur des millions d'années et quel pourrait être son sort dans des milliards d'années à venir. Ainsi, la détermination de la quantité de matière sombre existante – et sa composition – font partie des équations les plus cruciales qui se posent aux astrophysiciens. Ce pourrait être un amas de matière ordinaire qui pour une raison ou une autre n'émet pas de lumière, peut être un type exotique de matière qui n'a pas encore été détecté.
> Le premier défit est d'identifier l'emplacement de la matière sombre… Les toiles cosmiques de matière sombre ont été détectées auparavant au niveau des galaxies ou même des amas de galaxies.
> [Une technique de] visualisation d'une région Céleste formée de toiles rougeâtre apparentes qui à priori ne peuvent pas être observes directement sont plutôt «vue» à travers leur impact gravitationnel sur la lumière émanant des lointaines galaxies … [Ceci est] le premier effort pour déceler l'effort gravitationnel (à l'image d'une lentille) pour la structure de grande échelle que représente l'univers – c'est à dire – les gigantesques filaments de matières sombres qui sont produites après le Big Bang … les premières condensations de matières produites par gravité. …ces systèmes de matières sombres filamenteuses témoignent de l'histoire de l'univers…
> A ce point, les trouvailles de l'équipe sont en accordance avec les dimensions de la matière noire établies par d'autres moyens. Il dit: La densité de matière de l'univers 'connu dans le jargon de l'astrophysique comme «oméga») semble être d'une proportion de 35 pourcent du pré-requis pour atteindre l'équilibre cosmique, avec un mystérieux facteur faisant apparemment la différence. Les physiciens ont dénommé ce facteur «énergie sombre» ou «constante cosmologique», mais la réalité est qu'ils n'ont jusqu'à présent pas encore discerné ce qu'il représente exactement.
> Alan Boyle, . 2003. *Astronomers visualize dark matter* [sur le site internet]. Les informations relatives à la publication sont disponibles sur from World Wide Web: msnbc.com [Technology and Science Space News].

soutient qu'un réseau compliqué de masses et de filaments, la fameuse toile cosmique – couvre l'univers. [65]

Le «Big Bang» est advenu avec toutes les pièces de l'univers volant en éclat à d'énormes vitesses à la suite d'une colossale explosion. Paradoxalement, toutes ces particules furent stoppées et figées sur place pour devenir précisément des planètes et des galaxies ordonnées. Allāh ﷻ est l'instigateur de l'arrangement du contenu de l'univers par un réseau de cordes tissés ensemble comme un filet retenant tous les corps célestes à leurs positions. [66]

---

[65] Les résultats ont été publiés dans le Journal Astrophysique et présentés à la Conférence Nationale d'Astronomie d'Angleterre à Bristol. La recherche fut conduite par Dr. Andrew Taylor de l'Observatoire Royale, Edinburgh, Angleterre et Dr. Meghan Gray.

[66] A propos de la formation de la structure de l'univers la NASA explique:

> Le Big Bang est la meilleure théorie que nous avons pour expliquer l'origine de l'univers, mais cette théorie est loin d'être complète. Par exemple, dans sa forme la plus élémentaire, la théorie n'explique pas l'origine de la hiérarchie magnifique des étoiles, galaxies et amas de galaxies formés à partir du résidu bouillonnant de l'explosion initiale du Big Bang. Et pourtant il est clair que l'univers contient des parcelles de galaxies et des amas de vide. Comment expliquer cela?
>
> Les cosmologistes qui étudient l'origine et l'évolution de l'univers espèrent étoffer la théorie du Big Bang de manière à tenir en considération la structure à grande échelle que nous observons de nos jours. Il existe plusieurs idées conformes à la théorie du Big Bang qui tentent d'expliquer la formation des galaxies et autres structures. La plus populaire et mieux développée de ces idées s'appelle **l'inflation cosmique**; selon cette théorie l'univers primordial traversa une période d'expansion super-accélérée qui lui permis de s'agrandir d'un facteur considérable, passant ainsi de l'échelle atomique à une échelle supérieure à celle de l'univers actuel en une fraction de seconde.
>
> Plusieurs idées et théories sur la création de la structure cosmique - inflation cosmique, défauts topologiques, etc. ...prédisent de manière spécifique la taille et le lieu des différences de températures dans le fond diffus cosmologique. Les différences de température actuellement observées d'une région spatiale à une autre tirent leur origine dans les différences de densité de l'univers primordiale; Ainsi les régions plus denses s'identifient aux régions plus chaudes du fond diffus cosmologique. En étudiant le fond diffus dans ses moindres détails, la sonde MAP compare ses résultats aux prédictions des différentes idées et théories, identifiant ainsi celle qui est la plus correcte. La sonde MAP arrive à analyser la plus petite des différences de densité datant de

l'époque ou l'univers ne représentait qu'un millième de sa taille actuelle, 400 000 ans après le Big Bang. A cette époque, la matière et la radiation cosmique étaient uniformément reparties mais certaines régions possédaient des densités plus ou moins élevées par rapport à d'autres. Ainsi la structure innée de l'univers fut établie dès les premiers moments de l'univers.

La théorie la plus populaire de formation de la structure cosmique stipule que la force de la gravité prit le dessus sur la différence de densité. Ainsi, conformément à l'idée populaire selon laquelle «les riches deviennent plus riches», les régions cosmiques où l'on retrouvait des densités plus élevées ont attiré plus de matière par l'effet gravitationnel, devenant ainsi encore plus denses. Par exemple, 400 000 ans après le Big Bang, la région où se trouve actuellement la Voie Lactée était plus dense que les régions voisines de 0.5% seulement. Environ 15 millions d'années plus tard, cette région était plus dense que les régions voisines de 5% (à noter que la Voie Lactée n'était pas encore formée à cette époque). Un milliard d'année après cela, notre région était deux fois plus dense que les régions voisines. Selon les spéculations des cosmologistes, la partie intérieure de la Voie Lactée commença à se former à cette époque.

La formation de la structure cosmique est un phénomène qui prend du temps. La théorie populaire de la "matière noire froide" explique que la matière noire exotique (dont la nature est toujours inconnue et indétectable) s'associa avec un peu de matière lumineuse (le halo de matière à partir duquel les étoiles et nous-mêmes sommes crée) pour former de longs filaments cosmiques, lesquels furent éparpillés dans tout l'univers, créant ainsi une toile cosmique qui représente la toute première structure de l'univers. Ces filaments sont nés de l'action de la gravité sur les régions denses de l'espace, action qui dura des millions d'années et qui créa des vides cosmiques sur son passage. L'hydrogène était le gaz le plus important de ces filaments. Après quelques centaines de millions d'années, des poches d'hydrogène se sont condensées et des galaxies ont commencé à se former le long des filaments cosmiques telles les perles d'un chapelet. Des étoiles apparurent également et des halos de galaxies furent crées la où les filaments cosmiques se croisaient.

2003. *Formation of Structure in the Universe* [article en ligne]. La publication est disponible sur Internet: http://imagine.gsfc.nasa.gov/docs/features/exhibit/map_structure.html. Le Centre de Vol Spatial Goddard affilié au Centre de Recherche des Archives de la Science des Hautes Energies Astrophysiques de la NASA (HEASARC).

Le célèbre physicien Steven Hawking explique ainsi l'inflation ou expansion accélérée que l'univers subit immédiatement après le Big Bang avant d'être miraculeusement arrêté et suspendu dans sa condition actuelle:

> L'inflation qui semble s'être produite durant les premiers moments de l'univers primordial ...[impliquait] une augmentation de la taille de

l'univers par un facteur d'au moins un million de million de million de million de million de fois en une petite fraction de seconde.
Hawking, Steven, Black Holes and Baby Universes and Other Essays, New York, Bantam, 1993, p. 96-97.

La Théorie des Cordes et l'Univers de Dimension Dix

En plus de la toile cosmique des filaments, il y a une autre perception des cordes comme une part de l'univers. La théorie des cordes est devenue importante comme une théorie de matière unificatrice dans l'univers: De planètes géantes aux particules subatomiques. Auparavant, les physiciens n'arrivaient pas à réconcilier la physique cosmique (celle de la théorie de la relativité générale et de la force de gravité) avec la physique quantique (celle des trois autres forces connues: l'électromagnétisme, les force nucléaires fortes et les forces nucléaires faibles). Les deux théories de macro et microphysique opéraient dans leurs champs respectifs et n'étaient compatibles l'une avec l'autre.

La théorie des cordes réconcilie ces différences et soutient que les particules subatomiques sont des vibrations ou résonnance de minuscules cordes. Les vibrations de ces cordes sont comme des notes musicales d'un violon avec différentes cordes produisant différentes vibrations ou différentes notes. Allāh ﷻ dit dans le Saint Corān:

وَإِن مِّن شَيْءٍ إِلاَّ يُسَبِّحُ بِحَمْدِهِ وَلَكِن لاَّ تَفْقَهُونَ تَسْبِيحَهُمْ

Il n'y a rien qui ne célèbre Sa louange (al-Isrā' 17:44)

La théorie des cordes repose sur une nécessité mathématique qui est que l'univers est de dix dimensions. Les hommes sont seulement conscients de trois dimensions visibles et une dimension invisible, le temps. Cependant, pour permettre à la théorie des cordes d'exploiter toutes les quatre forces[67], il faudrait qu'il existe six dimensions invisibles supplémentaires. Le physicien théoricien Dr. Michio Kaku dit:

---

[67] Il s'agit de la force de gravité, d'électromagnétisme, les forces nucléaires fortes, et les forces nucléaires faibles.

La curieuse caractéristique de cordes géantes est cependant qu'elles ne peuvent seulement vibrer qu'en dimension 10. En dimension 10, il y a plus de possibilité d'accommoder à la fois la théorie de gravitation d'Einstein avec celle des particules subatomiques physiques. Dans un certain sens, les précédentes tentatives d'unification des forces de la nature ont échoué parce que la théorie habituelle des quatre dimensions est «trop petite» pour rassembler toutes les forces dans le même espace mathématique.

Pour percevoir de plus hautes dimensions, considérez un jardin de thé Japonais où des carpes passent leur vie entière à nager au fond d'un étang. Les carpes sont à peine conscients du monde au-dessus de la surface. Pour un «scientifique» du monde des carpes, l'univers ne consiste seulement que de deux dimensions, la longueur et la largeur. La hauteur n'existe pas. En fait, ils ne sont pas en mesure d'imaginer une troisième dimension au delà de l'étang. Le mot «haut» n'a aucune signification pour eux. (Imaginez leur détresse si soudain ils étaient projetés vers le haut dans notre monde de leur univers à deux dimensions!)

Cependant, s'il pleut, la surface de l'étang devient ridée. Bien que la troisième dimension soit au delà de leur entendement, ils peuvent voir le mouvement des ondes à la surface de l'étang. Similairement, quoique nous, habitants de la terre, ne puissions «percevoir» ces hautes dimensions, nous pouvons voir leurs rides lorsqu'elles vibrent. Selon cette théorie, la lumière n'est rien d'autre que des vibrations émettant des ondes au niveau de la $5^{\text{ème}}$ dimension. En rajoutant de plus hautes dimensions, nous pouvons facilement accommoder de plus en plus de forces y compris les forces nucléaires. Bref, plus nous avons de dimension, d'avantage de forces nous pouvons accommoder.

Une critique persistante cependant de cette théorie est que nous ne voyons pas ces hautes dimensions en laboratoire. A présent, tout événement dans l'univers, de la plus petite décomposition subatomique à l'explosion des galaxies, peut être décrit par quatre nombres (longueur, largeur, hauteur et le temps), et non pas dix nombres. Pour répondre à cette critique, plusieurs physiciens croient (mais ne peuvent le justifier) que l'univers à l'instant du Big Bang était en réalité de dimension dix. C'est seulement après l'instant de la création que six des dix dimensions se sont «repliées» en une boule trop minuscule pour être perceptible. Dans un sens réel, cette théorie est en vérité une théorie de la création lorsque le pouvoir total de l'espace-temps de dimension dix s'est manifesté ....[68]

Aujourd'hui, plusieurs physiciens croient que nous sommes des carpes nageant dans notre petit étang, totalement heureux et inconscients de l'invisible, des univers jamais vus qui planent juste au-dessus de nous dans un espace super géant. Nous passons notre vie dans un espace de dimension trois, certains que ce que nous voyons au moyens de nos télescopes est tout ce qui existe, ignorant la possibilité d'un espace géant de dimension 10. Bien que ces hautes dimensions soient invisibles, leurs «rides» peuvent être clairement perçues. Nous appelons ces rides gravité et lumière.[69]

Les cordes et même l'univers de dimension dix en tant que théorie est représentée dans le Saint Coran. Allāh nous informe:

"وَالسَّمَاءِ ذَاتِ الْحُبُكِ إِنَّكُمْ لَفِي قَوْلٍ مُّخْتَلِفٍ"

(Je jure) Par le ciel rayé de nuées ![70] *Vous tenez [sur la vérité] des discours divergents.* (adh-Dhārīyāt 51:7-8)

---

[68] Kaku, Michio. Black Holes, Worm Holes and the Tenth Dimension.
[69] Kaku, Michio. Hyperspace and a Theory of Everything.
[70] Note du traducteur: Plusieurs traductions du Coran en Français ont utilisé des mots tells que: buées, raies, routes etc... mais les découvertes scientifiques qui se sont effectuées plutard montrent que les mots cordes, ficelles ect... sont aussi bien appropriés.

Allāh ﷻ jure de par l'énormité des cordes dans les cieux. La preuve supporte la théorie des cordes vient largement des chercheurs examinant l'espace et l'univers.

Ainsi, la théorie des cordes a ouvert une appréhension de l'univers comme un ensemble de dimension dix rajoutant six dimensions invisibles à l'expérience ordinaire des trois dimensions et l'une d'une dimension invisible, le temps. Tout comme dans le cas du fer dans le Corān, il y a une signification numérologique du verset dans la *Soūrat al-Dhāriyāt* (51:7). 51 numériquement est représenté par l'addition de 5 + 1 qui donne 6. En Combinant la valeur numérologique de la *Soūrah*, six, avec le numéro du verset, sept, on obtient 13 (6+7=13). Treize est représenté par 1+3 = 4, le nombre des quatre dimensions connues. Aussi, la cinquante et une nième *Soūrah*, numériquement représentée par six, fait allusion aux six nouvelles dimensions invisibles. Mieux, il est mentionné dans le septième verset, une résonnance remarquable avec le total des sept dimensions invisibles: le temps plus les six autres dimensions. Sept représente les cieux comme mentionné dans le Corān:

تُسَبِّحُ لَهُ السَّمَاوَاتُ السَّبْعُ وَالْأَرْضُ وَمَن فِيهِنَّ وَإِن مِّن شَيْءٍ إِلَّا يُسَبِّحُ بِحَمْدِهِ وَلَٰكِن لَّا تَفْقَهُونَ تَسْبِيحَهُمْ إِنَّهُ كَانَ حَلِيمًا غَفُورًا

Les sept cieux, la terre et ce qu'ils contiennent Le glorifient. Il n'y a rien qui ne célèbre Sa louange, mais vous ne comprenez pas leur glorification. Dieu est plein de mansuétude, pardonneur! (al-Isrā' 17:44)[71]

Ainsi, les sept dimensions des cieux avec les trois dimensions terrestres donnent dix. Ce sont les dix dimensions de la théorie des cordes: les trois de monde physique, le temps est la quatrième dimension, et six des dimensions jusqu'à présent inconnues.

Le fait qu'il y ait dix dimensions est aussi révélateur. Le nombre dix est représenté par 1+0 qui équivaut à 1. Ceci est une indication que le nombre UN est important et que toute autre chose équivaut à zéro. Un et zéro sont les seuls nombres du code binaire, le genre de code qui régit

---

[71] Ce verset est 17:44 qui en numérologie s'écrit 1+7 =8 and 4+4=8; 8 +8 donne 16, et 1+6 donne sept: "Les sept cieux…"

tous les ordinateurs dans le monde. Lorsque les particules de silicium de l'ordinateur sont investies d'énergie, elles vont de l'état d'énergie zéro à un état mobile chargé d'énergie, le «un». A travers l'invention de l'ordinateur et à travers les dix dimensions, Allāh ﷻ nous exhibe Ses signes que Lui est l'Unique [Le Un], la Réalité, et toute autre chose n'est d'autre que zéro.

Il y a une nouvelle approche dérivée de la théorie des cordes qui stipule que les trous noirs ne sont pas vides mais en réalité sont liés à d'autres parties de l'univers que les théoriciens de la physique appellent «des trous de vers». Bien que cette notion reste à prouver, il y a une allusion remarquable à ce qu'Allāh mentionne au sujet des cordes dans l'espace.

Dans un verset cité à plusieurs reprises antérieurement, Allāh ﷻ dit:

سَنُرِيهِمْ آيَاتِنَا فِي الْآفَاقِ وَفِي أَنفُسِهِمْ حَتَّىٰ يَتَبَيَّنَ لَهُمْ أَنَّهُ الْحَقُّ

Nous leur montrerons [bientôt] Nos signes dans les horizons et en eux-mêmes, jusqu'à ce qu'il leur apparaisse avec évidence que ceci est la Vérité..... (Foussilat 41:53)

Al-āfāq signifie littéralement «des horizons», les cieux, c'est à dire l'univers. Allāh ﷻ dit qu'Il **leur** montrera et non **vous**, pour dire qu'Il montrera Ses signes aux mécréants en eux-mêmes, à travers leur recherches, sur la nature de l'univers comme un moyen pour les amener à accepter le message de l'Islam an tant que vérité.

Dans la *Soūrat al-Dhārīyāt*, Allāh ﷻ jure par les cordes dans le ciel que:

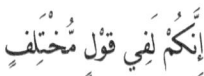

Vous tenez [sur la vérité] des discours divergents.
(al-Dhārīyāt 51:8)

L'humanité diverge au sujet du Prophète Mouhammad ﷺ, de son message, l'Islam.

يُؤْفَكُ عَنْهُ مَنْ أُفِكَ قُتِلَ الْخَرَّاصُونَ

> *De l'insensé on se détournera. Que périssent les menteurs.* (al-Dhārīyāt 51:9-10)

Ces différences ou divergences d'opinions ont détourné les gens de la vérité, mais quiconque rejette le Messenger ﷺ, a tort. Allāh ﷻ est mécontent de ceux qui conjecturent au sujet du Prophète ﷺ sans rechercher de manière objective à comprendre son message. Il y a quatorze siècles, Allāh ﷻ a révélé ce verset, jurant par quelque chose qui n'était pas connue à l'époque. Ceci devrait faire comprendre aux scientifiques des temps modernes et aux chercheurs qui découvrent ces réalités, toute la grandeur du Prophète Mouhammad ﷺ.

Le Prophète ﷺ ne mentionna pas ces choses-là en son temps parce que ce qu'il avait dit était suffisant pour que ses Compagnons embrassent l'Islam. Cette information a été révélée en temps opportun lorsque les découvertes scientifiques de ces réalités ont émergées pour corroborer la réalité Corānique. Le Prophète ﷺ est venu avec un message d'Allāh ﷻ si complet et si parfait que le contenu du Corān est aujourd'hui corroboré même par les scientifiques non-Musulmans. Le Corān est *nātiq*, c'est à dire parle, apportant toujours ses propres preuves. Usant de leurs propres découvertes, Allāh ﷻ invite les gens du 21ème siècle à l'Islam. Lorsqu'ils retrouveront ces réalités dans le Corān, plusieurs scientifiques accepteront l'Islam.

عن تميم الداري قال سمعت رسول الله صلى الله عليه وسلم يقول ...ولا يترك الله بيت مدر ولا وبر إلا أدخله الله هذا الدين

Comme le Prophète ﷺ dit: «d'Islam entrera dans chaque maison sur terre».[72]

Et Allāh dit:

وَقُلِ الْحَمْدُ لِلَّهِ سَيُرِيكُمْ آيَاتِهِ فَتَعْرِفُونَهَا

> *Dis encore : « Louange à Dieu ! Il vous montrera Ses signes et vous les reconnaîtrez»* (an-Naml 27:93)

---

[72] Rapporté par Tamīm ad-Dārī dans *Mousnad Āhmad*, #16344.

La Probabilité dans le Corān

Toute âme, tout comportement, toutes découvertes, invention, ou aspect de la vie passée, présent, et future est mentionné dans le Corān.

ولاَ رَطْبٍ ولاَ يَابِسٍ إلاَّ في كِتَابٍ مُبِينٍ

(*Il n'y a*) *ni rien d'humide ou de sec qui ne soit consigné dans un Livre explicite.* (al-An'am 6:59)

Allāh ﷻ dit que toute chose vivante (humide) et non-vivante (sèche) est mentionnée dans le Corān. Ce qui veut dire que toutes les découvertes scientifiques concernant les choses vivantes et non vivantes sont mentionnées dans le Corān, mais ce n'est pas donné à tout le monde de les décerner.

Un juriste ne peut faire de découvertes scientifiques alors qu'un scientifique le peut. Pour accomplir des découvertes, un scientifique travaille sur des théories et les soumet à une expérimentation jusqu'à ce qu'elles deviennent une réalité, une évidence. Ce n'est pas parce que l'homme novice en science ne fait pas de découverte scientifique que ces découvertes n'existent pas. Plutôt, c'est simplement parce qu'elles ne lui sont pas connues ou accessibles.

Pour quelqu'un ayant vécu dans les périodes antérieures, il aurait été impossible d'imaginer que l'eau est composée de gaz, mais à présent, la connaissance pour comprendre cette réalité existe. Il n'est pas donné à tout le monde de comprendre que l'eau ordinaire est composée de deux atomes d'hydrogène et d'un atome d'oxygène, mais lorsque sa composition fut découverte, il fut su et accepté. La formule chimique s'en suit: $2 H_2 + O_2 \rightarrow 2 H_2O$.

Lorsqu'il est dit que toute chose est dans le Corān, cela ne signifie pas que toute personne lisant le Corān sera en mesure de l'y trouver. Selon le niveau de connaissance et la compréhension du lecteur, il pourra peut être identifié le verset approprié sur un sujet donné tout comme un scientifique peut identifier un élément particulier ou composé dans un échantillon. Cependant, **tout** est dans le Corān indépendamment du fait qu'un individu puisse personnellement le confirmer ou non.

Une fois, il fut demandé à un savant de haut calibre de définir la connaissance interne qui est opposée à la connaissance externe (*'ilm al-bātin* contre *'ilm adh-dhāhir*). Il dit:

> Tout ce qu'un individu ne peux pas comprendre est caché et semble ésotérique, mais pour celui qui connait quelque chose, celle-ci est externe et évidente. La connaissance interne ne peut pas être perçue par certaines personnes mais pour nous, c'est une réalité. L'on pourrait penser qu'il y a deux sortes de connaissance, mais en réalité il n'y a aucune différence entre l'externe et l'interne, c'est seulement une question de perception.

Il en est de même pour la procédure scientifique. Avant qu'une chose ne soit découverte, les gens nient son existence, mais ils y croient une fois qu'elle est établie. Rien n'a changé sauf la volonté et la capacité à accepter la réalité. Alors, il est mieux de ne pas nier l'existence d'une chose juste parce qu'on ne sait rien à son sujet.

Les scientifiques d'aujourd'hui disent qu'il a existé dans le passé différentes espèces de créatures géantes habitants la terre, appelées dinosaures. Si l'on accepte que dans le passé les dinosaures vivaient sur la terre, alors, l'on doit aussi se demander pourquoi ils n'existent plus aujourd'hui? De nos jours, l'on ne voit plus de dinosaures sur la terre, donc l'on doit se demander de ce qui serait advenu d'eux. D'un point de vue Islamique, leur période s'est achevée. Allāh ﷻ s'est débarrassé d'eux, et ils se sont éteints. Comment Allāh ﷻ s'en est pris est un sujet de débat parmi les scientifiques.

Certains pieux savant Musulmans disent que les dinosaures habitaient la terre et étaient extrêmement malfaisants. Allāh ﷻ changea leurs caractéristiques physiques, réduisant leurs dimensions (*al-maskh*) en guise de punition pour leurs horribles bagarres et destructions, et leur période s'acheva. Même scientifiquement parlant, du point de la perspective de probabilité, il y a une probabilité du «comment» ils ont disparu.

Lorsque les dinosaures circulaient sur terre, ils ont dû se considérer comme géants et puissants bien qu'il y avait une probabilité qu'ils seraient tous détruits et exterminés. Même si la probabilité était mince, elle a toujours existée pour eux. Quelque soit l'évènement qui devrait conduire à leur extinction, cet évènement arriva. Bien qu'ils fussent de dimensions et de forces impressionnantes, ils ont maintenant disparus complètement de la surface de la terre. Après eux, d'autres espèces sont apparues, elles aussi espérant ne pas disparaître bien que la probabilité d'extinction existe pour elles tout comme elle l'a été pour les dinosaures.

Les statistiques et la probabilité sont des sciences empiriques, des branches de la mathématique basée sur le calcul de la faisabilité d'un évènement sur une période donnée. Une probabilité de valeur «zéro» signifie qu'il n'y a aucune possibilité quelle que ce soit que quelque chose puisse survenir. Une probabilité de valeur «un» signifie qu'il y a une certitude absolue que quelque chose se produira. Pour tout évènement plausible, il y a une probabilité entre zéro (0) et un (1) pour se produire. Quelqu'un peut intelligemment prédire la probabilité de réalisation d'un évènement en examinant les schémas historiques. Par le passé, un certain évènement s'est si produit souvent qu'il a été assumé que le même évènement pourrait se reproduire dans le futur avec une certaine probabilité. Cette science a plusieurs domaine d'application: la physique quantique, la chimie, la thermodynamique, la météo, le recensement démographique, et même pour prédire la bourse des valeurs. La probabilité aide à prédire la possibilité de tout évènement qui ne peut être établie précisément par une formule mathématique.

Si l'on considère la question de la vie de l'homme sur terre sous l'angle scientifique ou de probabilité, il y a une chance pour que la race humaine disparaisse. Les dinosaures, eux aussi furent confrontés à cette probabilité d'extinction et elle s'est réalisée. Selon les paléontologues, il eut cinq grandes extinctions tout le long de l'histoire du monde. Mieux, les biologistes craignent que jusqu'à la moitié des espèces vivantes pourrait disparaître au cours du prochain siècle. Un récent rapport des Nations Unis prédit que dans les trente prochaines années, près du quart de la population des mammifères dans le monde pourrait être en danger d'extinction[73]. Si tant d'espèces sont en train de disparaître, qui peut dire que les autres mammifères comme les êtres humains, ne pourraient pas disparaître un jour? Usant de la probabilité et de la logique, l'on peut déduire que, autant les dinosaures et les autres espèces sont venus à disparaître, autant il existe une probabilité pour la race humaine à disparaître un jour.

Une preuve palpable de l'existence terrestre humaine date d'environ cinq mille à sept mille ans, et la plus ancienne trace de l'existence humaine date d'environ cinquante mille ans. Les créatures qui existèrent il y a cinquante mille ans furent différentes des humains, et il n'y a aucune trace humaine palpable jusqu'à l'Age de la Pierre il y a cinq à sept mille ans. Où sont les restes des créatures d'il y a cinquante mille ans, et pourquoi ont-elles disparues subitement? Cela fait quelques milliers d'années que les humains vivent sur la terre, donc notre probabilité de disparaître est plus grande que ne l'était celle des dinosaures qui ont vécu des millions d'années.

Il y a une possibilité manifeste que l'homme un jour disparaisse. Avec l'extinction, soit l'homme cesse d'exister comme les scientifiques ou autres croient, ou comme les religieux disent, les être humains subiront une interrogation. Si nous disparaissons, alors, il en serait de nous comme de nos devanciers, mais il y a une probabilité que nous subissions une évaluation, un jugement. Considérons les deux cas: soit l'humanité disparaît, son existence arrive à un terme final et total ou l'humanité comparaît devant le Créateur et subit un interrogatoire. Si ces deux possibilités sont les seules évènements possibles à chance égales, alors la probabilité est demi (1/2) ou cinquante pourcent pour que l'une ou l'autre se réalise.

S'il y a une chance qu'en acquérant une certaine action [dans une compagnie] pourrait éventuellement enrichir quelqu'un de façon fabuleuse, les gens investiraient leur argent même si la probabilité est

---

[73] Global Environment Outlook-3 (Geo-3) rapport du programme d'Environnnement des Nations Unis (UNEP), Earthscan Publications Ltd, London, 2002.

moindre comme vingt ou trente pourcent. A cinquante pourcent, les gens seront d'avantage enclin à emprunter de l'argent pour tenter leur chance sur cette action de valeur fulgurante. Si les gens sont de ce fait si calculateurs et si futés à la recherche d'une chance de succès dans une entreprise risquée de ce monde où la perte et le gain existent, alors qu'en est-il d'une perspective «au-delà de ce monde?». Statistiquement, étant donné un pourcentage de cinquante pourcent de chance de bénéficier d'une existence après cette vie, pourquoi personne n'investi donc? Même si l'on vit jusqu'à cent ans, ce n'est rien d'autre qu'un clin d'œil comparé aux millions et millions d'années d'existence de la terre. Comparer cent ans à l'éternité est au-delà de l'appréhension de l'esprit de l'homme. S'il n'y a pas de vie après celle-ci, on pourrait dire qu'il «a perdu» cent ans, mais s'il y a une vie après celle-ci, ces gains sont infinis. Si la vie éternelle après la mort est une réalité (et nous en tant que Musulmans y croyons), alors l'investissement infini de cent ans n'est rien comparé à cela.

Il y a plusieurs personnes inspirées à travers les âges qui ont dit: «Nous sommes des messagers de la part du Créateur, Allāh ﷻ», et qui ont dit aux humains ce qui devait arriver dans le futur et dans l'au-delà. Dans plusieurs traditions religieuses, il y a eu des Messagers et des Prophètes qui nous informé de la tenue d'une évaluation ou interrogatoire, le Jour du Jugement. La possibilité d'avoir plusieurs milliers de prophètes issus de différents lieux avec le même message est mince. S'ils avaient raison et qu'il y a un compte à rendre, alors, l'on doit se préparer pour cet examen crucial.

Une telle assertion d'un Jugement à venir et d'une vie après celle-ci n'est pas une idée saugrenue. Quelque chose de plus invraisemblable est communément acceptée sans objection par la plupart des scientifiques. Les scientifiques modernes soutiennent que par le pur fait du hasard, les singes se sont métamorphosés en êtres humains. Usant des postulats basés purement sur des évènements hasardeux, ils ont été en mesure d'élaborer une théorie complexe qu'ils considèrent comme un fait réel bien qu'elle ne repose que sur de la pure probabilité. Même si la base de cette théorie était envisageable, le nombre de mutation nécessaire capable de se développer dans une période extrêmement courte est quasiment impossible. La théorie originelle de Darwin a été démontée par les découvertes scientifiques subséquentes mais a été rapiécée par ses adeptes avec une foi aveugle qui ironiquement s'accorde plus avec la foi religieuse que la science.

L'Islam a été à l'origine d'innombrables avancées dans le domaine des sciences et n'est nullement antagoniste à la recherche scientifique. En fait, l'Islam englobe la connaissance des sciences modernes et la preuve de cela est mentionnée dans le Corān et par le Prophète Mouhammad ﷺ dans les hadiths avant l'avènement de la période scientifique. Par exemple, les scientifiques modernes croient qu'ils ont inventés la probabilité, mais cela fut mentionné il y a quatorze siècles dans le Saint Corān:

وَمَا يُدْرِيكَ لَعَلَّ السَّاعَةَ قَرِيبٌ...

...Et comment pourrais-tu savoir si l'Heure n'est pas proche?
(ash-Shoūra 42:17)

Le mot utilisé ici dans le Corān, *La'alla* signifie «peut être», indiquant une possibilité ou une probabilité. Pour Allāh ﷻ, l'apparition de l'Heure est connue avec précision mais dans l'éloquence Corānique, Allāh ﷻ fait usage du terme «peut être» comme pour prévenir les scientifiques d'aujourd'hui: «Même si vous ne l'admettez pas, il y a tout de même une probabilité que le Jour du Jugement adviendra et qu'il pourrait être proche». Pour Allāh ﷻ, il n'y a aucune probabilité. La probabilité est un instrument empirique pour mesurer la chance de réalisation d'un évènement pour ceux qui n'en ont aucune connaissance exacte. Pour celui qui a une connaissance parfaite du passé et du futur, il n'y a aucun facteur aléatoire puisque c'est déjà connu. Allāh ﷻ est *al-'Alīm*, le Connaisseur Absolu et ainsi pour Allāh ﷻ, toutes les choses sont connues avec une connaissance parfaite, avec précision et certitude.

اللَّهُ يَعْلَمُ مَا تَحْمِلُ كُلُّ أُنثَى وَمَا تَغِيضُ الْأَرْحَامُ وَمَا تَزْدَادُ وَكُلُّ شَيْءٍ عِندَهُ بِمِقْدَارٍ

Allāh sait ce que porte chaque femelle, ce dont les matrices avortent et ce qu'elles portent à maturité. Toute chose a sa mesure en Lui.
(ar-Ra'd 13:8)

Pour ceux à qui Allāh ﷻ dévoile ces réalités, il n'y a également aucune probabilité parce qu'ils s'appuient sur une connaissance certaine. Avec une connaissance certaine de la part d'Allāh ﷻ, la probabilité de réalisation d'un évènement est «un» (1), sûre et certaine.

Les croyants savent que lorsqu'Allāh ﷻ dit quelque chose, celle-là se réalisera inévitablement mais pour les intellectuels contemporains, les prédictions sont basées sur des incertitudes et non sur des croyances. Lorsque Allah ﷻ informa Noé ﷺ de l'arrivée d'un déluge et qu'il devrait apprêter une embarcation de sauvetage, il a agit conformément par pure foi. A travers cette histoire bien connue, Allāh ﷻ a créé un exemple d'excellence pour les générations futures y compris les sceptiques d'aujourd'hui. Allāh ﷻ leur montre que même sans foi, faisant usage d'analyse empirique, il y a une possibilité que le déluge interviendrait et que l'eau atteindrait l'embarcation de Noé ﷺ. Comme si on disait: «Conformons nous à votre système et vos principes de science et probabilité. Bien qu'il n'y ait aucune possibilité que la mer puisse atteindre un tel niveau d'élévation, la probabilité indique qu'il y a une possibilité aussi infime soit-elle que les rivières et les ruisseaux puissent déborder de leurs lits et mener l'embarcation à flotter». Comme cela est bien prouvé, le déluge vint et les prédictions qu'Allāh ﷻ révéla à Noé s'avérèrent vraies.

Il en est de même pour Moūssā ﷺ (Moïse) qui a obéit aux injonctions d'Allāh ﷻ en fuyant le Pharaon et son armée pour se diriger vers la mer. Bien qu'il sache que les Enfants d'Israël et lui y compris déboucheraient sur un butoir que constitue la mer, il a placé une foi totale en Allāh ﷻ pour les sauver. Considérant ceci sous un angle scientifique, de probabilité, Allāh ﷻ une fois encore montre que «Oui, il y a une probabilité selon les lois de possibilités que la mer puisse se fendre et ouvrir un chemin pour Moūssā ﷺ et son peuple».

La vie ne sera pas perpétuelle. Tout comme Noé ﷺ s'est préparé pour le déluge, autant les êtres humains doivent se préparer pour leur départ de cette vie. Ici, Allāh ﷻ s'adresse aux humains faisant usage de leur propre méthodologie intellectuelle pour montrer que la possibilité de leur destruction est un évènement réalisable. Similairement, il y a une probabilité que le Jour du Jugement adviendra, et les gens seront tenus responsables de leurs actions dans cette vie. Même si quelqu'un ne croit pas en Allāh ﷻ, les statistiques et les lois de probabilité montrent qu'il y a une possibilité que l'humanité comparaisse devant Allāh ﷻ pour répondre de leurs actions. Qui peut dire que cela est impossible lorsque fréquemment il a pu être observé à moindre échelle lors des séismes, des éruptions volcaniques, des déluges et bien d'autres actions de Dieu qui se manifestent sans avertissement, emportant les gens, les animaux et les habitations. Ces manifestations sont imprédictibles et aussi improbables qu'elles puissent affecter une personne donnée, les gens souscrivent à une assurance contre tous ces fléaux naturels, pour la même raison qui a poussé Noé ﷺ à construire l'Arche, recherchant protection et salvation. Si les gens ne se préparent pour ce jour, il n'y a aucune échappatoire à la destruction qui les attend.

Un autre élément de la probabilité réside dans les enseignements et prédictions du Prophète Mouhammad ﷺ. Nous en décrirons plusieurs de façon détaillée dans ce livre, mais relativement à la probabilité, considérons seulement un exemple.

وأن ترى الحفاة العراة العالة رعاء الشاء يتطاولون في البنيان (البُخاري كتَاب الإيمان)

Voici l'un des signes des Jours Derniers mentionné par le Prophète ﷺ:

> Vous verrez les pauvres bergers bédouins, les va-nu-pieds, compétitifs dans la construction d'immeubles géants.[74]

Si nous voulons considérer ceci d'un point de vue scientifique, alors la probabilité de réalisation de ceci doit être analysée. La possibilité qu'une personne il y a quatorze siècles, ferait une telle prédiction est très mince, et la probabilité de sa réalisation est encore moins plausible. Même il y a cent ans de cela, une telle prédiction aurait été catégoriquement rejetée par les scientifiques. Comment se pourrait-il alors que les bergers, pieds nus, nus et primitifs construiraient des immeubles géants? Pourtant, la prédiction fut faite bien longtemps avant le siècle dernier lorsque cela était encore moins plausible. Néanmoins, le Prophète ﷺ prédit l'improbable évènement avec certitude en disant:

---

[74] *Sahīh Boukhārī*, "Kitāb al-Īmān."

«vous **verrez**» et non «vous **pourriez** voir», et aussi improbable que cela puisse être à un moment, cela s'est pourtant réalisé exactement comme prédit.

Les croyants acceptent ces prédictions au pied de la lettre et naturellement attendent qu'elles se réalisent. Ceux parmi les croyants qui doutent que le Jugement soit proche ou qui disent que c'est encore loin ou qui ne sont pas sûres de sa faisabilité, doivent reconsidérer leurs approches. Les Musulmans doivent savoir et mesurer la présente situation à la lumière des dires du Prophète ﷺ au sujet des signes des Jours Derniers. Si l'on admet que les gratte-ciels en constructions par les bédouins est un signe du Jour du Jugement, un signe qui vient juste d'apparaître, alors l'on doit admettre que le Jour du Jugement est proche. Peut être que les signes restants se dérouleront si rapidement, l'un après l'autre. Même la science de probabilité montre que cela pourrait survenir et à n'importe quel moment. La loi de probabilité dit que toute chose peut arriver, mais la possibilité de sa réalisation est mesurée en termes de fréquence pendant une période de temps; si ce n'est une fois en cent ans, alors une fois en mille ans ou une fois en un million d'année. Nous devons tous être attentifs et nous apprêter pour ce Jour. L'existence de la plus petite probabilité pour que l'évènement se réalise devrait être suffisante pour qu'on s'intéresse au futur.

LES PREDICTIONS

Les Signes de l'Approche des Jours Derniers

Les Bédouins Rivalisent dans la Construction de Grands Édifices

Dans le fameux hadith de Jibrīl ﷺ, 'Oumar Ibn al-Khattāb ﷺ rapporta que l'Archange Jibrīl ﷺ (Gabriel) vint au Prophète Mouhammad ﷺ et lui demanda de définir l'Islām, l'Īmān et l'Ihsān.

أخبرنا إسحاق بن إبراهيم قال: حدثنا النضر بن شميل قال: أخبرنا كهمس بن الحسن قال: حدثنا عبد الله بن بريدة عن يحيى بن يعمر، أن عبد الله بن عمر قال: حدثني عمر بن الخطاب قال: بينما نحن عند رسول الله صلى الله عليه وسلم ذات يوم إذ طلع علينا رجل شديد بياض الثياب شديد سواد الشعر، لا يرى عليه أثر السفر، ولا يعرفه منا أحد، حتى جلس إلى رسول الله صلى الله عليه وسلم فأسند ركبتيه إلى ركبتيه ووضع كفيه على فخذيه، ثم قال: يا محمد، أخبرني عن الإسلام، قال: أن تشهد أن لا إله إلا الله وأن محمدا رسول الله، وتقيم الصلاة، وتؤتي الزكاة، وتصوم رمضان، وتحج البيت إن استطعت إليه سبيلا. قال: صدقت، فعجبنا إليه، سأله ويصدقه، ثم قال: أخبرني عن الإيمان، قال: أن تؤمن بالله وملائكته وكتبه ورسله واليوم الآخر والقدر كله خيره وشره.. قال: صدقت. قال: فأخبرني عن الإحسان، قال: أن تعبد الله كأنك تراه، فإن لم تكن تراه فإنه يراك (البُخاري كتاب الإيمان)

Le Prophète ﷺ répondit à ces questions de la manière suivante:

L'Islam est de témoigner qu'il y n'a de dieu qu'Allah et que Mouhammad est le Messager d'Allāh, de faire la prière, de payer la *zakāt* (l'aumône), de jeûner pendant le Ramadan, et d'effectuer le Hajj à la maison *al-Bayt* (d'Allah) pour quiconque a les moyens de s'y rendre.

L'*Īmān* (la Foi) Foi est de croire en Allāh, Ses anges, Ses livres, Ses messagers, au Jour Dernier, et de croire au décret divin (*qadar*), le bon et le mauvais ... L'*Ihsān* (l'état de la perfection ou de l'excellence) est d'adorer Allāh comme si tu Le vois, car si tu ne Le vois pas, certainement Il te voit.[75]

L'Ange Jibrīl (Gabriel) ﷺ demanda ensuite: «Informe-moi au sujet de l'Heure?» L'Apôtre d'Allāh répondit: «Celui qui est interrogé n'en sait pas plus que celui qui l'interroge». Jibrīl ﷺ dit: «Parle moi alors au sujet de ses signes».

Ce hadith mentionné il y a mille quatre cent années par le Prophète Mouhammad ﷺ donne une description éloquente et vivide de ce qu'il voyait apparaître aujourd'hui.

... وأن ترى الحفاة العراة العالة رعاء الشاء يتطاولون في البنيان

...et tu verras les va-nu-pieds, les pauvres bergers rivaliser dans la construction de grands édifices.[76]

Les va-nu-pieds et nu (c'est à dire couvrant leurs parties privées) est une indication que les bergers ne sont pas de climats froid, mais de régions chaudes. Selon les savants Musulmans, le Prophète ﷺ décrivait les bédouins Arabes qui sont de la région désertique du Najd, à l'Est du Hijāz.[77]

---

[75] *Sahīh Mouslim*, "Kitāb al-Īmān," number 9 and 10.
[76] "*An talida al-amatu rabbataha wa an tara al-hufāt al-'urāt al-'aala ru'ā' ash-shā'ī yatatāwalūna fil-bunyān*."
[77] Une autre version dans *al-Boukhārī* dit: "Lorsque les va-nu-pieds et les nus sont à la tête des gens." Une autre version dans *Muslim* dit: "Lorsque les nus et va-nu-pieds sont les leaders des gens." Une troisième version dans *Boukhārī* et *Mouslim* dit: "Lorsque tu vois les va-nu-pieds et nus, le sourd et muet être rois sur terre." Ibn Hajar dit en commentant sur ce passage dans *Fath al-bārī*:

> Il fut dit que «va-nu-pied et nu», «sourd et muet» sont des hyperboles de leurs attributs, montrant combien de fois ils sont grossiers. En d'autres termes, ils sont sourds et aveugles en matière de Religion quoiqu'ils soient en mesure de raisonner. L'expression du Prophète: "Les têtes des gens" signifie les rois sur terre. La narration d'Aboū Farwa mentionne explicitement les rois. Cela signifie les gens du désert comme mentionné

La région du Hijāz (A l'Ouest de l'Arabie, où sont Makka, Medīne, et Jedda) avaient des villes et était le centre de la civilisation Islamique (c'est-à-dire non bédouine). La région du Najd comprend ce que sont aujourd'hui les villes de Rīyādh, Dhahrān, Dammām, Khobar, et la région du Golfe. Avant le boom pétrolier, les gens du Najd vivaient dans des tentes, et même aujourd'hui, la culture bédouine de la région demeure forte parmi au sein de la population telles que les sorties de récréations sous des tentes dans le désert. Ainsi, le Prophète ﷺ disait qu'au cours des Jours Derniers, les va-nu-pieds, les bédouins nus seront en compétition dans l'érection de grands édifices.[78]

---

[78] Imām Nawawī explique:

    clairement dans la narration de Soulaymān al-Taymī et celles d'autres: "Qui sont les va-nu-pieds et nus?" Il repondit: "Les Arabes bédouins".

    Les gens de badī'a (les bédouins du désert) et leurs semblables sont pauvres. Il adviendra un temps où ils seront riches et bâtiront de grandes édifices pour afficher leur richesse.

Tabarānī rapporte à travers Aboū Hamza, sur l'autorité d'Ibn 'Abbās qui rapporte du Prophète que: "L'un des signes de changement dans la religion est l'affection de l'éloquence par la populace et le fait qu'ils s'installent dans les palaces dans les grandes villes".

Qourtoubī dit:

    C'est ici une prédiction d'une séquence dans la société où les habitants du désert seront en charge des affaires et règneront par la force sur chaque région. Ils seront extrêmement riches et leur préoccupation première sera d'ériger de grand bâtiments et d'en être fier.

Al-Hāfiz Ibn Hajar dit dans l'explication de ce hadith: «chacun essaie d'ériger le plus haut bâtiment». L'Imām Āhmad rapport d'Aboū 'Amir que ceux qui construisent de hauts bâtiments continueront en construire de plus en plus hauts (*Mousnad* 4:129). Par exemple, si l'un construit une structure de trois étages, la personne suivante en fera quatre étages, le prochain en fera cinq, etc... De nos jours, les immeubles sont haut de plus de cents étages.

Dans un autre hadith, le Prophète dit: "Quiconque construit au-delà de dix mètres [*fawqa 'ashrati adhrou'in*], il lui sera fait appel du ciel: 'Ennemie d'Allāh! Où vas-tu avec ceci?'" Rapporté d'Anas par al-Tabarānī comme mentionné dans *al-Jami' al-saghīr* (#8569) d'al-Souyoūtī et *Fayd al-qadīr* d'al-Mounawī's

Le savant contemporain Saudien at-Touwayjiri quant à lui dit que le sens de *yatatāwaloūna fil bounyān* est que le nombre des étages dans les maisons augmentera et seront construit l'un au-dessus de l'autre. "Cela a eu lieu en notre temps à partir le l'argent que les va-nu-pieds bédouins ont eu dans le golfe. Et Allāh est Savant." (*Ithaf al-jamā'a* (1:471). Aujourd'hui, les gens du désert sont en train d'édifier ces hautes structures, et c'est ce qu'Allāh leur a accordé.

Au cours des mille quatre cent ans depuis que ce hadith fut mentionné, il n'eût aucun gratte-ciel dans aucun pays Musulman du désert[79]. Enfin, le 24 Avril 2000, le plus grand immeuble fut construit dans le désert. L'immeuble Faisaliah à Rīyādh fait 269 mètres (882 pied) de hauteur. Cependant, cela n'avait pas encore satisfait les conditions décrites par le Prophète Mouhammad ﷺ dans ce hadith parce que l'immeuble Faisaliah était le seul gratte-ciel dans la région, et il n'y avait pas de compétition. Finalement en 2003, la construction d'un nouveau gratte-ciel, le Kingdom Centre, commençait à Rīyādh pour une dimension de 300 mètres (984 pieds), plus grand que l'autre immeuble construit dans le Najd. Cet avènement satisfait le hadith du Prophète ﷺ parce qu'il y a désormais une compétition entre les habitants du Najd de construire le plus grand édifice. Ce que le Prophète ﷺ mentionna mille quatre cent ans auparavant comme un signe des Jours Derniers est apparut aujourd'hui.

Le miracle de cette prédiction réside dans son impossibilité apparente à se réaliser. D'aucun pourrait logiquement prédire qu'à un moment dans le futur, les leaders d'un peuple pourraient construire de grands édifices. Mais, le Prophète ﷺ spécifia que les gens les plus pauvres, primitifs de la société, les va-nu-pieds, nus, bergers Bédouins, ne construiraient pas non seulement ces gratte ciels mais rivaliseraient dans leur construction. D'une manière ou d'autre, les gens les plus pauvres, les moins avancés, atteindraient un point où ils seraient fabuleusement riches et capables de se permettre l'indulgence de concourir en construction. La vision miraculeuse du Prophète ﷺ cerne le destin futur que l'immense richesse du pétrole Arabe rendrait possible pour des va-nu-pieds, des démunis bédouins du Najd.

Aucun prophète ne mentionna ce que le Prophète Mouhammad ﷺ a prédit mille quatre cent ans auparavant. En outre, il donna une description précise avec des détails spécifiques qui ne furent compris entièrement jusqu'à ce qu'ils se manifestent de nos jours. Le Prophète ﷺ expliqua ce qui devrait transparaître au cours des Jours Derniers afin que

---

[79] Les Tours Petronas de Kuala Lumpur en Malaysie sont les plus hauts buildings du monde, surpassant la Tour Sears de Chicago.

les gens qui seront témoins de ces événements puissent situer leur état d'existence et reconnaître leur place dans le temps. Le Prophète ﷺ prévint que lorsque les bédouins Arabes rivaliseront dans la construction de grands édifices dans le désert, le Jour du Jugement serait proche. Les Musulmans ne peuvent plus remettre à plus tard à s'efforcer d'avoir la piété mais doivent accroître leur dévotion et avoir une moralité exemplaire en suivant l'illustre exemple du Saint Prophète ﷺ.

Difficulté et Récompense au Cours des Jours Derniers

Au cours des Jours Derniers, ceux qui se maintiendront dans la voie de la religion seront sous d'intenses difficultés. Pour leur patience au cours de ces épreuves, le Prophète ﷺ leur a promis d'immenses récompenses d'Allāh ﷻ dans l'au-delà.

حَدَّثَنَا إسماعيلُ بنُ موسى الفزاريُّ بنُ ابنةِ السُّدّيّ الكوفيّ أخبرنا عمرُ بنُ شاكرٍ عن أنسِ ابن مالكٍ قال: قال رَسُولُ اللهُ صَلَّى اللهُ عَلَيْهِ وَسَلَّمَ يَأتي على النّاسِ زمانٌ الصَّابِرُ فيهم على دينِهِ كالقابضِ على الجمر (رَوَاهُ الترمذى في كِتَابِ الفِتَنِ)

Anas ؓ rapporta que le Prophète ﷺ dit:

> Un temps viendra où pour les gens, tenir leur religion serait comme tenir de la braise brûlante dans leur main.[80]

وعن أبي هريرة قال: قال رسول الله صلى الله عليه وسلم ويل للعرب من شر قد اقترب فتنا كقطع الليل المظلم يصبح الرجل مؤمناً ويمسي كافراً يبيع قوم دينهم بعرض من الدنيا قليل المتمسك بدينه كالقابض على الجمر أو قال على الشوك . وفي رواية بجنط الشوك (أَحْمَدُ فِي مُسْنَدِهِ)

Dans un autre hadith décrivant les difficultés des Jours Derniers, Aboū Hourayra ؓ rapporta que le Prophète ﷺ dit:

> Malheur aux Arabes pour le grand Malheur qui s'apprête à s'abattre sur eux: ce sera comme des nappes de nuit noire. Un homme se lèvera en tant que croyant et sera mécréant à la tombée de la nuit. Les gens vendront leur religion pour des petits gains mondains. Celui qui

---

[80] Āhmad, *Mousnad*. Tirmidhī. "*Ya'tī 'alā an-nāsi zamānoun al-sābirou 'alā dīnihi kal-qābidi 'alā al-jamr.*"

s'accroche à sa religion ce jour-là sera comme celui qui a saisi une braise ou des épines.[81]

Puisqu'il est très difficile de maintenir sa foi et sa religion en ses temps, Allāh ﷻ accorde des récompenses exceptionnelles à ceux qui continuent à s'accrocher au message divin.

عن ابن عباس قال: أصبح رسول الله صلى الله عليه وسلم يوماً فقال ما من ماء؟ . قالوا: لا فقال هل من شن . فجاؤوا بشن فوضع بين يدي رسول الله صلى الله عليه وسلم ووضع يده عليه، ثم فرق أصابعه، فنبع الماء مثل عصا موسى من أصابع رسول الله صلى الله عليه وسلم، فقال يا بلال اهتف بالناس بالوضوء فأقبلوا يتوضؤون من بين أصابع رسول الله صلى الله عليه وسلم، وكانت همة ابن مسعود الشرب فلما توضؤوا صلى بهم الصبح، ثم قعد للناس فقال يا أيها الناس من أعجب إيمانا؟ . قالوا: الملائكة قال وكيف لا تؤمن الملائكة وهم يعاينون الأمر؟ قالوا: فالنبيون يا رسول الله. قال وكيف لا يؤمن النبيون والوحي ينزل عليهم من السماء . قالوا فأصحابك يا رسول الله. قال وكيف لا يؤمن أصحابي وهم يرون ما يرون، ولكن أعجب الناس إيماناً قوم يجيئون من بعدي يؤمنون بي، ولم يروني، ويصدقوني ولم يروني، أولئك إخواني

رواه الطبراني في الكبير والأوسط باختصار والبزار باختصار وأحمد

Ibn ʿAbbās ﵁ rapporta:

> Une fois, le Prophète ﷺ demanda de l'eau, et les Compagnons dirent qu'il n'y en avait pas. Alors, le Prophète ﷺ demanda un pot, et on le lui envoya. Il y mit sa main puis écarta ses doigts. De l'eau remplit le pot, jaillit d'entre ses doigts comme ce fut le cas lorsque Moūssā ﷺ frappa le rocher avec sa canne. Le Prophète ﷺ dit à Bilāl ﵁ de faire appel aux gens; et chacun vint et fit son ablution avec cette eau qui découla des doigts du Prophète ﷺ. Ibn Masʿoūd ﵁ était non seulement pressé de faire son *woudou* mais aussi de boire cette eau. Les

---

[81] (*saḥīḥ*) Āḥmad, *Mousnad*.

Compagnons firent leur ablution avec l'eau, et tout le monde pria.

Après la prière, le Prophète ﷺ se tint debout et dit: «Ô mes Compagnons! Qui est le meilleur dans la foi?» Ils dirent: «Les anges». Et il dit: «Et comment peuvent-ils ne pas avoir une foi parfaite lorsqu'ils voient le paradis?» [C'est-à-dire qu'il est facile pour eux de croire]. Les Compagnons dirent alors: «Les prophètes». Et il dit: «Comment peuvent-ils ne peux pas croire lorsque la révélation leur viennent des cieux?» [C'est-à-dire qu'ils voient l'Ange Jibrīl ﷻ leur venir]. Puis ils dirent: «Tes compagnons». Et il dit: «Comment peuvent-ils ne pas croire lorsqu'ils voient ce qu'ils voient?» [C'est-à-dire qu'ils voient le Saint Prophète ﷺ en personne et voient de tels miracles comme l'eau qui coule de sa main]. Ils se turent. Il dit alors: «Les meilleurs dans la foi sont des gens qui croient en moi quoi qu'ils ne m'aient jamais vus. Ils sont les miens, mes frères (ikhwān)».[82]

Dans un autre hadith sur le même incident rapporté d'Anas ؓ, le Prophète ﷺ ajouta:

> Ils verront un livre révélé et y croiront sans m'avoir vu tout le long de sa [période de] révélation. Ils le verront en pages, et ceux-là sont les gens avec la meilleure foi.

رواه البزار فقال عن عمر عن النبي صلى الله عليه وسلم أنه قال يؤمنون بي ولم يروني، يجدون الورق المعلق فيؤمنون به، أولئك أعظم الخلق عند الله منزلة، أو أعظم الخلق إيماناً عند الله يوم القيامة. وقال الصواب أنه مرسل، عن زيد بن أسلم وأحد إسنادي البزار المرفوع حسن، المنهال بن بحر وثقه أبو حاتم وفيه خلاف، وبقية رجاله رجال الصحيح

Dans un autre hadith d'ʿOumar, le Prophète ﷺ dit:

> Ils me croiront sans m'avoir vu, ils trouveront des feuilles accrochées et y croiront [le Corān]. Ils ont le plus

---

[82] *Tabarānī.*

haut statut en présence de d'Allāh ﷻ (ou ils ont la plus grande foi en Présence d'Allāh ﷻ au jour du Jugement).[83]

Il est rapporté que les Compagnons demandèrent s'il y aurait quelqu'un qui serait énormément récompensé plus qu'ils le seraient dans la mesure où ils ont cru au Prophète ﷺ et l'ont suivi. Il répondit:

> Qu'est-ce qui vous en empêche alors que je suis parmi vous pendant que cette révélation descend sur moi? Il y a un peuple qui vient après moi, auquel le Livre parvient entre deux couvertures. Ils y croient et agissent en fonction de ce qui y est mentionné. Ils sont énormément récompensés que vous.[84]

عن عمر بن الخطاب قال كنت مع النبي صلى الله عليه وسلم جالساً فقال أنبؤوني بأفضل أهل الإيمان إيماناً؟ . قالوا يا رسول الله الملائكة، قال: هم كذلك، يحق لهم ذلك، وما يمنعهم من ذلك، وقد أنزلهم الله المنزلة التي أنزلهم بها، بل غيرهم؟ قالوا: يا رسول الله الأنبياء الذين أكرمهم الله برسالته والنبوة. قال "هم كذلك، ويحق لهم وما يمنعهم من ذلك، وقد أنزلهم الله بالمنزلة التي أنزلهم بها . قالوا يا رسول الله الشهداء الذين استشهدوا مع الأنبياء، قال هم كذلك ويحق لهم، وما يمنعهم وقد أكرمهم الله بالشهادة، بل غيرهم. قالوا فمن يا رسول الله؟ قال أقوام في أصلاب الرجال يأتون من بعدي، يؤمنون بي ولم يروني، ويصدقوني ولم يروني، يجدون الورق المعلق فيعملون بما فيه، فهؤلاء أفضل أهل الإيمان إيماناً .

'Oumar Ibn al-Khattāb ؓ rapporta:

> J'étais assis avec le Prophète ﷺ et il dit: «Dis-moi, lesquels des gens de foi sont les meilleurs de toute la création?» Ils dirent: «Ô Prophète d'Allāh ﷺ! Les anges». Il dit: «Ainsi sont-ils. Et ils le méritent, car rien ne les en empêche dans la mesure qu'Allāh ﷻ leur assigna ce rang qu'ils occupent. Non, qui d'autre à part les anges?» Ils

---

[83] *Bazzār*.
[84] Rapporté dans *Tārīkh al-Boukhārī* et autres livres.

disent: «Ô Prophète d'Allāh ﷺ! Les prophètes qu'Allāh ﷻ favorisa avec Son Message et la Prophétie». Il dit: «Ainsi sont-ils. Et ils le méritent, car rien ne les en empêche puisqu'Allāh ﷻ leur assigna ce rang qu'ils occupent». Ils dirent: «Ô Prophète! Les martyres qui meurt dans la Voie d'Allāh ﷻ en compagnie des prophètes». Il dit: «Ainsi sont-ils. Et ils le méritent, car rien ne les en empêche puisqu'Allāh ﷻ leur accorda d'être martyres. Non, qui d'autre à part eux?» Ils dirent: «Qui alors, Ô Prophète d'Allāh ﷺ?» Le Prophète ﷺ dit: «Des gens qui sont jusqu'ici en semence dans les dos des hommes, de leurs progéniture, croyant en moi quoiqu'ils ne m'aient jamais vu, attestant à la vérité de ce j'ai dit et l'acceptant, voyant la feuille accrochée [le Corān] et agissant en fonction de ce qui y est. Ceux-là sont les meilleurs gens en matière de la foi».[85]

Aussi, ces hadiths dévoilent une prédiction: que le Corān serait compilé en forme de livre (*moushaf*) et qu'il serait accroché comme beaucoup de gens aujourd'hui accrochent le Corān sur un collier ou sur un mur[86].

أَخْبَرَنَا قُتَيْبَةُ عَنْ مَالِكٍ عَنِ العلاءِ بْنِ عَبْدِ الرَّحْمَنِ عَنْ أَبِيهِ عَنْ أَبِي هُرَيْرَةَ أَنَّ رَسُولَ اللهِ صَلَّى اللهُ عَلَيْهِ وَسَلَّمَ خَرَجَ إِلَى المَقْبَرَةِ فَقَالَ السَّلَامُ عَلَيْكُمْ دَارَ قَوْمٍ مُؤْمِنِينَ وَإِنَّا إِنْ شَاءَ اللهُ بِكُمْ لَاحِقُونَ وَدِدْتُ أَنِّي قَدْ رَأَيْتُ إِخْوَانَنَا قَالُوا يَا رَسُولَ اللهِ أَلَسْنَا إِخْوَانَكَ قَالَ بَلْ أَنْتُمْ أَصْحَابِي وَإِخْوَانِي الَّذِينَ لَمْ يَأْتُوا بَعْدُ وَأَنَا فَرَطُهُمْ عَلَى الحَوْضِ قَالُوا يَا رَسُولَ اللهِ كَيْفَ نَعْرِفُ مَنْ يَأْتِي بَعْدَكَ مِنْ أُمَّتِكَ قَالَ أَرَأَيْتَ لَوْ كَانَ لِرَجُلٍ خَيْلٌ غُرٌّ مُحَجَّلَةٌ فِي خَيْلٍ بُهْمٍ دُهْمٍ أَلَا يَعْرِفُ خَيْلَهُ قَالُوا بَلَى قَالَ فَإِنَّهُمْ يَأْتُونَ يَوْمَ القِيَامَةِ غُرًّا مُحَجَّلِينَ مِنَ الوُضُوءِ وَأَنَا فَرَطُهُمْ عَلَى الحَوْضِ

Aboū Hourayra ؓ rapporta que le Prophète ﷺ vint à un cimetière et dit:

---

[85] (*sahīh*) Hākim, Bazzār. Souyoūtī, *Dourr al-Manthoūr*.
[86] Note du traducteur: versets coraniques en calligraphies etc...

Que la paix soit sur vous, Ô demeure des croyants! Nous vous rejoindrons certainement, si Allāh ﷻ le veut. Comme je désire ardemment voir mes frères! Ils disent: «Ô Messenger d'Allāh ﷺ, ne sommes nous pas tes frères?» Il répondit: «Vous êtes mes Compagnons! Quant à nos frères, ce sont ceux qui ne sont pas encore apparus, et je les précéderai à mon Étang». Ils disent: «Comment reconnaîtras-tu ceux de ta Communauté qui ne sont pas encore apparus (en ton temps), Ô Messenger d'Allāh ﷺ?» Il répondit: «Imaginer un homme qui a des chevaux avec des marques brillantes sur leurs fronts et pattes: ne les reconnaîtrait-il pas parmi les autres chevaux qui sont tous noirs?» Ils disent: «Oui, Ô Messager d'Allāh ﷺ!» Il continua: «En vérité, ils (mes frères) viendront avec des fronts et pieds brillants à cause de leurs ablutions, et je les précéderai à mon étang».[87]

Ceci ne veut pas dire que les gens d'aujourd'hui sont d'un rang supérieur aux anges ou aux prophètes ou aux compagnons du Prophète ﷺ. Nul ne peut atteindre le rang des Compagnons qui ont vu le Prophète ﷺ de leur vivant. Plutôt, ces hadiths démontrent qu'Allāh ﷻ récompense généreusement ceux qui ont la foi au cours des jours où la corruption et l'obscurantisme sévissent dans la société, lorsque se conformer à l'Islam équivaut à tenir de la braise dans la paume.

من أَحْيَا سُنَّتِي عِنْدَ فَسَادِ أُمَّتِي فَلَهُ أَجْرُ مِئَةِ شَهِيدٍ (البيهقي في الزُّهد)

Le Prophète ﷺ dit:

> Celui qui maintient ma Sounnah au temps où ma Communauté est tombée dans la corruption recevra la récompense de cent martyrs.[88]

Le Prophète ﷺ de ce fait pointe qu'il y a des gens qui, au moment de la corruption et l'obscurantisme, maintiennent la Sounnah et auxquels Allāh ﷻ accordera ces récompenses. La récompense de seulement un

---

[87] *Mouslim, Nassā'ī, Mālik,* et *Āhmad.*
[88] Rapporté d'Ibn 'Abbās par al-Bayhaqī dans *al-Zouhd* et cité ainsi par al-Moundhirī dans *al-Targhīb*. "*Man ahyā sounnatī 'inda fasāda oummatī fa lahou ajrou mi'ata shahīd.*"

martyr est suffisante pour entrer au paradis sans rendre compte de ses actions. En faisant les prières surérogatoires Sounnah (*nawāfil*), en portant des vêtements ample au lieu de vêtements à même le corps, ou porter une bague, ou simplement en usant le *miswāk*[89], un croyant reçoit en ces temps la récompense de cent martyrs![90] L'on doit s'émerveiller de la miséricorde et de la générosité d'Allāh ﷻ envers Ses serviteurs vivant au cours des Jours Derniers. Si l'on performe une prière Sounnah en ses temps, elle a le mérite de la récompense de cents martyrs.[91]

---

[89] *Miswāk*: une brosse à dent naturelle faite à partir de la racine de l'arbre 'Arik que le Prophète utilisait pour nettoyer ses dents avant la prière.

[90] L'imām de chaque mosquée devrait encourager les fidèles à utiliser le *miswāk* avant chaque prière parce que le Prophète dit: "La prière avec le *miswāk* est équivalente à 27 prières sans le *miswāk*." Le prophète dit aussi que le miswāk débarrasse le Cœur du croyant du polythéisme et de l'hypocrisie. Ainsi, lorsqu'on utilise le *miswāk*, il est Sounnah de dire: "*Allāhouma tāhhir qalbī min ach-chirki wan-nifāq* – ô Allāh! Purifie mon Cœur du polythéisme et de l'hypocrisie."

[91] *Chahīd* est traduit à tort comme un "martyr". Dans le dictionnaire, *chahīd* fait allusion à quelqu'un qui est témoin d'un évènement, et dans le contexte Islamique, cet évènement peut être une maladie grave, être brûlé accidentellement dans un feu, se noyer ou mourir dans un combat de face à face contre un adversaire légalement défini. De nos jours, les gens essaient d'élargir ce dernier type de *chahīd* afin qu'il convienne à leur idéologie ou buts politiques, mais ce n'est pas ce qu'enseigne l'Islam.

Allāh mentionne dans le Saint Coran: *Ceux qui ont cru, qui ont émigré (vers la bonté, s'éloignant du mal) et qui ont lutté par leurs biens et leurs personnes dans le sentier d'Allah, ont les plus hauts rangs auprès Allah...* (at-Tawba 9:20). Le Prophète ﷺ permit quatre types de combat ou jihād: par le cœur – compatir à la souffrance des gens et supplier Allah afin qu'Il leur vienne en aide; par la bouche qui signifie l'enseignement et l'éducation à faire le bien et de mettre en garde contre le mal; par la main – distribuer la nourriture au pauvre ou même dégager une pierre du chemin d'autrui; par le sabre – dans une situation d'auto-défense légitime telle que lorsqu'un intrus pénètre dans la résidence de quelqu'un en vue de commettre un vol ou un meurtre ou dans une situation de combat normale entre deux armées. Il n'est pas permis de tuer une personne innocente qui n'est pas activement engagée dans le combat. Seulement un ennemie engagé face à face peut être combattu, et les règles de combat doivent strictement être observées. Dans un autre verset, Allāh (ﷻ) mentionne: *"Combattez dans le sentier d'Allah ceux qui vous combattent, et ne transgressez pas. Certes, Allah n'aime pas les transgresseurs!."* (al-Baqara 2:190)

Hanzala ☬ rapporta:

> Nous sommes allés en compagnie du Prophète ﷺ pour nous défendre contre l'ennemie, et nous avons vu une femme morte autour de laquelle était une foule de gens. Lorsque le Prophète ﷺ s'en approcha, les gens lui ont ouvert le chemin. Il dit: **"Ce n'était pas un combattant!"** (c'est à dire "pourquoi l'ont-ils tué?!") Il envoya ensuite un messager informer le

Dans plusieurs mosquées ces temps-ci, les gens font l'*iqāma* suivi immédiatement par leur prière obligatoire. Les prières surérogatoires sont délaissées. Les prières Sounnah sont négligées sans même mentionner toutes les autres prières que le Prophète ﷺ pratiqua. Qu'est ce que ces gens diraient du Compagnon 'Abd Allāh Ibn 'Oumar ؓ qui avait l'habitude de descendre [de cheval] en vue de marcher exactement à l'endroit où le Prophète ﷺ posa son pied quoiqu'il n'ordonna pas cette manière de marcher?[92] Le moindre qui fut dit par les savants de la *Charī'ah* à ce propos est que suivre le Prophète ﷺ en matière d'habillement et d'action quotidiennes telles que manger, marcher et dormir sont des matières d'excellences (*ihsān*), de perfection (*kamāl*) et sont désirables (*moustahabb*) et font part du bon caractère en Religion (*adab*). Toute pratique désirable performée sur la base d'une telle intention est d'un haut degré au paradis que ne peut atteindre la personne qui la néglige, et Allāh ﷻ est savant.

---

général de l'armée, Khalid ibn Walid: **Ne tuez pas de femme ou un spectateur neutre.**
Aboū Dāwoūd, "Kitāb al-Jihād" #2663. Ibn Mājah. Āhmad.
Anas ؓ rapport que le Prophète dit:
> Allez au nom d'Allāh et combattez l'ennemi, mais ne tuez pas les personnes âgées, les enfants ou les femmes. Ne soyez pas des transgresseurs, car Allāh aime les mouhsinīn." (Ceux qui adoptent les plus hauts degrés de discipline et ne nuisent pas aux gens).

Aboū Dāwoūd.
Au cours de son Califat, Aboū Bakr as-Siddīq ؓ conseilla à 'Oussāma ؓ lorsqu'il s'apprêtait à conduire ses troupes:
> Ne soit pas hypocrite, traître, ne dénigre pas, ne transgresse pas, ne mutile pas et ne tue pas les enfants, les personnes âgées ou les femmes. Si les gens sont dans leurs lieux de culte, laisse-les". Ce qui se traduit par ne fait pas de mal à ceux qui sont en prière ou dans les lieux de prières.

Tous ces exemples issus du Coran, des hadiths et des premières générations de Musulmans montrent que l'Islam place la plus grande importance sur la protection des femmes, des enfants, des personnes âgées, des gens en prière et tout non-combattant en général. Combattre a plusieurs synonymes y compris prier pour celui qui souffre, nourrir le pauvre et promouvoir l'éducation et le savoir. L'Islam permet l'auto-défense dans des circonstances strictement définies, et en aucun cas ne prône la violence sous le couvert de la religion.

[92] Bayhaqī, *Sounan al-koubrā* (5:245); Ibn al-Athīr, *Usd al-Ghāba* (3:341); Dhahabī, *Siyār a'lam al-noubalā'* (3:213); al-Qal'ajī, *Mawsou'āt fiqh Ibn 'Oumar* p. 52.

Celui qui Imite un Groupe en Fait Partie

Comme nous l'avons mentionné précédemment, imiter le Prophète ﷺ dans sa tenue vestimentaire ou dans toute autre chose permet de faire partie de son groupe et c'est une source de bénédictions, surtout à cette époque.

من تشبه بقوم فهو منهم
(أحمد في مسنده، و أبو داود في كتاب اللباس عن ابن عمر، عمر الطبراني في الأوسط عن حذيفة تصحيح السيوطي حسن)

Le Prophète ﷺ dit: «Quiconque imite un groupe en fait partie».[93]

Un aspect de ce hadith est la volonté de ne pas suivre des voies non-islamiques.

لا تتزيّن بزينة أهل الكفر (إبن تيميّة في إقتداء الصراط المستقيم عن عمر بن الخطّاب)

'Oumar ؓ rapporta que le Prophète ﷺ dit: «Ne vous habillez pas comme les non-croyants».[94]

حدثنا أحمد بن يونس: حدثنا ابن أبي ذئب، عن المقبري، عن أبي هريرة رضي الله عنه، عن النبي صلى الله عليه وسلم قال لا تقوم الساعة حتى تأخذ أمتي بأخذ القرون قبلها، شبرا بشبر وذراعا بذراع فقيل يا رسول الله، كفارس والروم؟ فقال ومن الناس إلا أولئك (أخرجه البخاري في كتاب الـ الإعتصام و إبن ماجة في الفتن و أحمد في مسنده)

Aboū Hourayra ؓ rapporta que le Prophète ﷺ dit:

> Le Jour du Jugement Dernier n'arrivera avant que vous suivrez les communautés qui vous ont précédées, empan

---

[93] Relaté par 'Abd ad-Dīn Ibn 'Oumar. (*sahīh*) *Mousnad Āhmad* (2:50, 92). Aboū Dawoūd, "Kitāb al-Libās," "Le Livre de l'Habillement" #4031. "*Man tashabah bi qawmin fa hoūwa minhum.*"

[94] Ibn Taymīyya, *Iqtidā' al-sirāt al-moustaqīm*. "*La tatazayyan bi zīnati āhl al-koufr.*"

par empan, coudée par coudée (c'est-à-dire complètement). Nous demandâmes au Prophète ﷺ, «Ô Messager d'Allāh! Tu veux dire les Perses et les Romains?» Il répondit: «Qui d'autre?»[95]

Le Prophète ﷺ souligne ici que les Musulmans suivront les non-croyants. Ici, les Romains font référence aux nations de l'Ouest, tandis que les Perses désignent les nations de l'Est. Cela signifie qu'à la Fin des Temps, les Musulmans adopteront la culture et les traditions de l'Ouest et de l'Est.

Ces temps-ci, les Musulmans adoptent tout des non-Musulmans, que ce soit la mode, le style de vie, les loisirs, les valeurs culturelles ou l'idéologie. Ils en font leur priorité et leur objectif ultime, renonçant aux principes du Corān et la Sounnah. Nous pouvons voir sur les chaînes de télévision Musulmane que la majorité des animateurs et des présentateurs de «talk-show» (variétés etc…) ont une apparence non-islamique qui attise le désir. Ils imitent les non-croyants, sont maquillés de façon excessive et portent des vêtements qui dévoilent tout. Ils adoptent tous les styles ainsi qu'un maniérisme qui stimule les bas désirs. Ils rejettent la Sounnah, suivent la culture des non-Musulmans et éloignent leurs coreligionnaires des principes de leur Prophète ﷺ.

Alors, le hadith: «Quiconque imite un groupe en fait partie», est un avertissement aux Musulmans de ne pas imiter les non-Musulmans et de veiller à ne pas devenir comme eux. Ce phénomène est l'un des signes de la Fin des Temps, et pour mettre l'accent sur son caractère inéluctable, l'Imām Boukhārī consacra l'un de ses chapitres à un hadith semblable.

حدثنا محمد بن عبد العزيز: حدثنا أبو عمر الصنعاني، من اليمن، عن زيد بن أسلم، عن عطاء بن يسار، عن أبي سعيد الخدري، عن النبي صلى الله عليه وسلم قال

---

[95] *Sahih Boukhārī* (8 :151), "Kitāb al-I'itisām":
　　Lā taqoūmou as-sā'atou hatta tākhoudhou oummatī bi mā ākhadh il-qouroūnī qabliha, shibran bi shibrin wa dhirā'an bi dhirā'in. Qīla lahou: Yā Rassoūlallāh, ka fārisa war-roūm? Qāla: Wa man in-nāssou illa 'oulā'ik?

> لَتتبعنَّ سُنَنَ مَن كان قبلكم، شبراً بشبرٍ..... (أَخْرَجَهُ البُخَارِي فِي كِتَابِ أحاديث الأنبياء ومسلم في العلم، باب: اتباع سنن اليهود والنصارى)

Le Prophète ﷺ dit: «Vous suivrez certainement les communautés qui vous ont précédées».[96]

Cela signifie que les Musulmans suivront et adopteront à la hâte les modèles instaurés par les non-Musulmans il y a vingt ou trente ans. Ce fait est d'ailleurs apparent aujourd'hui au sein de la communauté Musulmane avec les pratiques ostentatoires et attrayantes instaurées avant eux. Aucune société y compris les Musulmanes n'est épargnée de cet assaut de mode de vie et des valeurs de la société actuelle. Ils adoptent l'habillement indécent, les coiffures, la musique (la musique obscène de rap et le hard rock), fréquentent les bars, les discothèques, les boîtes de nuit, les cinémas et regardent les films pornographiques. Ces pratiques ne sont acceptées par aucune religion.

> حَدَّثَنَا قُتَيْبَةُ أَخْبَرَنَا حَمَّادُ بنُ زَيْدٍ عَن أَيُّوبَ عَن أَبِي قِلَابَةَ عَنْ أَبِي أَسْمَاءَ عَنْ ثَوْبَانَ قال- قال رَسُولُ اللهِ صَلَّى اللهُ عَلَيهِ وسَلَّم: لا تَقُومُ السَّاعةُ حتى تَلحق قبائل من أُمَّتِي بالمشركينَ (أبو داود في كتاب الفتن والترمذي في كتاب الفتن و مسلم في كتاب الفتن)

Thawban ؓ rapporta que le Prophète ﷺ dit:

> L'Heure n'arrivera pas avant que les tribus de ma Nation n'aient imité les polythéistes dans tout.[97]

Dans cette narration, le terme «Tribus» désigne un groupe important de gens qui correspond à notre époque aux nations ou pays. Alors, l'un des signes de la Fin des Temps est que les Musulmans imiteront les non-croyants dans tous les aspects de la vie. Quelque soit ce qui leur sera dit ou exhiber, les Musulmans l'adopteront, pensant avoir opté pour les plus belles valeurs de la civilisation et ignorant les principes Islamiques.

---

[96] "Latatabi'ounna sounan man kāna qablakoum shibran bi-shibr."
[97] Aboū Dawoūd, "Kitāb al-Fitan" #4252. Tirmidhī, "Kitāb al-Fitan" #2177. Sahīh Mouslim, "Kitāb al-Fitan" #2889. "Wa lā taqoūm as-sā'atou hatta talhaqa qabā'iloun min oummati bil-moushrikīn."

La civilité d'une nation se reconnaît par son éthique et sa droiture. Une belle nation affiche et maintien la meilleure éthique, et lorsque ces valeurs disparaissent, la corruption se répand, conduisant à la dégradation de la société.

وقال هشام بن عمار: حدثنا صدقة بن خالد: حدثنا عبد الرحمن بن يزيد بن جابر: حدثنا عطية بن قيس الكلابي: حدثنا عبد الرحمن بن غنم الأشعري قال: حدثني أبو عامر – أو أبو مالك – الأشعري، والله ما كذبني. سمع النبي صلى الله عليه وسلم يقول: ليكوننَّ من أمتي أقوام، يستحلون الحِر والحرير، والخمر والمعازف، (البخاري في كتاب الأشربة)

Aboū Malik al-'Asharī ؓ rapporta que le Prophète ﷺ dit:

> Il y aura des gens de ma Communauté qui rendront licite la fornication, la soie, les stimulants nocifs et la musique immorale.[98]

Le Prophète ﷺ décrit la situation actuelle d'un grand nombre de Musulmans, lesquels affichent leur immoralité par leur conduite indigne. Les premiers qui sont mentionnés sont ceux de la Oummah[99] qui autorisent la fornication et l'adultère: des hommes envers les femmes et les femmes envers les hommes. Une illustration de ce phénomène est la multitude de mouvements Musulmans qui affirment être en état de guerre contre les non-Musulmans. Ils se servent de cet argument erroné pour faire une entorse à la loi Islamique afin de satisfaire leurs désirs et déclarent qu'il leur est permis d'avoir des relations sexuelles avec les non-Musulmans.

Il existe de même des leaders Musulmans et des nations entières qui ont déclaré licite le mariage conditionnel (temporaire). Récemment, une revue de langue arabe publia une *fatwā* donné par le moufti d'un pays

---

[98] *Sahih Boukhārī*, (6, 243) "Kitāb al-Ashriba." Aboū Dawoūd, "Kitāb al-Libās" #4039. "La-yakoūnanna min ummati aqwāmun yastahillūna al-hira, wal-harīra, wal-khamra, wal-ma'azifa."

[99] Ce hadith fait référence à *Oummat al-ijāba* – ceux qui ont entendu le message du Prophète et ont accepté l'Islam, les Musulmans. *Oummat al-da'wa* – fait référence aux non-Musulmans.

Musulman dans lequel ce moufti dit que les mariages conditionnels sont autorisés[100]. Cette tendance à rendre licite ce qui est interdit fut mentionné par le Prophète ﷺ lorsqu'il dit: **ceux qui déclarent la fornication licite**. Les hommes et les femmes s'entremêlent, et avoir des relations sexuelles hors mariage est la norme et est accepté par certains Musulmans. Regarder des films qui exposent la nudité est aussi monnaie courante. L'adultère a lieu malheureusement dans de nombreux foyers en pays Musulmans. Ces exemples montrent comment certains Musulmans rendent la fornication licite ou agissent comme si elle l'était.

Le hadith mentionne aussi le port de la soie par les hommes qui n'est autorisée en Islam qu'aux femmes[101]. Aujourd'hui, dans tous les pays, les hommes Musulmans portent des habits en soie sans la moindre gêne comme si cela n'était pas interdit. Nombreux sont les Musulmans qui ingurgitent aussi des enivrants tels que l'alcool ou les drogues. Dans un autre hadith, le Prophète ﷺ mentionna *ghinā al-fāhish* – la musique obscène. La musique qui attise les désirs charnels est devenue un phénomène universel, même dans les pays Musulmans. Dans les discothèques et les boîtes de nuit du monde moderne, nous pouvons voir plusieurs de nos coreligionnaires habillés en soie, écoutant la musique obscène, trinquant l'alcool et prenant la drogue. Ainsi intoxiqués, ces hommes et femmes habillés de façon provocante s'entremêlant librement et succombent inévitablement à la fornication. C'est ce mode de vie après lequel courent les Musulmans, ignorant les règles Islamiques sur ces faits. Ils essaient même de changer la position de l'Islam sur ces actes pour justifier le recours à la satisfaction de désirs charnels. De telles transgressions ont lieu même lors de rassemblements et conférences religieux. Cette attitude des Musulmans fut prédite avec précision par le Prophète ﷺ il y a mille quatre cent années, et c'est l'un des signes on ne peut plus important de l'approche de la fin des temps.

---

[100] Le moufti qui l'a remplacé a donné une opinion différente en déclarant que cela n'était pas autorisé.
[101] Comme c'est le cas pour la plupart des lois en Islam, il y a des exceptions à cette règle en cas de situations particulières.

Le Savoir Disparaîtra

Le Prophète ﷺ a prédit que lorsque la Fin des Temps approchera, le savoir sera en déclin et surtout la connaissance de la religion.

حدثنا محمود بن غيلان حدثنا النضر بن شميل حدثنا شعبة عن قتادة عن أنس بن مالك أنه قال
أحدثكم حديثا سمعته من رسول الله صلى الله عليه وسلم لا يحدثكم أحد بعدي أنه سمعه من رسول الله صلى الله عليه وسلم قال قال رسول الله صلى الله عليه وسلم إن من أشراط الساعة أن يرفع العلم ويظهر الجهل ويفشو الزنا وتشرب الخمر ويكثر النساء ويقل الرجال حتى يكون لخمسين امرأة قيم واحد
(رواه إبن ماجة في سننه في كتاب الفتن البخاري في كتاب العلم , مُسْلم في كتاب العلم, التِرْمذي في كتاب الفتن)

Sur son lit de mort, Anas bin Malik ؓ a dit: «Ne devrais-je pas vous raconter un hadith que j'ai entendu du Messager d'Allāh ﷺ, que personne après moi ne pourra vous raconter? J'ai entendu le Messager d'Allāh ﷺ dire:

> En vérité, parmi les signes de la Fin des Temps figurent la disparition de la connaissance, l'apparition de l'ignorance; la consommation d'intoxicants (vin), la propagation de la fornication, les hommes s'en iront (mourront), et les femmes demeureront au point qu'il y aura cinquante femmes pour un seul homme».[102]

---

[102] *Saḥīḥ Boukhārī*, (1:28) "Kitāb al-'ilm." Mouslim #2671, "Kitāb al-'ilm," Tirmidhī #2206, "Kitāb al-Fitan":
  Alā uhaddithoukoum hadīthan 'an Rassoūlillāhi lā yahaddithoukoum bihi aḥādoun 'anhou b'adī annahou sam'ahou min Rassoūlillāhi. Qāla: inna min ashrāt is-sā'ati an yourfa' al-'ilmu, wayadhhar al-jahlou, wa yushrabou al-khamrou, wa yafshou az-zinā, wa yadhhaba ar-rijālou, wa yabqā an-nisā'ou hatta yakoūna li khamsīna imrā'atin qayyimoun wāhidoun.

124000 Compagnons furent en compagnie du Prophète ﷺ et apprirent ses traditions, mais peu d'entre eux furent qualifiés pour donner des décisions juridiques (*fatwā*). Le Prophète ﷺ mentionna que la meilleure des générations dans la foi sera celle des Compagnons et les deux générations successives[103]. Ces deux générations (les Successeurs des Compagnons et les Successeurs des Successeurs des Compagnons) n'altérèrent pas les décisions juridiques précédentes mais prirent comme référence les décisions établies par les Nobles Compagnons. Seuls quelques centaines de savants reconnus furent capable de donner des décisions sur des nouvelles questions, et ils eurent grandement conscience de leur responsabilité, et ils veillèrent à ne pas commettre d'erreur. Aujourd'hui, on a l'impression que chaque Musulman publie une *fatwā* (décret religieux) sur tous les sujets; même le commun des Musulmans se donne l'air de savant religieux en publiant des *fatwas*. Il en est de même pour l'adolescent qui agit comme s'il était un mufti[104]. Nous sommes arrivés à cet état de chose parce que chaque Musulman vénère sa propre interprétation et opinion tant bien qu'il est ignorant. Cette ignorance est ce que le Prophète ﷺ a décrit en disant: «Le savoir disparaîtra, l'ignorance apparaîtra».

Dans le passé, l'éducation des Musulmans consistait principalement à apprendre le Corān, les hadiths, la Charī'ah Islamique, la purification

---

[103] Dans *Risāla* de al-Shafi'i (p. 286) il cite le hadith où le Prophète a dit:
   Croyez mes Compagnons, ensuite ceux qui les succèdent et après ceux qui succèdent les Successeurs. Mais après, le mensonge se répandra lorsque les gens jureront au nom de la vérité sans qu'on ne leur ait demandé de jurer et témoigneront sans qu'on ne leur ait demandé de témoigner. Seuls ceux qui recherchent les plaisirs du Paradis ne s'écarteront de la Congrégation...
Imām Shafi'i commente:
   Celui qui se conforme à ce que la Congrégation Musulmane suit (jamā'a), suit la Congrégation et celui qui ne s'y conforme pas s'oppose à la Congrégation à laquelle il lui a été ordonné de suivre. Alors l'erreur survient dans la séparation, mais dans la Congrégation, il n'y a pas d'erreur en ce qui concerne l'explication du Corān, de la Sounnah et l'analogie (qīyās).
[104] Le Prophète a dit dans un autre hadith que le savoir disparaîtra par les décès des savants (voir le chapitre "Les Savants seront remplacés par des Leaders Ignorants").

de l'âme, etc., auxquelles s'ajoutait ce qu'ils apprenaient comme profession pour gagner leur vie. Aujourd'hui, on est confronté à un manque d'éducation Islamique et d'enseignants qualifiés, et par conséquent il y a beaucoup de choses qui ne sont pas comprises. En fait, de nos jours, il n'y a pratiquement pas d'éducation Islamique et l'ignorance sur le vrai Islam est rampante même dans les communautés Musulmanes. En plus de ne pas connaître leur religion, les étudiants d'aujourd'hui sont bien ancrés des valeurs qui contredisent les enseignements Islamiques, valeurs qu'ils apprennent à travers leur cursus scolaire. En plus des connaissances techniques nécessaires pour leur gagne-pain, ils sont endoctrinés avec des idéologies qui ne sont nullement en rapport avec leur domaine d'étude telle que l'Athéisme. Plutôt que d'analyser une question selon une perspective Islamique appropriée, ces Musulmans prennent des décisions en se basant sur leur éducation qui tient sa source des principes séculaires qui les induisent inévitablement en erreur. D'un point de vue Islamique, ce n'est pas de l'éducation mais plutôt de croissance de l'ignorance.

Présentement, il semblerait que les seuls moments où les Musulmans sont en contact avec l'Islam sont le jour de leur mariage et celui de leur décès. C'est un phénomène courant dans de nombreux pays Musulmans notamment au Moyen-Orient et en Asie Centrale. L'Islam n'existe que de nom dans la société où toutes sortes d'actions en contradictions avec les valeurs Islamiques sont commises. La suite du hadith est: «les intoxicants [vin] seront consommés — *wa youshrab al-khamr*», et le hadith souligne que ce fléau sera répandu et sera normal même parmi les Musulmans. *Khamr* désigne tout intoxicant y compris la consommation de drogues, un phénomène qui est devenu omniprésent, de même que l'alcool. Cette prédiction s'est manifestée en notre temps avec le constat amer de voir beaucoup de Musulmans accomplir leurs prières et ne se gênant point de trinquer l'alcool. A cela, s'ajoutent des millions de toxicomanes dans les pays Musulmans.

Le hadith continue: «la fornication sera répandue». Les relations sexuelles illicites sont devenues la norme. Des jeunes, hommes et femmes, conduisent des voitures chères, portent des vêtements de luxe et trouvent facilement des opportunités pour forniquer. Les images interdites et la musique à connotation sexuelle sont encore plus prédominantes. Dans la plupart des pays Musulmans, il est impossible de marcher dans la rue sans que le regard ne croise des images provocatrices, et ne mentionnons même pas ce qui a lieu dans les pays non-Musulmans. Avec la globalisation du divertissement, les réseaux de télévisions à plusieurs chaînes ont réussi à installer dans chaque foyer Musulman toute sorte de programmes indécents, notamment des clips de musique obscène et la pornographie. Le Prophète ﷺ a mis les Musulmans en garde de ne même pas regarder ces images nocives car c'est un péché.

حدثنا إسحاق بن منصور. أخبرنا أبو هشام المخزومي. حدثنا وهيب. حدثنا سهيل بن أبي صالح عن أبيه، عن أبي هريرة، عن النبي صلى الله عليه وسلم قال كتب على ابن آدم نصيبه من الزنى. مدرك ذلك لا محالة. فالعينان زناهما النظر. والأذنان زناهما الاستماع واللسان زناه الكلام واليد زناها البطش والرجل زناها الخطا (رواه مسلم في كتاب القدر و المشكات)

Aboū Hourayra ؓ a relaté que le Prophète ﷺ a dit:

> La fornication des yeux est de regarder ce qui est interdit, et la fornication des oreilles est d'écouter ce qui est interdit, et la fornication de la langue est de parler (à propos de ce qui est interdit), et la fornication de la main est de toucher ce qui est interdit, et la fornication du pied est le pas (qui mène à la fornication).[105]

Il y a même des Musulmans qui fuient le mois du Ramadan pour éviter la compagnie de leurs coreligionnaires en voyageant dans des pays non-Musulmans. Ainsi, ils se sentent libres de se déplacer de façon incognito où bon leur semble et d'entamer facilement des relations interdites.

Un tel comportement dépravant n'est acceptable dans aucune religion et déplaît à Allāh ﷻ. Par conséquent, une maladie est apparue pour rappeler aux êtres humains qu'ils ne vivent pas en conformité avec

---

[105] *Sahīh Mouslim. Miskhāt oul-masabīh*, "Kitāb oul-Qadr" #86:
Al-'aynāni zināhoum an-nazharou, wal-oudhnāni zināhum al-istimā'ou, wal-lisānou zināhou al-kalāmou, wal-yadou zināha al-batshou, war-rijlou zināha al-khoutā.

la volonté Divine. Le monde entier est été infecté par le VIH et le SIDA et lutte pour combattre cette maladie mortelle. Nombreux en sont morts, surtout les homosexuels, et les organismes mondiaux de la santé essaient de ralentir sa progression. Malheureusement, la majorité des programmes de prévention ne cherchent pas à freiner les relations sexuelles illicites. Plutôt que d'encourager les hommes et les femmes à se marier et à éviter les relations sexuelles interdites, ils les incitent à persévérer. Comme s'ils écoutaient les chuchotements de Satan, ils encouragent ces actes et enseignent les gens à continuer la fornication «avec une protection[106]». Cela est si éloigné de ce qu'Allāh dit dans le Saint Corān:

$$\text{وَلَا تَقْرَبُواْ الزِّنَى إِنَّهُ كَانَ فَاحِشَةً وَسَاءَ سَبِيلًا}$$

Et n'approchez point la fornication. En vérité, c'est une turpitude et quel mauvais chemin! (al-Isrā' 17:32)

Allāh dit non seulement à l'humanité d'éviter la fornication mais de ne même pas s'en approcher.

Le hadith dit: «Les hommes mourront». Lors de la Fin des Temps, les guerres emporteront beaucoup de personnes. Il importe de souligner que cela est mentionné juste après *zinā* (la fornication). Ceci indique qu'un grand nombre d'hommes mourront aussi par cause de maladies sexuellement transmissibles. Les hommes mourront, principalement à cause des guerres, «et les femmes demeureront — *wa yabqā an-nisā*». Déjà dans le monde, les femmes excèdent les hommes en nombre, et avec l'arrivée des conflits épouvantables de la Fin des Temps, encore plus d'hommes disparaîtront jusqu'à ce qu'il y ait une proportion de cinquante femmes pour chaque homme.

---

[106] Note du traducteur : les préservatifs.

Le Temps se Rétrécit

Le Prophète ﷺ dit qu'à la Fin des Temps, le temps se raccourcira.

حدثنا أبو اليمان أخبرنا شعيب، عن الزُهري قال أخبرني حميد بن عبد الرحمن أن أبا هريرة قال قال رسول الله صلى الله عليه وسلم يتقارب الزمان، وينقص العلم، ويلقى الشح، ويكثر الهرج. قالوا وما الهرج؟ قال القتل القتل. (رواه البخاري في الكتّاب العلم و مسْلم في كتّاب العلم و ابو داود في كتّاب الفتن)

Aboū Hourayra ؓ relata que le Prophète ﷺ dit:

> En vérité, parmi les Signes de la Fin des Temps, le temps se raccourcira, le savoir diminuera, les pénuries et l'avarice[107] seront répandues, l'apparition d'afflictions, et il y aura beaucoup de harj. Les gens demandèrent: «Ô Messager d'Allāh, qu'est-ce que le harj?» Il répondit: «Les tueries, les tueries!»[108]

Il existe plusieurs explications de ce hadith. L'une d'elles est la suivante: les moyens de transport et de communication seront développés au point de réduire le temps au point que les distances et le temps. Dans le passé, la durée d'un voyage était mesurée en unités de temps: des jours, des mois ou des années. Aujourd'hui, la durée d'un voyage se mesure en unités de distance: des miles ou des kilomètres.

---

[107] *Ash-shouhhou* – signifie que tout diminuera. Il y aura des sécheresses. Les gens seront moins gentils et l'avarice accroîtra. Les pauvres recevront moins d'aumône, et ils ne trouveront pas de quoi se nourrir. La richesse diminuera et les économies connaîtront une récession.

[108] *Sahīh Boukhārī*, (1:29), "Kitāb al-'ilm." *Sahīh Mouslim*, "Kitāb al-'ilm" #157. Aboū Dawoūd #4255, "Kitāb al-Fitan":

> *Inna min ashrāt is-sā'ati an yataqārab az-zamānou wa yanqous oul-'ilm, wa tazhar oul-fitanou, wa youlqa ash-shouhhou, wa yakthour oul-harjou. Qāloū: Ya Rasoūlallāh, wa mā al-harjou? Qāla: al-qatl oul-qatl.*

Lorsque qu'une personne voulait visiter le village voisin à quelques kilomètres, cela prenait quatre heures à dos d'âne ou une journée entière pour l'aller-retour. A présent, seulement cinq minutes sont nécessaires pour faire cette distance. Si l'on voulait se rendre au hajj en partant de pays reculés comme les pays d'Asie du sud-Est ou d'Asie Centrale, l'on prendrait une année pour arriver à *Madīnat al-mounawwara* et à *Makkat al-moukarrama*. On prendrait deux années pour terminer le voyage du hajj et revenir chez soi. Plus la Fin des Temps approche, plus le temps se rétrécit. Un voyage d'une année est réalisé en un mois. Avec l'invention du bateau à vapeur, le voyage qui s'effectuait en un an est réduit désormais à un mois. Avec l'invention des trains, des voitures, et des avions, la durée du voyage a diminué davantage: passant d'un mois à une semaine; d'une semaine à un jour; d'un jour à une heure. Ces jours-ci, il suffit de quelques heures pour se rendre de la Chine au Hijāz.

Le temps se rétrécit au point que les heures se chevauchent. On peut prendre un vol international avec le Concorde supersonique à partir de Londres pour se rendre à New York et atterrir une heure avant son heure de départ. On peut aussi décoller de Tokyo pour aller à Los Angeles et arriver huit heures avant son horaire de départ alors que c'est déjà un autre jour à Tokyo; c'est-à-dire que si l'on prend un avion supersonique qui est plus rapide que le mouvement du soleil, l'on peut quitter Londres à 16H et arriver à New York à 15H. Lorsque l'on voyage vers l'Est en traversant la ligne de changement de date[109], le temps changera par un jour entier (24H) de sorte que l'on puisse arriver avant son décollage. Le temps et l'espace se sont rétrécis d'un niveau extraordinaire.

حدثنا عبد الله حدثني أبي حدثنا هاشم حدثنا زهير حدثنا سهيل عن أبيه عن أبي هريرة قال: قال رسول الله صلى الله عليه وسلم لا تقوم الساعة حتى يتقارب الزمان فتكون السنة كالشهر ويكون الشهر كالجمعة وتكون الجمعة كاليوم ويكون اليوم

---

[109] C'est une ligne imaginaire à la surface de la terre qui longe approximativement le 180ème méridien (Est et Ouest) dans l'océan pacifique, et dont le rôle est d'indiquer où il est nécessaire de changer de date quand on la traverse.

كالساعة وتكون الساعة كاحتراق السعفة الخويصة (رواه أحمد في مسنده، إبْن حبّان وغيْرهما)

Aboū Hourayra ﷺ a relaté que le Prophète ﷺ a dit:

> L'Heure n'arrivera pas avant que le temps ne (se) raccourcisse. Une année sera comme un mois, un mois sera comme une semaine, une semaine sera comme un jour, et un jour sera comme une heure; et une heure sera comme une flamme qui brûle.[110]

Le Prophète ﷺ dit dans ce hadith que le temps se raccourcira davantage. Il sera aussi bref que le temps de combustion d'une flamme, c'est-à-dire de façon instantanée. Grâce à la technologie des satellites, ce qui s'étalait sur une année est accompli instantanément par téléphone. On peut appeler la Chine avec un téléphone portable. Il est possible d'appeler partout dans le monde et non seulement par téléphone mais aussi par Internet. L'on peut communiquer par e-mail et sur Internet comme si l'on était dans la même pièce avec son correspondant. Les interlocuteurs se voient sur l'écran de l'ordinateur comme s'ils étaient face à face. Grâce aux satellites, aux ordinateurs, et à l'Internet, chacun peut être témoin de ce qui a lieu à travers le monde. Toutes sortes d'informations peuvent être compilées et transmises d'un trait. Les messages qui mettaient des années à arriver à destination sont envoyés de façon instantanée. Cela était inimaginable il y a quelques années.

Ce phénomène de la réduction du temps est un concept qui a échappé aux maîtres des hadiths dans le passé. Selon eux, cela signifiait l'accroissement des querelles à la Fin des Temps et donc un signe que la Vie dans l'au-delà était proche. Ils n'ont jamais imaginé dans leur interprétation que les gens éloignés physiquement seraient à la fois si proches. Il est évident que les systèmes de satellite et de

---

[110] (sahīh) Mousnad Āhmad (2:537). Sahīh Ibn Hibbān #1887. Albānī, Sahīh al-Jami'a #7422:
> Lā taqoūm ous-sā'atou hatta yataqārab ouz-zamānou, fatakoūn ous-sannatou kash-shahri, wa yakoūn oush-shahrou kal-joumou'ati, wa takoūn oul-joumou'atou kal-yawmi, wa yakoūn oul-yawmou kas-sā'ati, wa takoūnou as-sā'atou ka-htirāq is-sa'afat il-khawaysati.

télécommunications actuelles ont été décrits avec précision par le Prophète ﷺ il y a mille quatre cent ans. C'est une preuve du savoir miraculeux du Prophète Mouhammad ﷺ qui a évoqué de telles avancées mille quatre cent ans avant leur invention. Il savait qu'il y aurait une communication mondiale instantanée. Ceux de son époque ne pouvaient pas comprendre comment quelqu'un pouvait converser au téléphone par satellite ou grâce aux lignes téléphoniques, alors il a expliqué les choses de manière générale afin que les Compagnons puissent comprendre. Cette réduction de temps prédite par le Prophète ﷺ en prélude au Jour du Jugement se manifeste aujourd'hui.

حدثنا عبد الله بن صبّاح: حدثنا معتمر: سمعت عوفاً: حدثنا محمد بن سيرين: أنه سمع أبا هريرة يقول: قال رسول الله صلى الله عليه وسلم: إذا اقترب الزمان لم تكد رؤيا المؤمن تكذب (رواه البخاري في كتاب التعبير و مسلم في كتاب الرؤيا, الترمذي في كتاب الرؤيا, و إبن ماجة في كتاب تعبير الرؤيا و أحمد في مسنده و مالك في الجامع)

Dans un autre hadith relaté par Aboū Hourayra ﷺ le Prophète ﷺ dit: «Lorsque le temps se raccourcira, le rou'ya[111] du croyant ne mentira pas».[112]

Les vrais rêves sont mentionnés dans le Saint Corān, et il existe de nombreuses références aux rêves dans les hadiths. D'ailleurs, l'appel à la prière (*adhān*) fut révélé à 'Abd Allāh ibn Zayd ﷺ dans un rêve qu'il raconta au Prophète ﷺ qui le confirma[113]. Lorsque le temps se rétrécira ou quand la Fin des Temps approchera, il n'y aura pas d'interférences dans la vision ou les rêves du croyant et aujourd'hui, nombreux sont ceux qui voient des choses dans leurs rêves avant qu'elles ne se manifestent.

---

[111] *Rou'ya* signifie une vision ou un rêve réel inspiré par Allāh.
[112] *Sahīh Boukhārī* (8: 76) Livre sur les Rêves. *Sahīh Mouslim*, #2263. Cela est mentionné aussi dans Tirmidhī, et Aboū Dawoūd.
[113] 'Oumar ibn al-Khattāb ﷺ a également fait ce rêve. Le hadith est relaté par Āhmad, Ibn Mājah, Ibn Khouzaymah, et Tirmidhī qui l'a qualifié de *hassan sahīh*. Il est aussi mentionné dans *Fiqh as-Sounnah*.

حدثنا يحيى بن قزعة: حدثنا إبراهيم بن سعد، عن الزُهري، عن سعيد بن المسيب، عن أبي هريرة رضي الله عنه: أن رسول الله صلى الله عليه وسلم قال: رؤيا المؤمن جزء من ستة وأربعين جزءاً من النبوة (وراه البخاري في كتاب التعبير و مسلم في كتاب الرّؤيا, الترمذي في كتاب الرّؤيا , و إبن ماجة في كتاب تعْبير الرّؤيا و أحْمَد في مسْنده و مالك في الجامع)

À la Fin des Temps, le croyant fera des rêves réels (ou aura des visions) comme le Prophète ﷺ dit: «La vision (*rou'ya*) du croyant est l'une des quarante composantes de la prophétie».[114]

---

[114] *Sahīh Boukhārī* (9:117), relaté également par Aboū Hourayra ؓ.

Les Savants Sont Remplacés Par Des Leaders Ignorants

Le hadith suivant prédit comment les affaires des Musulmans au cours des Jours Derniers finiront aux mains de personnes extrêmement ignorants n'ayant pas une compréhension adéquate de l'Islam.

حدثنا هارون بن اسحاق الهمداني، أخبرنا عبدة بن سليمان عن هشام بن عروة، عن أبيه، عن عبد الله بن عمرو بن العاص قال: قال رسول الله صلى الله عليه وسلم: إن الله لا يقبض العلم انتزاعا ينتزعه من الناس ولكن يقبض العلم بقبض العلماء، حتى إذا لم يترك عالما اتخذ الناس رؤوسا جهالا فسئلوا فأفتوا بغير علم فضلوا وأضلوا ". (رواه البخاري في كتاب العلم و مسلم)

'Abd Allāh bin 'Amr Ibn al-'Ās ﷺ rapporta que le Prophète ﷺ dit:

> Allāh ﷻ ne retirera pas la connaissance des cœurs des savants, mais Il prendra les savants (ils mourront). Il n'y aura plus de savants pour les remplacer au point que les gens auront à leurs têtes des leaders extrêmement ignorants. Il leur sera posé des questions, et ils donneront des fatwas (verdicts juridiques) sans la moindre connaissance. Ils sont dans l'erreur et induisent les autres dans l'erreur.[115]

Cette prédiction s'est réalisée. En effet, les Musulmans ces temps-ci ont à leurs têtes des leaders qui ne savent de l'Islam que le nom et la description mais ne savent rien de la pratique et du cœur de l'Islam. Par exemple, à mainte reprise, un homme d'affaire, un médecin ou un ingénieur assume la direction de la mosquée. Ces cadres de profession

---

[115] *Sahīh Boukhārī* 1:33, "Kitāb al-'ilm." *Sahīh Mouslim* #157, "Kitāb al-'ilm":
Inna Allāha la yaqbidu al-'ilma intizā'an yantazi'ouhou min al-'ibād wa lākin yaqbid oul-'ilma bi qabd il-'ulamā hatta idhā lam yabqā 'aliman itakhada an-nāssou rou'oūsan juhālan fa sou'ilou fa aftaw bi ghayri 'ilmin fa dallou wa adallou.

n'ont aucune connaissance traditionnelle Islamique. Ils n'ont ni étudiés la *Charī'ah* ni les circonstances de révélation du Corān (*asbāb an-nouzoūl*) ni les hadiths. Ils font état d'une carence en terme de formation et de connaissance en jurisprudence Islamique (*fiqh*) ou à expliquer certains thèmes en Islam. Ainsi, travaillant à plein temps comme cadres professionnels, ils relèguent au second plan la direction de la communauté Musulmane comme un passe-temps. Ces gens peuvent de façon légitime assumer le rôle d'imām et diriger la prière s'il n'y a aucune personne qualifiée présente pour le faire. Cependant, lorsqu'ils se substituent en *wa'iẓ*, (savant, conférencier, conseiller), ils vont au-delà de leurs capacités et de ce fait endommagent sévèrement la communauté Musulmane.

De tels dirigeants à la tête de communauté Musulmane transforme la mosquée en arène à dominance sociale plutôt que d'être un lieu de promotion de progrès religieux et spirituel. Ceci aussi fut prédit par le Prophète ﷺ.

أخبرنا سويد بن نصر قال أنبأنا عبد الله بن المبارك عن حماد بن سلمة عن أيوب عن أبي قلابة عن أنس أن النبي صلى الله عليه وسلم قال من اشراط الساعة أن يتباهى الناس في المساجد. (النسائي و إبن ماجة في سننه و أحمد في مسنده و الدّارمي في سننه)

Anas ؓ rapporte du Prophète ﷺ:

> En vérité, l'un des signes des Jours Derniers est lorsque les gens s'exhibent dans les mosquées.[116]

De tels extravagants leaders ne sont pas qualifiés à émettre des décisions sur des sujets Islamiques en général comme en particulier; ils ne sont pas dotés de l'expérience et de l'expertise nécessaire pour relever les défis assez complexes auxquels la communauté Musulmanes moderne fait face. Fermement doté d'une formation séculaire mais tristement carrent en connaissance et formation Islamique, ils pourraient inférer certaines de leurs opinions personnelles ou inclinations égocentriques dans leurs verdicts, les dépouillant de leurs aspect

---

[116] Nasā'ī, Āhmad. *"In min ashrāt as-sā'ati an yatabāhī an-nāsou fil-masājid."*

Islamiques au détriment de la communauté entière. Il y a quatorze siècle de cela, le Prophète ﷺ a décrit ces ignorants qui seraient interrogés au sujet de quelque chose et donneraient une réponse inappropriée. «Eux-mêmes sont dans l'erreur et induisent les autre sen erreur». Lorsque cette porte de déviation s'ouvre, Chaytān y entre et il s'ensuit un désastre pour la communauté entière.

Il est important de comprendre que personne n'est autorisé à émettre un verdict sans être muni des qualifications préalables requises, et personne ne peut émettre de jugement sans ces qualifications. Vu l'énorme impact de ces verdicts tant sur la vie de la société que sur le plan individuel, il est impératif que ceux qui décrètent ces verdicts soient d'un excellent caractère moral et mieux, soient suffisamment qualifiés.

Allāh ﷻ dit dans le Saint Corān:

قل أرأيتم ما أنزل الله لكم من رزق فجعلتم منه حراماً وحلالاً قل آلله أذن لكم أم على الله تفترون

Que dites-vous de ce qu'Allah a fait descendre pour vous comme subsistance et dont vous avez alors fait des choses licites et des choses interdites? - Dis: "Est-ce Allah qui vous l'a permis? Ou bien forgez vous (des mensonges) contre Allah?" (Yoūnous 10:59)

Ce verset insiste que nul n'a le droit de porter jugement sur quelque chose, que ce soit un jugement d'approbation ou de rejet, s'il n'a pas la preuve tangible et complète tirée des textes primaires issue de profonde discussion avec les gens qui s'y connaissent et issu d'une recherche globale et sensée. Autrement, l'on devra rester silencieux. S'entêter à faire autrement reviendrait à calomnier contre Allah ﷻ et la religion.

L'Imam Chafi'i, fondateur de l'une des grandes écoles de jurisprudence dit ceci:

> Il n'est permis à personne de donner une explication (*fatwa*) de la *Chari'ah* à l'exception de celui qui connaît le Corān en entier y compris les versets abrogés, ceux qui les abrogent, les versets qui se ressemblent dans le Corān, le lieu de révélation d'un chapitre donné, la Mecque ou Médine. Il doit connaître la totalité des hadiths du Prophète ﷺ, ceux qui sont authentiques comme ceux qui sont faux. Il doit avoir une

connaissance de la langue Arabe du temps du Prophète ﷺ avec sa grammaire et sa rhétorique aussi bien que la poésie Arabe. En plus, il doit avoir une connaissance de la culture des différents peuples issus de divers groupe ou nations que comporte la communauté. Si une personne regroupe toutes ces qualités en soi, alors elle peut parler de ce qui est permis (*halāl*) et de ce qui est interdit (*harām*). Autrement, il n'y a aucun droit d'émettre une *fatwa*.

Il est rapporté que l'un des plus grands savants de la *Chari'ah*, *al-faqīh* 'Abd al-Rahmān ibn Abī Laila dit: «J'ai pu rencontré cent vingt Compagnons du Prophète ﷺ. Chacun de ces Compagnons fut interrogé sur des sujets précis de la Chari'ah dans le but d'avoir un verdict, mais tous ont évité de prononcer un verdict, renvoyant l'affaire à un autre Compagnon pour trancher. Ils craignaient de donner une réponse inadéquate dont ils assumeraient la responsabilité devant Dieu».

Cela montre que l'on peut être profondément imbu de connaissance Islamique comme l'étaient les Compagnons et pourtant se sentir inapte à émettre un verdict. Tous les cent vingt Compagnons du Prophète qu'ibn Abī Laila rencontra hésitèrent à émettre une *fatwa*.

L'Imām Nawawi – l'un des derniers grands savants de l'Islam, rapporte que l'Imām ach-Chou'bi et Hassan al-Basrī et plusieurs de parmi les Successeurs [génération qui succéda immédiatement à celle des Compagnons du Prophète ﷺ] ont dit:

> Les gens d'aujourd'hui s'empressent à émettre un verdict sur quelqu'un selon leur analyse personnelle. Si une réponse avait été requise pour la même issue au temps d''Oumar ibn al-Khattāb ﷺ (le second calife du Prophète ﷺ), il aurait réuni tous ceux qui ont participé à Badr [c'est à dire 313 des premiers Compagnons du Prophète ﷺ] pour trouver une réponse.

Malheureusement, au lieu de se servir des mosquées comme un lieu d'instruction et d'appel à la bonté et à la salvation des âmes humaines dans la vie future, les leaders Musulmans d'aujourd'hui s'en servent plutôt pour débattre du monde et de ses affaires, quelles soient politiques, monétaires (collecte de fond où les fonds recueillis sont alloués à d'autre chose que religieuses) ou simplement pour tenir des réunions incitant à la vie mondaine. Ceci fut prédit dans un autre hadith dans lequel il est rapporté du Prophète ﷺ:

> A la fin des temps, apparaîtrons des gens qui viendront dans les mosquées et s'assiéront en cercle pour discuter du monde et son amour. Ne vous asseyez pas avec eux. Allāh ﷻ n'a point besoin d'eux.[117]

L'imminent Compagnon Ibn Mas'oūd ؓ fut interrogé au sujet de ce hadith. Il dit que les leaders ignorants proviendraient des *asāghir* (ceux qui n'ont pas reçu de formation Islamique complète ou aucune; littéralement «des petit) et non les *akābir* (les savants qui ont dédiés leur vie à la compréhension de l'Islam; littéralement «des grands, les importants»). *Akābir* sont les importants, les intellectuels, ceux qui sont de haut calibre, ayant reçu une formation complète alors que *asāghir* fait référence aux illettrés, ayant une formation minimale ou ne sachant pas grand-chose sur l'Islam. Le Prophète ﷺ indiqua que l'un de signes des Jours Derniers est qu'il n'y aura plus de connaissance et la connaissance sera dispensée par les *asāghir* «des petits». Les leaders des temps-ci sont à cette image, carrant en matière d'éducation Islamique, donc «des petits» en termes de connaissance religieuse en dépit de leurs âges avancés. Mieux, il y a des enfants, au sens littéraire du terme, réunis en groupe sur les sites Islamiques de l'Internet, décrétant des verdicts sur chaque problème. Sur l'Internet, un enfant de dix huit ans agit comme s'il est un savant de grand renommé, édictant un verdict à ses frères Musulmans: «vous avez tort! vous êtes mécréants». Des questions importantes sont posées et voilà que chacun s'affaire sur son clavier d'ordinateur pour émettre des opinions personnelles ne reposant sur aucune fondation Islamique. Les gens lisent et suivent les instructions émises par ces enfants pensant avoir à faire à des savants. Comme le Prophète ﷺ le dit: «Eux-mêmes sont dans l'erreur, et ils induisent les autres dans l'erreur».

---

[117] Mentionné par al-Qourtoubī in *Jam'li-ahkām al-qour'ān*, dans son explication de la *Soūrat an-Noūr* (36).

Le Corān est Ouvert

Le Prophète ﷺ a prédit qu'il adviendra un temps où le Corān serait largement, intensivement lu mais ses injonctions seront à peine suivies.

حدثنا عبد الرحمن بن عثمان . . . . . . .عن أيوب عن أبي قلابة عن معاذ بن جبل قال تكون فتن يكثر فيها المال ويفتح فيها القرآن حتى يقرأه المؤمن و الكافر والمرأة و الرجل والصغير والكبير فيقرأه رجل فيقول"قرأته علانية فلا أراني أتبع فيقعد في بيته

و يبني مسجدا في داره ثم يبتدع بما ليس في كتاب الله ولا سنة رسول الله صلى الله عليه وسلم فإياكم و ما ابتدع فانه ضلالة

تقدم هذا الحديث باختلاف يسير في الألفاظ ورد في كتاب السنن الواردة في الفتن وغوائلها والساعة واشراطها المقرى الداني تحقيق ادريس المباركفوري دار العاصمة الرياض صفحة 623 حدثنا أبو خليفة وأحمد بن داود المكي قالا ثنا أحمد بن يحيى بن حميد الطويل حدّثنا حماد بن سلمة عن أيوب عن أبي قلابة عن يزيد بن عميرة عن معاذ بن جبل قال تكون فتن يكثر فيها المال ويفتح فيها القرآن حتى يقرأ الرجل والمرأة والصغير والكبير والمؤمن والمنافق فيقرأه ولا يتبع فيقول والله لأقرأنه علانية ولا يتبع فيقصد مسجدا فيبتدع كلاما ليس من كتاب الله ولا من سنة رسول الله صلى الله عليه وسلم وإياها فإنها بدعة ضلالة فإياكم وإياه فإنها بدعة ضلالة فإياكم وإياه فإنها بدعة ضلالة

رواه اللالكائي في شرح أصول اعتقاد أهل السنة(89/1 رقم 117) و أخرجه ابن وضاح في البدع و النهي عنها (ص 26) و الحاكم في المستدرك(466/4) و قال الحاكم هذا حديث صحيح على شرط مسلم". و هو أيضا عند عبد الرزاق في مصنفه (363/11 رقم 20750) و أبي داود في سننه (17/5 رقم 4611) و أخرجه الدارمي في سننه (67/1) من طريق آخر و اسناده صحيح.

Selon Mou'ādh 🙵, il est rapporté du Prophète ﷺ:

> Il y aura des épreuves où de grosses sommes d'argent seront recueillies, et le Corān sera ouvert au point que le croyant comme le mécréant, la femme et l'homme, le jeune et le vieillard le liront. Un homme le lira et s'exclamera: «Personne ne me suit!» Ainsi, il reste chez soi à domicile et transforme une chambre en mosquée. Puis, il innove en religion des choses qui ne figurent pas dans le livre d'Allāh 🙵 ni dans la Sounnah du Messager d'Allāh ﷺ. Faites attention à ce qu'ils innovent, car c'est une conduite à l'égarement![118]

Dans ce hadith et d'autres narrations similaires, le Prophète ﷺ débute de la même façon: «Il y aura des épreuves où de grosses sommes d'argent seront recueillies…». Aujourd'hui, nous sommes témoins de ce genre de confusion. Dans chaque mosquée, des millions de dollars sont recueillis des fidèles à partir de collecte de fond, apparemment alloués aux causes religieuses, mais Allāh 🙵 Seul sait la destination finale de ces fonds et leur but réel.

Le hadith continue: «et le Corān sera ouvert». Le Prophète ﷺ nous informe qu'au cours de ces temps là, le Corān sera ouvert. Remarquons bien qu'il dit: «Le Corān sera ouvert» (*youftah*). Il ne dit pas: «Le Corān sera étudié» (*youdras*). «Ouvert» signifie «rendu accessible» ou «rendu disponible».

Ainsi, nous voyons aujourd'hui que plusieurs enfants Musulmans mémorisent le Corān en l'espace de quelques années. Cependant, ils

---

[118] Rapporté avec de légères differences dans la narration par al-Hākim dans *al-Moustradrak*, qui le qualifie d'authentique (*sahīh*) "selon la règle de Mouslim", Aboū Dawoūd, Dārimī dans une différente version (*sahīh*), et 'Abd ar-Razzāq dans son *Mousannaf*.
Takoūnou fitanoun yaktharou fīha al-māl wa youftahou fīha al-qour'ān hatta yaqrā'ahou al-mou'minou wal kāfirou wal mar'atou wa-rajoul wa-saghīr wal kabīr. Fa yaqrā'ouhou rajouloun fa yaqoulou: Qarā'atouhou 'alaniyyatin. Fa lā arāni outabi'ouh. Fa yaq'oudou fī baytihi wa yabnī masjidan fī dārihi. Thoumma yabtadi'ou bi mā laysa fī kitābillāhi wa lā sounnati rasoūlillāh. Fa iyyākoum wa ma-btoudi'a fa innahu dalāl.

n'étudient pas son sens. Personne n'envoie ses enfants étudier la connaissance de la Loi Divine (*'ilm ach-Charī'ah*). Ils les envoient pour apprendre seulement à réciter le Corān par cœur du début à la fin sans se soucier de son sens.

Le hadith continue: «Il sera lu à la fois par le croyant et le mécréant – *hatta yaqrā'ahou al-mou'minou wal kāfirou*». Ici, le Prophète ﷺ a prédit que le Corān sera lu tant par les Musulmans que par les non-Musulmans[119]. Ce qui est observable aujourd'hui à grande échelle. Toutes les librairies et bibliothèques disposent de Corān traduit dans presque toutes les langues. Non seulement les auteurs Musulmans écrivent et commentent le Corān, mais aussi plusieurs non-Musulmans dans la plupart des cas sans aucune connaissance approfondie ou compréhension de son contenu, du contexte ou du sens que véhiculent ses versets.

Mais le Prophète ﷺ ensuite ajouta: «Un homme lira le Corān mais remarquera que personne ne le suit». La raison en est qu'il le lit sans connaissance religieuse ni compréhension (*'ilm*). Les leaders d'aujourd'hui disent qu'il n'est pas nécessaire d'apprendre sous la direction d'un savant (*'alim*). Ils disent: «Lisez vous-mêmes le Corān et les hadiths». Les Musulmans du courant traditionnel[120] ne tomberont pas dans cette erreur puisque ceux qui ont adopté cette conduite se sont retrouvés isolés. Une telle personne aménage à son domicile une chambre en bureau à dessein religieux avec un tapis de prière et un ordinateur. Présentement, ce genre de «chambre» fourmille sur l'Internet et est connu sous le nom de chambre de conversation Islamique et «Mosquées».

Des leaders Musulmans ces temps-ci encouragent leurs coreligionnaires à demeurer chez eux et à errer aveuglement à travers la vaste entité de connaissance que regorgent le Corān et les hadiths. Simultanément, des jeunes gens, pensant avoir avoir acquis l'expertise en Islam à partir de leur recherche personnelle en demeurant à la maison,

---

[119]Une autre narration s'énnonce comme suit: "jusqu'à ce que le croyant et l'hypocrite (*mounāfiq*) le lisent…"
[120] Note du traducteur: Ahl as-Sunnah wa 'l-Jama'ah.

émettent facilement des verdicts sur «les chambres à conversation», les adresses électroniques et les sites Internet.

A présent, qu'il soit Musulman ou non, tous ouvre le Corān sans l'étudier dans sa totalité, choisissent un verset pour justifier leur verdict. Plutôt que de rechercher dans le Corān un éclaircissement pour un problème donné, ils adoptent la démarche inverse; ils émettent leurs opinions et recherchent un verset pour supporter ces opinions fussent-elles bonnes ou mauvaises.

Ignorant le rapport des autres versets relatifs au sujet donné, ou sans connaître le vrai sens d'un verset donné ou sans connaître les événements et les circonstances dans lesquels le verset a été révélé, ces efforts induisent en erreur et à l'innovation en en matière de religion. Le Prophète ﷺ a dépeint cette situation il y a quatorze siècle de cela et a vivement mis en garde dans ce hadith: «Prenez garde à ce qu'ils innovent, car en vérité, c'est une déviation».

Cette situation a crée un climat où chacun est devenu son propre enseignant. La relation d'antan de maître-disciple a presque totalement disparu. Pourtant, le schéma de maître-disciple est la base même de l'enseignement Islamique. Le Prophète ﷺ lui même mentionna à plusieurs reprises qu'il étudiait (*yatadaras*) le Corān avec l'Archange Jibrīl ؑ. Le Prophète ﷺ récitait et Jibrīl ؑ écoutait. Jibrīl ؑ a apporté le Corān au Prophète ﷺ, et le Prophète ﷺ l'a enseigné à ses Compagnons, qui à leur tour l'ont enseigné aux Successeurs, et ces derniers l'ont enseigné à la génération qui les ont suivi et ainsi de suite, formant une chaîne ininterrompue.

La relation de maître à disciple a été de tous les temps le point clé de la transmission de la connaissance Islamique depuis l'aube de la révélation Corānique. Enfin, n'était-il pas possible à Allāh ﷻ de permettre aux Musulmans de lire la révélation inscrite en lettre de lumière dans le ciel? Plutôt, Il révéla le Corān et permit qu'il soit transmit d'un ange à un prophète et mieux d'une personne à une autre. La révélation fut transmise ainsi, et cela pour une seule raison: pour insister sur le fait qu'un individu doit apprendre avec un autre qui connaît. Et cela s'accorde avec l'injonction Corānique:

$$\text{فَاسْأَلُوا أَهْلَ الذِّكْرِ إِن كُنتُمْ لَا تَعْلَمُونَ}$$

Si vous ne savez pas, demandez aux Gens du Rappel.
(al-Anbīyā' 21:7)

Chacun est son propre maître, prêchant ses propres idées à l'exception de toute autre comme prédit par le Prophète : «chacun se satisfera de sa propre opinion». Les gens n'acceptent plus de conseil et s'accrochent fermement à leurs opinions en dépit de ce qui leur est conseillé.

Plusieurs conférenciers et leaders Musulmans contemporains sont intéressés principalement aux collectes d'argent organisées pour des causes religieuses, qui à examiner certaines minutieusement sont suspicieuses. Dans les époques antérieures, les Musulmans n'organisaient pas de collecte d'argent accompagné de banquets. Cette pratique est nouvelle et a pour but de conduire à bon fin l'agenda d'un quelconque groupe ou parti ou causes auxquels ils adhèrent, et cela sous le couvert de la religion.

Il est dit que si les discours d'un maître religieux s'articule surtout autour de sujets relatifs à ce bas monde qu'à la vie de l'au-delà, il est bien de l'éviter, car ses mots ne véhiculent au cœur que de l'obscurantisme. Ecouter un maître qui cultive l'amour d'Allāh , du Prophète et des vertueux véhicules la lumière au cœur.

La Torture Sera Répandue

Le Prophète ﷺ décrit dans le hadith suivant une période durant laquelle certains gouverneurs useront de leurs pouvoirs pour opprimer les autres.

حدثنا ابن نمير حدثنا زيد يعني ابن حباب حدثنا أفلح بن سعيد حدثنا عبد الله بن رافع مولى أم سلمة قال سمعت أبا هريرة يقول قال رسول الله صلى الله عليه وسلم يوشك إن طالت بك مدة أن ترى قوما في أيديهم مثل أذناب البقر يغدون في غضب الله ويروحون في سخط الله (مسلم كتاب الجنة وصفة نعيمها وأهلها و أحمد في مسنده)

Aboū Hourayra ؓ rapporte du Prophète ﷺ :

> [O Aboū Hourayra!] C'est imminent, et si tu es encore en vie pendant un certain temps, tu verras des gens tenant dans leurs mains quelque chose ressemblant à des queux de bœufs. Ils sortent le matin sous l'emprise de la colère d'Allāh et rentrent le soir sous l'emprise de Sa malédiction.[121]

Lorsque le Prophète ﷺ dit: «Tu verras des gens tenir dans leurs mains quelque chose ressemblant à des queux de bœufs», cela signifie qu'ils tiendront en mains quelque chose en cuir ressemblant à un fouet. Contrairement aux injonctions d'Allāh ﷻ et à la voie du Prophète ﷺ, ils sortent le matin avec le fouet en main pour torturer les gens. Désobéissant ainsi Allāh ﷻ, ils se mettant sous l'emprise de Sa colère et de son mécontentement. Lorsqu'ils rentrent le soir (*yaroūhoūna*)[122], ils sont de même sous l'emprise de la colère d'Allāh ﷻ. Ces gens là sont Musulmans.

---

[121] *Saḥīḥ Mouslim*. "Yoūshikou in tālat bika mouddatoun an tarā qawman fī aydīhim mithl adhnāb il-baqar. Yaghdoūna fī ghadab-illāh. Wa yaroūhoūna fī sakhat-illāh."

[122] *Yaroūhoūna* est dérivé de *rāh* – "*il s'en est allé*"; il fait référence au coucher du soleil, *maghrib*, pour traduire "retour".

Il y a plusieurs siècles de cela, le Prophète ﷺ porta l'attention d'Aboū Hourayra ؓ sur de tels gens qui apparaîtraient peu de temps après son époque. Bien que le Prophète ﷺ su que ces gens apparaîtraient au cours des Jours Derniers, plusieurs années après l'époque d'Aboū Hourayra ؓ, ce fut une manière d'insister que les Jours Derniers n'étaient pas aussi éloignés comparativement à la durée de l'humanité sur terre. Lorsque le Prophète ﷺ dit: «Si tu es encore en vie pendant un certain temps» est une expression qui indique que les Jours Derniers sont très proches. «Je fus envoyé en prélude au Jour du Jugement aussi proche que ces deux doigts annexes l'un à l'autre»[123]. Mieux, le Prophète ﷺ exprimait son inquiétude pour ses Compagnons, pour tous les Musulmans à venir afin qu'ils se préparent pour la vie future qui pourrait survenir à tout moment. Sayyidinā 'Alī ؓ dit: «Travaille pour ta vie présente comme si tu vivrais pour toujours, mais travaille pour ta vie future comme si tu mourras demain».

Les croyants doivent demeurer dévots et avoir à l'esprit qu'ils auront à faire face à leurs propres jugements un jour parce que nul ne sait le moment de son rappel à son Seigneur. Allāh ﷻ mentionne cela dans le Saint Corān:

$$\text{إِنَّ اللَّهَ عِندَهُ عِلْمُ السَّاعَةِ وَيُنَزِّلُ الْغَيْثَ وَيَعْلَمُ مَا فِي الْأَرْحَامِ وَمَا تَدْرِي نَفْسٌ مَاذَا تَكْسِبُ غَدًا وَمَا تَدْرِي نَفْسٌ بِأَيِّ أَرْضٍ تَمُوتُ}$$

Certes, la connaissance de l'Heure est auprès de Dieu. Il fait descendre l'ondée salvatrice, et Il sait ce que contiennent les matrices. Personne ne sait ce qu'il acquerra demain et personne ne sait en quelle terre il mourra. (Luqmān 31:34)

En général, les gens réfutent la notion qu'ils auront à rendre compte de leurs actions. Agissant contrairement aux enseignements religieux en général, ils oppriment et abusent les uns les autres par la dureté et le manque de tact dans leur comportement. La nature humaine est attrayante à la souplesse et au tact, mais aujourd'hui, l'humanité regorge de très peu d'amour, de paix ou de malléabilité. L'idéal Islamique est le

---

[123] *Sahīh Boukhārī*, (8:510) "Kitāb al-Tafsīr." *Soūrat an-Nāzi'āt*.

Prophète Mouhammad ﷺ qu'Allāh ﷻ décrit comme suit dans le Saint Corān:

$$\text{وَإِنَّكَ لَعَلَىٰ خُلُقٍ عَظِيمٍ}$$

Et tu es d'un caractère sublime. (al-Qalam 68:4)

Le Prophète ﷺ est l'exemple même de l'humilité et du tact. Allāh ﷻ dit:

$$\text{فَبِمَا رَحْمَةٍ مِّنَ اللَّهِ لِنتَ لَهُمْ وَلَوْ كُنتَ فَظًّا غَلِيظَ الْقَلْبِ لَانفَضُّوا مِنْ حَوْلِكَ}$$

Par une miséricorde de Dieu, tu as été indulgent à leur égard; si tu avais été rude et dur de cœur, ils se seraient écartés de ton entourage.
(Āli-'Imrān 3:159)

Les Musulmans ne suivent pas ce modèle mais sont plutôt rudes et sévères, rigides et déplaisants dans le parler, endurcis de cœur. Ils rebutent leurs amis et membres de famille, détournent les non-Musulmans de la religion. Chaytān saisi cette rudesse pour déclencher les conflits et séparer subitement même de bons amis.

Une autre interprétation de ce hadith selon Chalabi[124] est que la torture généralisée et les violations des droits de l'homme seront le lot des leaders afin de se maintenir au pouvoir. Cela s'applique à n'importe quel leader, qu'ils soient roi, empereur, sultan, président, chef de tribu, leader de communauté, leader politique, leader de groupe religieux ou leader d'une mosquée. Même dans un groupe de seulement trois personnes où l'un est en charge des deus autres, l'oppression sera perceptible. Toute personne en position d'autorité tentera de s'y maintenir. De tels leaders ne ressentent aucun remords à conspirer contre quiconque pour maintenir leur poste. Ils recherchent et usent de toutes sortes de méthodes ou systèmes avec l'aide d'acolytes à s'accaparer du pouvoir ou à protéger et consolider leurs positions.

Ces acolytes ont pour rôle de torturer et comme le Prophète ﷺ l'a décrit: «Ils sortent le matin sous l'emprise de la colère d'Allāh ﷻ et

---

[124] *Sahīh ashrāt as-sā'at*, p 83-84.

rentrent le soir sous l'emprise de Sa malédiction». Le fait qu'ils sortent le matin et rentrent le soir indique qu'ils sont des employés au service d'une personne. Le Prophète ﷺ dit que ces gens tiendraient en mains des fouets, et aujourd'hui, toutes sortes de punitions sont infligées aux innocents. Dans les prisons à travers le monde, plusieurs personnes innocentes subissent le fouet et la torture. Plusieurs méthodes de tortures barbares sont utilisées telle que l'usage de la pointe de bâton et de la décharge électrique. Le soir, les tourmenteurs rentrent chez eux sous la malédiction d'Allāh ﷻ pour ce qu'ils ont œuvrés au cours de la journée: fouets, frappes, tortures et geôles sans pitié.

Les Musulmans où qu'ils soient endurent d'énormes difficultés aux mains de gens. Certain ont émigrés et constatent la torture infligée à ceux restés dans leur pays d'origine. L'emprisonnement de manière discriminatrice est courant surtout pour quiconque n'est pas familier aux leaders. Il est impossible de laisser pousser sa barbe dans certains pays Musulmans et porter un bonnet sur la tête est passible d'intense interrogation. Si vous observez vos cinq prières quotidiennes, l'air de suspicion plane dès lors sur vous, et vous ête confronté à des questions telles: «à quel groupe appartient-tu?». Certains pays sont notoires dans la bastonnade au gourdin de quiconque leur semble suspect. Le Prophète ﷺ dit que ces gens de la Fin des Temps auront en mains des fouets ressemblant à des queux de bœufs pour torturer les autres, et c'est ce qui s'observe aujourd'hui. Il n'y a présentement sur terre aucun lieu qui échappe à ce genre de torture sous une forme ou une autre. Il y a quatorze siècles de cela, le Prophète ﷺ a dépeint cette triste condition qui n'avait jamais été aussi prévalente et répandue qu'elle l'est aujourd'hui.

Bien que le Prophète ﷺ ait effectué l'ascension pour voir les habitants de l'Enfer, néanmoins, il y a deux groupes qu'il ne put voir parce qu'ils sont les pires des humains, ils sont au bas-fond de l'Enfer. Ces gens qui torturent les autres ont encouru la colère d'Allāh ﷻ et de Son Messenger ﷺ, et de ce fait ne furent pas exposés à la vue du Prophète ﷺ lors de l'Ascension nocturne.

حدثني زهير بن حرب حدثنا جرير عن سهيل عن أبيه عن أبي هريرة قال قال رسول الله صلى الله عليه وسلم صنفان من أهل النار لم أرهما قوم معهم سياط كأذناب البقر يضربون بها الناس ونساء كاسيات عاريات مميلات مائلات رؤوسهن كأسنمة البخت المائلة لا يدخلن الجنة ولا يجدن ريحها وإن ريحها ليوجد من مسيرة كذا وكذا (رواه مسلم في كتاب اللباس و أحمد في مسنده و و مالك في الجامع)

Aboū Hourayra ؓ rapporte du Prophète ﷺ:

> Il y a deux genres de personnes parmi les habitants de l'Enfer que je n'ai pu voir. Les premiers sont des gens qui ont des fouets ressemblants à des queux de bœufs dont ils font usage pour battre les autres...[125]

Ce hadith explique d'avantage le précédant où ces gens sortent le matin et rentrent chez eux le soir après avoir torturé les autres tout le long de la journée. Ce comportement cruel, non seulement n'est pas permis en Islam, mais personne n'a le droit de battre et de torturer autrui.

حدثنا أبو بكر بن أبي شيبة. حدثنا حفص بن غياث عن هشام بن عروة، عن أبيه، عن هشام بن حكيم بن حزام. قال:
مر بالشام على أناس، وقد أقيموا في الشمس، وصب على رؤوسهم الزيت. فقال: ما هذا؟ قيل: يعذبون في الخراج. فقال: أما إني سمعت رسول الله صلى الله عليه وسلم يقول "إن الله يعذب الذين يعذبون في الدنيا" (روا ه مسلم في كتاب البر و أبو داود في سننه و أحمد في مسنده)

Un autre hadith rapporte:

> Ourwa rapporta de son père qu'il arriva à Hichām bin Hakīm b. Hizām de passer par un groupe de gens en Syrie qu'on avait obligé à se tenir débout sous le soleil et sur les têtes desquelles on versait de l'huile d'olive. Il s'exclama: «Qu'est-ce que c'est?» Il lui fut répondu: «Ils

---

[125] *Sahīh Boukhārī. Sahīh Mouslim*, #2128 "Kitāb al-Libās." "*Sinfāni min āhl an-nāri lam arahoumā: qawmoun ma'houm sayāt ka adhnāb il-baqar, yadribounā bihā an-nās...*"

sont en train d'être puni pour (ne pas avoir payé) le *Kharaj* (le revenu du gouvernement)». Sur ce, il dit: «J'ai entendu le Messager d'Allāh dire: 'Allāh punira ceux qui tourmente les autres dans ce monde'».[126]

Le Prophète ﷺ indique ici qu'Allāh ﷻ prendra la revanche de quiconque est torturé, qu'il soit Musulman ou non. Ce hadith indique que le Prophète ﷺ est comme Allāh ﷻ le décrit:

$$رَحْمَةٌ لِلْعَالَمِين$$

Une miséricorde pour les mondes (al-Anbīyā' 21:107)

et:

$$وَمَا أَرْسَلْنَاكَ إِلَّا كَافَّةً لِلنَّاسِ بَشِيرًا وَنَذِيرًا$$

Et Nous ne t'avons envoyé qu'en tant qu'annonciateur et avertisseur pour toute l'humanité. Mais la plupart des gens ne savent pas. (Sabā 34:28)

Certains punissent et torturent les autres, pourtant Seul Allāh ﷻ a le droit de punir. On a le droit de juger ou de porter un jugement sur quelque chose, que ce jugement soit juste ou injuste, mais on ne peut punir sur la base de ses opinions ou inclinations. Les conditions requises pour prononcer une sentence à l'encontre de quiconque selon la *Charī'ah* Islamique sont très drastiques, souvent irréalisables, mais personne aujourd'hui n'applique ces conditions. Ce que nous disons ici n'est en aucun cas un commentaire politique contre un quelconque régime mais a pour but de montrer que nous sommes témoins de ce dont le Prophète ﷺ a prédit se passer au cours des Jours Derniers.

Le Prophète Mouhammad ﷺ mentionna que la torture apparaîtra au cours des Jours Derniers. Les Musulmans doivent donner de l'importance à cette mise en garde. Ils sont présentement torturés dans leurs propres pays et jetés dans les geôles pour souvent n'en jamais sortir. Il y a une peur constante de voir quelqu'un surgir de nulle part et

---

[126] *Saḥīḥ Mouslim*, #2613 "Kitāb al-Birr." "*Inna allāha you'adhdhibou alladhīnā you'adhdhiboūna fid-dounyā.*"

les assujettir à un tel mauvais traitement. Par la miséricorde d'Allāh, les Musulmans dans certains pays vivent en paix et ne subissent pas de telles difficultés.

Allāh ﷻ dit:

$$\text{يَا أَيُّهَا الَّذِينَ آمَنُوا أَطِيعُوا اللَّهَ وَأَطِيعُوا الرَّسُولَ وَأُولِي الْأَمْرِ مِنكُمْ}$$

Obéissez à Dieu et obéissez à l'Envoyé, ainsi qu'à ceux d'entre vous qui détiennent l'autorité.
(an-Nisā' 4:59)

Les gens communs n'ont pas de statut de leaders, présidents ou rois; de ce fait ils doivent obéir aux règles et les lois qui régissent leurs pays de résidence. Il n'est pas permis au Musulman de s'associer à quelconque conspiration que ce soit ou à s'ingérer dans les affaires d'autrui. Le devoir du Musulman est de prendre soin de son foyer, sa famille, ses voisins et d'éviter de perturber la société. Il doit œuvrer pour la piété pour qu'Allāh ﷻ soit ravi et satisfait de lui.

Le Prophète ﷺ dit: «Quiconque connaît sa limite doit s'y arrêter».[127]

Les Musulmans, de ce fait, doivent connaître ce qui les incombes, à quoi se limiter, ne pas aller au-delà de leurs possibilités, ce qui pourrait créer des troubles dans la société. S'ingérer là où ils n'y sont autorisés exposerait tous leurs coreligionnaires à de mauvais traitements.

---

[127] *"Man 'arifa haddahou waqafa 'indahou."*

Vêtu mais Nu

Comme mentionné précédemment, il y a deux groupes de gens de l'Enfer que le Prophète ﷺ n'a pu voir, et le second groupe est celui dont il est fait mention ici.

حدثني زهير بن حرب. حدثنا جرير عن سهيل، عن أبيه، عن أبي هريرة.
قال:
قال رسول الله صلى الله عليه وسلم (صنفان من أهل النار لم أرهما. قوم معهم سياط كأذناب البقر يضربون بها الناس. ونساء كاسيات عاريات، مميلات مائلات، رؤوسهن كأسنمة البخت المائلة، لا يدخلن الجنة، ولا يجدن ريحها. وإن ريحها ليوجد من مسيرة كذا وكذا (مسلم في كتاب اللباس و أحمد في مسنده و مالك في الجامع)

Aboū Hourayra ؓ rapporte du Prophète ﷺ:

> Il y a deux sortes de gens des habitants de l'Enfer que je n'ai pu voir. Les premiers sont ceux qui ont des fouets ressemblants à des queux de taureaux avec lesquelles ils frappent les gens, et les seconds sont des femmes vêtues mais nues, dansant et se déhanchant de façon séduisante, leurs têtes (étranges) ressemblant aux bosses des chameaux. Ils n'entreront ni au Paradis ni ne sentiront son parfum bien que son parfum puisse atteindre une distance considérable.[128]

Le Prophète ﷺ dépeint ici des femmes qui sont vêtues mais en réalité sont nues. Ce n'est pas une référence aux femmes d'aujourd'hui en maillot de bain [bikini] puisque d'un point de vue purement

---

[128] *Sahīh Boukhārī, Sahīh Mouslim*, #2128 "Kitāb al-Libas":
  Sinfāni min āhl an-nāri lam arāhoumā: qawmun ma'ahoum siyātoun ka adhnāb il-baqar, yadriboūna biha an-nās. Was nisā'oun kāsīyātoun 'āriyātoun moumīlatoun mā'ilātoun, rou'oūsouhonna ka asnimat il-bakhti. Al-mā'ilāt lā yadkhoulna al-jannata wa lā yajidna rīhaha. Wa inna rīhaha lā toūjadou min masīrati kadha wa kadha.

Islamique, celles-là sont complètement nues. Le hadith, plutôt se réfère aux femmes qui sont considérées vêtues mais ont leur nudité complètement exposée. Le Prophète ﷺ de façon éloquente les décrit comme *kāssīyāt* – vêtues et *āriyāt* qui signifie nues. Il y a quatorze siècles, cela aurait pu paraître comme une contradiction puisque les compagnons ne pourraient concevoir ou imaginer les styles d'aujourd'hui. Comment se peut-il que quelqu'un soit vêtu et à la fois soit nu? Cela signifie que soit les vêtements sont à même le corps et exposent les contours soit ils sont transparents, exposant donc leur nudité. Nombreuses sont les femmes ces jours-ci qui, vêtues de la sorte, déambulent partout, exhibant leurs corps sans pudeur.

Le Prophète ﷺ continua de les décrire comme *moumīlātin mā'ilātin*. *Mā'ilāt* signifie littéralement éloignée de la rectitude, tantôt à droite, tantôt à gauche ou ayant dévié. Elles ont dévié du droit chemin de l'obéissance à Allāh ﷻ, de la décence tant dans le comportement que dans le mode vestimentaire. Ces femmes à l'allure de paons s'exhibent dans un mouvement de corps exagéré qui n'a pour but que d'attirer l'attention des hommes dans les sillons de la bêtise. Ces déhanchements sont embellis de gestes et manières dans le parler pour mieux catalyser les désirs. *Moumīlāt* est quasiment synonyme de *mā'ilāt*, avec ici l'accent mis sur le fait qu'elles vont jusqu'à promouvoir ce genre de vie dégradée auprès de leurs amies, voisines de chambre et autres. Non satisfaites d'être elles-mêmes corrompues, elles s'attèlent à répandre leur perversion parmi les autres femmes.

Le Prophète ﷺ continua: «Leurs têtes ont une apparence étrange», ou «Elles portent malheur et représentent l'infortune» *(Rou'oūsouhounna ka asnimat il-bakhti)*. *Bakht* qui est l'infortune dans ce hadith signifie que ces femmes sont un amas d'infortune. *Asnimat il-bakht* signifie aussi des bosses de chameaux pour traduire qu'elles font en sorte que les cheveux soient érigés ou tombent sur le côté, ou alors qu'elles portent des perruques ou d'autres chevelures artificielles; en général, dans l'intention d'exhiber leur chevelure. Les femmes avec de tels styles de chevelure, revêtues dans de tels accoutrements, abondent partout. Lorsqu'une essaie de s'habiller modestement, elle en est dissuadée et s'entend dire: «C'est un accoutrement démodé. Habille-toi plutôt comme nous».

La présente discussion du hadith du Prophète ﷺ ne vise pas les non-Musulmans mais plutôt est un triste commentaire de ce que font les frères et sœurs Musulmans. Dans les pays Musulmans de tendance très conservatives, apparaissent des chaînes de télévision par satellite avec des présentatrices et des animatrices d'émission à peine vêtues. Ces images sont perçues dans les foyers Musulmans à travers le monde, et leur style vestimentaire provocateur influence les spectateurs. Il n'y a aucun intérêt à susciter un quelconque engouement sexuel parmi l'audience au cours de la présentation des informations du jour. C'est ce genre de présentation qui est diffusée à partir de pays s'affichant de pays religieux, s'arrogeant le droit de superviser les affaires des Musulmans alors qu'ils demeurent aveugles de ce qui a lieu au sein de leur propre population. Ils semblent accorder peu d'importance à la déchéance morale des sœurs Musulmanes aussi longtemps qu'ils en tirent profit.

Pire, aujourd'hui le monde abonde de toute sorte de réseaux de transmission et de chaines de satellites diffusant des émissions à contenu choquant ou provocateur de chanteurs suscitant les désirs sexuels de l'audience. Cette technologie mondiale incite à focaliser l'attention de la masse sur les désirs les plus bas de façon inégalée de mémoire d'homme. Même les chaînes de satellite émettant à partir de pays Musulmans et Arabes diffusent des programmes à l'incitation sexuelle où apparaissent hommes et femmes dans différents états de nudité. Au fait, la mode aujourd'hui est de se vêtir aussi légèrement que possible afin d'être quasiment nu. Il n'y a pas longtemps de cela, les maillots de bain étaient constitués d'une seule pièce. Puis ils sont passés à deux pièces couvrant davantage moins de l'anatomie. Certaines plages sont allées jusqu'à permettre que le port d'une seule pièce, alors que d'autres «prônent» carrément la nudité totale, c'est-à-dire pas de maillot de bain. Au vu de telles influences, les gens sont sous le feu du flagrant désir sexuel, excellant les uns sur les autres en payant plus pour l'indécence (*dalāla*).

Il y a des Musulmans qui n'iront pas au Paradis pour avoir commis plusieurs genres de péchés. De telles personnes sont aux confins de l'enfer et n'ont pu être observé par le Prophète ﷺ lors de l'Ascension Nocturne. «Ils n'entreront ni au Paradis ni ne sentiront son parfum bien que son parfum puisse être perçu de très loin». L'odeur du Paradis à une portée lointaine, pourtant ceux qui exhibent leur nudité de façon hautaine en seront si éloignés qu'ils ne pourront en sentir. Allāh ﷻ le leur interdira, de même à ceux qui les encouragent, qui les utilisent pour corrompre les cœurs des innocents Musulmans au travers de l'écran de la télévision. Ils supportent le démon (*Chaytān*) dans son travail démoniaque. Allāh ﷻ observe pour déceler qui évitera cette tentation et se maintiendra dans la foi. La porte du repentir est ouverte à tout un chacun, homme comme femme. Allāh ﷻ est Miséricordieux par Excellence, et Il savant.

Si nous usons seulement de ce hadith comme point de repère, il est clair de voir jusqu'où nous sommes dans le déroulement des signes des Jours Derniers et à quel point le butoir est proche. De la part de magnanimité dont Allāh ﷻ a fait don au Prophète Mouhammad ﷺ, il fut en mesure de décrire en détail ce que nous observons malheureusement aujourd'hui.

Relations Sexuelles Publiques

Le Prophète ﷺ dit que l'un des signes des Jours Derniers est que les hommes et les femmes auront des relations sexuelles (*tasāfoud*) dans les rues à l'image des ânes.

وحديث عبد الله بن عمرو " لا تقوم الساعة حتى يتسافد في الطريق تسافد الحمير " أخرجه البزار والطبراني وصححه ابن حبان والحاكم

'Abd Allāh Ibn 'Oumar ﷺ rapporta du Prophète ﷺ:

L'Heure n'adviendra pas tant que les hommes et les femmes n'auront pas des relations sexuelles dans les rues à l'image des ânes.[129]

Lorsque les ânes désirent copuler, nul ne peut les contrôler ou les empêcher de bondir l'un sur l'autre. Ils copulent à ciel ouvert, dans la rue. Le mot «*tassāfoud*» signifie toute relation ou expression sexuelle y compris l'accolade, le baiser ou se tenir les mains. Pour un homme et une femme, ce geste de se tenir les mains est une expression de désir sexuel. Ceci est courant ces temps-ci dans les rues. Il y a plusieurs Musulmans qui expriment publiquement ce genre d'affection physique, imitant la vogue moderne. Même les Musulmans mariés marchent le font. Ce n'est pas un péché en tant que tel mais ce n'est pas permis en publique. Dans le monde Musulman de nos jours, il y a beaucoup de *tassāfoud* tant du côté des mariés que des non mariés, s'embrassant, se faisant des accolades dans les rues, se tenant les mains en marchant, s'asseyant l'un à côté de l'autre.

Auparavant, ce genre de comportement n'existait pas dans les pays Musulmans puisque les couples étaient trop pudiques pour s'amouracher en publique. C'est *harām* (interdit) de tenir la main de sa femme dans la rue parce que cela pourrait être source d'idées obscènes pour autrui. Cet

---

[129] (*sahīh*) Ibn Hibbān #1889, "Kitāb al-Fitan." Albānī #481, *Silsila sahīha*, Il dit que tous les narrateurs de la chaîne sont fiables sur le principe de *Mouslim*. "*Lā taqoūm oussā'atou hatta yatasāfadou fit-tariqi tasāfoud il-hamīr. Qoult inna dhālika la kā'in? Qāla na'm layakoūnanna.*"

acte pourrait aussi attirer le regard malsain sur la femme, traînant le mari dans le sillon du péché. Les normes de l'Islam sont une protection tant pour préserver du péché que de ce qui apparaît comme un péché.

Le Prophète ﷺ dit qu'au cours des Jours derniers, les êtres humains agiront comme des ânes, exhibant à tous ce qu'ils font sans modestie ni pudeur. Il était impossible pour les Compagnons d'appréhender une telles chose, pourtant le Prophète ﷺ le leur a dit : «Oui, ceci aura sûrement lieu». Les conditions descriptives des Jours Derniers n'ont pas été aussi palpables que jusqu'à très récemment. Exactement comme le Prophète ﷺ l'a prédit, nombreux sont les Musulmans qui marchent en se tenant les mains en publique et ce sans modestie.

Le hadith qui suit se réfère plus spécifiquement aux Musulmans, et par conséquent ceux-ci doivent s'alarmer à propos de ce qui a lieu ces temps-ci.

عن النبي صلى الله عليه وسلم قال: "والذي نفسي بيده لا تفنى هذه الأمة حتى يقوم الرجل إلى المرأة فيفترسها في الطريق فيكون خيارهم يومئذ من يقول: لو واريتها وراء هذا الحائط. (مسلم في كتاب الفتن و الهيثمي في الزوائد، رواه أبو يعلى ورجاله رجال الصحيح)

Aboū Hourayra ؓ rapporte que le Prophète ﷺ dit:

> (Je jure) par Celui dans la Main Duquel réside mon âme, cette Oummah ne disparaîtra pas jusqu'à ce que les hommes se rapprochent des femmes et les femmes se rapprochent des hommes, et qu'ils s'accouplent dans les rues. Le meilleur d'eux à ce moment là dira: Mon seul souhait serait d'être avec elle derrière un mur (en privé).[130]

---

[130] (*sahīh*) *Sahīh Mouslim* #2137, "Kitāb al-Fitan." Haythamī, *Majma' az-Zawā'id*(7:334). Aboū Y'ala le rapporte, et ses gens sont *sahīh*. Albānī, *Silsila sahīha* #481:
> *Walladhī nafsī bi yadihi la tafnā hādhihil-oummah hatta yaqoūm our-rajoulou ilal-mar'ati fayaftarishouhā fī-tarīq fa yakoūnou khiyāroūhoum yawma'idhin man yaqoūl law ra'aytahā warā hādha al-hā'it.*

Le Prophète ﷺ jure par Allāh ﷻ qu'au cours des Jours Derniers la Oummah sera dans une condition telle que les gens auront des relations sexuelles en publique. Ici, il s'adresse à la fois aux Musulmans qu'aux non-Musulmans ou seulement aux Musulmans. Nous en sommes témoin aujourd'hui, spécialement en France et autres pays Européens, dans les Parcs publiques, les plages et allées pour piétons. Le problème le plus important pour les Musulmans réside dans la dernière partie du hadith: «Le meilleur d'entre eux à ce moment dira: si seulement ceci se passait derrière un mur (où personne ne pouvait me voir!)».

La meilleur composante de l'humanité est celle des croyants parce qu'engagée en actions vertueuses. Les croyants essaient d'éviter de commettre des péchés, ils sont honnêtes, prient cinq fois par jour, remplissent leurs obligations, jeûnent, donnent de la charité et recherchent le bien être de la société. Mais le Prophète ﷺ dit qu'à la fin des temps, le croyant verra les gens engagés dans des relations sexuelles en publique au point qu'il souhaiterait en faire autant en privé. Il fera fi d'Allāh ﷻ et dira: «Si je pouvais être avec cette femme en privé, j'aurais eu des relations sexuelles avec elle!», et similairement la femme penserait la même chose à propos d'un homme. Dans une période avec tant de manque de pudeur, le croyant ne peut pas commettre un tel acte publiquement parce qu'il demeure encore en lui une proportion de modestie, et il ne veut pas se faire voir aux yeux du publique engagé dans un tel comportement. De préférence, il désire un endroit où personne ne peut le voir. Plutôt que de dire: «*Astaghfiroullāh,* qu' Allāh ﷻ les pardonne (de forniquer en publique) et me pardonne (de le désirer)», il aurait souhaité être derrière un mur et accomplir le même acte. «Derrière un mur» pourrait être un appartement ou un quelconque lieu clos, en privé. Les croyants à ce moment sont témoins de la fornication en publique et disent: «Et nous? Allons dans un lieu clos».

Ceci est un hadith authentique des signes des Jours Derniers mentionné par le Prophète Mouhammad ﷺ il y quatorze siècle de cela. Le Prophète ﷺ est le maître de la psychologie, et il connaît la nature humaine dans sa totalité. Il dit qu'il y aura de tels gens dans la rue, et les meilleurs de cette période ne seront pas engagés dans de relations sexuelles en publique, mais ils souhaiteraient pouvoir le faire en privé.

On ne pouvait observer ce fait il y a cinquante ans de cela, mais ces temps-ci, c'est le lot quotidien. La prédiction faite par le Prophète ﷺ il y a quatorze siècle comme l'un des signes des Jours Derniers s'est manifestée.

La Salutation Réservée pour ceux que l'on Connait

Une pratique très recommandée aux Musulmans, hommes et femmes, est de se saluer mutuellement – qu'ils se connaissent ou pas – en disant: «*As-salāmou alaykoum* — Que la paix soit sur vous». L'un des signes des Jours Derniers est que les Musulmans ne salueront pas leurs coreligionnaires qu'ils rencontreront. Mieux, ils ne salueront que ceux qui leur sont familiers.

حدثنا أبو أحمد الزبيري حدثنا بشير بن سلمان عن سيار عن طارق بن شهاب قال كنا عند عبد الله جلوسا فجاء رجل فقال قد أقيمت الصلاة فقام وقمنا معه فلما دخلنا المسجد رأينا الناس ركوعا في مقدم المسجد فكبر وركع وركعنا ثم مشينا وصنعنا مثل الذي صنع فمر رجل يسرع فقال عليك السلام يا أبا عبد الرحمن فقال صدق الله ورسوله فلما صلينا ورجعنا دخل إلى أهله جلسنا فقال بعضنا لبعض أما سمعتم رده على الرجل صدق الله وبلغت رسله يسأله أيكم يسأله فقال طارق أنا أسأله فسأله حين خرج فذكر عن النبي صلى الله عليه وسلم أن بين يدي الساعة تسليم الخاصة وفشو التجارة حتى تعين المرأة زوجها على التجارة وقطع الأرحام وشهادة الزور وكتمان شهادة الحق وظهور القلم (أحمد في مسنده و حاكم)

L'Imām Āhmad relate un hadith authentique que le Prophète ﷺ dit:

> En vérité, l'avènement de l'Heure coïncidera avec: les salutations adressées seulement aux personnes familières ou connues; un accroissement du commerce et des affaires au point que l'épouse vienne en aide à son époux, travaillant moyennant un salaire; la rupture des

liens familiaux; le port de faux témoignage; l'obstruction de la vérité; et la prééminence de la plume.[131]

Le constat aujourd'hui est que les Musulmans ne saluent que ceux qui leur sont familiers. Le scenario est le suivant: «Si je ne te connais pas, je ne te salue pas». Ceci en partie est due au fait que pour une large proportion, les Musulmans sont méconnaissables en tant que tels. Très peu de signes extérieurs de l'Islam sont visibles pour leur permettre de se reconnaître. En particulier dans les lieux où les Musulmans constituent une minorité, il est important de s'identifier par un accoutrement islamique pour permettre de se reconnaître et se saluer mutuellement.

Dans le monde Musulman, notamment dans les villes saintes comme la Mècque et Médine, les hommes portent tout au moins un bonnet. Mais c'est le scénario contraire en dehors de ces lieux. Les femmes cependant sont souvent couvertes avec leurs foulards de têtes tout le long de leurs occupations quotidiennes. Ces femmes peuvent être reconnues et reçoivent les salutations de leurs sœurs Musulmanes; ce qui devrait être le cas pour les hommes. De la sorte, Allāh ﷻ en sera satisfait comme Il le mentionne dans le Saint Coran:

وَإِذَا حُيِّيتُم بِتَحِيَّةٍ فَحَيُّواْ بِأَحْسَنَ مِنْهَا أَوْ رُدُّوهَا إِنَّ اللَّهَ كَانَ عَلَىٰ كُلِّ شَيْءٍ حَسِيبًا

Lorsqu'une salutation vous est adressée, saluez d'une façon meilleuree, ou bien rendez simplement le salut.) (an-Nisā' 4:86)

Paradoxalement, cette injonction divine est absente dans les pays à population Musulmane majoritaire, soit pas manque d'unité ou de cordialité entre coreligionnaire. Il possible de voir des centaines de gens dans les rues mais sans qu'aucun n'adresse la salutation «*as-salāmou alaykoum*» à l'autre. Les relations ne sont plus basées sur une connexion divine mais reposent plutôt sur un intérêt égoïste et une affinité

---

[131] (*sahīh*). Āhmad, *Mousnad* (1:407, 408). Haythamī, *Majma' az-Zawā'id* (7:331). Hākim *Moustadrak* (4:445, 446). Albānī, #647 *Silsila sahīha*. Il dit que les hommes d'al-Bazzār sont *sahīh (authentiques)*.

Inna bayna yaday is-sā'ati taslīm oul-khāsati wa fashut-tijārati hatta tou'in al-mar'atou zawjaha 'alā at-tijārati wa qat' al-arhāmi, wa shahādat az-zoūri wa kitmāna shahādat il-haqqi wa zhouhoūr al-qalam.

mondaine. Ce signe des Jours Derniers prédit par le Prophète ﷺ est un corollaire d'un changement de priorité dans les habitudes des gens.

حدثنا عبد الله حدثني أبي حدثنا ابن نمير عن مجالد عن عامر عن الأسود بن يزيد قال:

أقيمت الصلاة في المسجد فجئنا نمشي مع عبد الله بن مسعود فلما ركع الناس ركع عبد الله وركعنا معه ونحن نمشي فمر رجل بين يديه فقال: السلام عليك يا أبا عبد الرحمن فقال عبد الله وهو راكع: صدق الله ورسوله فلما انصرف سأله بعض القوم لم قلت حين سلم عليك الرجل صدق الله ورسوله قال: إني سمعت رسول الله صلى الله عليه وسلم يقول: إن من أشراط الساعة إذا كانت التحية على المعرفة. (أحمد في مسنده)

'Abd Allāh Ibn Mas'oūd ﷺ rapporte un hadith similaire dans lequel le Prophète ﷺ dit:

> Certainement parmi les signes des Jours Derniers, il y a le fait que les salutations seront réservées qu'à ceux que l'on connaît.[132]

Aujourd'hui, lorsque quelqu'une personne rencontre une autre qu'elle ne connaît pas, elle ne se soucie point de la saluer. Ceci est le reflet du manque de considération pour autrui. Personne à peine ne se soucie d'autrui, même si c'est un ami ou un frère qui endure des souffrances. Chacun ne s'intéresse qu'à soi-même.

Ce n'était par le cas par le passé. Si l'un voyait cent personnes sur son chemin, il leur adresserait chacune la salutation *as-salāmou alaykoum*. L'un de ceux à qui la salutation est adressée pourrait être une personne pieuse dont le *salām* pourrait être source – comme c'est la croyance – de la miséricorde d'Allāh. Le Compagnon Soufyan Ibn 'Ouyayna ﷺ dit: «La miséricorde d'Allāh descend avec le souvenir des gens pieux — *'Inda dhikr al-sālihīn tatanazzalou al-rahmat*». Cette pratique a disparu de nos jours, et on ne se salue plus mutuellement. Même lorsque nous

---

[132] *Mousnad Āhmad*. "Inna min ashrāt as-sā'ati idhā kānat at-tahīyyatu 'alā al-ma'arifah."

connaissons une personne, nous détournons nos visages de lui afin d'éviter toute interaction avec elle. Pour des raisons mondaines, l'on évite d'afficher une quelconque familiarité avec cette personne. Les Musulmans se sont séparés les uns des autres. La Oummah Islamique ne peut pas jouir de bonne santé lorsqu'ils (les Musulmans) désertent le message du Prophète Mouhammad ﷺ.

Un autre signe des Jours Derniers mentionné dans ce hadith est que le commerce et les autres transactions financières seront florissants. Les gens travailleront ardemment à la recherche de leur gagne-pain au point qu'ils s'engageront dans toute sorte de commerce.

Lorsque le Prophète ﷺ dit: «Le femme viendra en aide à son époux en travaillant moyennant de l'argent», cela indique qu'au cours des Jours Derniers, un seul revenu s'avérera insuffisant au point que le femme aura à aider son époux pour satisfaire leur besoin. Par le passé, il n'était pas nécessaire d'avoir deux sources de revenus pour couvrir les besoin d'une famille. Les femmes étaient actives dans plusieurs domaines. Elles s'occupaient de la famille, des enfants, de l'éducation, pourvoyaient des soins médicaux et participaient au travail à la ferme et à bien d'autres activités. De leur propre gré, plusieurs de ces femmes assistaient leurs époux dans leurs travaux. Cependant, la femme n'avait pas besoin de laisser le domicile conjugal pour aller à la recherche d'un travail supplémentaire afin de subvenir aux besoins de la famille. Par contre aujourd'hui, par nécessité, tant la femme que l'homme doivent travailler en dehors du domicile pour pourvoir aux besoins de la famille. Partout dans le monde, les femmes travaillent afin d'apporter de l'argent au foyer conjugal. La famille ne peut plus survivre seulement grâce au maigre revenu de l'époux. C'est comme si le Prophète ﷺ regardait du lointain passé ce que nous vivons aujourd'hui.

Le Sevrage Des liens Familiaux

Le hadith relaté dans le chapitre précédent mentionne qu'il y a aura *qat'ou oul-arhām* — «rupture des liens familiaux». Le lien étroit entre les proches de sang comme celui d'entre les parents, frères, sœurs, oncles et tantes disparaît. Les relations entre parents et enfants se sont dégradées au point que ces derniers, à l'âge d'adolescent ne cherchent qu'à prendre congé du domicile familiale pour ne plus y retourner.

Dans ce hadith, «*qat'oul-arhām*» signifie aussi «la rupture des moyens permettant de sauvegarder et de perpétuer la cellule familiale» que sont la fertilité et la naissance infantile. La contraception et les avortements sont monnaie courantes, puis autant les hommes que les femmes subissent des procédures chirurgicales afin de ne plus procréer. La pérennité de la famille est en train d'être enrayée par tous les moyens. Les relations préétablies sont rompues, et il est impossible d'établir la nouvelle génération de liens, abandonnant quasiment toute idée de relation familiale, passée ou future.

Une autre compréhension littérale de ce hadith «la dissection de la matrice – *qat'oul-arhām*» se réfère à la réelle dissection de la matrice (l'utérus) à un rythme sans précédent. Les accouchements par césarienne sont devenus la routine – une coupure dans l'utérus pour libérer le bébé par l'abdomen – afin de ne pas pour la plupart des cas perturber l'emploi du temps chargé du médecin ou même de la mère. Les pratiques d'hystérectomie, qui est la véritable résection de l'utérus, sont courantes et à la hausse y compris la chirurgie intra-utérine sur le fœtus. Récemment en Arabie Saoudite, la première tentative de transplant utérine s'est produite[133]. Le Prophète ﷺ a prédit tous ces aspects de la vie contemporaine et de la technologie il y a quatorze siècles, et il a prédit aussi que lors de la fin des temps, «l'ablation de la matrice» serait monnaie courante.

---

[133] W. Fageeh et. al. Le journal international de Génycologie et d'obstétrique 76 2002, pp. 245-251.

Les Faux Témoignages

Le hadith du Prophète ﷺ dans le chapitre précédent continue, relevant qu'au cours des Jours Derniers, il y aura une «prévalence de faux témoignages – *qawl az-zoūr*». Le port d'un faux témoignage au regard de quelque chose est une possibilité lorsqu'au court d'un procès en justice, un témoin est soudoyé au moyen d'argent ou de la promesse d'une fonction ou de pardon. Ce fait est courant en politique où l'un peut conspirer contre un autre et faire comparaître des faux témoins contre son adversaire. Aucune nation n'échappe à cette pratique dans son système judiciaire où tout témoignage peut être obtenu au moyen d'un prix.

Allāh ﷻ dit dans le Saint Coran:

اجْتَنِبُوا الرِّجْسَ مِنَ الْأَوْثَانِ وَاجْتَنِبُوا قَوْلَ الزُّورِ

Evitez la souillure des idoles; évitez les paroles mensongères (al-Hajj 22:30)

Allāh ﷻ mentionne le port de faux témoignage dans ce verset immédiatement après l'adoration des idoles pour accentuer sa gravité. *Qawl az-zoūr* ne se limite pas à porter un faux témoignage en justice mais brandir toute manigance et pousser les gens à y croire comme une vérité. A une échelle plus grande, cela se réfère à la propagande, au lavage de cerveau sans faire mention de la publicité qui tombe elle aussi dans la rubrique de *qawl az-zoūr*. Aujourd'hui, avec tout l'appareil médiatique que constituent les livres, les magazines, la télévision et les films, tout message erroné peut être véhiculé partout, présentant le blanc comme étant noir et vice versa. *Qawl az-zoūr* est une propagande du faux, du port du faux témoignage.

Kitmān chahādat al-haqq est le fait de voiler la vérité. Voiler la vérité est un fait bien notoire dans l'arène des politiciens comme un moyen de pacifier le peuple et se maintenir au pouvoir. Ce vice s'est répandu à la masse populaire qui s'adonne au mensonge et voile la vérité. Dans le monde médiatique, le constat est que trop souvent la vérité est voilé, et le mensonge promu par les journalistes. Il existe cependant une infime portion de personnes qui demeurent honnêtes, qu'ils soient journalistes dans leurs fonctions de reportage ou politiciens dans la gestion des affaires publiques.

Prééminence de l'Ecriture

Allāh ﷻ mentionna le calame dans le Saint Coran. Le calame est un moyen de préservation et de transmission de la connaissance c'est-à-dire d'éducation. *Zouhoūr al-qalam* dans ce hadith se réfère à la vulgarisation de la connaissance et de l'éducation. Dans la Soūrat al-Kahf, il est dit que si les océans étaient faits d'encre et les arbres servaient de plume à écrire, Allāh ne serait jamais à court de mots, ce qui signifie que la connaissance ne connaît pas de limite, elle est toujours infinie..

$$قل لَّوْ كَانَ الْبَحْرُ مِدَادًا لِّكَلِمَاتِ رَبِّي لَنَفِدَ الْبَحْرُ قَبْلَ أَن تَنفَدَ كَلِمَاتُ رَبِّي وَلَوْ جِئْنَا بِمِثْلِهِ مَدَدًا$$

Dis: Si la mer était de l'encre pour [écrire] les paroles de mon Seigneur, la mer se tarirait avant que ne tarissent les paroles de mon Seigneur, quand bien même Nous lui viendrions en aide avec une même quantité d'encre. (al-Kahf 18:109)

Le fait d'avoir pu mettre en exergue l'importance de l'éducation et la manière dont elle serait vulgarisée par le calame au cours des Jours Derniers est une prédiction qui fait étalage de la grandeur du Prophète Mouhammad ﷺ. Tout le long de l'histoire Islamique, la plume à écrire a été le mécanisme par lequel la connaissance fut compilée et préservée à travers les manuscrits. Comme la plume à écrire était déjà une invention disponible du temps du Prophète ﷺ, le hadith ne fait pas référence à sa découverte mais plutôt à la prépondérance de l'usage dont il en sera fait et à celle de l'écriture. Le Prophète ﷺ n'a pas voulu attiré l'attention sur la plume à écrire en tant que telle mais à l'abondance des écrits et de la compilation de la connaissance comme c'est le cas aujourd'hui. Il est impossible de nos jours de préserver et d'accéder aux millions de livres et articles d'information par le simple usage de la plume et de la feuille à écrire. Ainsi, à travers le hadith, le Prophète ﷺ indique qu'il existera quelque chose qui facilitera la préservation et la classification en archives de larges volumes de connaissance et d'informations dont l'accès pourrait être instantané. C'est ce que nous observons à présent avec l'avènement de la fascinante technologie informatique.

Zouhoūr al-qalam, (la prééminence de la plume à écrire ou de l'éducation ou de la technologie) signifie qu'il adviendra un temps où des millions et millions de portions d'informations seront préservées et accessibles. Nous serions en mesure de «télécharger» ces informations d'un trait. Nous pourrons parcourir d'énormes base de donnée à la recherche d'un mot et le localiser où qu'il soit. Par exemple, nous pouvons localiser le mot «*'ilm*» (connaissance) à travers le Coran, les hadiths et les livres Islamiques et déterminer instantanément sa fréquence d'apparition. La méthodologie de la recherche la plus avancée a été simplifiée aujourd'hui au point qu'un enfant par l'usage d'un appareil informatique peut accéder à un large volume de connaissance. *Zouhoūr al-qalam* signifie que les voies et les moyens d'éducation et de transmission seront facilitées et vulgarisées à l'échelle mondiale. L'Internet et l'informatique sont une manifestation de ce procédé, et le système de satellite de communication est à la base de ce phénomène. C'est ce dont le Prophète ﷺ de façon subtile se referait dans ce hadith il y a quatorze siècles. La machine informatique est une manifestation du *qalam*, et à travers les satellites et l'Internet, cette manifestation s'est répandue au monde entier avec un impact positif ou négatif *qawl az-zoūr*..

Les Secrets Dévoilés

Dans le hadith suivant, le Prophète Mouhammad ﷺ prédit qu'au cours des Jours Derniers, les animaux sauvages parleront aux humains. Au vu et au su du hadith, il y a une signification littérale qui en ressort, et nous la prenons en tant que telle. Dans les livres Islamiques, il est fait référence aux humains par, ou ils sont classifiés comme – *hayawānoun nātiq* – la créature parlante. Les êtres humains sont des créatures parlantes, et «créatures sauvages» dans le hadith peut être interprétée comme un peuple étranger ou inconnu.

حدثنا عبد الله حدثني أبي حدثنا يزيد أنبأنا القاسم بن الفضل الحداني عن أبي نضرة عن أبي سعيد الخدري قال:
عدا الذئب على شاة فأخذها فطلبه الراعي فانتزعها منه فأقعى الذئب على ذنبه قال ألا تتقي الله تنزع مني رزقا ساقه الله إلي فقال يا عجبي ذئب مقع على ذنبه يكلمني كلام الإنس فقال الذئب ألا أخبرك بأعجب من ذلك محمد صلى الله عليه وسلم بيثرب يخبر الناس بأنباء ما قد سبق قال فأقبل الراعي يسوق غنمه حتى دخل المدينة فزواها إلى زاوية من زواياها ثم أتى رسول الله صلى الله عليه وسلم فأخبره فأمر رسول الله صلى الله عليه وسلم فنودي الصلاة جامعة ثم خرج فقال للراعي أخبرهم فأخبرهم فقال رسول الله صلى الله عليه وسلم صدق والذي نفسي بيده لا تقوم الساعة حتى يكلم السباع الإنس ويكلم الرجل عذبة سوطه وشراك نعله ويخبره فخذه بما حدث أهله بعده (أحمد في مسنده)

Aboū Saʿīd ﷺ rapporte un long hadith du Prophète ﷺ dans lequel il dit:

> Par Celui dans la Main duquel réside mon âme, l'Heure n'adviendra pas tant que les créatures sauvages ne parlent aux être humains, et qu'un homme ne parle à l'extrémité de son fouet et aux lacets de ses sandales (chaussures), et

sa hanche l'informera de ce qui est arrivé à sa famille en son absence.[134]

Ce hadith décrit qu'au cours des Jours derniers, les gens parleront d'individu dont ils n'ont aucune connaissance et dont ils ont entendu parler. Ils s'étaleront dans des discussions à son sujet, de sa famille et de ce qu'il a ou non accompli.

Ces temps-ci, il y a toute une industrie dédiée à la diffusion des activités des acteurs ou autres célébrités. Des millions de personnes achètent ces magasines et journaux ou regardent les programmes de télévision consacrés entièrement aux célébrités, à leurs actions et aux propos qu'ils ont tenus. Tout ce qu'une célébrité fait est mis à nu, et des millions de gens qui ne l'ont jamais vu en personne spéculent à son sujet. C'est un exemple définitif où des inconnus spéculent sur la vie de ceux qu'ils ne connaissent pas. Ce hadith indique aussi que le commérage sera prévalent au cours des Jours Derniers.[135]

«Un homme s'adresse à l'extrémité de son fouet» décrit le fait que les gens parleront au moyen d'une corde qui a l'apparence d'un téléphone. Les élèves en physique observent le mouvement oscillatoire d'un fil pendu et étudient les formes des ondes qui en résultent. Lorsque l'on agite un fouet, il en résulte une forme d'onde qui se propage tout le long jusqu'à l'extrémité du fouet. Le Prophète ﷺ met en évidence à travers le

---

[134] Ahmad, *Mousnad* (3:84 et 85). Hākim, *Moustadrak* (4:467).
[135] Allah ﷻ accentue le fait que le commérage à propos d'autrui est une énorme offense:
> Ô vous qui avez cru! Evitez de trop conjecturer (sur autrui) car une partie des conjectures est péché. Et n'espionnez pas; et ne médisez pas les uns des autres. L'un de vous aimerait-il manger la chair de son frère mort? (Non!) vous en aurez horreur. Et craignez Allah. Car Allah est Grand Accueillant au repentir, Très Miséricordieux

Ce noble verset du Saint Coran met l'accent sur l'importance d'éviter de porter des suspicions sur les autres qui par moment deviennent des péchés. Selon le fameux hadith de "Oumar al-Ibn Khattāb: *"innamā al-'aāmālou bin-niyyāt – les action* (sont récompensées) selon les intentions qui s'y rapportent". Il est possible que l'opinion que l'on se fait d'autrui puisse être méritoire si l'intention qui s'y rapport est bonne, mais si l'intention est de rabaisser ou de parler mal à son sujet, alors c'est un péché. Allāh donne un exemple fort du commérage tant par l'acteur que la victime: *"Qui d'entre vous aimerait manger la chair de son frère mort?"*

mouvement du fouet que les gens découvriront une technologie qui utilise les ondes comme moyen de communication. Les ondes comme moyens de communication englobe toutes sortes de communication, que ce soit la radio, la télévision ou le satellite. Le téléphone portable en poche ou accroché à la «hanche l'informera de ce qui est arrivé à sa famille en son absence».

Au Moyen Orient et ailleurs, il y a un adage qui dit: «Les murs ont des oreilles», c'est-à-dire que tout ce que l'on prononce ou fait ne passe inaperçu. Dans ce hadith, le Prophète ﷺ élucide qu'il adviendra un temps où toute chose sera mise à nue. Même si l'on «s'adresse à son fouet» ou à sa chaussure, ces faits n'échapperont ni aux inconnus ni à ceux que l'on ne voit pas. Les télécommunications sont contrôlées tant par les appareils informatiques que par des humains, et chaque téléphone portable est en mesure de fournir les coordonnées de repérage de son utilisateur. Le téléphone portable fournira des informations et des signaux ou «parlera de son utilisateur» aux observateurs inconnus pendant que son utilisateur est en conversation avec sa famille.

Les chaussures dans ce hadith représentent ce qui est requis pour marcher, pour circuler et voyager. Les voitures de nos jours, équipées de GPS (Géo-Positionnement par Satellite) sont en mesure d'être repérées au toucher d'un bouton. Un avion volant très haut au-dessus des nuages est localisé par des agents [qui vous sont inconnus] des tours de contrôle partout dans le monde. Les activités d'autrui dans les rues sont souvent enregistrées par des caméras de sécurité et par des satellites hauts dans le ciel. Ce hadith est aussi une mise en garde contre les Musulmans vivant les Jours Derniers, d'être pieux et vertueux parce que tout est surveillé aujourd'hui par des inconnus, et tout est mis à nu.

Six Evénements

Le Prophète ﷺ mentionna six événements fondamentaux en prélude au Jour du Jugement.

حدثنا الحميدي: حدثنا الوليد بن مسلم: حدثنا عبد الله بن العلاء ابن زبر قال: سمعت بسر بن عبيد الله: أنه سمع أبا إدريس قال: سمعت عوف بن مالك قال: أتيت النبي صلى الله عليه وسلم في غزوة تبوك، وهو في قبة من أدم، فقال: (اعدد ستًا بين يدي الساعة: موتي، ثم فتح بيت المقدس، ثم موتان يأخذ فيكم كعقاص الغنم، ثم استفاضة المال حتى يعطى الرجل مائة دينار فيظل ساخطًا، ثم فتنة لا يبقى بيت من العرب إلا دخلته، ثم هدنة تكون بينكم وبين بني الأصفر، فيغدرون فيأتونكم تحت ثمانين غاية، تحت كل غاية اثنا عشر ألفا (البخاري في كتاب الجرية و أحمد في مسنده)

'Awf Ibn Mālik ؓ rapport que le Prophète ﷺ dit:

> Compte six signes avant l'avènement de l'Heure: ma mort; puis l'ouverture de *Bayt al-Maqdis*; la mort de multitude à l'image d'une endémie ovine; il y a aura une surabondance d'argent au point qu'un homme donnera cent dinars à une personne (dans le besoin) et il le regardera avec dédain; puis une confusion qui s'emparera de chaque foyer des Arabes; puis un armistice entre vous et les non-Musulmans (parce qu'ils) auront un pouvoir nettement supérieur au vôtre, vous faisant face avec quatre vingt différents contingents (de soldats ou quatre vingt différentes raisons justifiées), chaque contingent regorge de douze milles (soldats ou douze mille raisons justifiées).[136]

---

[136] *Sahīh Boukhārī*, "Kitāb al-Jihād" (6:198). Āhmad, *Mousnad* (6:25 and 27): *Oudoud sittan bayna yadayhi as-sā'at: mawtī, thoumma fathou bayt il-maqdis, thoumma moūtānoun yakhoudhou fīkoum ka kou'ās il-ghanami, thumma astifādat-*

L'un des premiers signes des Jours Derniers est advenu avec le décès du Saint Prophète ﷺ. Puis l'ouverture du *Bayt al-Maqdis*[137] eut lieu aussitôt après au cours du Califat du Compagnon 'Oumar Ibn al-Khattāb ؓ. Le Prophète ﷺ mentionna ensuite qu'il y aura beaucoup de mort à l'image de celle causée par une endémie animale, *kou'ās al-ghanam*. *Kou'ās* est une maladie qui s'en prend aux moutons, aux chèvres ou autres ruminants, et Ibn Hajar explique que c'est une maladie qui pénètre les poumons causant une décharge nasale et buccale. Il y a une décharge abondante de salive et de mucus, et si l'animal n'est pas indulgemment mis à mort, il meurt d'une mort misérable. Nous avons vu cela récemment en Europe avec l'apparition soudaine et généralisée de la maladie de la Fièvre aphteuse. Selon BBC, plus de 3.9 millions d'animaux furent égorgés en date d'Octobre 2001. De façon miraculeuse, tous ces événements contemporains furent décrits avec précision par le Prophète ﷺ il y a quatorze siècles.

Ce hadith mentionne qu'au cours des Jours Derniers, un grand nombre de gens mourront de cette façon, c'est-à-dire à la suite de la propagation d'une substance nocive qui s'attaque au système respiratoire. La grippe se répand ainsi et produit des symptômes similaires. Il y a des épidémies annuelles de grippe et des pandémies circonstancielles pendant lesquelles une nouvelle souche du virus fait ravage à travers le monde en tuant des millions[138]. Dans le monde

---

oul-māli hatta y'uti ar-rajulu mi'ata dinārin fayadhala sākhitan, thumma fitnatun lā yabqā baytoun min al-'arab illa dakhalat-hou, thoumma hudnatoun takoūnou baynakoum wa bayna banī il-asfara fa yaghdouroūna fa yā'toūnakoum tahta thamānīna ghāyatin, tahta koulli ghāyatin ithna 'ashara alfa.
Ibn Mājah cite une version de ce hadith qui mentionne une maladie qui "vous purifiera de vos actions."
[137] Pour plus d'informations sur *Bayt al-Maqdis,* voir le chapitre "La Destruction de Yathrib."
138
    La pandémie Espagnole de l'Influenza est la référence de la mesure catastrophique de toutes les pandémies modernes. Il a été estimé qu'approximativement 20 à 40 pourcent de la population mondiale a été atteinte par cette maladie et plus de 20 millions en ont péri. Entre Septembre 1918 et April 1919, approximativement 500,000 morts furent enregistrés due à cette grippe et seulement aux USA. Beaucoup en sont

d'aujourd'hui où les voyageurs sillonnent rapidement le globe, une pandémie de grippe pourrait se répandre comme un éclair, laissant dans son sillage une mort massive[139]. La pandémie SRAS (syndrome respiratoire sévère aigu) est un exemple d'une telle éruption. En date d'Avril 2003, l'Organisation Mondiale de la santé rapporta près de 3,000 cas probable de SRAS à travers le monde avec quatre pourcent de morts. Au moment de leur publication, le chef de la section des maladies infectieuses de l'Organisation Mondiale de la santé fit part de sa crainte que les gens pourraient être porteurs du virus SRAS sans manifester de symptômes[140].

---

morts très rapidement. D'autres personnes, se portant bien le matin sont devenu malade l'après midi et ont trépassé à la tombée de la nuit. Ceux qui n'ont pas succombé à la maladie après quelque jours de contamination en sont morts, souvent suite aux complications (comme la pneumonie) cause par les bactéries….

La pandémie de l'Influenza, US Centers for Disease Control, National Vaccine Program Office.

139 Il n'a pas de réponse simple à la sévérité ou la gravité d'une pandémie. Tout dépend de la persistance du virus et de sa rapidité de propagation d'une population à l'autre et de l'efficacité des efforts et des réponses de préventions. La grippe Espagnole de 1918 fut un exemple du pire scenario possible parce que le virus était très contagieux et très mortel. Cette pandémie a décimé plus d'Américain que toutes les victimes des guerres du 20eme siècle. Depuis, le monde s'est peuplé d'avantage, et les gens circulent à travers le globe avec aisance, et la propagation d'une prochaine pandémie pourrait se faire plus rapidement que les présidentes.

Pandemic de l'Influenza, US Centers for Disease Control. National Vaccine Program Office.

140 Dans un rapport revu et corrigé publié le 7 Avril [2003] sur son site internet, l'OMS affirme que les examens diagnostiques relatifs au SRAR effectués étaient très alarmants. "S'il existe des porteurs du virus qui ne manifestent pas de symptômes, nous allons à notre perte parce que cela signifierait que le virus s'est dore et déjà propagé dans le monde entier, car la contamination se fait très facilement", David Heymann [responsable des maladies infectieuses à l'OMS], dans un interview avec le quotidien El Pais d'Espagne.

"c'est ainsi que le SIDA s'est répandu avant sa découverte. Nous ne savons pas encore si c'est le cas ici, c'est pour cela que nous avons besoin de faire un examen", il rajouta.

Les agents de campagnes de lutte contre les virus répandent aussi par voie aérienne des produits toxiques à même de provoquer une abondante décharge de secrétions nasales et orales et pouvant entraîner la mort. Cela pourrait aussi se produire avec la fumée toxique d'une explosion nucléaire. La possibilité de mort en masse résultant d'infection et causée par les armes de destruction massive n'a jamais été aussi grande. C'est l'un des signes des Jours Derniers mentionné il y a quatorze siècles par le Prophète Mouhammad ﷺ, et la possibilité de son occurrence est grandissante chaque jour.

Le hadith continue en affirmant que d'énorme sommes d'argents seront disponibles au cours des Jours Derniers: *istifādatoul-māl*. Aujourd'hui, l'économie est devenue un phénomène global avec d'énormes quantités d'argent circulant d'une main à une autre, et les échanges ont atteint un niveau incroyable. De gigantesques compagnies font fusion et phagocytent les plus petites. Le Prophète ﷺ a prédit qu'il y aurait tellement d'activités d'échange et d'inflation à travers le monde qu'un charlatan n'accordera plus de valeur à cent *dinārs* (environ 10 dollars) parce que n'étant pas suffisant pour acheter quoi que ce soit[141].

---

[141] Aboū Hourayra rapporte dans un hadith que le Prophète ﷺ dit: "Il adviendra un temps où les gens ne se soucieront point de la provenance de leur argent, qu'elle soit licite ou illicite."
Il est rare pour une personne aujourd'hui dont la provenance des revenus est totalement exempte de doutes à cause de la corruption généralisée. La plupart de l'argent en circulation provient de transactions interdites par la religions: soit de sources criminelles, du blanchissement monétaire, de l'usure, de la déception et faux contrats ou du jeu de hasard, des stupéfiants ou des armes.
Au Cœur du problème, il y a le système bancaire fondé sur l'intérêt, chose que l'Islam n'accepte pas. Même les salaires provenant d'un travail décent, ce qui est une chose prémisse (*halāl*), sont payés par le truchement des banques, donc indissociables des intérêts monétaires. Les Musulmans ne devraient pas se laisser berner par les prétendus "banques Islamiques" parce qu'elles prêtent en tant qu'institution aux banques à usure, profitant ainsi de l'usure. A travers les pays Musulmans et même au Cœur du monde Musulmans, existent de nombreuses banques étrangères, donc non-Islamique qui fonctionnent exactement comme en occident. Il est impossible de faire quoique ce soit sans ces banques, et les cartes de crédit, les cartes de retrait automatique émises par les banques ont pris le relais sur le port d'argent liquide. Tous les produits et denrées alimentaires arrivent sur le marché accompagnés d'une lettre de crédits émise par les banques spécifiant le taux d'intérêt applicable. Les gens prétendent avoir de "l'argent *halāl*", mais en réalité, tout l'argent est indissociable de l'intérêt. Le Prophète a prédit

Istifādatoul-māl se réfère aussi à la période de Mahdī ﷺ au cours de laquelle la richesse sera si abondante que cent *dinars* s'avéreront insignifiants.

Le Prophète ﷺ continue dans le hadith en mentionnant «une confusion qui s'emparera de chaque foyer arabe» c'est-à-dire de l'ensemble des Musulmans. De partout le monde, les politiciens oppriment et créent une confusion au sein des populations au point que celles-ci ne sachent plus à qui s'en tenir. Il y a aussi l'apparition d'une nouvelle idéologie et secte en Islam qui a connu son apogée à l'aube du 20ème siècle[142]. Cette confusion existe dans chaque foyer dans le monde Musulman et est la source de dissension entre enfants et parents, entre sœurs et frères, entre mère et père, entre époux et épouse. Cette idéologie invite le peuple à rejeter l'enseignement traditionnel Islamique.

A notre époque-ci, les gens parlent d'antagoniste entre civilisations, et c'est ce à quoi le Prophète ﷺ fait allusion à la fin du hadith.[143] Cet antagonisme atteindra son paroxysme au point que les Musulmans signeront avec l'ensemble des non-Musulmans un armistice. Les non-Musulmans seront si puissants pendant cette période, avec quatre vingt différentes raisons justifiées et douze milles différentes confusions découlant de chacune de ces raisons, obligeant ainsi les Musulmans à un armistice. Cette confusion est devenue palpable et l'armistice pointe à l'horizon.

حدثنا عبد الرحمن بن إبراهيم الدمشقي حدثنا بشر بن بكر حدثنا ابن جابر حدثني أبو عبد السلام عن ثوبان قال قال رسول الله صلى الله عليه وسلم يوشك الأمم أن تداعى عليكم كما تداعى الأكلة إلى قصعتها فقال قائل ومن قلة نحن يومئذ

---

que l'usure sera partout comme du sable dispersé, n'épargnant rien. Le manque d'attention des gens aujourd'hui quant à la provenance de leur argent est l'un des signes de la Fin des Temps.

[142] Cette secte se déguise sous plusieurs pseudonymes: la modernisation de l'Islam, l'Islamisme, l'activisme Islamique, Maoudoudisme, Qoutbisme ou "Salaf"-isme or Wahhābisme. Ils ont rejeté tous les écoles de pensées traditionnelles (voir aussi la section sur les Khawārij).

[143] Huntington, Samuel P. 1996. Civilsations *The Clash of Civilizations and the Remaking of World Order*. New York: Simon & Schuster.

قال بل أنتم يومئذ كثير ولكنكم غثاء كغثاء السيل ولينزعن الله من صدور عدوكم المهابة منكم وليقذفن الله في قلوبكم الوهن فقال قائل يا رسول الله وما الوهن قال حب الدنيا وكراهية الموت

Thawban rapporta que le Prophète ﷺ dit:

> Les gens s'alerteront les uns les autres pour vous attaquer comme des gens invitent les autres au repas.
>
> Quelqu'un interrogea: «Est-ce parce que nous serons en petit nombre au cours de cette période?» il répondit: «Non, vous serez nombreux à ce moment, mais vous serez comme des bulles d'eau emportées par le torrent...»[144]

---

[144] *Sounan Aboū Dāwoūd*, Book 37, Numéro 4284; une narration similaire se trouve dans le *Mousnad* d'Āhmad et Haythamī en fait cas dans *Majma' al-zawā'id* (7:287).

Le Virus du Nile Occidental et le Caractère de Nemrod

Allāh ﷻ décrit comment l'homme par manque de jugement saint accepta le Dépôt d'Allāh ﷻ, celui de califa d'Allāh ﷻ sur terre:

إِنَّا عَرَضْنَا الْأَمَانَةَ عَلَى السَّمَاوَاتِ وَالْأَرْضِ وَالْجِبَالِ فَأَبَيْنَ أَنْ يَحْمِلْنَهَا وَأَشْفَقْنَ مِنْهَا وَحَمَلَهَا الْإِنْسَانُ إِنَّهُ كَانَ ظَلُومًا جَهُولًا

Nous avions, en vérité, proposé le dépôt sacré aux cieux, à la terre et aux montagnes, mais ils ont refusé de s'en charger ; ils en ont été effrayés et c'est l'homme qui s'en est chargé, car il est très injuste (envers lui-même) et très ignorant.
(al-Ahzāb 33:72)

Cette entreprise dénote un trait de caractère irréfléchi qui anime l'homme: la fierté. Endosser volontairement endosser une telle responsabilité que les cieux et la terre ont décliné fait état de l'inclination exagérée des êtres humains vers leurs propres adulations. Ce trait de caractère atteint son paroxysme dans la personne de Pharaon et celle de Nemrod. Nemrod fut gratifié de tout dans cette vie au point qu'il devint arrogant et fier de soi même lorsqu'il prit la décision de: «Tuer Dieu dans les cieux». Il bâtit une énorme structure, se positionna à son sommet et lança une flèche dans le ciel. Allāh ﷻ envoya un ange muni d'un oiseau qui fut touché par la flèche. Quand la flèche ensanglantée retourna, Nemrod s'exclama: «Oh! Je suis désormais au-dessus de tous. J'ai tué Celui-là [qui habite] dans le ciel». Il devint très arrogant et fier de soi-même. Ce caractère de Nemrod est monnaie courante ces temps-ci tant chez les hommes que les femmes. Ils n'ont aucune considération pour autrui hormis leurs propres personnes. Aussi longtemps qu'ils siègent sur le trône, il ne leur importe point que tout le pays s'embrase. Ils héritent du caractère de Chaytān, Iblis: l'arrogance.

Lorsque Nemrod eut atteint le paroxysme de l'arrogance, Allāh ﷻ lui envoya la plus faible, la créature la plus fragile, un moustique afin de lui signifier le rang qu'il mérite, celui d'un être aussi minable qu'un minuscule insecte. Le moustique entra par son nez et entreprit à grignoter son cerveau. Le moustique fit endurer à Nemrod une douleur insoutenable accompagnée de mal de tête. Cette douleur fut telle que le seul laxatif qui lui vint à l'idée fut d'avoir son serviteur lui porter des coups à la tête. Il ordonna à ses serviteurs de lui porter des coups afin de dissiper la douleur cérébrale que lui infligeait le moustique. Le minuscule insecte s'acharna sur le cerveau jusqu'à ce qu'il s'y fraya un chemin pour émerger de la partie frontale de sa boîte crânienne, tuant ainsi Nemrod.

Malheureusement, ce trait de Nemrod est beaucoup perceptible parmi les Musulmans. La seule retenue de la punition d'Allāh ﷻ contre ceux-là est qu'ils appartiennent à la communauté du Prophète Mouhammad ﷺ. N'était-ce le fait qu'ils aient accepté l'Islam et le Prophète Mouhammad ﷺ, Allāh ﷻ aurait envoyé, même de façon infime ou symbolique, des moustiques pour leur dévorer le cerveau. Récemment, des moustiques furent porteurs d'une maladie rare qui soudain fut le sujet de toutes les conversations. Le Virus du Nil Occidental[145] (VNO) porté par les moustiques s'est propagé dans plusieurs pays dans le monde, décimant hommes, femmes et enfants. Les scientifiques furent stupéfaits de la rapide propagation de ce moustique infecté. Allāh ﷻ envoya cette maladie pour assainir la résultante des mauvaises pratiques et vils caractères des êtres humains. Puisque les gens imitent Nemrod et ont oublié qu'ils demeurent vulnérables, Allāh ﷻ leur envoya la plus fragile des créatures pour le leur rappeler en guise de leçon.

Pour ceux qui prennent plaisir à dénigrer les autres, Allāh ﷻ crée des animaux sauvages pour s'attaquer à leurs corps dans leurs tombes en vue de punition et de purification,. De façon similaire, Allāh ﷻ créa ce moustique pour les châtier. Les prières des vertueux préservent de cet assaut, mais lorsqu'il n'y a plus de vertueux dans une communauté, les

---

[145] Note du traducteur: son nom vient de la région de West Nile en Ouganda où il fut isolé pour la première fois en 1937 chez une femme souffrante d'une forte fièvre. Il a ensuite été détecté chez des femmes, des oiseaux et des moustiques en Egypte dans les années 1950 et a été retrouvé chez l'homme ou l'animal dans divers pays.

supplications de protection ne sont plus acceptées, alors la punition d'Allāh ﷻ s'abat sur les gens.

LA RELIGION DEVIENT ÉTRANGE

L'Étrangeté de la Sounnah et de ses Adherents[146]

L'Islam Commença comme une Chose Etrange et Rediviendra comme une Chose Etrange

Au cours des Jours Derniers de la Oummah, ceux qui adhéreront à la Sounnah du Saint Prophète ﷺ seront rares. A l'opposé, enfreindre à la Sounnah sera la norme.

حدثنا محمد بن عباد وابن أبي عمر . جميعا عن مروان الفزاري . قال ابن عباد: حدثنا مروان عن يزيد ، يعني ابن كيسان، عن أبي حازم، عن أبي هريرة؛ قال: قال رسول الله صلى الله عليه وسلم:

"بدأ الإسلام غريبا وسيعود كما بدأ غريبا . فطوبى للغرباء (مسْلم في كتاب الفتن وابن ماجه في كتاب الفتن و أحْمد في مسْنده)

'Abd Allāh Ibn Mas'oūd ؓ dit que le Prophète ﷺ dit:

> L'Islam commença comme quelque chose d'étrange, et il redeviendra comme quelque chose d'étrange comme il le fut à son début, alors bonnes nouvelles à ceux qui sont étranges.[147]

L'Imām Awzā'i dit:

---

[146] Extraits de *Kashf-oul-qourbah fī wasfī hāli āhlīl-ghourbah* par Ibn Rajab Hanbalī (d. 795 H). Traduction de Dr.Mouhammad Fadel.
[147] *Sahīh Mouslim*, "Kitāb al-Īmān," Vol. 1, Numéro 90. Ibn Mājah, "Kitāb al-Fitan." Aussi dans une autre version dans *Sahīh Mouslim* rapportée par Aboū Hourayra que le Prophète dit: *"bada' al-islāmou gharīban wa saya'oūdou kamā badā'*— L'Islam commença de manière étrange et retournera comme il commença".

En ce qui concerne ceci, il n'en résulte pas que l'Islam s'en ira, plutôt les *Āhl as-Sounnah*[148] disparaîtront au point qu'aucun d'eux ne demeurera sur une terre quelconque à l'exception d'un seul.

Sur cette base de compréhension, il y a beaucoup d'éloges de la Sounnah dans les déclarations des *Salaf* et leur description à son sujet d'être étrange, leur description de ses adhérents et disciples d'être peu en nombre[149]. Voila la raison pour laquelle il a été mentionné qu'ils sont: «Des vertueux cernés par des gens qui sont enclin au mal. Ceux qui les contestent sont nombreux que ceux qui les obéissent».[150]

Il y a un indice ici qu'ils sont peu en nombre, de même que ceux qui les acceptent et répondent à leur appel. Nous sommes aussi averti du grand nombre de ceux qui les désavouent et leur sont opposés. Ces [gens] étranges sont de deux catégories: les premiers sont ceux qui s'améliorent lorsque les gens deviennent corrompus; la deuxième catégorie concerne ceux qui rectifient ce que les gens ont corrompu de la Sounnah, et cette dernière est la meilleur et la plus vertueuse des deux catégories.

حدثنا عبد الله بن عبد الرحمن، أخبرنا اسماعيل بن أبي أويس، حدثني كثير بن عبد الله بن عمرو بن عوف بن زيد بن ملحة عن أبيه عن جده أن رسول الله صلى الله عليه وسلم قال:

إن الدين ليأرز إلى الحجاز كما تأرز الحية إلى جحرها، وليعقلن الدين في الحجاز معقل

---

[148] Le terme *Āhl as-Sounnah* [or *Āhl as-Sunnati wal-Jamā'ah*] veut dire tous les Musulmans qui suivent la Voie du Prophète Mouhammad et la majorité de la Communauté. Ils l'apprennent, le mettent en pratique et l'enseignent aux autres. Il est composé de savants, leurs disciples et ceux qui les suivent.

[149] En ce qui concerne la Sounnah complète, c'est la voie qui est pure et saine de tous doutes et désires comme déclarés par Al-Hassan, Younous Ibn 'Oubayd, Soufyān, Al-Foudayl et autres. Pour ce fait, ses adhérents sont qualifiés d'étranges à cause de leur petit nombre et leur rareté au cours des Jours Derniers.

[150] *Mousnad Āhmad* (2:177).

الأورية من رأس الجبل . إن الدين بدأ غريبا وسيعود غريبا فطوبى للغرباء الذين يصلحون ما أفسد الناس من بعدي من سنتي (الترْمذي في كتاب الإيمان)

Dans une autre narration, 'Amr Ibn 'Awf ﷺ rapporta que le Prophète ﷺ dit:

> En vérité, la religion se retirera et prendra refuge dans le Hijāz à la manière du serpent qui se retire se réfugier dans son trou. En vérité, la religion prendra refuge dans le Hijāz comme les chèvres de montagnes trouvent refuge au sommet des montagnes. La religion commença de manière étrange et retournera comme elle commença. Bonnes nouvelles aux étranges. Ils sont ceux qui rectifient ce que les gens ont corrompu de ma Sounnah après moi.[151]

Et dans une autre narration:

> L'Heure ne parviendra pas avant que la foi ne retourne prendre refuge à la manière du serpent qui retourne se réfugier dans son trou.

Qādī 'Iyād dit:

> Ce que le Messenger d'Allāh a dit au sujet de Madīna ne constitue pas un simple éloge d'un morceau de terrain ou d'un groupe de maisons. Au contraire, c'est un éloge pour les habitants de cette terre et les demeures qui s'y trouvent, les interpellant que ces attributs persisteront en eux et disparaîtront aux autres en une période où la connaissance retournera aux Cieux et disparaîtra au point que les gens prendront pour leaders des hommes ignorants auxquels des questions seront posées et ils répondront sans avoir la moindre connaissance. Ils s'égareront et égareront les autres. Ibn Abī 'Ouways dit: «J'entendis Mālik dire au sujet du sens du hadith: 'L'Islam commença comme quelque chose peu commune et

---

[151] Tirmidhī. *Mishkāt oul-masābīh*, #170 "Kitāb oul-Qadr."
Inna ad-dīna badā'a gharīban wa sayā'oūdou kamā badā' fatoūbā lil-ghourabā'i, wa houm alladhīna youslihoūna ma afsada an-nāsu min b'adī min sounnatī.

étrange et finira comme il commença', c'est-à-dire à Médine, tout comme il commença en premier lieu à Médine».

Tabarānī et les autres transmirent le hadith d'Aboū 'Oumāmah ﷺ que le Prophète ﷺ dit:

> En vérité, pour toute chose il y a une progression et une régression. En vérité, la progression de cette Religion est de la situation d'aveuglement et d'ignorance dans la quelle vous étiez au sujet de ce avec lequel j'ai été envoyé par Allāh ﷻ. En vérité, le perfectionnement de cette Religion est que (l'Islam) fut enseigné au clan par ses membres à tel point qu'il n'y eut parmi eux (les tribus) qu'un ou deux malfaiteurs. Ainsi, ceux deux furent opprimés et dégradés. Lorsqu'ils voulurent s'exprimer, ils en furent empêchés, contenus et harcelés. En vérité, comme régression de cette Religion, la tribu agit de manière rude contre ses membres à tel point qu'il ne reste en son sein personne à l'exception d'un ou deux *faqihs* (quelqu'un doté de compréhension). Ils seront alors opprimés et dégradés. S'ils parlent et recommandent le bien et interdisent le mal, ils sont contenus, harcelés et persécutés; et ils n'auront aucun supports ni d'aides en ce sujet.

حدثنا أبو النضر قال حدثنا عبد الحميد يعني ابن بهرام قال قال شهر بن حوشب قال ابن غنم

لما دخلنا مسجد الجابية أنا وأبو الدرداء لقينا عبادة بن الصامت فأخذ يميني بشماله وشمال أبي الدرداء بيمينه فخرج يمشي بيننا ونحن نتجي والله أعلم فيما تناجى وذاك قوله فقال عبادة بن الصامت لئن طال بكما عمر أحدكما أو كلاكما ليوشكن أن ترىا الرجل من ثبج المسلمين يعني من وسط قرأ القرآن على لسان محمد صلى الله عليه وسلم فأعاده وأبداه وأحل حلاله وحرم حرامه ونزل عند منازله أو قرأه على لسان أخيه قراءة على لسان محمد صلى الله عليه وسلم فأعاده وأبداه وأحل حلاله وحرم حرامه ونزل عند منازله لا يحور فيكم إلا كما يحور رأس الحمار الميت...

Il est rapporté que 'Oubādah Ibn Sāmit ﷺ, un Compagnon du Prophète ﷺ, dit à l'un de ses compagnons :

> Il est imminent que si tu vis longtemps, tu verras un homme qui récite le Corān dans la langue de Mouhammad ﷺ, le brandissant, étalant son *halāl* et son *harām*. Cependant, il sera de bas statut et négligé parmi vous, et sa valeur sera juste comme celle d'un âne mort.[152]

En vérité, au cours des Jours Derniers, le croyant sera déshonoré du fait de son étrangeté aux yeux des perfides de parmi les incertains et envieux. Tous le haïrons, et il sera l'objet de leur insulte à cause de son désire à se maintenir sur sa voie et son refus à suivre les leur; à cause de sa résolution à atteindre son but au lieu des leur et à cause de ses vérités contre les leurs.[153]

Aboū Ash-Chaykh Al-Asbahānī rapporta avec une chaîne remontant au *tab'i*[154] Hassan al-Basrī, qu'il dit: «Si un homme de la première génération des Musulmans (nous) était envoyé aujourd'hui, il n'aurait reconnu rien de notre Islam à l'exception de cette prière!» Puis il dit:

> Je jure par Allāh, s'il devait vivre du temps de ces méfaits, il verrait l'innovateur conviant à son innovation, et celui obsédé par la vie mondaine exhortant à ses affaires mondaines. Alors, Allāh le protégerait, et son cœur désirerait la voie suivie par les *Salaf as-sālih* (les pieux prédécesseurs). Il suivrait alors leurs pas et agirait selon leurs voies. Il y aura pour lui une grande récompense.

Ibn Al-Moubārak rapporta d'Al-Foudayl from Al-Hassan ﷺ qu'une fois, il mentionna le riche et extravagant qui a le pouvoir et qui amasse la richesse et revendique n'avoir pas de limite. Puis, il mentionna l'innovateur malavisé qui va à l'encontre des Musulmans avec un sabre

---

[152] *Mousnad* of Imām Āhmad.
[153] Nous voyons aujourd'hui que les savants traditionnels Musulmans sont harassés et persécutés par les innovateurs.
[154] La première génération des Musulmans après les Compagnons du Prophète.

dégainé, changeant le sens de ce qu'Allāh ﷻ révéla au sujet des mécréants pour en étiqueter les Musulmans.[155] Puis il dit:

> Ta Sounnah, je jure par [Allāh], se trouve entre ces deux: entre l'indépendant et l'impitoyable, l'extravagant et l'ignorant. Sois y patient alors, car en vérité, *Āhl as-Sounnah* sont issus du peu de gens qui ne tombent pas dans la catégorie des extravagants dans leur excès ni dans la catégorie des innovateurs qui suivent leurs propres désirs. Au contraire, ils sont patient dans leur poursuite de suivre Sounnah jusqu'à ce qu'ils rencontrent leur Seigneur. Alors, sois sur cette voie, par la volonté d'Allāh!

Puis il dit:

> Je jure par Allāh, si un homme arrivait à être témoin de ces méfaits, il aurait entendu quelqu'un dire: «Suis-moi!» et un autre d'amplifier: «Suis-moi!» Il dirait alors: «Non! Je ne désire rien sauf la Sounnah de Mouhammad ﷺ», la recherchant et m'informant à son sujet. En vérité, ce dernier aura une grande récompense. Soit alors sur cette voie, par la volonté d'Allāh!

'Abd Allāh bin Mas'oūd ؓ rapporta que le Prophète ﷺ dit:

> Il y aura des souverains sur vous qui abandonneront la *Sounnah* comme celle-ci, et il pointa en direction de son doigt. Si vous aviez laissé ces leaders à eux-mêmes, ils auraient été à l'origine de grande affliction et de désastre. Il n'y eut aucune Oummah précédente dont la première chose à abandonner de leur religion ne fut la Sounnah et la dernière à délaisser ne fut la prière, et si ce ne fut que ces souverains n'avaient honte et peur de leur peuple, ils n'auraient pas prié.[156]

---

[155] Voir aussi le chapitre sur les Khawārij.
[156] Rapporté par Hākim qui dit que c'est un hadith *sahīh* confirmé par *Boukhārī* et *Mouslim*.

Celui qui dit La Vérité est Rejeté

Au Cours des Jours Derniers, celui qui est digne de confiance à conserver la religion sera taxé de traite, et les gens l'accuseront d'avoir trahi l'Islam.

حدثنا عبد الله حدثني أبي حدثنا يونس وسريج قالا حدثنا فليح عن سعيد بن عبيد بن السباق عن أبي هريرة قال قال رسول الله صلى الله عليه وسلم: قبل الساعة سنون خداعة يكذب فيها الصادق ويصدق فيها الكاذب ويخون فيها الأمين ويؤتمن فيها الخائن وينطق فيها الرويبضة قال سريج وينطق فيها الرويبضة (أحمد في مسنده و إبنْ ماجه قي كتاب الفتن)

Aboū Hourayra 🙲 rapporta que le Prophète ﷺ dit:

> Avant que n'advienne l'Heure, il y aura des années de déception au cours desquelles celui qui est digne de confiance sera taxé de traite, et le traite sera digne de confiance, et le piètre se prononcera.[157]

Le digne de confiance (*al-amīn*) signifie qui tient fermement aux enseignements et traditions authentiques de l'Islam des gens de la Sounnah et le corps principal des Musulmans (*Āhl as-Sounnah wal Jamā'ah*). Non seulement les gens rejetteront la vérité et le véridique, mais ils mettront leur confiance et le sort des Musulmans aux mains d'une personne malhonnête: «et le traite sera accepté». Celui qui trahi constamment les Musulmans sera considéré digne de confiance, et c'est là l'un signe des Jours Derniers.

حدثنا محمد بن سنان: حدثنا فليح بن سليمان: حدثنا هلال بن علي، عن عطاء بن يسار، عن أبي هريرة رضي الله عنه قال: قال رسول الله صلى الله عليه وسلم: (إذا ضيعت الأمانة فانتظر الساعة) . قال: كيف إضاعتها يا رسول الله؟ قال: (إذا

---

[157] Āhmad, *Mousnad*. Ibn Mājah.

أسند الأمر إلى غير أهله فانتظر الساعة (البخاري في كتاب العلم و أحمد في مسنده)

Dans un autre hadith, Aboū Hourayra ﷺ rapporta:

> Un bédouin demanda au Prophète ﷺ quand aura lieu le Jour du Jugement. Il dit: «Lorsque le dépôt (*al-amāna*) n'est plus respecté, alors attends-toi au Jour du Jugement». Le bédouin dit: «Comment le dépôt n'est-il pas respecté, n'y aura-t-il plus de confiance?» Le Prophète ﷺ dit: «Lorsque le pouvoir et l'autorité sont aux mains d'une personne qui ne les mérite pas, alors attends-toi au Jour du Jugement».[158]

Comme le Prophète ﷺ l'a prédit, toutes les données sont bouleversées. La psychologie des gens de notre temps est l'opposée de ce que l'Islam prescrit, et il est très difficile de mettre la main sur une personne digne de confiance. Où que vous soyez dans le monde, différents groupes de Musulmans détruisent la Religion parce qu'ayant tous leurs propres objectifs. Les groupes ou individus se calomnient les uns les autres, revendiquant être croyants alors que demeurant corrompu et supportant le mensonge.

«Le digne de confiance sera taxé de traître», (*youkhawwin oul-amīn*) a une autre interprétation. *Al-Amīn* est l'un des noms du Prophète Mouhammad ﷺ, et l'un des signes des Jours Derniers est que les gens s'attaqueront au Messager d'Allāh.

عَنْ أَبِي هُرَيْرَةَ قَالَ قَالَ رَسُولُ اللهِ صَلَّى اللهُ عَلَيْهِ و سَلَّم لا تقوم الساعة حتى يخرج ثلاثون كذابا رجالا كلهم يكذب على الله عز وجل ورسوله صلى الله عليه وسلم (أبو داود في كتاب الملاحم و أحمد في مُسْنَدِهِ)

Aboū Hourayra ﷺ rapporta aussi que le Prophète ﷺ dit:

---

[158] *Sahīh Boukhārī*. Nawawī, #1837, *Riyād as-Sālihīn*.

L'Heure n'adviendra pas tant que trente Dajjāls (menteurs) n'apparaissent, tous mentant au sujet d'Allāh et Son Messenger.[159]

Ceux-là sont les petits *dajjāls* (menteurs) qui ouvriront la voie pour al-Massīh ad-Dajjāl, l'Antéchrist. Certain non-Musulmans peuvent essayer de déshonorer le Prophète Mouhammad ﷺ, mais lorsque les Musulmans eux-mêmes, sous le couvert de modernisme, Islamisme ou Wahhābisme, essaient d'amoindrir le statut et le rang du Bien Aime Prophète ﷺ d'Allāh, c'est au-delà de l'irrévérence et cela rentre dans le domaine de l'hérétique. Ils lui ﷺ accorde qu'une infime importance, le ﷺ traitant de simple postier venu délivrer un message et s'en est allé. L'importance et le rang exalté du Prophète ﷺ est de la plus haute importance et est fondamentale en Islam. L'on ne peut pratiquer la prière canoniale et même accepter l'Islam sans mentionner son nom et son statut. Le premier pilier de l'Islam est de témoigner qu'il n'y a de dieu sauf Allāh et Mouhammad est Son Messager: *Lā ilāha illa-Allāh, Mouhammadoun Rassoūlullāh*.

As-Sakhāwī dit:

> Comme dans l'attestation de la foi (*shahāda*) Allāh ﷻ a placé le nom béni de Son Messenger auprès de Son Propre Nom Sacré et dit que quiconque obéit au Prophète ﷺ Lui obéit, et celui qui aime le Prophète ﷺ L'aime, de la même manière Il a mis un lien à notre évocation de bénédictions sur le Prophète ﷺ à Ses Propres bénédictions sur nous. Donc comme Allāh ﷻ dit au sujet de Son invocation:
>
> $$\text{فَاذْكُرُونِي أَذْكُرْكُمْ}$$
>
> *Souvient toi de Moi, et Je me souviendrai de toi*, (al-Baqara 2:152)

---

[159] Aboū Dawoūd. Āhmad, *Mousnad*.

De même est Son assurance: Allāh ﷻ envoie dix bénédictions sur celui qui invoque une seule bénédiction sur le Saint Prophète ﷺ comme cité dans le hadith authentique.[160]

أخبرنا علي بن حجر قال حدثنا إسماعيل بن جعفر عن العلاء عن أبيه عن أبي هريرة عن النبي صلى الله عليه وسلم قال: من صلى علي واحدة صلى الله عليه عشرا(مسلم في كتاب الصّلاة و أحمد في مسنده و في سنن التّرمذي في كتاب الصّلاة و سنن النَّساء في كتاب السّهو و في سنن أبي داود في كتاب الصّلاة)

'Abd Allāh Ibn 'Amr Ibn al-'Ās ؓ rapporta que le Prophète ﷺ dit:

> Quiconque invoque des bénédictions sur moi une fois, Allāh ﷻ lui enverra dix bénédictions.[161]

حدثنا أبو داود سليمان بن سلم المصاحفي البلخي أخبرنا النضر بن شميل عن أبي قرة الأسدي عن سعيد بن المسيب عن عمر بن الخطاب قال إن الدعاء موقوف بين السماء والأرض لا يصعد منه شيء حتى تصلي على نبيك صلى الله عليه وسلم.

Une autre raison extrêmement importante pour laquelle l'on doit invoquer des bénédictions sur le Prophète ﷺ est qu'il est établit dans le hadith que: «La *dou'a* ou l'invocation du croyant est suspendue entre ciel et terre tant que l'invocation de bénédictions et de paix sur le Prophète ﷺ ne l'accompagnent pas».[162]

Plusieurs volumes ont été écrits pour réfuter les revendications des Wahhābis qui avancent que le Prophète ﷺ n'est plus d'aucun bénéfice

---

[160] *Qawl al-Bad'i* p. 132.
[161] *Sahīh Mouslim. Riyād as-sālihīn* #1397.
[162] Tirmidhī rapporte ce hadith d'Oumar dans la section de son *Sounan* intitulé *Sifat al-salāt 'alā an-nabī*, et le commentaire de al-Qādī Aboū Bakr Ibn al-'Arabī est ceci:
> La chaîne des hommes qui l'ont rapporté est bonne et Malik et Mouslim l'ont cité quoique Boukhārī ne le fit pas. Une telle diction de la part d'Oumar ne peut être qu'une ordonnance Prophétique parce qu'elle n'est pas soumise à une opinion. Elle est renforcée par la narration de Mouslim de ce que dit le Prophète: "Si vous entendez le mou'adhdhin, répétez ces mots après lui puis invoquez les bénédictions de Dieu sur moi... puis demandez à Allāh de m'accorder al-wassīla (la station d'intercession pour l'invocation des croyants)...

Touhfat al-ahwādī (2:273-4).

pour sa communauté. Ceux qui recherchent à rabaisser le Prophète ﷺ en revendiquant qu'il n'était qu'une personne ordinaire venue [livrer un message] et est mort à jamais, ignorent le consensus des savants Musulmans, les hadiths du Prophète ﷺ et ce que dit Allāh Tout-puissant lui-même dans le Saint Corān:

$$\text{وَلَا تَحْسَبَنَّ الَّذِينَ قُتِلُوا فِي سَبِيلِ اللَّهِ أَمْوَاتًا بَلْ أَحْيَاءٌ عِنْدَ رَبِّهِمْ يُرْزَقُونَ}$$

Ne pense pas que ceux qui ont été tués dans le sentier d'Allah soient morts. Au contraire, ils sont vivants, auprès de leur Seigneur, bien pourvus. (Āl-'Imrān 3:169)

Allāh ﷻ confirme par ceci que les *chouhadā'* (les martyres) sont vivants tant bien même qu'ils ont quitté cette vie. Si c'est le cas pour un martyre ordinaire, il en est encore plus certain que les prophètes sont aussi en vie et sont même plus récompensés.

$$\text{عن أنس بن مالك قال: قال رسول الله صلى الله عليه وسلم: الأنبياء أحياء في قبورهم يصلون}$$
$$\text{(الهيثمي في الزوئد رواه أبو يعلى والبزار، ورجال أبو يعلى ثقات)}$$

Le Prophète ﷺ dit: «Les prophètes sont en vie dans leurs tombes, en prière».[163]

Au cours du Voyage Nocturne et de l'Ascension, le Prophète ﷺ vit le Prophète Moïse ﷺ en prière dans sa tombe. Si tous les autres prophètes sont en vie et en prière dans leurs tombes, il ne peut avoir aucun doute que le Prophète Mouhammad ﷺ est aussi en vie et prie pour sa Oummah.

Le Prophète ﷺ mentionna plusieurs hadiths au sujet du bienfait ininterrompu qu'il donne à sa Oummah même étant dans sa tombe.

---

[163] Rapporté par Anas. Haythamī, *Majma' az-zawā'id* (8:211). Bayhaqī dans "Les vies des Prophètes dans leurs tombes". Ibn Hajr, *Fath al-bārī* (6:487). "*Al-anbīyā' ahyā'oun fī qouboūrihim yousalloūn.*"

عن عبد الله بن مسعود عن النبي صلى الله عليه وسلم قال: إن لله ملائكة سياحين يبلغون عن أمتي السلام.

" قال: وقال رسول الله صلى الله عليه وسلم: حياتي خير لكم تحدثون ويُحدث لكم، ووفاتي خير لكم تعرض علي أعمالكم، فما رأيت من خير حمدت الله عليه وما رأيت من شر استغفرت الله لكم . (رواه البزار ورجاله رجال الصحيح)

Ibn Mas'oūd ﷺ rapporta que le Prophète ﷺ dit:

> Ma vie est une grande faveur pour vous: vous rapporterez à mon sujet, et elle vous sera rapportée; et ma mort est un grand bien pour vous: Vos actions me seront présentées (dans ma tombe), et si je vois du bien je louerai Allāh ﷺ, et si je vois du mal, je Lui demanderai pardon pour vous.[164]

En expliquant ce hadith, l'ancien Grand Moufti d'Egypte, Cheikh Hassanayn Mouhammad Makhloūf, écrit:

> Le hadith signifie que le Prophète ﷺ est un grand bien pour sa Communauté de son vivant parce qu'Allah l'Exalté a préservé la Communauté de la déviation, la confusion et le désaccord à travers le secret de la présence du Prophète ﷺ, et Il a guidé les gens à travers le Prophète ﷺ à la vérité manifeste; et après qu' Allāh ﷺ eut repris le Prophète ﷺ, notre accès à la bonté de celui-

---

[164] Rapporté d'Ibn Mas'oūd par al-Bazzār dans son *Mousnad* (1:397) avec une bonne chaîne comme le disent al-Souyoūtī dans *Manāhil al-safā* (p. 31 #8) et *al-Khasā'is al-koubrā* (2:281), al-Haythamī (9:24 #91), et al-'Iraqī dans *Tarh al-tathrīb* (3:297) – son dernier livre, à l'opposé de *al-Moughnī 'an haml al-asfār* (4:148) où il met en question la loyauté de l'un de ses narrateurs dans la chaîne d'al-Bazzār. Cheikh 'Abd Allāh al-Talidī dit dans son *Tahdhīb al-khasā'is al-koubrā* (p. 458-459 #694) que cette chaîne est bonne selon le critère de Mouslim, et Cheikh Mahmoūd Mamdoūh dans *Raf'a al-mināra* (p. 156-169) s'exprime là-dessus en longueur et le déclare de bon. Leur Cheikh, al-Sayyid 'Abd Allāh Ibn al-Siddīq al-Ghoumarī (d. 1413/1993) le déclare bon dans son **monographe** *Nihāya al-'amal fī dharh wa yashīh hadīth 'ard al-'amal.* (takhrīj Dr. Gibril Haddad):

> ...wafātī khayroun lakoum tou'radou 'alayya 'amāloukoum famā ra'āytou min khayrin hamadtoullāha 'alayh wa mā ra'āytou min sharrin istaghfartoullāhou lakoum.

ci continue sans arrêt, et l'extension de sa bonté perdurent, nous envahi. Les actions de la Communauté lui sont présentées chaque jour, et il glorifie Allāh ﷻ pour les biens qu'il voit, Lui demande pardon pour les péchés mineurs et l'allégement de Sa punition pour les plus graves: Il y a par conséquent «du bien pour la Communauté de son vivant et après sa mort». Puis, c'est confirmé dans le hadith que le Prophète ﷺ est vivant dans sa tombe dans une «vie intermédiaire» spéciale (*ḥayāt barzakhīyya khāṣṣa*) plus forte que les vies des martyres mentionnés dans le Corān dans plus d'un verset. La nature de ces deux genres de vies ne peut être connue sauf de Celui qui le leur a conféré, Le Glorieux, l'Exalté. Il est capable de tout. Son étalage des actions de la Communauté au Prophète ﷺ comme une bienveillance honorifique pour lui et à sa Communauté est raisonnablement possible et mentionné dans les récits. Il n'y a aucune possibilité de le réfuter; et Allāh ﷻ guide à Sa lumière quiconque Il veut; et Allāh ﷻ est Savant.[165]

Le fameux récit du bédouin sollicitant l'intercession à la tombe du Prophète ﷺ est rapporté par al-'Outbī.

وعن العُتْبيّ ("العتبيّ": هو محمد بن عبيد الله بن عمرو بن معاوية بن عمرو بن عتبة بن أبي سفيان صخر بن حرب، كان من أفصح الناس، صاحب أخبار ورواية للآداب، حدّث عن أبيه وسفيان بن عيينة) قال: كنتُ جالساً عند قبر النبيّ صلى الله عليه وسلم فجاء أعرابيٌّ فقال: السلام عليك يا رسول الله! سمعتُ الله تعالى يقول: ﴿ وَلَوْ أَنَّهُمْ إِذ ظَّلَمُوا أَنفُسَهُمْ جَاؤُوكَ فَاسْتَغْفَرُوا اللَّهَ وَاسْتَغْفَرَ لَهُمُ الرَّسُولُ لَوَجَدُوا اللَّهَ تَوَّابًا رَّحِيمًا ﴾ ﴿النساء:64﴾ وقد جئتُك مستغفراً من ذنبي، مستشفعاً بك إلى ربي، ثم أنشأ يقول:

يا خيرَ مَنْ دُفنتْ بالقاعِ أعظُمُهُ * فطابَ من طيبهنَّ القاعُ والأكمُ
نفسي الفداءُ لقبرٍ أنتَ ساكنُهُ * فيه العفافُ وفيه الجودُ والكرمُ

---

[165] *Fatāwa shar'īyya* (1:91-92).

قال: ثم انصرفَ، فحملتني عيناي فرأيت النبيَّ صلى الله عليه وسلم في النوم فقال لي: يا عُتْبيّ، الحقْ الأعرابيَّ فبشره بأن الله تعالى قد غفر له

Al-'Outbī dit:

«Pendant que j'étais assis auprès de la tombe du Prophète ﷺ, un bédouin Arabe arriva et dit: «La paix soit sur toi, Ô Messager d'Allāh ﷺ! J'ai entendu Allāh ﷻ dire:

وَلَوْ أَنَّهُمْ إِذ ظَّلَمُواْ أَنفُسَهُمْ جَآؤُوكَ فَاسْتَغْفَرُواْ اللَّهَ وَاسْتَغْفَرَ لَهُمُ الرَّسُولُ لَوَجَدُواْ اللَّهَ تَوَّاباً رَّحِيماً

'Si lorsqu'ils se sont manqués à eux-mêmes, ils venaient à toi et demandaient pardon à Allah et que le Messager demandât pardon pour eux, certes ils trouveraient Allah très accueillant au repentir, Miséricordieuxrciful,' (an-Nisā' 4:64)

Ainsi je suis venu à toi demander pardon pour mon péché, recherchant ton intercession auprès de mon Seigneur. Puis, il commença à réciter de la poésie:

Ô meilleur de ceux dont les os sont enterrés dans la terre profonde!
Dont le parfum habite la profondeur
Et l'éminence est devenue agréable,
Fasse que je sois la rançon pour une tombe que tu habites,
Et dans laquelle se trouvent pureté, générosité et munificence!

Puis il s'en alla, et je somnolais et vis le Prophète ﷺ dans mon sommeil. Il me dit: «Ô Outbi! Cours après le Bédouin et donne-lui la bonne nouvelle qu'Allah lui a pardonné».

Le récit est *mashhour* (bien connu) et rapporté par Nawawī[166], Ibn Jama'a[167], Ibn Aqīl[168], Ibn Qoudāma[169], al- Qourtoubī[170], Samhoūdī[171],

---

[166] Nawawī, *Adhkār*, De la Mècque éd. P.253-254, *al-Majmou'* 8:217, et *al-Idāh fī manāsik al-hajj*, les chapitres sur visiter la tombe du prophète.
[167] Ibn Jama'a, *Hidāyat al-sālik* 3:1384.
[168] Ibn Aqīl, *al-Tadhkira*.
[169] Ibn Qoudāma, *al-Moughnī*, 3:556-4557.

Dahlān[172], Ibn Kathīr[173], Aboū al-Faraj ibn Qoudāma[174], al-Bahoūtī al-Hanbali[175], Taqī al-Dīn al-Soubkī[176], Ibn al-Jawzī[177], al-Bayhaqī[178], Ibn Assākir[179], Ibn Hajar al-Haythamī[180], Ibn al- Najjār[181]. Un rapport similaire est cité à travers Soufyān ibn Oūyaynā (le Cheikh de Chāfi'i) et à travers Aboū Said al-Samanī, émanant d'Alī.

Le Corān fut révélé pour tous les être humains et pour tous les temps et dans la *Soūrat an-Nisā'* (4:64) Allāh ﷻ encourage chaque Musulman à venir au Prophète ﷺ, rechercher son intercession afin qu'Allāh ﷻ le pardonne. Ceux qui renient le statut d'intercesseur du Prophète ﷺ dans cette vie et celle de l'au-delà ou d'une quelconque manière, le rabaissent en prétendant qu'il n'a aucun pouvoir d'observer sa Oummah à partir de sa tombe, ou d'intercéder pour eux; il est courant de nos jours d'entendre de tels propos[182]. Qu'ils fasse attention à l'avertissement du Prophète ﷺ dans le hadit suivant:

---

[170] Al-Qourtoubī, *Tafsir* de 4:64 dans *Ahkām al-qourān* 5:265.
[171] Samhoūdī, *Khoulāssat al-wafā* p.121 (de Nawawi).
[172] Dahlān, *Khoulāssat al-kalām* 2:247.
[173] Ibn Kathīr, *Tafsīr* 2:306, et *al-Bidāyat wal-nihāyat* 1:180.
[174] Aboū al-Faraj ibn Qoudāma, *al-Charh al-kabir* 3:495.
[175] Al-Bahoūtī, *Kachchāfaf al-qinā* 5:30.
[176] Taqī al-Dīn al-Soubkī, *Chifā al-siqam* p.52.
[177] Ibn al-Jawzī, *Moūthir al-gharam al-sākin ila achraf al-amākin* p.490.
[178] Al-Bayhaqī, *Choū'ab al-īmān* #4178.
[179] Ibn Assākir, *Moukhtassar tārīkh dimachq* 2:408.
[180] Ibn Hajar al-Haythamī, *al-Jawhar al-mounazzam* [commentaire sur *Idāh* de Nawawī]
[181] Ibn al-Najjār, *Akhbār al-Médine* p.147.
[182] Nous croyons comme cela est confirmé à la fois par le Corān et le hadith que le Prophète avait connaissance non seulement de son temps, celui d'avant son temps, mais aussi de celui d'après son temps. Allāh le décrit comme étant *chāhid*, et *chāhid* signifie qu'il est *hādir* (spirituellement et physiquement présent) et *nādhir* (voir ou apercevoir de ses propres yeux, de près comme de loin), les deux étant la définition de *chāhid*. Ces deux attributs (*hādir* and *nādhir*) doivent être confirmés parce que si l'un fait défaut, alors il ne peut être *chāhid*.
La présence du Prophète ﷺ et le fait qu'il soit informé est une vérité. Allāh dit dans le Corān: *'O Prophète, Nous t'avons envoyé comme témoin"* (al-Ahzāb 33:45) *et* "Que feront-ils lorsque Nous ferons venir un témoin de chaque communauté, et que O bien aimée Messager! Nous te ferons venir comme témoin contre eux."* (an-Nissā' 4:41)
'Allāma Āhmad Qastallānī écrit dans son livre *Al-Mawāhib al-ladounnīya* et l'Imām Mouhammad Ibn Hajar Makkī écrit dans son livre *Madkhal*: "Il n'y a pas de différence

حَدَّثَنَا مَحْمُودُ بْنُ غَيْلَانَ أَخْبَرَنَا أَبُو دَاوُدَ أَنْبَأَنَا شُعْبَةُ عَنْ سِمَاكِ بْنِ حَرْبٍ قَالَ سَمِعْتُ عَبْدَ الرَّحْمَنِ بْنَ عَبْدِ الرَّحْمَنِ بْنِ عَبْدِ اللهِ بْنِ مَسْعُودٍ يُحَدِّثُ عَنْ أَبِيهِ قَالَ: سَمِعْتُ رَسُولَ اللهِ صَلَّى اللهُ عَلَيْهِ وَسَلَّمَ يَقُولُ إِنَّكُمْ مَنْصُورُونَ وَمُصِيبُونَ وَمَفْتُوحٌ لَكُمْ فَمَنْ أَدْرَكَ ذَاكَ مِنْكُمْ فَلْيَتَّقِ اللهَ وَلْيَأْمُرْ بِالْمَعْرُوفِ وَلْيَنْهَ عَنِ الْمُنْكَرِ وَمَنْ يَكْذِبْ عَلَيَّ مُتَعَمِّداً فَلْيَتَبَوَّأْ مَقْعَدَهُ مِنَ النَّارِ (هذا حَدِيثٌ حَسَنٌ صَحِيحٌ، البخاري في كِتَابِ الْعِلْمِ و مُسْلِم في مُقَدِّمَة و أَبُو دَاوُد, التِّرْمِذِيِ, أَحْمَد و الدَّارِمِي)

entre l'état de vie et de mort du Prophète dans sa vue de sa Oummah entière, la reconnaissance de leurs états, leurs intentions, ce qu'ils ont à l'esprit, tous ceux-ci lui étant apparent, rien ne lui est alors secret.."

Qādī 'Iyād dans son *Ash-Shifā'* dit: ""Toute fois qu'il n'y a personne à la maison, et lorsque vous y entrez, dite: *as-salāmou 'alayka ayyouhan-Nabī wa rahmatoullāhi wa bārakātouh.*"

A ce propos, Moullā 'Alī al-Qārī dans son *Sharh ash-shifā'* dit: "La raison (de saluer le Prophète) au temps présent est que l'âme du Saint Prophète est *hādir* (Présent) dans chaque demeure."

Al-Ghazzālī dit dans *Mirqat sharh mishkāt*: "Lorsque vous entrez dans une masjid, dites *salām* au Prophète parce que le Prophète est présent (*hādir*) dans les massājid."

De même, al-Ghazzālī dit dans son tafsīr *Roūh al-bayān*: "L'âme du Saint Prophète et les âmes de Ses Compagnons ont été octroyées le droit d'aller partout dans le monde, et plusieurs *awliyā'oullāh* ont vu le Prophète."

Encore, al-Ghazzālī dit dans son *Ihyā*: "Et crois au fait que le Saint Prophète est présent (*hādir*), donc dit: *As-salāmou 'alayka, ayyouhan-Nabī.*"

L'Imām Souyoūtī dit dans son *Intibāhoul azkiyyā*:

> Il relève du devoir du Prophète les fait suivants:
> Observer les œuvres de sa communauté et prier pour leur absolution; prier pour qu'ils ne commettent pas d'actions blâmables; prêcher la bonté partout dans le monde; si une personne pieuse de Sa communauté meurt, venir et prendre part à sa *Janāza*.

Même pendant la période précédente à celle du Prophète, il est *chahīd* lorsqu'Allah dit: *"(O Prophète) N'as-tu pas vu comment ton Seigneur a agi envers les gens de l'Éléphant?" (al-Fīl 105:1)* Cet événement eut lieu plusieurs années avant la naissance du Prophète. Et un événement qui eut lieu plusieurs siècles avant l'avènement du Prophète: *"(O Prophète) N'as-tu pas vu comment ton Seigneur a agi envers les Aad?" (al-Fajr 89:6)*

Et nous avons cité le hadith au sujet du fait que le Prophète est témoin oculaire après qu'il est laissé cette vie mondaine (quoique son temps demeure jusqu'au Jour du Jugement).

Ces hadiths sont cités dans *L'encyclopedie de la Doctrine Islamique* par Cheikh Mouhammad Hicham Kabbani.

'Abd ar-Rahmān ibn 'Abd ar-Rahmān ibn 'Abd Allāh ibn Mas'oūd rapporte de son père que ce dernier a entendu le Prophète ﷺ dire: «Quiconque dit délibérément du mensonge à mon sujet, qu'il se prépare soi-même une place en Enfer». [183]

---

[183] Rapporté d''Abd Allāh Ibn 'Amr Ibn al-'Āas par *Boukhārī*, Tirmidhī, *Āhmad*, et *Dārimī*.

Khawārij

La Secte des Kharijites ou Khawārij existait du temps des Successeurs des Compagnons. Ils étaient un large groupe de plusieurs milliers de Musulmans composé à majorité d'individus qui avaient mémorisé le Corān et qui se consacraient beaucoup aux actes de dévotions, de prières et de jeûnes. Ils déclarèrent la totalité des Compagnons du Prophète ﷺ et les Musulmans de cette époque d'apostat, de mécréants et prirent les armes contre eux. Les pratiques de déclarer les autres Musulmans d'apostat *(takfīr)* et prendre les armes contre l'autorité centrale Musulmane, le Calife, devint et continue d'être la marque du passé et des Khawārij du présent.

L'Imām Boukhārī dans son *Sahīh* mentionne des gens qui prennent des versets du Corān qui furent révélés contre les mécréants pour les attribuer de manière arbitraire aux Musulmans avec lesquels ils ont une discorde.

وقول الله تعالى: ﴿ وما كان الله ليضل قوماً بعد إذ هداهم حتى يبيّن لهم ما يتقون ﴾ التّوبة: 115

وكان ابن عمر يراهم شرار خلق الله، وقال: إنهم انطلقوا إلى آيات نزلت في الكفار، فجعلوها على المؤمنين (باب الخوارج في صحيح البخاري)

Ibn 'Oumar les considérait comme les pires qu'Allāh ﷻ a créé et dit: «En vérité, ils utilisent contre les croyants les versets révélés à l'encontre des mécréants».[184]

A notre ère, cette rébellion armée et *takfīr* eut lieu au Nord-est de l'Arabie au début du dix-neuvième siècle comme mentionné par les savants de l'Islam:

> Le nom de Khawārij est attribué à ceux qui se séparent des Musulmans et les déclarent de mécréants comme ce fut le cas en notre temps par les partisans d'Ibn 'Abd al-

---

[184] *Sahīh Boukhārī* (12: 283). Chapitre sur "Combattre les Khawārij"

Wahhâb qui émergèrent du Najd et attaquèrent les Deux Nobles Sanctuaires.[185]

Le savant al-Sāwī dit:

> Les Khawārij ont altéré l'interprétation du Corān et de la Sounnah sur les bases desquelles ils déclarent qu'il est licite de tuer et de s'approprier les biens des Musulmans; ce qui est le cas aujourd'hui pour leurs compères des temps modernes, c'est-à-dire une secte dans le Hijāz nommée Wahhābite.[186]

Les exemples ci-dessus mentionnés n'ont rien de nouveau. Catégoriser les Wahhābites de Kharijites a été une thématique dominante récurrente dans l'hérésiographie sunnite au cours des 200 années dernières. Récemment seulement, il est devenu politiquement incorrecte pour certain 'oulama de critiquer la secte Wahhābite/ «Salafī».

L'exercice de *takfīr* est la marque par laquelle les néo-Khawārij sont reconnaissables en notre temps. Ils sont ceux qui attribuent aux Musulmans les étiquettes de: *koufr!* (mécréants), *bid'a!* (innovation), *chirk!* (idolâtrie), *harām!* (interdit) sans la moindre preuve ou justification autre que leur propre vain désir et sans aucunes solutions autre que l'exclusivisme et la violence contre quiconque diffère d'eux. Leurs consciences n'ont de remords à l'application de la peine capitale dans leur attribution de *takfīr*, de même qu'ils prennent à légèreté le caractère sacré et l'honneur de leurs frères. Cheikh al-Islam Imām Nawawī les dénonce par: «Les extrémistes sont des fanatiques qui vont au-delà de la limite en mots et en actions», et «ils sont bigots».[187]

Quiconque aujourd'hui se rend coupable de *takfīr* sur les Musulmans est un Kharijite, quelque soit la dénomination dont il se réclame: «Salafī», Chi'īte ou Soufī. Il est très écœurant d'observer ces temps-ci des Musulmans appeler leur coreligionnaire: «*Ya Kāfir!* – Ô mécréant!»

---

[185] Ibn 'Abidin, *Radd al-mouhtār 'alā al-dourr al-moukhtār* (3:309), "Bāb al-Boughāt" [Chapitre sur les Rebèles].
[186] Al-Sāwī, *Hāshīya 'alā tafsīr al-jalālayn* (v. 58:18-19) in the Cairo, 1939 al-Mashhad al-Housaynī édition. (3:307-8) repr. Dār Ihyā' al-Tourāth al-'Arabī in Beirut.
[187] Nawawī, *Sharh Sahīh Mouslim* (16:220 and 7:214).

حدثنا يحيى بن يحيى التميمي، ويحيى بن أيوب، وقتيبة بن سعيد، وعلي بن حجر، جميعا عن إسماعيل بن جعفر. قال يحيى بن يحيى: أخبرنا إسماعيل بن جعفر عن عبدالله بن دينار؛ أنه سمع ابن عمر يقول: قال رسول الله صلى الله عليه وسلم: أيما امرئ قال لأخيه: يا كافر. فقد باء بها أحدهما. إن كان كما قال. وإلا رجعت عليه (مسلم في كتاب الإيمان)

'Abd Allāh Ibn 'Oumar ﷺ rapporte que le Prophète ﷺ dit:

> Quiconque appelle son frère «mécréant» est en vérité l'un d'eux. Soit c'est ainsi ou cette épithète lui revient.[188]

Si cette personne n'est pas un mécréant, celui qui l'accuse en subira l'effet néfaste. Ironiquement, les jeunes Khawārij d'aujourd'hui et leurs leaders maintiennent souvent de bons rapports avec les non-Musulmans, cependant ils ne ressentent aucune honte à taxer leurs coreligionnaires Musulmans d'ennemies et de mécréants. Ils sont affairés à condamner l'humanité à l'enfer y compris la majorité des Musulmans.

حدثنا أبو بكر بن أبي شيبة. حدثنا علي بن مسهر عن الشيباني، عن يسير بن عمرو. قال: سألت سهل بن حنيف: هل سمعت النبي صلى الله عليه وسلم يذكر الخوارج؟ فقال: سمعته (وأشار بيده نحو المشرق)
"قوم يقرأون القرآن بألسنتهم لا يعدوا تراقيهم. يمرقون من الدين كما يمرق السهم من الرمية." (مُسلِم في باب الخوارج وحدثناه أبو كامل. حدثنا عبدالواحد. حدثنا سليمان الشيباني، بهذا الإسناد. وقال: يخرج منه أقوام

Yāssir Ibn 'Amr demanda à Sahl Ibn Hounayf:

> As-tu entendu le Messenger ﷺ d'Allāh mentionner les Khawārij? Il dit: «Je l'ai entendu dire (alors qu'il pointa du doigt en direction de l'Est) qu'il y aura un groupe de gens qui réciterons le Corān, mais il n'ira pas au-delà de

---

[188] *Sahīh Boukhārī*, "Kitāb al-Adab" (7:96). *Sahīh Mouslim*, "Kitāb al-Īmān" # 60. Imām Mālik, *Mouwatta*, "Kitāb al-Kalām" (2:984). *"Ayyou'mrin qāla li-akhihi 'kāfiroun' faqad ba'a bihā āhadouhoumā, in kāna kamā qāl. Wa il-lā raj'at 'alayh.*"

leur gorge. Ils passeront à travers la religion comme la flèche passe à travers sa proie».[189]

En d'autres termes, ils passeront si vite à travers la religion qu'ils n'en retiendront rien. Cette description des Khawārij (qui sont apparus au temps des Successeurs des Compagnons) fait écho dans un autre hadith les décrivant au cours des Jours Derniers.

حدثنا عمر بن حفص بن غياث: حدثنا أبي: حدثنا الأعمش: حدثنا خيثمة: حدثنا سويد بن غفلة: قال علي رضي الله عنه: إذا حدثتكم عن رسول الله صلى الله عليه وسلم حديثاً، فوالله لأن أخرَّ من السماء، أحب إلي من أن أكذب عليه، وإذا حدثتكم فيما بيني وبينكم، فإن الحرب خدعة، وإني سمعت رسول الله صلى الله عليه وسلم يقول: (سيخرج قوم في آخر الزمان، أحداث الأسنان، سفهاء الأحلام، يقولون من خير قول البريَّة، لا يجاوز إيمانهم حناجرهم، يمرقون من الدين كما يمرق السهم من الرميَّة، فأينما لقيتموهم فاقتلوهم، فإن في قتلهم أجراً لمن قتلهم يوم القيامة (البخاري في كتاب إستتابة المرتدين و مسلم في الزكاة و النسائ في تحريم الدم ، أبو داود و أحمد)

... le Prophète ﷺ dit:

> Il apparaîtra à la fin des temps un groupe de gens qui sont jeunes[190] avec des rêves insensés. Ce qu'ils disent dérivent des mots de la Meilleure de la Création (c'est-à-dire le Corān et le hadith du Prophète Mouhammad ﷺ). Leur foi n'a à peine atteint leurs gorges, et ils passeront à travers la religion à la manière de la flèche qui passe à travers sa proie ...[191]

---

[189] *Sahīh Mouslim*.
[190] Littéralement: "Avec des nouvelles dents."
[191] *Sahīh Boukhārī* (8:51), Chapitre sur le Repentir des Apostats (*istitābat al-mourtad-dīn*); *Sahīh Mouslim* #1066; et plusieurs autres:
   Sayakhroujou qawman fī akhir iz-zamāni ihdāth al-asnān soufahā al-ahlām, yaqoulouna min qawli khayr il-barrīyati, yaqra'ouna al-qour'ān, lā youjāwizou īmānouhoum hanājirahoum. Youmariqouna min ad-dīni kamā yamrouqou as-sahm min ar-ramīyyati...

Le Prophète ﷺ dit qu'à la fin Des Temps (*ākhir az-zamān*), il y aura un groupe de jeunes gens avec des rêves insensés. Leur description qu'ils ont des dents à peine poussées est une indication qu'ils sont très jeunes dans la mesure où les dernières molaires poussent à l'âge de dix à douze ans et les dents de sagesse un peu plus tard. Ces jeunes sont soumis à un lavage de cerveaux à cet âge délicat à travers *qawl az-zoūr*[192] par les médias: la télévision, les livres, puis endoctrinés dans une idéologie culturelle, nationaliste et religieuse.

Le Prophète ﷺ dit qu'ils auront des rêves insensés, des aspirations folles, des fantaisies (*soufahā al-ahlām*), ce qui signifie qu'ils ont l'esprit pertubé et un manque de compréhension. Malgré cette défaillance intellectuelle, ils se prononcent sur les dires du Prophète ﷺ et ils récitent le Corān... Les gens sont fascinés par leur discours parce que pour toute chose, ils récitent le Corān et le hadith[193]. Sur l'Internet, ils ont l'allure de savants, citant les hadiths et les versets Corāniques comme bon leur semble pour soutenir leurs rêves et aspirations tels que l'établissement d'une société utopique ou un état Islamique de leur rêve. Alors que le monde entier est sous l'emprise de la corruption au cours des Jours Derniers, ces jeunes ignorants n'ont aucune décence à se prononcer sur l'Islam. Ils ne sont ni sages, ni intelligents, ni même bons croyants. Le Prophète ﷺ continue: «Leur foi ne va au-delà de leurs gorges (c'est-à-dire qu'elle n'existe pas), et ils passent à travers la religion à la manière d'une flèche qui passe à travers sa proie». C'est ce qui nous vivons de nos jours. Ces jeunes récitent le Corān et brandissent de manières erronées les hadiths comme preuve, ainsi déduisent-ils aussi leur propres verdicts sans aucune connaissance du sujet. Ils rapiècent des éléments dans le but de satisfaire leur besoin, et n'ayant pas le moindre rudiment de

---

[192] *Qawl az-zoūr* est la promotion d'idées fausses et incorrectes. Voir le chapitre "L Les Faux témoignages."

[193] 'Abd Allah Ibn Mas'ūd said:
> Un temps adviendra sur les hommes où leurs fouqahā (jurisprudents) sont peux mais ceux qui récitent le Corān sont nombreux, où les lettres du Corān sont gardées minutieusement mais leurs substances sont perdues, ou sont nombreux ceux qui demandent et peu ceux qui donnent, ou ils font de long sermons mais écourtent la prière et font précéder leurs actions par leurs désirs.

formation et de connaissance Islamique, ils utilisent les versets du Corān désignés pour les mécréants hors de leur contexte pour les attribuer aux croyants. Comme susmentionné, les Khawārij ne sont pas limités à un temps spécifique mais sont quiconque et tous ceux qui tombent sous cette description, qui sortent de la limite de la religion pour déclarer les Musulmans de mécréants. Telle est la méthodologie des Khawārij dans le passé comme au présent, et la réapparition de ces jeunes Khawārij dissimulés au cours des Jours Derniers fût mentionné quatorze siècles auparavant par le Prophète Mouhammad ﷺ.

Les Khawārij d'aujourd'hui sont les adhérents de la secte Wahhābi/ «Salafi». Ils œuvrent ardemment à la promotion de la contre-vérité de leur culte au moyen d'une propagande massive de campagnes soit par des conférenciers dans les mosquées, à travers l'Internet, à la télévision, ou par une distribution massive de vidéo, de livres, de magazines, de journaux et de pamphlets. Parallèlement à cela, ils se donnent tous les moyens pour supprimer et voiler les vérités de l'enseignement de la tendance principale de l'Islam classique, conspirant pour rendre silencieux quiconque ose les dénoncer ou s'opposer à leur extrémisme. Ils ont hérité l'intolérance et les fréquentes violences dont ce sont rendu coupable les Khawārij dans le passé, tuant les Musulmans et les innocents qui n'acceptent pas leurs croyances aberrantes, s'engageant dans divers subterfuges dans plusieurs pays où ils n'ont point le droit de les faire. Ces jeunes à travers le monde ont subi un lavage de cerveau avec – *qawl az-zoūr* – tenant de faux témoignages. Ils utilisent les versets du Corān et le hadith de manière erronée et donnent libre cours à leurs rêves. Le Prophète ﷺ les a décrit avec précision et a prédit leur apparition au cours des Jours Derniers, et cela s'est manifesté.

حدثنا محمد بن المثنى: حدثنا الوليد بن مسلم: حدثنا ابن جابر: حدثني بسر بن عبيد الله الحضرمي: أنه سمع أبا إدريس الخولاني: أنه سمع حذيفة بن اليمان يقول: كان الناس يسألون رسول الله صلى الله عليه وسلم عن الخير، وكنت أسأله عن الشر، مخافة أن يدركني، فقلت: يا رسول الله، إنا كنا في جاهلية وشر، فجاءنا الله بهذا الخير، فهل بعد هذا الخير من شر؟ قال: (نعم). قلت: وهل بعد ذلك الشر من خير؟ قال: (نعم، وفيه دخن). قلت: وما دخنه؟ قال: (قوم يهدون بغير هديي،

تعرف منهم وتنكر). قلت: فهل بعد ذلك ذلك الخير من شر؟ قال: (نعم، دعاة على أبواب جهنم، من أجابهم إليها قذفوه فيها). قلت: يا رسول الله صفهم لنا، قال: (هم من جلدتنا، ويتكلمون بألسنتنا). قلت: فما تأمرني إن أدركني ذلك؟ قال: (تلزم جماعة المسلمين وإمامهم). قلت: فإن لم يكن لهم جماعة ولا إمام؟ قال: (فاعتزل تلك الفرق كلها، ولو أن تعضَّ بأصل شجرة، حتى يدركك الموت وأنت على ذلك).

Houdhayfa ﷺ rapporte:

> ... le Prophète ﷺ répondit [à la question qu'il lui posa]: «Il y aura des gens qui conduiront les autres sur une voie différente de la mienne. Vous verrez en eux du bon et du mauvais».[194] Je (Houdhayfa) demandai: «Y aura-t-il du mal après ce bien?» Le Prophète ﷺ dit: «Des gens se tiendront debout aux portes de l'Enfer et lanceront un appel; quiconque répond à leur appel, ils le jetteront dans le Feu». Je dis: «O Messenger d'Allāh, décrit-les pour nous». Il dit: «Ils seront de notre complexion et parleront notre langage». Je demandai: «Que me conseilles-tu si je vis pour voir cela»? Il dit: «Tu dois t'accrocher au tronc principal (jamāʿah) des Musulmans et leur leader (Imām)». Je demandai: «Qu'en est-il s'il n'y a pas de tronc principal et de leader»? Il dit: «Isole-toi de toutes ces sectes même si tu dois manger les racines des arbres

---

[194] La prémière portion de ce hadith dit:
Rapporté par Houdhayfa bin Al-Yaman: Les gens demandaient au Prophète d'Allah au sujet du bien, mais moi, je lui demandais au sujet de ce qui était mauvais de peur que j'en sois affecté. Alors je dis: "O Messenger d'Allah! Nous vivions dans l'ignorance et dans une situation (extrêmement) malsaine, et voilà qu'Allah nous a envoyé ce bien (c'est à dire l'Islam); y aura t-il du mal après ce bien?" Il dit: "Oui". Je dis: "Y aura t-il du bien après ce mal?" Il répondit: "Oui, mais ce sera teinte (souillé)". Je demanda: "De quelle manière?" Il répondit: "(Il y aura) des gens qui guideront les autres mais pas selon ma tradition. Vous accepterez certaines de leurs actions et vous n'accepterez pas d'autres." Je demanda: "Y aura t-il du mal après ce bien?" ...

jusqu'à ce que la mort vienne te trouver dans cette situation»[195]

---

[195] *Sahīh Boukhārī*, "Kitāb al-Fitan," (9:65). Il y a plusieurs hadiths qui démontrent la nécessité de se maintenir dans la congrégation des Musulmans y compris:

> *Inna Allāha la yajma'ou oummatī – qāla: oummata Mouhammadin – 'alā dalālatin wa yadoullāhi m'a al-jamā'a* — *"En vérité Allāh ne laissera pas ma communauté – ou la communauté de Mouhammad – s'accorder sur une erreur, et la Main d'Allāh est sur la congrégation la plus grande."*

Tirmidhī dit: "Et le sens de *jamā'a* selon les gens pourvus de connaissance est: les gens de jurisprudence, de savoir, de hadith."

Dans un autre hadith, le Prophète dit: *"Yadoullāh 'alā al-jamā'a – la Main d'Allāh'* est sur le groupe." Mounawī dit:

> La Main d'Allāh est sur le groupe" signifie Sa protection et la préservation signifie que le groupe de gens de l'Islam sont sous la protection d'Allāh, donc soit parmi eux sous la protection d'Allāh, et ne te sépare pas d'eux. Quiconque s'écarte de la majorité écrasante concernant ce qui est licite et illicite sur lequel la communauté ne diffère pas s'est écarté de la voie éclairée et cela le conduira en enfer.

Calomnie «d'innovation»

Le Prophète ﷺ a décrit un temps qui adviendra où ceux qui suivent la Sounnah seront étiquetés «d'innovateurs».

حدثنا عبد الرحمن بن عثمان قال :حدثنا أحمد بن ثابت... عن عبد الله بن مسعود قال: كيف أنتم اذا ظهر فيكم البدع و عمل بها حتى يربو فيها الصغير و يهرم الكبير و يسلم فيها الاعاجم حتى يعمل بالسنة فيقال :"بدعة" قالوا متى ذلك؟ يا أبا عبد الرحمن ! قال: " إذا كثرت أمراؤكم وقلت أمناؤكم وكثرت قراؤكم و قلت فقهاؤكم وتفقه لغير الدين وابتغيت الدنيا بعمل الآخرة"
كتاب السنن الواردة في الفتن وغوائلها والساعة واشراطها المقرى الداني تحقيق ادريس المباركفوري دار العاصمة الرياض صفحة 618 اخرجه نعيم بن حماد (ق5 ب رقم 52) الدارمى فى سننه (64/1) وابن وضاح في البدع(ص89) وابن عبد البر في جامع بيان العلم وفضله(188/1) وأبو نعيم في الحلية(136/1)والحاكم في مستدركه (514/4) و ذكر الذهبي أنه على شرط البخاري و مسلم .وأخرجه عبد الرزاق في مصنفه(359/11 رقم 20742) .....و يتخذ سنة فان غيرت يوما قيل هذا منكر..... و هكذا ورد عند الجميع في أوله و هو موقوف و اسناده باجتماع الطرق صحيح و الحديث أورده الألباني في صحيح الترغيب(47/1 رقم 106)

Ibn Mas'oūd ﷺ dit:

> Qu'adviendra t-il lorsque l'innovation sera répandue, et que l'enfant y grandira, et que l'adulte y aura déjà des cheveux blancs, et vos affaires et votre leadership seront confiés au non-Arabes au point que lorsqu'un homme suivra la Sounnah, il sera dit à son sujet «Innovation». Ils dirent [s'adressant à Ibn Mas'oūd]: «Ya Abā 'Abdour Rahmān, quand cela aura-t-il lieu?» Il dit : «lorsque vos leaders sont nombreux et les véridiques sont moindres, et ceux qui récitent le Corān deviennent nombreux et

vos *fouqahā* s'amenuisent, et qu'ils étudient [intensivement] autre que la religion. Les gens s'affaireront pour *dounyā* et non pour *akhira*».[196]

Ce hadith se réfère au temps où l'enfant a grandi dans l'innovation, et l'adulte l'a déjà acquit. Nous voyons de nos jours plusieurs formes d'innovations, particulièrement les diverses idéologies qui ont envahi les nations Musulmanes, du sécularisme au nationalisme. Les adhérents à ces idéologies innovées ne cessent de proclamer que tout ce qui les a précédés est erroné, régressive et arriéré.

Lorsque cela adviendra, les affaires des Musulmans (une autre version dit: le leadership des Musulmans) sera aux mains des non-Arabes, c'est-à-dire des étrangers contrôleront la communauté Musulmane. Nous sommes témoin de ce phénomène aujourd'hui où une personne apparaît de nulle part et soudain devient leader d'une nation Musulmane – typiquement une personne qui n'a aucune fondation en connaissance religieuse et aspire qu'au pouvoir.

Lorsque cela aura lieu, quiconque agit selon la Sounnah du Prophète ﷺ sera taxé de se rebeller contre l'idéologie courante de ce temps, et il lui sera dit: *bid'a* – «innovation!»

Ceci fut prédit quatorze siècles auparavant, et quiconque pratique aujourd'hui l'Islam comme il se doit selon la sounnah du Prophète ﷺ se voit dire: *bid'a, bid'a*! Chacun a été témoin d'un tel scénario. Il y a un groupe de gens parmi les Musulmans qui, s'ils n'approuvent vos actions, n'hésitent pas à vous dire: «*bid'a, bid'a, harām, chirk, koufr!*» Il est très courant d'entendre de nos jours ces expressions dans presque toutes les mosquées où que vous entriez.

Dans le passé, ce terme – *bid'a* – n'était pas d'usage courant, mais la nouvelle génération le répète aveuglément, l'appliquant à tout ce qui

---

[196] Deux autres narrations sont similaires:

خبرنا يعلى حدثنا الأعمش عن شقيق قال قال عبد الله

كيف أنتم إذا لبستكم فتنة يهرم فيها الكبير ويربو فيها الصغير ويتخذها الناس سنة فإذا غيرت قالوا

غيرت السنة

pourrait être contraire à leur opinion, et ceci parce qu'ils ont grandit en entendant répéter ce mot des lèvres de leurs enseignants. Ils confirment par leurs actions les prédictions du hadith. En vérité, c'est l'une des questions les plus problématiques auxquelles les Musulmans d'aujourd'hui sont confrontés.

Il est presque impossible d'avoir présentement trois personnes qui adhèrent au même leader politique ou religieux (*amīr*). Sur l'Internet, l'on trouve les disciples d'un leader émettant des verdicts contre les disciples d'un autre leader, défendant agressivement leur point de vu et condamnant tous les autres. Chacun s'est auto-proclamé leader et refuse par conséquent de suivre quiconque, émettant des verdicts selon ses propres objectifs et non selon la vraie compréhension religieuse.

De tels leaders sont vides de connaissance de hadith ou de *fiqh* (jurisprudence Islamique) mais sont des experts dans la mémorisation du Corān. Nous sommes témoin que les gens scolarisent leur enfants pour apprendre le Corān, mais le hadith fait cas de: «les savants de *fiqh* seront peu en nombre». Il n'y a plus d'étude des sciences Islamiques (*'ouloūm*) ni de *fiqh*. On n'étudie plus le sens du Corān, l'importance du hadith ou les raisons se rapportant à la révélation de chaque verset – tous, essentiels pour émettre des verdicts juridiques.

…*wa toufaqahou li-ghayri id-dīn* – et ils étudieront [intensivement] autre que la religion». Ils apprennent le Corān mais pas le *fiqh*. Simultanément, il y a un engouement dans l'étude des sciences séculaires – apprendre quelque chose autre que la religion.

Au temps des *Sahāba* (Compagnons) et les générations de la civilisation Islamique qui les ont suivi y compris les dynasties des Oumayyad, des Abbāsid jusqu'à celle des Ottomans, il y avait une ferveur pour la recherche de la connaissance Islamique par les Musulmans. Aujourd'hui, c'est totalement le contraire. Plutôt, la plupart des gens courent avec ardeur après toute sorte de connaissance séculaire, négligeant totalement le savoir religieux.

«Les gens s'adonneront au travail pour cette vie et abandonneront le travail pour l'au-delà». Cela voudrait dire que presque personne ne s'intéressera à *akhira* alors que quasiment tout le monde s'intéressera à cette vie mondaine et ses plaisirs.

Cette narration miroite les circonstances de nos jours. Pour cette génération, tout aspect de l'Islam que les générations antérieurs ont suivi est taxé de *bid'a* – innovation.

La Destruction de Yathrib

Dans le hadith suivant, le Prophète ﷺ mentionne que l'un des signes des Jours Derniers est la restauration de Bayt al-Maqdis à Jérusalem et que Yathrib (Médine, la Sainte Ville du Prophète) sera détruite.

حدثنا عبد الله حدثني أبي حدثنا زيد بن الحباب حدثنا عبد الرحمن بن ثوبان حدثني أبي عن مكحول عن معاذ بن جبل قال: قال رسول الله صلى الله عليه وسلم: عمران بيت المقدس خراب يثرب وخراب يثرب خروج الملحمة وخروج الملحمة فتح القسطنطينية وفتح القسطنطينية خروج الدجال ثم ضرب على فخذه أو على منكبه ثم قال: إن هذا لحق كما أنك قاعد وكان مكحول يحدث به عن جبير بن نفير عن مالك بن يخامر عن معاذ بن جبل عن النبي صلى الله عليه وسلم مثله .

(رواه أبو داوُد في سننه في كتاب المَلْحمة و التِّرْمذي في الفتَن و أحْمد في مسْنَده)

Mou'ādh Ibn Jabal ؓ rapporta que le Prophète ﷺ dit que parmi les signes des Jours Derniers figurent:

> La restauration de *Bayt al-Maqdis;* la destruction de Yathrib **et** la destruction of Yathrib; l'apparition de massacre **et** l'apparition de massacre (une bataille sanglante, une bataille féroce), la conquête de Constantinople **et** la conquête de Constantinople; (et) l'apparition de Dajjāl (l'Antéchrist).
>
> Puis, le Prophète ﷺ frappa de sa main sur la jambe de (Mou'ādh Ibn Jabal's ؓ) et dit: «Certainement, c'est la vérité aussi papable que tu es assis ici».[197]

---

[197] Āhmad, *Mousnad* (5:232 and 245). Aboū Dawoūd #4294, "Kitāb al-Malahim." Ibn Kathīr, *Nihāya* (1:59). Souyoūtī, *Jami' al-saghīr*. Mishkāt oul-massābīh #5424. Albānī in *Sahīh al-jāmi'a* #3975: *'oumrānou bayt oul-maqdisi; kharābu Yathrib wa kharābou Yathrib; khouroūj oul-malhamati wa khouroūj oul-malhamati; fath oul-qoustāntinīyyati wa fath oul-*

On aurait pensé que pour la restauration de la ville de *Qouds* (Jérusalem), il y aurait eu de grands édifices à l'allure d'un développement moderne tel que nous le constatons aujourd'hui, et qu'à Médine il n'y aurait pas un tel «progrès». Cependant, à Médine, il y a une intense construction de grands édifices, de centres commerciaux, d'immenses hôtels, des tunnels reliant la mosquée et l'expansion de la mosquée elle même. Tous ces éléments semblent être en contradiction avec le hadith prédisant la destruction de Médine.

Lorsque l'on examine de près le hadith, nous constatons que le Prophète ﷺ ne mentionna pas exclusivement la restauration de la ville entière de Jérusalem (*Qouds*), mais explicitement que *Bayt al-Maqdis* le serait. *Qouds* est la ville entière de Jérusalem alors que *Bayt al-Maqdis* est un lieu Saint spécifique à partir duquel le Prophète Mouhammad ﷺ effectua l'ascension Nocturne, *Isra'* et *Mi'raj*. Le Prophète ﷺ ne se réfère pas aux buildings de Jérusalem puisque le hadith mentionne «la restauration de *Bayt al-Maqdis*», indiquant spécifiquement *bayt* (maison) pour mettre l'accent sur une structure qui sera préservée et restaurée y compris ce qui l'entoure: monuments et reliques. Ce site a été entretenu au cours de plusieurs siècles et a préservé son état d'antan. Le Prophète Mouhammad ﷺ a décrit ces événements il y a quatorze siècles avec la connaissance miraculeuse dont Allāh ﷻ l'a favorisée.

Comme mentionné ci-dessus, la situation à Médine avec ses édifices modernes semble contredire le hadith indiquant la destruction de la dite ville. Mais, avec encore un examen minutieux, nous remarquons que le Prophète ﷺ mentionna spécifiquement que Yathrib et non Médine, serait détruite. Le choix précis des mots du Prophète ﷺ dégage un sens dont la subtilité pourrait être comprise dans un contexte moderne. Yathrib est la ville du Prophète ﷺ à partir de laquelle le flambeau de la connaissance rayonna sur le monde. Elle est le site du premier gouvernement Islamique et la source de plusieurs accomplissements des Compagnons. *Kharābou Yathrib* signifie que la civilisation de la vielle ville

---

qoustāntiniyyat; khouroūj oud-dajjāl. Thoumma daraba biyadihi 'alā fakhdh-illadhī haddathahou (aw mankibah) thoummā qāla: inna hādha lahaqqoun, kamā annaka qā'idoun hā-hounnā (ya'nī mou'adh ibn jabal).

de Médine (qui était connu autrefois sous le nom de Yathrib) sera détruite. Cela signifie que tout ce qui est ancien ou Islam traditionnel sera détruit dans le temps avant la fin du monde.

La destruction se fera par des gens qui viendront avec leur version de l'Islam qui discrédite et a un dédain des traditions qui l'ont précédées. Aujourd'hui, nous sommes témoin de l'émergence d'un groupe de personnes allant à l'encontre de tous les aspects du courant principal et traditionnel de l'Islam que les Musulmans ont conservé pendant plus de quatorze siècles. Ce groupe a pour cible de changer l'entière compréhension de la religion en promouvant leur Islam «moderniste». Ils ne sont qu'une minorité de la population Musulmane. Leurs idées aberrantes ont été rejetées par les savants de l'Islam, et il y a des preuves à cet effet.

Les propos tels que moderniser, réformer ou renouveler l'Islam sont vides de sens. L'Islam est parfait comme il a été transmis dans son intégralité par le Prophète Mouhammad ﷺ, et il continuera dans sa perfection jusqu'au Jour du Jugement. Allāh ﷻ dit dans le Saint Corān:

اَلْيَوْمَ أَكْمَلْتُ لَكُمْ دِينَكُمْ وَأَتْمَمْتُ عَلَيْكُمْ نِعْمَتِي وَرَضِيتُ لَكُمُ الْإِسْلَامَ دِينًا

Aujourd'hui, J'ai rendu parfaite votre Religion, J'ai parachevé Ma grâce sur vous et J'ai agréé l'Islam pour être votre Religion. (al-Mā'ida 5:3)

L'Islam est le dernier message et doit donc pouvoir accommoder tous ceux qui vivent jusqu'à la fin du monde. Islam peut accommoder toute culture sans en soustraire ou en ajouter un iota. Alors, il n'y a ni réformation, ni rénovation, ni rajout ni retrait. Mieux, il y a une réformation des Musulmans pour les amener à mieux comprendre et pratiquer l'Islam. Dans sa perfection, la religion de l'Islam est comme une pleine lune: rien ne peut y être rajouté ni y être retiré. *Kharābou Yathrib* est mentionné deux fois dans le hadith. La première est la destruction de tout ce qui à trait à la civilisation du Prophète ﷺ, ruinant la religion en déviant du message du Prophète ﷺ. Les soit disant «rénovateurs de l'Islam» ambitionnent une nouvelle doctrine pour remplacer et éliminer tout ce qui est du passé et traditionnel. De Mouhammad Ibn 'Abd al-Wahhāb à Jamalouddin Afghani, à Mawdoudi, à Syed Qoutb et autres, ces «modernistes» ont changé l'Islam traditionnel entier qui fut enseigné et illustré par le Saint Prophète ﷺ à Yathrib.

La secte Wahhābite fut la première à faire éruption sur la scène avec une compréhension totalement nouvelle et déguisée sous forme «de purifier» l'Islam. Cette nouvelle idéologie a détruit l'Islam traditionnel sous le camouflage de «purifier» comme si tous les Musulmans avant l'avènement de Mouhammad Ibn 'Abd al-Wahhāb avaient été en erreur. Non seulement il n'eut pas de purification mais plutôt de destruction de plusieurs siècles de connaissance et pratiques Islamique du passé. Tout ce qui fut permis par le Prophète ﷺ lui-même et toutes les générations subséquentes de Musulmans fut soudainement taxé de forme d'adoration d'idole (*chirk*) condamné à être détruit. Les Musulmans au *hajj* (pèlerinage) sont exposés à leur littérature et propagande, créant de ce fait en eux un climat d'inquiétude comme si leur croyance et pratiques de l'Islam traditionnelles sont contraires à l'Islam. La secte Wahhābite jette des doutes sur quatorze siècles de tradition d'érudition par ses étranges attributions de *koufr, chirk, bid'a, harām* (mécréance, idolâtrie, innovation, interdit) en référence aux nombreuses pratiques et doctrine traditionnelles.[198]

La première destruction de Yathrib (*kharābou Yathrib*) eut lieu lorsque Mouhammad Ibn 'Abd al-Wahhāb détruisit l'enseignement de l'Islam en empoisonnant la doctrine des Musulmans au sujet de leur religion. La deuxième mention de *Kharābou Yathrib* signifie la destruction

---

[198] La marque principale du Nouveau Khārijism se distingue par trois principes fondamentaux:
1. **Attribuer un corps à l'élément qu'on adore en Islam**, c'est à dire l'anthropomorphisme de la Déité.
2. **Nuire au Prophète** au moyen de manquer de respect envers: sa noble personne; sa Mosquée bénie; sa Noble tombe; ses vestiges; sa Famille et Compagnons; ceux qui lui rendent visite, l'aiment et font son éloge; contestant ou dédaignant son statut d'intercesseur.
3. **Démantèlement des écoles et méthodes des Imāms Sunnites Musulmans** du passé et présent y compris:
(a) Les Imāms de la doctrine Sunni ('*aqīda*): al-Ash'arī et al-Matoūridī, et leurs Ecoles.
(b) Les Imāms de la jurisprudence Sunni (*fiqh*): Aboū Hanīfa, Malik, al-Shafi'ī, Āhmad, et leurs Ecoles ou *madhāhib* (singulier=*madhhab*).
(c) Les Imāms de l'excellence morale Sunni (*akhlāq*) connus comme les Pôles (*aqtāb*, sing. *qoutb*) de la science de la purification de l'âme: al-Jounayd, al-Gilanīi, al-Shādhilī, al-Rifa'ī, al-Chishtī, al-Souhrawardī, Shah Naqshband, al-Tijanī, et leurs écoles connues sous le nom de voies (*tourouq*, sing. *tariqa*).

physique des édifices et monuments datant du temps du Prophète ﷺ dans le vieux Médine, Yathrib[199]. Il y a eu à Médine une expansion du *Haram*, le sanctuaire de la Mosquée, mais ceci ne contredit pas *kharābou Yathrib* parce que le hadith se réfère à l'ancienne ville de Médine connue par Yathrib et tout ce qu'elle représente. Toute chose se rapportant à la vie du Prophète ﷺ fut préservée par les Musulmans sur des années, que ce soient les anciennes mosquées, les reliques des anciens édifices, les lieux où reposent les Compagnons du Prophète ﷺ, ses enfants et ses épouses. Bien que les Musulmans soient en accord que ces éléments étaient une part essentielle de la tradition et l'histoire de l'Islam, ils furent tous détruits par la secte Wahhābite sous le faux prétexte que: «ce n'est plus de l'Islam». Leur compréhension erronée de l'Islam conduisit à une vaste destruction d'innombrables reliques et monuments. *Kharāb* signifie «détruire», mais le mot a une connotation de «ruiner». Il existe encore des pochettes de ces anciennes traditions que les Musulmans veulent restaurer, mais ils en sont interdits. Il en reste seulement que les ruines de ces reliques traditionnelles et monuments.

Nul ne sait où sont localisées les tombes de plusieurs des Compagnons. A Jabal Ouhoud, une montagne près de Médine, l'on peut voir un monument en ruine qui fut autre fois un beau tombeau avec des dômes et des ornements. Le tombeau commémorait les Compagnons morts au côté de Hamza ﷺ à Jabal Ouhoud[200], tous avec leurs tombes clairement identifiées. Aujourd'hui, il n'en reste que quelques murailles brisées qui passent inaperçues de l'observateur qui n'est pas prévenu. Similairement, il n'y a aucun signe indiquant les tombes des Compagnons qui sont morts à Badr. De même, il n'y a aucune marque qui désigne la tombe de l'épouse du Prophète, Sayyidā Khadījat al-Koubrā ﷺ à Makka à Jannat al-Mou'ala. A Jannat al-Baqī' (le cimetière

---

[199] Dr.Mouhammad Sa'id al-Boūtī dit:
    La chose la plus étrange ici est qu'ils [les savants Wahhābi] aperçoivent très bien combien le monde Islamique n'accepte pas leur action, leur profonde colère à cette innovation de mépris du consensus des premiers Musulmans et d'amoindrir les symboles de leur foi. Ils le perçoivent, mais ils refusent de s'adresser aux Musulmans pour justifier leurs actions et expliquer leurs points de vue.

[200] Construire une mosquée sur le site de personnes pieuses est recommandé comme mentionné dans le Saint Coran, "... Aussi se disputèrent-ils à leur sujet et déclarèrent-ils: "Construisez sur eux un édifice. Leur Seigneur les connaît mieux". Mais ceux qui l'emportèrent (dans la discussion) dirent: "Elevons sur eux un masjid."' (al-Kahf 18:21)

près de la tombe et la mosquée du Prophète ﷺ à Médine), les tombes où reposent 'Outhmān ؓ, Sayyidā 'A'icha ؓ et plusieurs Compagnons furent préservées par les Ottomans jusqu'au début du vingtième siècle, mais tout ce qui pouvait permettre de les reconnaître fut détruit. Il existe encore quelques personnes âgées qui se souviennent de leurs emplacements. Telle est la destruction physique de la civilisation Islamique datant du temps du Prophète ﷺ à Yathrib. Peu à peu et dans le silence, les adeptes de la secte Wahhābite ont supprimé tout ce qui à trait au Prophète ﷺ et à l'Islam traditionnel, et il n'en reste presque rien.[201]

Près de la Ka'ba à *Makkat al-Moukārrama*, il y a *Maqām Ibrāhīm* qui abrite les empruntes du Prophète *Ibrāhīm* عليه السلام lorsqu'il érigeait la Ka'ba. Allāh ﷻ dit dans le Saint Corān :

وَإِذْ جَعَلْنَا الْبَيْتَ مَثَابَةً لِّلنَّاسِ وَأَمْناً وَاتَّخِذُوا مِن مَّقَامِ إِبْرَاهِيمَ مُصَلًّى

leur enjoignant de prendre la station d'Abraham comme lieu de prière. (al-Baqara: 2:125)

Pourtant, les autorités religieuses Wahhābite/«Salafī» de Makka ont essayé d'enlever *Maqām Ibrāhīm*. Ceci eut lieu du vivant de feu Cheikh Moutwallī Cha'rāwī d'Egypte qui aussitôt informa le Roi Faisal de leur plan, et le Roi les ordonna de laisser *Maqām Ibrahīm* à son lieu original. Le Cheikh s'érigea contre eux sur cette issue cruciale, mais il y a plusieurs problèmes similaires au point qu'il est presque impossible d'empêcher cet assaut de destruction des reliques et traditions Islamiques.

Jusqu'en 1960 à Médine, la tombe du père du Prophète ﷺ était identifiée par une plaque sur le mur de la maison près de la mosquée du Prophète, mais depuis lors, elle fut enlevée. A la Mosquée du Prophète ﷺ à Médine, tous les murs et les piliers étaient recouverts de poésies Islamiques faisant les éloges du Prophète ﷺ. Les adeptes de la secte

---

[201] As-Sayyid Yoūssouf al-Rifā'ī dans son livre de 1999 s'adressant aux savants Wahhābi, *Conseil aux Savants du Najd* : "Vous avez essayé et continuez d'essayer – comme si cela était votre objectif dans la vie – de détruire ce qui reste des derniers vestiges historiques du Messager d'Allāh…."

Wahhābite/«Salafi» les firent disparaître, soit en remplaçant les marbres, soit en les polissant jusqu'à ce qu'il ne reste plus de trace de poésies. La seule chose qu'ils ne purent enlever est devant le *minbar* au *mihrab* (la niche de prière) où sont inscrits les éloges au Prophète ﷺ et 200 de ses noms. En 1936, les Wahhābites essayèrent même de séparer le *Masjid* du Prophète ﷺ de sa tombe, mais pour une fois, dans une rare victoire, tous les pays Musulmans firent front commun pour le dénoncer, et ce projet n'eut pas lieu.

Sur la Grille de la Noble Tombe du Prophète (*Mouwājihā ach-Charīfa*), l'on pouvait lire: *Yā Allāh! Yā Mouhammad!* La secte Wahhābite ôta la lettre *yā* (ي) dans *Yā Mouhammad* pour qu'il ne reste qu'un *alif*, *Ā Mouhammad* ou seulement *Mouhammad*. Récemment, ils sont allés un peut plus loin en remplaçant *Yā* de *Yā Mouhammad* par le rajout d'un point sous le *hā* (ه) pour le transformer en *jīm* (ج) et en rajoutant deux point après pour en faire *yā* (ي). Ainsi, ils ont changé le nom Mouhammad pour lire *Majīd*, l'un des Attributs d'Allāh ﷻ. On lit alors: *Yā Allāh! Yā Majīd!* Autant ils supprimèrent tout signe pouvant indiquer les tombes de ses Compagnons et sa famille, autant ils ont maintenant rayé le nom du Prophète ﷺ de sa propre tombe. Ceci est contraire à la manière dont Allah ﷻ Lui-même a honoré le Prophète en plaçant le nom du Prophète ﷺ après Son Nom dans le témoignage de la foi: *Lā ilāha illa Allāh Mouhammadoun rassoūloullāh.*

Khārabou Yathrib mentionné deux fois dans le hadith a été accompli, d'abord idéologiquement par Mouhammad Ibn 'Abd al-Wahhāb et ses adhérents, puis par la destruction physique en cours des reliques de l'Islam traditionnel. La restauration de *Bayt al-Maqdis* (*'oumrānou bayt oul-maqdis*), mentionné une fois dans le hadith est aussi en cours. Le premier voit la restauration des anciens vestiges à Jérusalem alors que le dernier voit la destruction des anciens vestiges et traditions de Yathrib (la Ville du Prophète ﷺ, Médine).

Rejection de Hadith

Allāh ﷻ donna au Prophète ﷺ la grande clairvoyance de décrire il y a quatorze siècle la situation dans laquelle nous nous trouvons aujourd'hui. Il vit les gens revendiquer ne suivre que le Corān et faisant fi des hadiths et de la Sounnah du Prophète Mouhammad ﷺ, laquelle renferme toutes ses actions, ce qu'il dit de même que les actions et les paroles qu'il approuva des autres.

حدثنا قتيبة، أخبرنا سفيان بن عيينة، عن محمد بن المنكدر، وسالم أبي النضر عن عبيد الله بن أبي رافع، عن أبي رافع وغيره رفعه قال: لا ألفين أحدكم متكئًا على أريكته يأتيه أمر مما أمرت به أو نهيت عنه فيقول لا أدري، ما وجدنا في كتاب الله اتبعناه". هذا حديث حسن. وروى بعضهم عن سفيان عن ابن المنكدر، عن النبي صلى الله عليه وسلم مرسلًا. وسالم أبي النضر عن عبيد الله بن أبي رافع عن أبيه عن النبي صلى الله عليه وسلم. وكان ابن عيينة إذا روى هذا الحديث على الانفراد بين حديث محمد بن المنكدر من حديث سالم أبي النضر، وإذا جمعها روى هكذا وأبو رافع مولى النبي صلى الله عليه وسلم اسمه أسلم حاكم ، بن (حنّان ، بن ماجه في المقدّمة)

Aboū Raf'i ؓ rapporta du Prophète ﷺ:

> Vous rencontrerez des gens, assis haut dans des chaises garnies de coussins. Ils recevront mes ordres de ce que j'ai été ordonné (par Allāh ﷻ) de recommander ou d'interdire. Ils diront: «Nous ne savons rien de cela. Nous ne suivons que ce qui figure dans le Livre d'Allāh (le Corān)».[202]

---

[202] Rapporté dans le *Mousnad d'Āhmad*, (4:130), *Sunan Aboū Dāwoūd*, Tirmidhī in "Bāb al-'Amal," Hākim, Ibn Hibbān, Ibn Mājah:
> *Lā alfi'anna ahadoukoum moutaki'an 'alā arrīkatihi yā'tihi amroun mimmā oummirtou bihi aw nouhītou 'anhou fa-yaqoūlou lā adrī, ma wajadnā fī kitābillāhi it-taba'na'.*

Le Prophète ﷺ décrit ceux qui sont indifférents au hadith par «assis haut» dans des chaises garnies de coussins, se donnant de l'importance. Lorsque l'injonction ou l'interdiction du Prophète ﷺ leur parviendra, ces gens les rejetteront. Ils diront: «Nous ne suivons que le Corān, et nous faisons fi de ce que dit le hadith». Ces temps-ci, ce genre de personnes maintiennent une telle position comme prédit par le Prophète ﷺ, revendiquant suivre seulement que le Corān et rejetant le hadith. Ces individus ne sont pas éduqués en connaissance Islamique et par conséquent ne sont pas savants. Ils ont usurpé de leur position, ne la méritant pas puis prétendant représenter les Musulmans. Ironiquement, ces personnes non qualifiées se sont proclamés porte-parole des Musulmans alors que reniant les hadiths du Prophète de Islam, le Prophète Mouhammad ﷺ.

Il est plus difficile de renier le Corān, car se faisant, ils s'opposeraient directement à Allāh ﷻ. Inversement, ils rabaissent le rang et l'honneur du Prophète ﷺ en vue de discréditer la littérature de hadith en avançant un telle allégation: «Le Prophète n'était qu'une personne ordinaire comme nous. Il est venu délivrer le massage du Corān et s'en est allé. Il n'a plus d'importance. Nous ne suivons que le livre d'Allāh ﷻ, non le hadith». Ils semblent oublier l'appréciation qu'Allāh ﷻ exprima lorsqu'Il parla brillamment du Prophète ﷺ de façon éternelle:

Le Prophète ﷺ est:

$$\text{وَمَا أَرْسَلْنَاكَ إِلَّا رَحْمَةً لِّلْعَالَمِينَ}$$

Une mésicorde pour toute la création. (al-Anbīyā' 21:107)

En outre, Allāh ﷻ confirma que le Prophète ﷺ ne parle pas de son propre chef.

$$\text{وَمَا يَنطِقُ عَنِ الْهَوَى}$$

Il ne parle pas par caprice. (an-Najm 53:3)

Le Prophète ﷺ ne parla jamais sous l'impulsion de ses pensées, ni de ses idées, ni de façon capricieuse ni sous l'effet de ses désirs, bons ou mauvais.

$$\text{إِنْ هُوَ إِلَّا وَحْيٌ يُوحَى}$$

Il s'agit uniquement d'une révélation reçue. (an-Najm 53:4)

Il en ressort que les hadiths du Prophète ﷺ sont des révélations d'Allāh ﷻ qui lui parviennent directement au cœur. En vérité, pour chaque évènement qui eut lieu dans sa vie, Allāh ﷻ révéla en son cœur ce que dire et quoi faire et l'explication de chaque action.

حدثنا عبد الله حدثني أبي حدثنا عبد الرحمن وزيد بن الحباب قالا حدثنا معاوية بن صالح عن الحسن بن جابر قال زيد في حديثه حدثني الحسن بن جابر قال سمعت المقدام بن معدي كرب يقول:
-حرم رسول الله صلى الله عليه وسلم يوم خيبر أشياء ثم قال يوشك أحدكم أن يكذبني وهو متكئ على أريكته يحدث بحديثي فيقول بيننا وبينكم كتاب الله فما وجدنا فيه من حلال استحللناه وما وجدنا فيه من حرام حرمناه ألا وإن ما حرم رسول الله صلى الله عليه وسلم مثل ما حرم الله (أحمد، أبو داود في كتاب المقدمة، الترمذي في كتاب العلم و الدّارمي في المقدمة)

Il fut rapporté de Mouqdām Ibn Ma'dī Karb ﷺ qui rapporta que le Prophète ﷺ dit:

> Il est imminent qu'une personne s'assiéra haut dans une chaise garnie de coussin, parmi un groupe de gens, parlant de l'un de mes hadiths et dit: «Entre vous et nous se trouve le Livre d'Allāh ﷻ (le Corān). Tout ce que nous y trouvons permis, nous le rendons permissible. Ce que nous y trouvons d'interdit, nous l'interdisons».[203] [Le Prophète ﷺ demande]: «Ce que le Messager d'Allāh ﷺ interdit n'est-il pas identique à ce qu'Allāh ﷻ interdit?»?[204]

---

[203] Qui veut dire: "Nous utilisons que le Corān pour décider ce qui est permis et ce qui est interdit, non le hadith."

[204] Rapporté dans le *Mousnad d'Āhmad*, *Sounan Aboū Dāwoūd*, et par Tirmidhī, Hākim, Ibn Hibbān et Ibn Mājah:

Ceux qui rejettent les hadiths et revendiquent ne suivre que le Corān ne font qu'afficher leur totale ignorance du Corān. Le Corān regorge en lui-même des preuves montrant la nécessité de suivre le Prophète ﷺ et sa Sounnah. Il ne peut avoir de séparation entre le Corān et la Sounnah dans la mesure où ils se complètent. Ceci est établi dans plusieurs versets dans le Corān parmi lesquels:

وَمَا آتَاكُمُ الرَّسُولُ فَخُذُوهُ وَمَا نَهَاكُمْ عَنْهُ فَانْتَهُوا

Ce que l'Envoyé vous donne, prenez-le, et renoncez à ce dont il vous écarte. (al-Hashr 59:7)

يَا أَيُّهَا الَّذِينَ آمَنُوا أَطِيعُوا اللَّهَ وَأَطِيعُوا الرَّسُولَ وَأُولِي الْأَمْرِ مِنكُمْ

O vous qui croyez, obéissez à Dieu et obéissez à l'Envoyé, ainsi qu'à ceux d'entre vous qui détiennent l'autorité.. (an-Nisā' 4:59)

وَأَطِيعُوا اللَّهَ وَالرَّسُولَ لَعَلَّكُمْ تُرْحَمُونَ

Obéissez à Dieu et à l'Envoyé ; peut-être vous sera-t-il fait miséricorde...
(Āli-'Imrān 3:132)

قُلْ إِن كُنتُمْ تُحِبُّونَ اللَّهَ فَاتَّبِعُونِي يُحْبِبْكُمُ اللَّهُ وَيَغْفِرْ لَكُمْ ذُنُوبَكُمْ وَاللَّهُ غَفُورٌ رَّحِيمٌ

Dis : "Si vous aimez Dieu, suivez-moi, Dieu vous aimera et vous pardonnera vos péchés. Dieu est pardonneur, clément."
(Āli-'Imrān 3:31)

لَقَدْ كَانَ لَكُمْ فِي رَسُولِ اللَّهِ أُسْوَةٌ حَسَنَةٌ لِّمَن كَانَ يَرْجُو اللَّهَ وَالْيَوْمَ الْآخِرَ وَذَكَرَ اللَّهَ كَثِيراً

Vous avez désormais dans l'Envoyé de Dieu un bel exemple pour celui qui espère en Dieu et au Jour dernier et qui pratique beaucoup l'invocation de Dieu. (al-Ahzāb 33:21)

Yoūchikou an yaq'ouda ar-rajoulou moutaki'an 'ala arrīkatihi, youhaddithou bi-hadīthin min hadīthee fa-yaqoūl 'baynanā wa baynakoum kitāballāh. Fa mā wajadnā fīhi min halāl istahlalnāh wa mā wajadna fīhī min harām harramnāh.' alā wa inna mā harrama Rassoūlallāhi mithla mā harram-Allāh?

قال عمرُ بنُ الخَطّابِ سمعْتُ أَنَّ رسولَ اللهِ صَلَّى اللهُ عليْ و سلِم قال تركْتُ فيكم أمرْينِ لنْ تضلوا ما تمسّكْتمْ بهما كتاب الله و سنّة نبيّه (رواه مالك في كتاب الجامع و البيهقي في سنن الكبرى)

Le Prophète ﷺ dit:

> J'ai laissé parmi vous deux choses, aussi longtemps que vous y tenez ferme, vous ne serez jamais égarés: le Livre d'Allāh ﷻ et la Sounnah de Son Prophète ﷺ.[205]

Ceux qui rejettent les hadiths ne suivent pas la connaissance Islamique à partir de ses sources traditionnelles. Dès le début de l'Islam, il y a eu le système de *'ijāza* en éducation et de certification. Ce système implique la nécessité d'apprendre auprès d'un maître qualifié qui donne une autorisation à son élève lorsque celui-ci a maîtrisé un sujet[206]. Le

---

[205] Rapporté d'Ibn 'Abbās par Bayhaqī dans *Sounan al-koubrā* (10:114 #20108) et – faisant partie d'un long hadith – par Hākim (1:93, 1990 ed. 1:171) qui le qualifia de *sahīh* et par Mālik dans son *Mouwattā'*.
Dans un autre hadith Zayd ibn Arqam rapporta:
> Le Prophète s'arrêta parmi nous à un ruisseau nommé Khoumm entre la Mècque et Médine [environs trois kilomètres de al-Jouhfā]. Il loua Allāh et le glorifia puis dit:
> Pour continuer. O gens! En vérité, je suis dans l'entente d'un messager [la mort] envoyé par mon Seigneur afin que je réponde à Son appel. Alors, je vous laisse deux choses qui pèsent lourd: Le Livre d'Allāh – dans lequel se trouve une guidée et lumière, alors agrippez-vous y fermement et conformez-vous y!
> Et il encouragea et recommanda de faire ainsi. Puis il dit:
> Et les gens de ma Maison (Āhli Baytī). Je vous rappelle Allāh à leur sujet! Je vous rappelle Allāh à leur sujet! Je vous rappelle Allāh à leur sujet!

(Dans *Sahīh Mouslim*, et dans Āhmad avec ces mots en plus: "Je ne suis qu'un être humain", Dārimī, Tahawī dans *Moushkil al-athar* (9:89 #3464), Ibn Abī 'Asim dans *al-Sounnah* (#1550), Tabarānī (#5028) et autres).

[206] Ceci est similaire à la façon que les chirurgiens et autres professionnels spécialisés apprennent à mettre en pratique les principes qu'ils étudient à travers les livres sous la direction et la tutelle d'une personne plus qualifiée. Comme le sage n'irait pas chez le docteur qui n'a aucun diplôme et qualification pour se faire soigner, de même les Musulmans se doivent de trouver un maître qui a reçu une licence (*'ijāza*) de son enseignant. La connaissance Islamique est plus importante parce qu'elle touche non seulement à notre vie quotidienne mais aussi à celle de l'au-delà. Ainsi, il est on ne peut

maître à son tour fut jugé qualifié par son propre maître qui fut aussi qualifié par son maître et ainsi de suite avec une lignée de transmission qui remontait à l'un des Compagnons qui fut enseigné par le Prophète ﷺ lui-même. Il y a une importance capitale mise sur la nécessité d'avoir un maître qualifié dans la religion. Dans le livre du Hafiz Ibn 'Alī, *Kanz al-'oummāl*, l'on trouve cet important hadith.

Le Prophète ﷺ dit:

> O 'Oumar, ta religion est ta chair et ton sang. Fait attention à celui de qui tu prends ta religion; prend de ceux qui sont sur la voie droite et ne la prend pas de ceux qui ont dévié.

L'Imām Mouslim dit: «La grande connaissance (du moi) en tant que telle est la religion. Alors, sache de qui tu prends ta religion». Un savant dit: «La connaissance est une âme qui est soufflée dans les cœurs, non la philosophie ni de belles histoire à transcrire. Par conséquent, fait attention à qui tu la prends».

Ceux que le Prophète ﷺ décrivit comme rejetant les hadiths n'ont pas une telle lignée vérifiable de savants remontant au Prophète ﷺ à travers l'un de ses Compagnons et l'un des quatre Imāms de jurisprudence certifiant leurs qualifications et connaissance (*'ijāza*)[207]. Les Musulmans des temps-ci ont brisé cette chaîne de lignée et étudient sans se préoccuper de l'ininterruption de la chaîne de transmission. Ce qu'ils

---

plus important d'avoir des maîtres Islamiques qui sont qualifiés pour nous guider convenablement dans la recherche des issues auxquelles nous faisons face.

[207] Nous citons les hadiths avec leur chaîne de transmission allant jusqu'à un Compagnon qui l'a entendu du Prophète. Similairement avec la connaissance Islamique, nous devons avoir une chaîne de transmission qui remonte à l'un des quatre Imāms de jurisprudence (Aboū Hanīfa, al-Chafi'ī, Mālik, Ahmad Ibn Hanbal) qui ont vécu plus proche du temps du Prophète et pouvaient intégrer toutes les branches de la connaissance Islamique dans une approche compréhensible au Corān et la Sounnah. Tous les quatre Imāms sont vrais, et leur différences d'opinions ne montrent que la grandeur de l'Islam. Al-Khattābī dit dans *Gharīb al-hadīth*:

> ... Dans les différentes décisions des branches de la loi (ahkām al-fourou'): Allāh les a rendu comme miséricorde et générosité aux savants, et c'est le sens du hadith: "la différence d'opinion dans ma communauté est une miséricorde".

apprennent est au mieux douteux et au pire contraire à la compréhension de quatorze siècles d'érudition Islamique. Il y a même certains Musulmans qui étudient l'Islam dans des universités séculaires où ils sont enseignés par des professeurs non-Musulmans qui nient l'existence de preuves crédibles pour le hadith. Ces Orientalistes rejettent les hadiths sous le prétexte qu'ils sont fabriqués, empoisonnant ainsi l'esprit des Musulmans. Les Musulmans étudiant sous ces personnes prétendent comprendre l'Islam, et dès lors commencent à répéter à la manière d'un perroquet ce qu'ils ont appris de leurs enseignants: «Nous ne lisons que le Corān», et ils ignorent totalement le hadith. Allāh ﷻ dit dans le Saint Corān:

فَلَا وَرَبِّكَ لَا يُؤْمِنُونَ حَتَّىٰ يُحَكِّمُوكَ فِيمَا شَجَرَ بَيْنَهُمْ ثُمَّ لَا يَجِدُوا فِي أَنفُسِهِمْ حَرَجًا مِّمَّا قَضَيْتَ وَيُسَلِّمُوا تَسْلِيمًا

Mais non, par ton Seigneur ! Ils ne seront pas de vrais croyants tant qu'ils ne t'auront pas fait juge de leurs différends, et qu'ensuite ils ne trouveront plus en eux-mêmes d'échappatoire à ce que tu auras décidé et s'y soumettront entièrement. (an-Nisā' 4:65)

Tout le long de leur histoire, les Musulmans ne se sont jamais référés exclusivement au Corān tout en rejetant le hadith. Il est surprenant d'observer certains leaders Musulmans, et ceux sur l'Internet qui les suivent de rejeter les hadiths. Même cinquante ans auparavant, jamais une telle situation n'eut lieu. Par contre aujourd'hui, cette idéologie est monnaie courante dans presque toutes les mosquées en Occident et dans le monde. Nombreux sont ceux qui rejettent les Hadiths Prophétiques et la Sounnah, et ceci est un phénomène nouveau. Le Prophète ﷺ nous avertissait que ces genres de personnes apparaîtront au cours des Jours Derniers, et cela s'est vérifié comme le témoigne le rapport extraordinaire suivant d'un Compagnon:

حدثني أبو بكر محمد بن أحمد بن بالويه، حدثنا عبد الله بن أحمد بن حنبل، حدثني أبي، حدثنا عبد الرحمن بن مهدي، حدثنا عكرمة بن عمار، عن حميد بن عبد الله الفلسطيني، حدثني عبد العزيز ابن أخي حذيفة، عن حذيفة رضي الله تعالى عنه- قال:

أول ما تفقدون من دينكم الخشوع، وآخر ما تفقدون من دينكم الصلاة، ولتنقضن عرى الإسلام عروة عروة، وليصلين النساء وهن حيض، ولتسلكن طريق من كان قبلكم حذو القذة بالقذة، وحذو النعل بالنعل، لا تخطئون طريقهم، ولا يخطأنكم حتى تبقى فرقتان من فرق كثيرة. فتقول إحداهما: ما بال الصلوات الخمس، لقد ضل من كان قبلنا، إنما قال الله -تبارك وتعالى-: ﴿ أقم الصلاة طرفي النهار وزلفا من الليل ﴾ [هود: 114]. لا تصلوا إلا ثلاثا. وتقول الأخرى: إيمان المؤمنين بالله كإيمان الملائكة، ما فينا كافر ولا منافق، حق على الله أن يحشرهما مع الدجال.

هذا حديث صحيح الإسناد، ولم يخرجاه. المستدرك على الصحيحين، الإصدار للإمام محمد بن عبد الله الحاكم النيسابوري. وجدت في: المجلد الرابع. كتاب: الفتن، والملاحم.

Une narration de Houdhayfa al-Yamanī ﷺ:

La première chose que vous perdrez de votre religion est l'humilité (*khouchou*ʿ), et la dernière sera la prière (*salāt*). Vous dénouerai les obligations de l'Islam l'une après l'autre. Les femmes prieront alors qu'elles ont leurs menstrues[208]. Vous imiterez le chemin de ceux qui vous ont précédé d'aussi près que le sont la flèche et la plume[209], et comme il en est pour la sandale et ses deux lanières[210], ne manquant pas un seul pas sur la voie, ni leur voie ne serait différente des vôtres. A la fin, deux de parmi plusieurs sectes [obstinées] demeureront. La premier dira: «Quelles sont ces cinq prières? Sûrement que ceux qui nous ont précédé se sont égarés. Allāh ﷻ a seulement dit: *Et accomplis la Salâ aux deux extrémités du jour et à certaines heures de la nuit (Hoūd 11:114)*. N'observez pas de prière à part ces trois prières!» L'autre secte dira: «La foi des croyants en Allāh ﷻ est juste comme la foi des anges. Il n'y a pas parmi nous un

---

[208] Ce précédent a été déjà introduit dans de telle moderne *fatāwā* comme celles d'Abd al-ʿAzīz bin Bāz permettant aux femmes en menstrues de réciter, lire et même toucher le *mouchaf*. Voir Mouhammad bin Abd al-ʿAzīz Al-Mousnad, Islamic Fatawa Regarding Women, translated by Jamaal Al-Din Zarabozo.

[209] Note du traducteur: qui s'attache pour faciliter le mouvement aérodynamique de la flèche.

[210] Note du traducteur: à l'image d'une paire de chevaux reliées au même harnais.

seul apostat ni un hypocrite!» Il sera normal qu'Allāh ﷻ les ressuscite avec l'Antéchrist.²¹¹

---

²¹¹ Rapporté par al-Ḥākim (4:469=1990 ed. 4:516) qui déclara sa chaîne de *saḥīḥ* et al-Dhahabī le confirma. Quoique la chaîne dans cette narration mawqoūf ne remonte au Prophète, néanmoins son statut est qu'il est un hadith Prophétique comme il est pertinent aux choses invisibles qui ne sont pas à l'appréciation de l'opinion d'un Compagnon et qu'il aurait seulement entendu du Prophète.

TRIBULATIONS

Tuerie et Destruction

Armageddon

Dans le chapitre «La Destruction de Yathrib», le hadith de Mou'ādh Ibn Jabal ؓ décrit une énorme bataille qui surviendra au moment de la conquête de Constantinople (Istanboul) et l'apparition de Dajjāl, l'Antéchrist:

حدثنا عبد الله حدثني أبي حدثنا زيد بن الحباب حدثنا عبد الرحمن بن ثوبان حدثني أبي عن مكحول عن معاذ بن جبل قال: قال رسول الله صلى الله عليه وسلم: عمران بيت المقدس خراب يثرب وخراب يثرب خروج الملحمة وخروج الملحمة فتح القسطنطينية وفتح القسطنطينية خروج الدجال ثم ضرب على فخذه أو على منكبه ثم قال: إن هذا لحق كما أنك قاعد وكان مكحول يحدث به عن جبير بن نفير عن مالك بن يخامر عن معاذ بن جبل عن النبي صلى الله عليه وسلم مثله.

(رواه أبو داود في سننه في كتاب الملحمة و الترمذي في الفتن و أحمد في مسنده)

Mou'ādh Ibn Jabal ؓ rapporte du Prophète ﷺ:

...l'avènement d'une bataille sanglante et sans merci **et** l'avènement d'une bataille sanglante et sans merci; la conquête de Constantinople **et** la conquête de Constantinople; (et) l'apparition de Dajjāl (l'Antéchrist).

Dans le passé, il eut une grande bataille entre les Musulmans et les Byzantins (*Roūm*) à Constantinople du temps du grand Compagnon Aboū Ayyoūb al-Ansārī ؓ. Les Musulmans ne purent conquérir la ville. Le Prophète ﷺ prédit qu'Aboū Ayyoūb al-Ansārī ؓ mourra dans le froid (une prédiction étrange puisqu'ils vivaient dans un climat chaud), et comme prédit, Aboū Ayyoūb ؓ mourut dans le froid au cours du siège de la ville (672 CE).

حدثنا عبد الله حدثني أبي حدثنا عبد الله بن محمد بن أبي شيبة وسمعته أنا من عبد الله بن محمد ابن أبي شيبة قال:
- حدثنا زيد بن الحباب قال حدثني الوليد بن المغيرة المعافري قال حدثني عبد الله بن بشر الخثعمي عن أبيه أنه سمع النبي صلى الله عليه وسلم يقول لتفتحن القسطنطينية فلنعم الأمير أميرها ولنعم الجيش ذلك الجيش قال فدعاني مسلمة بن عبد الملك فسألني فحدثته فغزا القسطنطينية. (رواه أحمد في مسنده)

Plusieurs années plus tard, Mouhammad Fātih conquit Constantinople comme prédit par le Prophète ﷺ :

> Certainement, Constantinople sera conquise. Quel remarquable leader que le leader de cette armée, et quelle splendide armée que cette armée.[212]

La conquête de Constantinople par le Sultan Ottoman Mouhammad Fātih en 1453 CE (AD est un signe des Derniers Jours selon le hadith du Prophète ﷺ. Cependant, le Prophète ﷺ mentionna qu'elle sera conquise deux fois, ce qui signifie que Constantinople aura encore une fois de l'importance. Comme mentionné dans le hadith de Mouʿādh Ibn Jabal ﷺ, cela interviendra après une grande bataille qui fera plusieurs victimes (*khourouj oul-malhama*)[213] et est davantage décrit dans le hadith.

حدثنا أبو اليمان: أخبرنا شعيب: حدثنا أبو الزناد، عن عبد الرحمن، عن أبي هريرة:
أن رسول الله صلى الله عليه وسلم قال: لا تقوم الساعة حتى تقتتل فئتان عظيمتان، يكون بينهما مقتلة عظيمة، دعوتهما واحدة. وحتى يبعث دجّالون كذّابون، قريب من ثلاثين، كلهم يزعم أنه رسول الله، وحتى يقبض العلم وتكثر الزلازل، ويتقارب الزمان، وتظهر الفتن، ويكثر الهرج، وهو القتل. وحتى يكثر فيكم المال، فيفيض حتى

---

[212] *Sahīh Boukhārī*. *Sahīh Mouslim*. Āhmad, *Mousnad* (4:236). Hākim, *Moustadrak* (4:422), Dhahabi, Soyoūtī, and Haythamī. "*La-touftahanna al-qoustāntinīyyatou. Fala-niʿam al-amīrou amīrouhā wa la-niʿam al jayshou dhālika al-jaysh*"

[213] *Malhama* est un affrontement féroce entre deux grands groupes aboutissant à un carnage et un bain de sang.

يُهمَّ رب المال من يقبل صدقته، وحتى يعرضه، فيقول الذي يعرضه عليه: لا أرب لي به. وحتى يتطاول الناس في البنيان. وحتى يمر الرجل بقبر الرجل فيقول: يا ليتني مكانه. وحتى تطلع الشمس من مغربها، فإذا طلعت ورآها الناس - يعني - آمنوا أجمعون، فذلك حين: ﴿ لا ينفع نفسا إيمانها لم تكن آمنت من قبل أو كسبت في إيمانها خيراً ﴾. ولتقومنَّ الساعة وقد نشر الرجلان ثوبهما بينهما، فلا يتبايعانه ولا يطويانه. ولتقومنَّ الساعة وقد انصرف الرجل بلبن لقحته فلا يطعمه. ولتقومنَّ الساعة وهو يليط حوضه فلا يسقي فيه، ولتقومنَّ الساعة وقد رفع أُكلتَه إلى فيه فلا يطعمها (رَوَاهُ البُخاري في كِتاب (الفتن و مُسلم في كِتاب الإيمان و الفتن و أحمد في مسنده)

Aboū Hourayra 🙵 rapporta du Prophète ﷺ: «L'Heure n'adviendra pas tant que deux groupes énormes ne se seront affrontés dans une bataille gigantesque, (et) leur cause est la même»...[214]

---

[214] *Sahīh Boukhārī*, "Kitāb al-Fitan" (13:8). *Sahīh Mouslim*, "Kitāb al-Fitan" (1:57). Le texte entier est ceci:

L'heure n'adviendra pas jusqu'à ce que deux groupes géants s'engagent dans une confrontation colossale, et leur but est le même (*"Lā taqoūmou as-sā'atou hatta taqtatila fi'atāni 'azhīmatāni. Yakoūnou baynahoumā maqtalatoun 'azhīmatoun da'wāhoumā wāhidah"*); Jusqu'à ce qu'apparaisse environ trente Dajjals (menteurs), et chacun d'eux prétendra être l'Apôtre d'Allah; jusqu'à ce que la connaissance religieuse disparaisse (par la mort des savants religieux); les tremblements de terre seront nombreux; le temps se rétrécira; des afflictions apparaîtront; al-harj (c'est-à-dire beaucoup de tueries) seront abondantes; jusqu'à ce que la richesse soit prévalente – si prévalente qu'une personne riche s'inquiétera de ne trouver aucun récipiendaire pour sa Zakāt et toutefois qu'il l'offre à quelqu'un, ce dernier (c'est-à-dire le récipiendaire) dira: «je n'en ai aucun besoin»; jusqu'à ce que les gens s'acharnent en compétition dans la construction de haut immeubles; jusqu'à ce qu'un homme passant par la tombe d'autrui s'exclame: «si seulement je pourrais être sous terre à cette place»; jusqu'à ce que le soleil se lève à l'Ouest. Ainsi, lorsque le soleil se lèvera à l'ouest et que les gens en seront témoins oculaires (c'est-à-dire du lever du soleil), ils croiront tous (embrasseront l'Islam) mais ce sera le moment où: (comme Allah le dit): «*la foi ne sera d'aucune utilité à l'être qui n'aura pas cru auparavant ou qui, tout en ayant la foi, n'aura accompli aucune œuvre*». (*al-An'am* 6, 158). Et l'Heure s'abattra alors que deux hommes étendront une étoffe devant eux sans pouvoir le vendre ni le plier; et l'Heure s'abattra alors qu'un homme

حدثنا الحميدي: حدثنا الوليد بن مسلم: حدثنا عبد الله بن العلاء ابن زبر قال: سمعت بسر بن عبيد الله: أنه سمع أبا إدريس قال: سمعت عوف بن مالك قال: أتيت النبي صلى الله عليه وسلم في غزوة تبوك، وهو في قبة من أدم، فقال: (اعدد ستّا بين يدي الساعة: موتي، ثم فتح بيت المقدس، ثم موتان يأخذ فيكم كقعاص الغنم، ثم استفاضة المال حتى يعطى الرجل مائة دينار فيظل ساخطا، ثم فتنة لا يبقى بيت من العرب إلا دخلته، ثم هدنة تكون بينكم وبين بني الأصفر، فيغدرون فيأتونكم تحت ثمانين غاية، تحت كل غاية اثنا عشر ألفا (البخاري في كتاب الجرية و أحمد في مسنده)

'Awf Ibn Mālik ﷺ rapporta du Prophète ﷺ:

> Comptez six signes (événements) avant l'heure: ma mort, puis l'ouverture de *Bayt al-Maqdis*; puis la mort en masse comme celle dû à la peste ovine; puis il y aura une surabondance d'argent au point qu'un homme donnerait cent dinars à un nécessiteux qui en éprouverait du mépris; puis une confusion s'installera dans chaque demeure des Arabes; puis une trêve entre vous et les non-Musulmans (parce qu'ils) seront puissamment majoritaires contre vous, ils viendront avec quatre vingt différents groupes (de soldats ou quatre vingt différents ruses incontournables); chaque groupe avec douze mille (soldats ou douze mille explications).[215]

---

ayant trait sa chamelle, l'ayant emporté, ne sera néanmoins pas en mesure de le boire; et l'Heure s'abattra avant qu'un homme tentant d'aménager un réservoir d'eau pour un cheptel ne puisse le faire; et l'Heure s'abattra alors qu'une personne aura porté à sa bouche une infime portion de nourriture sans être en mesure de la manger.

[215] *Sahih Boukhārī*, "Kitāb al-Jihād" (6:198). Āhmad, *Mousnad* (6:25 and 27):
'Udud sittan bayna yadayhi as-sā'at: mawtī, thumma fathu bayt il-maqdis, thumma mūtānun yakhudhu fīkum ka ku'ās il-ghanami, thumma astifādat-ul-māli hatta y'uti ar-rajulu mi'ata dīnārin fayadhala sākhitan, thumma fitnatun lā yabqā baytun min al-'arab illa dakhalat-hu, thumma hudnatun takūnu baynakum wa bayna banī il-asfara fa yaghdurūna fa yā'tūnakum tahta thamānina ghāyatin, tahta kulli ghāyatin ithna 'ashara alfa.

Ainsi, ces hadiths indiquent qu'une bataille énorme, une bataille sanglante (*malhama*) interviendra entre deux groupes énormes ayant le même objectif. Ceci laisse beaucoup à croire qu'une guerre de grande envergure (peut être une guerre nucléaire) interviendra entre deux puissances dans cette région sur un élément qui fait l'objet de convoitise et est d'importance capitale, peut être l'Asie Centrale, la région du Golfe ou le Moyen-Orient.

Cette guerre résultera en un énorme bain de sang qui fera plusieurs victimes, et elle aura un impact sur Constantinople. Cela pourrait advenir dans le futur et est l'un des événements les plus significatifs des Derniers Jours connu sous le nom d'Armageddon dans tous les textes sacrés. Le hadith indique que cela interviendrait en prélude à l'imminence de l'apparition de Dajjāl, l'Antéchrist. Le premier hadith mentionne que le Prophète ﷺ tapota la cuisse de Mou'ādh Ibn Jabal ؓ et dit: «C'est la vérité (*haqq*) comme tu es assis ici». Le tapotant sur sa cuisse comme pour accentuer de la véracité, c'est-à-dire «cela adviendra; ne pense pas que c'est trop étrange».

Sahīh Boukhārī, "Kitāb al-Jihād" (6:198). Āhmad, *Mousnad* (6:25 and 27).

Trente Menteurs

Il y a eu plusieurs menteurs et faux prophètes, depuis Moūssāyima le menteur (au temps du Prophète Mouhammad ﷺ) jusqu'à nos jours.

حدثنا عبد الله حدثني أبي حدثنا محمد بن جعفر قال حدثنا شعبة قال سمعت العلاء ابن عبد الرحمن يحدث عن أبيه عن أبي هريرة عن النبي صلى الله عليه وسلم أنه قالا
- لا تقوم الساعة حتى يظهر ثلاثون دجالون كلهم يزعم أنه رسول الله ويفيض المال فيكثر وتظهر الفتن ويكثر الهرج قال قيل وأيما الهرج قال القتل القتل ثلاثا . (مسلم ، البخاري و ابو داود)

Aboū Hourayra ﷺ rapporta du Prophète ﷺ:

> L'Heure n'interviendra pas avant que trente menteurs (Dajjāls) apparaissent, chacun d'eux affirmant être un messager d'Allāh. Et (l'Heure n'adviendra pas) avant qu'il y ait une surabondance d'argent, et les tribulations apparaîtront, et il y aura beaucoup de harj.
>
> Le Prophète ﷺ fut interrogé: «Qu'est-ce harj?» Il répondit: «Tuerie, Tuerie, Tuerie», trois fois.[216]

Parmi les signes des Jours Derniers mentionnés dans ce hadith, il y a l'apparition après le Prophète Mouhammad ﷺ des menteurs affirmant êtres des messagers d'Allāh ﷺ. Le hadith fait état d'un autre signe des Jour Dernier qui est celui de la corruption des leaders contemporains, trempés dans «l'argent malsain», causant la division et conduisant leurs communautés et nations au bain de sang, à la violence et aux guerres,

---

[216] *Sahīh Mouslim* (4:2240) "Kitāb al-Fitan." *Sahīh Boukhārī*, al-Manāqib #3609. *Sounan Aboū Dāwoūd*, #4333:
> Lā taqoūm ous-sā'atou hatta yakhrujou thalathoūna dajjāloūna koullouhoum yaz'amou annahou rassoūloullāh. Hatta yafīd al-mālou; wa tazhar oul-fitanou; wa yakthour al-harjou. Qālou wa mā al-harjou ya Rassoūlallāhi? Qāl: al-qatl, oul-qatl.

semant la peur dans toutes les demeures sans exception. Le Prophète ﷺ mentionna par la suite que *harj* adviendrait, qui est une tuerie généralisée sans distinction. Ce fait est si courant qu'il n'a rein d'insolite, et ces temps-ci, aucun pays n'échappe aux massacres de personnes innocentes.

يَكْثُرُ الهَرْجُ و المَرْجُ (مسلم و البُخاري)

Ce même signe des Jours Derniers fut indiqué par le Prophète Mouhammad ﷺ dans un autre hadith:

« Il y aura beaucoup de massacre et de tuerie »[217]

Une manifestation de cette tuerie généralisée réside dans les conflits faisant rage partout, les pertes de vies humaines qui sont le lot du quotidien, et même dans les pays où ne sévit pas de guerre, les pertes humaines ont lieu par d'autres voies telles qu'au cours de cambriolages, d'altercations futiles et souvent sans raison valables, les gangs organisés qui s'attaquent mutuellement. Beaucoup d'innocents sont tués dans cette furie de violence. A la longue, nombreuses sont les personnes impliquées dans ce genre d'hostilité sanglantes qui ne se savent pas les raisons qui ont déclenchées ces hostilités en premier lieu.

وحدثنا عبدالله بن عمر بن أبان وواصل بن عبدالأعلى. قالا: حدثنا محمد بن فضيل عن أبي إسماعيل الأسلمي، عن أبي حازم، عن أبي هريرة، قال: قال رسول الله صلى الله عليه وسلم "والذي نفسي بيده! لا تذهب الدنيا حتى يأتي على الناس يوم، لا يدري القاتل فيما قتل. ولا المقتول فيم قتل" (رواه مسلم في كتاب الفتن)

Aboū Hourayra ؓ rapporta du Prophète ﷺ:

Par Celui dans la Main de qui réside ma vie, le monde ne périra pas jusqu'à ce qu'advienne une période où le meurtrier ne saura pas la raison du meurtre ni la victime la raison pour laquelle elle fut tuée.[218]

---

[217] *Sahīh Boukhārī* et *Sahīh Mouslim*. "Yakthourou al-harjou wal-marjou."
[218] *Sahīh Mouslim*.

Ce chaos de violence et de carnage entraîneront les gens à souhaiter leurs propres morts.

حدثنا عبدالله بن عمر بن محمد بن أبان بن صالح ومحمد بن يزيد الرفاعي (واللفظ لابن أبان). قالا: حدثنا ابن فضيل عن أبي إسماعيل، عن أبي حازم، عن أبي هريرة، قال:
قال رسول الله صلى الله عليه وسلم "والذي نفسي بيده! لا تذهب الدنيا حتى يمر الرجل على القبر فيتمرغ عليه، ويقول: يا ليتني كنت مكان صاحب هذا القبر. وليس به الدين إلا البلاء" (رواه مسلم في كتاب الفتن)

Aboū Hourayra ﷺ rapporta du Prophète ﷺ:

> Par Celui dans la Main de qui repose ma vie, le monde ne périra pas jusqu'à ce qu'un homme qui passe par la tombe d'un autre se roule là-dessus et dise: «Si je pouvais être à cette place!». Il ne le dit pas par désespoir pour la religion en péril mais à cause des calamités qui l'assiègent.»[219]

Ces tribulations auront un impact autant sur l'aspect physique que spirituel des gens. Elles seront si sévères qu'elles feront passer une personne de la croyance à la mécréance en un seul jour ou une seule nuit.

حدثنا عبد الله حدثني أبي حدثنا عبد الصمد حدثنا أبي قال حدثنا محمد بن جحادة عن عبد الرحمن بن ثروان عن هزيل بن شرحبيل عن أبي موسى قال:
-قال رسول الله صلى الله عليه وسلم إن بين يدي الساعة فتنا كقطع الليل المظلم يصبح الرجل فيها مؤمنا ويمسي كافرا ويمسي مؤمنا ويصبح كافرا القاعد فيها خير من القائم والقائم فيها خير من الماشي والماشي فيها خير من الساعي فاكسروا قسيكم وقطعوا أوتاركم واضربوا بسيوفكم الحجارة فإن دُخِل على أحدكم بيته فليكن كخير ابني آدم. (رواه أبو داود في كتاب الفتن)

Aboū Moūssā al-Ash'arī ﷺ rapporta du Prophète ﷺ:

---

[219] *Sahīh Boukhārī*, "Kitāb al-Fitan."

Avant l'avènement de l'Heure Ultime, les afflictions seront comme des portions d'une nuit noire au sein desquelles un homme sera un croyant le matin et un mécréant le soir, ou un croyant le soir et un mécréant le matin. Celui qui est assis lorsqu'elles (les afflictions) se déroulent est en meilleure posture que celui qui se tient débout, et celui qui marche pendant qu'elles se déroulent est en meilleure posture que celui qui court. Brisez donc vos arcs, et frappez les rochers avec vos sabres. Si alors les gens viennent à l'un d'entre vous, qu'il soit comme le meilleur des deux fils d'Adam ﷺ (c'est à dire la mort est préférable à l'ingérence dans la *fitna*).[220]

فتنة الأحلاس هرب وحرب ثم فتنة السراء دخنها من تحت قدم رجل من أهل بيتي يزعم أنه مني وليس مني وإنما أوليائي المتقون ثم يصطلح الناس على رجل كورك على ضلع ثم فتنة الدهيماء لا تدع أحدا من هذه الأمة إلا لطمته لطمة فإذا قيل: انقضت تمادت يصبح الرجل فيها مؤمنا ويمسي كافرا حتى يصير الناس إلى فسطاطين: فسطاط إيمان لا نفاق فيه، وفسطاط نفاق لا إيمان فيه فإذا كان ذاكم فانتظروا الدجال من يومه أو غده .

(أخرجه أبو داود كتاب الفتن باب ذكر الفتن ودلائلها رقم (4224)، وقال في عون المعبود: (11/312) أخرجه الحاكم وصححه وأقره الذهبي ص) .

'Abd Allāh ibn 'Oumar ؓ dit: Nous étions assis avec le Messenger d'Allāh ﷺ lorsqu'il mentionna les nombreuses tribulations. Il en parla longuement jusqu'à mentionner «la querelle des selles» (*fitnat al-Aḥlās*). Il dit que cette dernière n'était faite que de fuite et de guerre. Puis il mentionna «la querelle de la prospérité» (*fitnat al-sarrā'*). Il dit: «Sa chaleur et sa fumée (*dakhan*) s'élèveront des plantes des pieds d'un homme de ma famille – il prétendra être de ma descendance, mais il n'en est rien. Mes proches ne sont que ceux qui craignent Dieu». Puis [le Prophète dit] les gens s'allieront à un homme à la

---

[220] *Sounan Aboū Dāwoūd*, "Kitāb Al-Fitan Wa Al-Malāhim" #4246.

manière d'un os de la côte au-dessus d'un os de la hanche [c'est-à-dire un arrangement temporaire, qui n'est pas solide]. Puis adviendra «le noir total, la querelle aveugle» (*al-fitnat al-douhaymaʾ*). «Personne de cette Oummah n'en sera épargnée. Quand ils se croiront à l'abri, l'impact perdurera d'avantage pour un temps. Pendant cette période, un homme se réveillera le matin en tant que croyant et atteindra la nuit en tant qu'incrédule. Eventuellement, les gens prendront positions de deux côtés: le camp qui appelle à la foi où aucune hypocrisie ne sied et le camp hypocrite où aucune foi ne sied. Lorsque vous constaterez cela, attendez-vous à l'apparition de l'Antéchrist (Dajjāl) d'un jour à l'autre».[221]

Dans ce hadith, nous avons entendu une description de la condition des gens au cours des Jours Derniers où celui qui est assis est meilleur à celui qui se tient debout; et qui lui est meilleur à celui qui erre et s'enlise dans des problèmes et la discorde. C'est une période difficile où ceux qui errent sont victimes d'afflictions alors que ceux qui demeure à domicile sont à l'abri de ces maux.

Le Prophète ﷺ lança un avertissement sévère à ceux qui seront témoin de telles tribulations: ne pas s'ingérer dans ces misères et affaires confuses.

حدثنا محمد بن عبيد الله: حدثنا إبراهيم بن سعد، عن أبيه، عن أبي سلمة بن عبد الرحمن، عن أبي هريرة

قال إبراهيم: وحدثني صالح بن كيسان، عن ابن شهاب، عن سعيد بن المسيَّب، عن أبي هريرة قال:

قال رسول الله صلى الله عليه وسلم: (ستكون فتن، القاعد فيها خير من القائم، والقائم فيها خير من الماشي، والماشي فيها خير من الساعي، من تشرَّف لها

---

[221] Rapporté par Aboū Dawoūd dans son *Sounan* et Āhmad dans son *Mousnad*.

تَسْتَشْرِفه، فمن وجد فيها ملجأً، أو معاذاً، فليعذ به (رواه مسلم و البخاري في كتاب الفتن)

Aboū Hourayra ﷺ rapporta du Prophète ﷺ:

> Quiconque s'expose à ces afflictions y périra. Alors, quiconque trouve un lieu de protection ou un refuge contre elles, qu'il s'y abrite.[222]

Allāh ﷺ mentionne dans le Saint Corān:

فَأْوُوا إِلَى الْكَهْفِ يَنشُرْ لَكُمْ رَبُّكُم مِّن رَّحْمَتِهِ وَيُهَيِّئْ لَكُم مِّنْ أَمْرِكُم مِّرْفَقاً

> *Réfugiez-vous vers la grotte: votre Seigneur étendra de Sa miséricorde, pour vous, et arrangera pour vous, de votre affaire.*
> (al-Kahf 18:16)

Dan un autre hadith d'Aboū Moūssā al-Ash'arī ﷺ, le Prophète ﷺ donna le conseil suivant: «A ce moment-là, soyez le paillasson de vos maisons».[223]

Ceci signifie que les Musulmans devraient demeurer chez eux plutôt que de s'aventurier dehors. Nombreux sont les Musulmans qui errent sans but dans les cafés, les restaurants, les supermarchés; ce qui est déconseillé. Il est préférable de se rendre chez soi – pour s'atteler à sa famille – aussitôt après le travail sans s'attarder à ce qui n'est pas nécessaire. Alors, le Prophète ﷺ donne ce conseil aux Musulmans qu'au cours des Jours Derniers, lorsque l'on est incapable de surmonter ces énormes difficultés et de changer quoique ce soit, le mieux serait de ne s'aventurer nul part, de ne prendre part à quoique ce soit, de ne s'ingérer ni dans les querelles ni en politique. Les Musulmans doivent briser leur élan de colère, broyer les arcs leur servant de réplique aux rudes railleries, aux violentes critiques, aux provocations et fausses accusations; ils doivent ramollir les sabres de l'auto-défense par les mots ou les écrits, briser leur egos sur les pierres de difficultés au moyen de la patience.

---

[222] *Sahīh Mouslim*, Chapitre "la pluie d'Afflictions." ("Nouzoul al-fitan ka mawāqi' al-qatar").
[223] Rapporté par Āhmad. *Al-ahlās* signifie paillasson.

Face à ces vagues incessantes de tribulations, il est de même préférable de demeurer chez soi et s'adonner davantage à la dévotion: la prière, la lecture du Corān et de hadith, le rappel d'Allāh ﷻ.

حَدَّثَنَا قُتَيْبَةُ أَخْبَرَنا حَمَّادُ بْنُ زَيْدٍ عَنِ الْمُعَلَّى بْنِ زِيَادٍ رَدَّهُ إِلَى معاوية بن قُرَّةَ رَدَّهُ إِلَى مَعْقِلِ بن يَسَارٍ رَدَّهُ إِلَى النَّبِيّ صَلَّى اللهُ عَلَيْهِ وَسَلَّم قال: العبَادَةُ فِي الْهَرْجِ كَهِجرَةٍ إِلَيَّ (رواه مسلم في كتاب الفتن. هذا حديثٌ صحيحٌ غريبٌ إنما نعرفُهُ من حديثِ المعلى بن زياد)

Ma'qil Ibn Yassār ؓ rapporta du Prophète ﷺ:

> La dévotion en période de trouble généralisée est similaire à l'émigration vers moi.[224]

Dans le but de rester à l'abri de ces difficultés, il est conseillé aux Musulmans de réciter chaque jour des formules spéciales de *tasbīh*. Voir le chapitre: «Récitations journalière pour protection contre les tribulations» à la page 370.

---

[224] *Sahīh Mouslim.* "Kitāb al-Fitan."

Sanctions contre l'Iraq et *Chām*

Le Prophète Mouhammad ﷺ a prédit les embargos contre l'Iraq et la Syrie qui auront lieu au cours des Jours Derniers.

حدثنا زهير بن حرب وعلي بن حجر (واللفظ لزهير) . قالا: حدثنا إسماعيل بن إبراهيم الجريري، عن أبي نضرة، قال: كنا عند جابر بن عبدالله فقال: يوشك أهل العراق ألا يجبى إليهم قفيز ولا درهم. قلنا: من أين ذاك؟ قال: من قبل العجم. يمنعون ذاك. ثم قال: يوشك أهل الشام أن لا يجبى إليهم دينار ولا مدي. قلنا: من أين ذاك؟ قال: من قبل الروم. ثم أسكت هنية. ثم قال: قال رسول الله صلى الله عليه وسلم "يكون في آخر أمتي خليفة يحثي المال حثيا . لا يعده عددا (مسلم في كتاب الفتن)

Aboū Nadra ﷺ raconte:

> Nous étions avec Jābir Ibn 'Abd Allāh ﷺ qui disait: «Il est imminent que les habitants d'Iraq ne recevront pas une seule *qafiz*[225] ni un seul dirham». Nous demandâmes: «Qui en sera responsable?» Il répondit: «Les 'Ajam (non-Arabes) les y empêcheront». Il (Jābir) dit alors: «Il est imminent que les habitants de *Chām* (Syrie) ne recevront pas un seul dīnār ni moudd».[226] Nous demandâmes: «Qui en sera responsable?» Il répondit: «Roūm (les Romains ou les Byzantins)». Il (Jābir Ibn 'Abd Allāh ﷺ) demeura silencieux brièvement et cita le Messager d'Allāh ﷺ: «Il y aura un calife au cours des Jours Derniers qui distribuera

---

[225] Comme il n'y avait pas de balance à peser à cette époque en Iraq, le *qafiz* ou *mikyān* (une unité de mesure comme un pot) était utilisée; c'est approximativement 5 kg.
[226] *Moudd* est le double de *qafidh*, soit 10 kg.

volontiers des poignées de fortune aux gens sans compter».[227]

Parmi les signes des Jours Derniers, les non-Arabes (*'Ajam*) imposeront des sanctions contres la population d'Iraq. Aboū Nadhra ﷺ rapporta de Jābir ﷺ[228] qu'un temps viendra où les gens d'Iraq seront si pauvres qu'ils n'auront même pas l'équivalent d'un *qafīdh*, c'est à dire qu'ils n'auront rien. Le Prophète ﷺ fournit un indice palpable: qu'ils n'auront même pas la mesure de cinq kilogrammes, montrant qu'il n'y aura plus de commerce. Les *'Ajam* arriveront à cela en leur imposant des sanctions et un embargo empêchant la nation entière de recevoir quoique ce soit. Comme il n'y a pas de commerce, l'économie ne reçoit plus de bouffée monétaire, et le dinar leur sera inaccessible. Les habitants ne pourront rien acheter dans les marchés, pas même les produits de la valeur d'un centime (*dirham*).

Ceci sera le fait des *'Ajam*, un terme désignant spécifiquement les Perses et généralement tout peuple autre que les arabes. C'est est un indice que les sanctions contre l'Iraq seront la résultante d'un conflit avec les Perses qui est déjà intervenue dans les années 1980. L'Iraq eut un premier conflit avec les Perses, ensuite un deuxième avec le Koweit

---

[227] *Sahīh Mouslim* #2913. Al-Jourayrī (qui rapporta ce hadith d'Aboū Nadra) demanda à Aboū Nadra et 'Alā: "Pensez-vous qu'il s'agit d'Oumar Ibn 'Abd al-'Azīz?" Ils dirent: "Non":
> *Youshikou ahl al-'irāqi an lā youjbā ilayhim qafīdhoun wa lā dirham. Qoulnā: wa min ayna dhāk? Qāla: min qibal il-'ajami. Yamna'oūna dhāka. Thoumma qāla: yoūshikou ahl ash-shāmi an lā youjba ilayhim dīnāroun wa lā mouddyoun. Qoulnā: min ayna dhāk? Qāla: min qibal ir-roūmi. Thoumma asqata hounyatan. Thoumma qāla: Qāla Rassoūloullāhi sall-Allāhou 'alayhi wassallam, Yakoūnou fī akhir iz-zamāni khalīfatoun yahth il-māla hathyan wa lā ya'ouddou lahou 'addadan.... Qāl: atarāyāni annahou 'Oumar ibn 'Abd al-'Azīz? Faqalā: Lā.*

[228] Jābir rapport ce qu'il a appris du Prophète ﷺ, décrivant les sanctions dans l'explication du hadith du Prophète ﷺ mentionné à la fin de la narration: "Il y aura un Calife au cours des Jours Derniers..." Il y a des hadiths similaires du Prophète ﷺ dans *Sahīh Mouslim* #6923 où Aboū Hourayra ﷺ rapporta que le Prophète ﷺ:
> Iraq retiendra ses dirhams et qafīz; Syria retiendra ses moudd et dīnār et l'Egypte retiendra ses irdab et dīnār, et vous régresserez à l'état à partir duquel vous avez commencé, et vous régresserez à l'état duquel vous avez commencé, et vous régresserez à l'état à partir duquel vous avez commencé, les os et la chair d'Aboū Hourayra en sera témoin.

pour aboutir aux sanctions imposées par les Nations Unies[229]. La triste conséquence de ceci est qu'il y a un nombre massif d'enfants morts comme si la nation avait été décimée par une épidémie. Le nombre total de morts occasionnés par seulement les sanctions s'éleva à au moins 1.5 millions[230]. La mise en vigueur de ces sanctions est l'un des signes des Jours Derniers miraculeusement prédit par le Prophète Mouhammad ﷺ.

Le Prophète ﷺ prédit qu'après l'imposition des sanctions sur l'Iraq, le *dīnār* et le *moudd* seraient inaccessibles à la population de *Chām* (haute Syrie). La cause des sanctions dans ce cas serait *ar-Roūm*. *Roūm* dans les dénominations locales fait référence aux Gens du Livre, s'étendant de la Russie à la frontière syrienne et de façon générale fait référence aux non-Musulmans de l'Occident. Il y a déjà un problème au niveau du négoce. Même aujourd'hui à *Chām*, il y a de la pénurie, et les gens n'ont que peu de dīnārs pour s'approvisionner en combustible et autres nécessités. Tout comme l'Iraq eut un conflit avec les *al-'Ajam*, La Syrie pourrait avoir une différence d'opinion avec les non-Musulmans de l'Occident (*ar-Roūm*) et pourrait aussi faire l'objet de sanctions. Cette analyse-ci ne s'intéresse pas aux aspects politiques de ces événements mais plutôt traite des événements contemporains à la lumière des prédictions du Prophète Mouhammad ﷺ. Le Prophète ﷺ prédit la situation actuelle et en informa les Compagnons il y a quatorze siècles de cela.

Jābir ؓ apprit le récit de ces événements du Prophète ﷺ et le transmit comme un prélude à la cruciale fin de cette narration: «Il y aura un calife au cours des Jours Derniers qui distribuera volontiers sans compter des poignées de richesse aux gens». Une autre prédiction du Prophète ﷺ qui apparaît dans ce récit est que les Musulmans seront tous sous un calife (*khalīfa*) ou dirigeant au cours des Jours Derniers. Ce leader est Mahdī ؑ. Il viendra avec un support d'Allāh ﷻ, et il emplira la terre de justice, mettra fin aux tueries et à l'oppression. Il n'est pas un

---

[229] La Résolution 661 des U.N. du 6 Août 1990 imposa des sanctions économiques contre l'Iraq à l'exception de la nourriture et des médicaments puis mis en place le Comité 661 pour superviser l'application des sanctions.
[230] Selon les rapports de l'UNICEF, 600,000 des morts furent des enfants âgés de moins de cinq ans.

prophète mais un *khalīfa* qui distribuera la richesse sans compter, ce qui veut dire qu'il y aura suffisamment de provisions pour tous. Cependant, avant l'apparition de Mahdī ﷺ, les sanctions imposées [dans différents pays] seront la cause principale de l'incapacité des populations locales à utiliser ou à mettre à profit les richesses et les ressources de leurs pays, et par conséquent, les gouvernements ne pourront pas collecter de revenus puisqu'il n'y aura rien sur lequel prélever des taxes. Il n'y aura aucune subvention ou fond pour alimenter les écoles, les hôpitaux ni d'argent pour le combustible, l'électricité ou l'eau. Sans ces commodités de premières nécessités pour survivre, les populations seront prises de désespoir, ce qui donnera naissance à une instabilité générale et la loi de la jungle sera l'ordre quotidien dans la société.

La situation sera différente au temps de Mahdī ﷺ lorsque la terre projettera de son sein ses trésors au moyen des supplications de Mahdī ﷺ adressées à Allāh ﷻ, et il y aura une surabondance de richesse et de ressource. Ce sera un grand soulagement (*faraj*) pour les Musulmans puisque personne ne manquera d'argent, et il y en aura en surabondance au point que l'argent des coffres de l'état sera distribué sans retenu.

Les Tribulations en Provenance de l'Est/Najd

Le Prophète ﷺ mentionna les dissensions et les problèmes qui proviendraient de la région du Najd qui est l'Est du Hijâz.

حدثنا عبد الله بن أبي مسلمة، عن مالك، عن عبد الله بن دينار، عن عبد الله بن عمر رضي الله عنهما قال:
رأيت رسول الله صلى الله عليه وسلم يشير إلى المشرق، فقال: (ها إن الفتنة ها هنا، إن الفتنة ها هنا، من حيث يطلع قرن الشيطان. (البخاري في كتاب الفتن، مسلم في كتاب الفتن و الحافظ في كتاب الفتن)

Ibn 'Oumar ؓ rapporta: «J'ai vu le Messenger d'Allāh ﷺ indiquer l'Est et ensuite dire: «regarde! De là-bas provient la dissension, de là-bas, provient la dissension. De là-bas, provient la corne de Satan».[231]

Dans un autre hadith bien authentifié, le Prophète ﷺ refusa de prier pour les gens du Najd lorsqu'ils le lui demandèrent.

حدثنا محمد بن المثنى قال: حدثنا حسين بن الحسن قال: حدثنا ابن عون، عن نافع، عن ابن عمر قال:
اللهم بارك لنا في شامنا وفي يمننا . قال: قالوا: وفي نجدنا ؟ قال: قال: (اللهم بارك لنا في شامنا وفي يمننا) . قال: قالوا: وفي نجدنا . ؟ قال: قال: (هناك الزلازل والفتن، وبها يطلع قرن الشيطان (الخاري في كتاب الفتن، بن حبّان، مسلم، التّرمذي)
حدثنا عبد الله حدثني أبي حدثنا أبو عبد الرحمن حدثنا سعيد حدثنا عبد الرحمن بن عطاء عن نافع عن ابن عمر أن رسول الله صلى الله عليه وسلم قال

---

[231] *Sahīh Boukhārī*, "Kitāb al-fitan" (8:95) #7118. *Sahīh Mouslim*, "Kitāb al-fitan" # 2095. Al-Hāfizh, "Bāb al-fitan" #1347. *"Alā inna al-fitnata hā-hounna. Alā inna al-fitnata hā-hounna (youshīru il-al-mashriqi) min haytho yatla'ou qarn oush-Shaytān."*

-اللهم بارك لنا في شامنا ويمننا مرتين فقال رجل وفي مشرقنا يا رسول الله فقال رسول الله صلى الله عليه وسلم من هنالك يطلع قرن الشيطان ولها تسعة أعشار الشر. (الترمذي)

> Ibn 'Oumar ؓ rapporta du Prophète ﷺ: «Oh Allāh! Béni-nous dans notre *Chām* et dans notre Yemen!» Ils dirent: «Oh Messager d'Allāh ﷺ! Et notre Najd!» Il ne répondit pas mais reprit: «Oh Allāh ﷻ! Béni-nous dans notre *Chām* et dans notre Yemen!» Ils dirent: «Oh Messager d'Allāh ﷺ! Et notre Najd!» Il ne répondit pas mais reprit: «Oh Allāh! Bénis-nous dans notre *Chām* et notre Yemen!» Ils dirent: «Oh Messager d'Allāh ﷺ! Et notre Najd!» Il dit: «De cette place, surviendront de grandes perturbations et dissensions et de celles-ci apparaîtra la corne de Satan». Une autre narration rajoute: «Et s'y trouve [au sein du Najd] neuf dixième de toux les maux.»[232]

رواه الطبراني في الأوسط واللفظ له، وأحمد ولفظه: إن رسول الله صلى الله عليه وسلم قال: "اللهم بارك لنا في شامنا ويمننا". - مرتين - فقال رجل: وفي مشرقنا يا رسول الله؟ فقال رسول الله صلى الله عليه وسلم: "من هنالك يطلع قرن الشيطان وبه تسعة أعشار الشر"

Dans un hadith presque identique, le Prophète ﷺ utilise Najd en lieu et place de *mashriq* (Est). Le Prophète ﷺ dit:

> «Oh Allāh ﷻ! Béni-nous dans notre *Chām* et notre Yemen!» Un homme dit: «Et notre Est (machriq), Oh Messager d'Allāh ﷺ!» Le Prophète ﷺ répéta son invocation à deux reprises, et l'homme à deux reprises dit: «Et notre Est (mashriq), Oh Messager d'Allāh ﷺ!» sur quoi le Prophète ﷺ répondit: «De cette place apparaîtra la corne de *Satan*. En son sein, il y a neuf

---

[232] Rapporté d'Ibn 'Oumar dans *Sahīh Boukhārī* (4:390), *Sahīh Ibn Hibbān* (16:290), *Sahīh Mouslim*, Tirmidhī, et Āhmad avec trois chaînes dont l'une avec l'adition: "Et là-bas [Najd] sont les neuf dixièmes de tous les maux."

dixième de mécréance. En son sein se trouve la maladie incurable».²³³

حدثنا يحيى بن يحيى. أخبرنا هشيم عن داود بن أبي هند، عن أبي عثمان، عن سعد بن أبي وقاص. قال: قال رسول الله صلى الله عليه وسلم "لا يزال أهل الغرب ظاهرين على الحق حتى تقوم الساعة." (أخرجه مسلم كتاب الامارة)

Le Prophète ﷺ dit: «Les gens de l'Ouest prédomineront jusqu'au Jour du Jugement».²³⁴

Dans l'usage Arabe, les gens du *maghrib* (ouest) ou les gens de l'ouest fait référence aux habitants de *Chām* et de son voisinage. Les gens du *machriq* sont ceux du Najd et de l'Iraq²³⁵.

ال الخطابي: نجد من جهة المشرق ومن كان بالمدينة كان نجده بادية العراق ونواحيها وهي مشرق أهل المدينة (الباري)

Khattābi dit:

> *Jihat al-machriq* (la direction de l'Est) équivaut au Najd, et pour ceux qui sont à Médine, leur Najd est le désert d'Iraq et ses alentours qui sont globalement situés à l'Est des gens de Médine²³⁶.

Ceci inclus la région actuelle du golfe: le Koweit, Khobar, Dhahrān, Rīyādh, etc. L'Imām Nawawī dit: «Najd est la région comprise entre Jourash (au Yemen) jusqu'au zones rurales des alentours de Koūfa (en Iraq), et sa bordure Occidentale est le Hijāz»²³⁷. Similairement, Ibn Hajar rapporte que Dawoūdī dit: «Najd se trouve dans la direction de l'Iraq»²³⁸.

---

²³³ Rapporté d'Ibn 'Oumar ﷺ par Tabarānī dans *al-Awsat* (2:529 #1910) avec une chaîne solide comme le mentionne Haythamī dans *Majma' al-zawā'id*(3:305).
²³⁴ "*Lā yazālou āhl oul-maghribi (aw al-gharb) dhāhirin hatta taqoūm as sā'ah*".
²³⁵ Hadith et discussion dans *Manāqib ash-shām wa āhlihi* p. 76 cité dans dans *Al-Fitan wa ghawā'ilouha* p 754.
²³⁶ Khattābi dans *Fath al-bārī* (13:47). dans *Sahīh Ibn Hibbān* (16 : 291-292).
²³⁷ Al-Nawawī in *Tahrīr al-tanbīh* (p. 157, s.v. "najd").
²³⁸ Ibn Hajar, *Fath al-bārī* (1959 ed. 13:48).

Dans le suivant hadith, le Prophète ﷺ utilise *machriq* (Est) pour l'Iraq sans distinction.

حدثنا محمد بن علي المروزي ثنا أبو الدرداء عبد العزيز بن المنيب ثنا إسحاق بن عبد الله بن كيسان عن أبيه عن سعيد بن جبير عن بن عباس قال دعا نبي الله صلى الله عليه وسلم فقال اللهم بارك لنا في صاعنا ومدنا وبارك لنا في مكتنا ومدينتنا وبارك لنا في شامنا ويمننا فقال رجل من القوم يا نبي الله وعراقنا فقال إن بها قرن الشيطان وتهيج الفتن وإن الجفاء بالمشرق (رواه الطبراني في الكبير ورجاله ثقات ، الطبراني في الكبير و أبو نعيم في حلية الأوْلياء)

Le Prophète ﷺ dit:

> Oh Allāh! Béni-nous dans notre *sā'a* et dans notre moudd (c'est à dire toute mesure)! Béni-nous dans notre Mècque et dans notre Médine! Béni-nous dans notre *Chām* et dans notre Yémen! Un homme dit: «Oh Prophète d'Allāh! Et notre Iraq!» Le Prophète ﷺ dit: «Il s'y trouve la corne de Satān. Il s'y trouve des dissensions qui déferleront comme des vagues de la mer. En vérité, le manque de respect (*al-jafa'*) sévit à L'Est. (*al-jafa'*)»[239].

Les exemples précédents illustrent que l'Est (*machriq*), Najd et l'Iraq sont souvent synonymes puisque «Est» pour une personne se trouvant à Médine (dans le Hijāz) est dans la direction à la fois du Najd et de l'Iraq. Certaines personnes de façon erronée ramènent ces hadiths exclusivement à l'Iraq. Ceci est incorrect[240] puisque Najd à cette époque comprenait non seulement l'Iraq mais également comme c'est le cas actuellement, tout ce qui se trouve à l'Est de Médine, spécialement les régions au sud de l'Iraq[241]. Tout le long de l'histoire de l'Islam, il y a eu

---

[239] Rapporté d'Ibn 'Abbās par Tabarānī dans *al-Kabīr* (12:84 #12553) avec une bonne chaîne comme le prouve Haythamī dans *Majma' al-zawā'id*(3:305). Aboū Nou'aym rapporte quelque chose de similaire dans le *Hilya* (1985 ed. 6:133).

[240] Cf. al-Raba'i, *Fadā'il al-shām wa dimashq* (p. 6, 27).

[241] Ceci est confirmé par la narration de Boukhārī en sept lieux et Mouslim en six, d'Ibn 'Oumar, que l'Est *(al-Mashriq)* est l'origine de dissension et où la corne de *Chaytān* (ou deux cornes dans une narration de Mouslim) apparaîtra, comme cité auparavant. Le fait que *Mouslim* rapporta que Salim Ibn 'Abd Allāh Ibn 'Oumar appliqua ce hadith aux

plusieurs événements mémorables dans cette région entre le huitième et le neuvième siècle de l'*hégire* jusqu'à l'ère actuelle qui a vu naître les prédictions du Prophète ﷺ selon lesquelles cette région serait émaillée de beaucoup de difficultés et de problèmes.

---

gens d'Iraq ne restraint pas son sens à eux. Il ne confirme que le Prophète a prédit les dissensions en provenance de l'Est telles que le faux prophète Moussaylima le Menteur, les Khawārij et autres.

Le Feu en Provenance du Hijāz

Les prédictions du Prophète ﷺ par moment impressionnent le lecteur, non seulement à cause de leur précisions mais à cause de la minutie de la description des événements. Plusieurs de ceux qui ont lu le hadith suivant l'ont trouvé remarquable dans sa description à la fois vivide et concise des événements qui sont encore aujourd'hui présent en nos esprits.

حدثني حرملة بن يحيى. أخبرنا ابن وهب. أخبرني يونس عن ابن شهاب. أخبرني ابن المسيب؛ أن أبا هريرة أخبره؛ أن رسول الله صلى الله عليه وسلم قال حدثني عبدالملك بن شعيب بن الليث. حدثنا أبي عن جدي. حدثني عقيل بن خالد عن ابن شهاب؛ أنه قال: قال ابن المسيب: أخبرني أبو هريرة؛ أن رسول الله صلى الله عليه وسلم قال "لا تقوم الساعة حتى تخرج نار من أرض الحجاز، تضيء أعناق الإبل ببصرى (رواه مسلم في كتاب الفتن و البخاري)

Aboū Hourayra ؓ rapporta du Prophète ﷺ:

> L'heure ne se manifestera pas jusqu'à ce qu'un feu apparaisse dans la région de l'Hijāz, illuminant les cous des chameaux à Basra.[242]

Pour ceux qui résident à Médine, l'Est se trouve vers Najd et l'Iraq. Ainsi, les chameaux à Basra allongeront leurs cous pour voir un feu en provenance de la direction du Hijāz vers l'Ouest, qui est par rapport à eux dans la même direction que le Najd. Ce gigantesque feu est l'une des prédictions provenant du Najd et pourrait résulter de l'embrasement des champs pétrolifères. Cela peut aussi être l'indice d'un énorme conflit dans la région. Ce hadith montre que cette destruction sera très énorme en comparaison à l'embrasement des champs pétrolifères de 1991.

---

[242] *Sahīh Mouslim* # 6935 and *Sahīh Boukhārī*. "*Lā taqoūm ous-sā'atou hatta takhrouja nāroun min ard il-Hijāz toudī'ou a'nāq oul-ibli bi basrā.*"

Lorsque cet enfer interviendra, aucun lieu sur terre ne sera à l'abri à l'exception de la Mècque, de Médine et de *Châm*.

D'autres hadiths décrivent un énorme conflit qui englobera la région de Basra, l'endroit délimitée par les deux fleuves, le Tigre et l'Euphrate. Ces hadiths pourraient faire allusion à la région actuelle de Baghdad fondée par la dynastie des Abbassides au huitième siècle par le calife Mansoūr.

حدثنا أبو النضر هاشم بن القاسم حدثنا الحشرج ابن نباتة القيسي الكوفي حدثني سعيد بن جمهان حدثنا عبيد الله بن أبي بكرة حدثني أبي في هذا المسجد يعني مسجد البصرة قال

قال رسول الله صلى الله عليه وسلم لتنزلن طائفة من أمتي أرضا يقال لها البصرة يكثر بها عددهم ويكثر بها نخلهم ثم يجيء بنو قنطوراء عراض الوجوه صغار العيون حتى ينزلوا على جسر لهم يقال له دجلة فيتفرق المسلمون ثلاث فرق فأما فرقة فيأخذون بأذناب الإبل وتلحق بالبادية وهلكت وأما فرقة فتأخذ على أنفسها فكفرت فهذه وتلك سواء وأما فرقة فيجعلون عيالهم خلف ظهورهم ويقاتلون فقتلاهم شهداء ويفتح الله على بقيتها

حدثنا سريج حدثنا حشرج عن سعيد عن عبد الله أو عبيد الله بن أبي بكرة قال حدثني أبي في هذا المسجد يعني مسجد البصرة فذكر مثله

Selon Aboū Bakrah:

> Le Prophète ﷺ d'Allāh ﷻ dit: Certains des miens desselleront de leurs montures pour s'installer sur la basse élévation de terre qu'ils appelleront al-Basrā, à coté d'un fleuve nommé Dajla (le Tigre) que surplombe un pont. Ses habitants seront nombreux, et ce sera l'une des principales villes des immigrants (ou l'une des principales villes des Musulmans, selon la version d'Ibn Yahyā qui rapporte d'Aboū Ma'mar). A la fin des temps, mes descendants de Qantoūrā[243] apparaîtront avec des visages

---

[243] Qantoūrā' était l'une des femmes Cananéennes de Sayyidinā Ibrāhīm qu'il avait épousée après les décès de Sārah et Hājar, ou une concubine venue de l'Asie centrale.

larges et des petits yeux et desselleront de leurs montures sur la rive du fleuve. Les habitants de la ville alors seront divisés en trois groupes dont l'un s'occupera du cheptel (ou des chameaux dans une autre version) et (vivra) et périra dans le désert; un autre groupe recherchera la sécurité pour eux-mêmes (dans une autre version: et tomber dans la mécréance, *koufr*) et périra, et un troisième groupe portera leur enfants au dos et combattra les envahisseurs. Ceux qui sont tués seront martyres, Allāh ﷻ accordera la victoire au reste.[244]

Elle lui a donné trois fils que Sayyidinā Ibrāhīm envoya à Khorassān. Ils s'en sont plaint disant qu'Isma'il avait été envoyé dans un lieu saint et que Ishāq était resté à ses côtés alors qu'eux avaient été envoyés à Khorassān. Sayyidinā Ibrāhīm leur apprit une invocation. Lorsqu'ils connurent une sécheresse à Khorasān, les gens recherchèrent ces trois fils pour leur soulager de la sécheresse parce que cette invocation était toujours acceptée. Ils prièrent et il commença à pleuvoir et ce fut la fin de la sécheresse. A la suite de ceci, leurs descendants furent appelés «Khan» -- un titre d'importance chez les Turcs (qui alors habitaient Khorassān). Les gens ne s'en prenaient pas à cette tribu par respect et déférence au point d'éviter qu'une goutte de leur sang ne touche le sol par crainte de la revanche d'Allah. Si l'un des descendants de Qantoūrā' commettait un crime capital, il ne pouvait être puni par l'épée – ce qui était la tradition Turque – à cause du profond respect dont ils jouissaient auprès des Turques. Comme une alternative, on utilisait la corde extensible de l'arc pour l'étrangler, évitant ainsi son sang de toucher le sol et ceci était une tradition des descendants d'Ibrāhīm. Cette pratique s'est répandue parmi tous les Turks.

L'Imām Mounawī dit que les Banī Qantoūrā pourraient être les cousins des Yā'joūj et Mā'joūj, et il cita Ibn Dahīyya en disant qu'ils furent les absents lorsque le reste des Yā'joūj wa Mā'joūj furent emprisonnés par Dhoul-Qarnayn. Mounawī cite aussi Ibn Dahīyya en disant que les Tatars sont issus d'eux; ensuite des Tartars viennent ceux qui combattirent les Oumayyads, et de ces combattants furent ceux qui furent à l'origine de la destruction de Baghdad (et il est probable que ce hadith se rapporte à cet évènement) et à l'assassinat d'al-Mou'tassim (le calife 'Abbaside) et Tamerlane, issu des derniers fut celui qui participa à la destruction de Damas. Par la suite, ils se rependirent à travers le monde.

[244] 'Abd Allāh ibn Mas'oūd et Abd Allāh ibn 'Abbās rapportèrent qu'une tente fut érigée au cours des batailles de Badr et de la tranchée appelée la Tente des Turques, construite par les Musulmans d'origine Turque qui s'étaient installés à Médine. Le Prophète ﷺ pris part à l'érection de cette Tente. Cette Tente devint un poste de commande militaire pour le Prophète ﷺ d'où il donna des instructions. A un moment donné, pendant qu'il fut assis sous la Tente, le Prophète ﷺ dit: "Vous allez conquérir Constantinople et quel noble émir là et quelle noble armée cette armée là." Ainsi, la "Tente des Turques" devint un centre de commandement militaire et un lieu de

Un autre hadith décrit un feu géant provenant d'Hadramawt, Yémen, indiquant qu'il y aura aussi un conflit dans cette région.

حدثنا أحمد بن منيع حدثنا حسين بن محمد البغدادي حدثنا شيبان عن يحيى بن أبي كثير عن أبي قلابة عن سالم بن عبد الله بن عمر عن أبيه قال

signature d'accord ou d'alliance contre un ennemi donné. Partant de ceci, il devint une Sounnah de former des alliances tribales sous une tente appelée Qoubbat al-Tourki. Rapportée par Zainab bint Jahsh: Que le Prophète ﷺ vint à elle dans un état de crainte en disant: "Nul n'a le droit d'être adoré sauf Allah! Malheur aux Arabe à cause du mal qui s'est rapproché. Aujourd'hui, un trou aussi large que ceci a été creusé dans le trou de Gog et Magog", l'illustrant en faisant un cercle avec deux de ses doigts. Zainab dit: "Je dis: 'O Apôtre d'Allah! Serions-nous détruit alors que se trouvent parmi nous des hommes pieux? Il dit: 'Oui, si le mal gagne de l'ampleur". Oumm Salama rapporta: Le Prophète ﷺ se réveilla et dit: "Glorifié soit Allah!: Quelle quantité (oh combien!) de trésors ont été révélés et quelle quantité (oh combien!) d'afflictions s'abattront!" (rapporté par Boukhārī). A cette période là, les Turques, sous le sultanat de Gokturk furent défaits dans une énorme et grand bataille contre les chinois. Le résultat fut que, au lieu d'adopter une attitude défensive, les chinois commencèrent à encercler les territoires des Turques et à restreindre leurs mouvements à une petite région à l'ouest de la Grande Muraille de Chine.

Plus tard en l'an 630 AC, à la bataille de Talas, les Arabes et certains Khanates d'origine Turque s'allièrent pour combattre et défirent les Chinois dans la région du Turkestan. Cela mit fin à l'invasion des Chinois, et les le reste des Turques commencèrent à embrasser l'Islam. La plus part des tribus Turques acceptèrent l'Islam autour de l'année 800 AC.

Il est rapporté que l'Empereur Perse à cette époque fut Noushrevan, reconnu pour sa grande justice. La fille du Hakkān Goktourk (sultan) Turque épousa l'Empéreur, et de cette union, ils eurent trois filles. Lorsque les Sassānids perdirent la guerre contre les armées Musulmanes, les trois filles furent amenées à Sayyidina Oumar comme prisonniers de guerre. En les voyant, il ressentit pour elles beaucoup de compassion. L'une des trios, Banoū Ghazal, fut marié à Sayyidinā Houssayn bin 'Alī et de ce mariage vint Sayyidinā Zayn al-Abidīn. La seconde fille épousa Salim, le petit-fils de Sayyidinā Oumar, et de leur union naquit le cinquième calife bien-guidé, Oumar ibn 'Abd al 'Azīz, connu sous le nom de "second Oumar" pour son sens de justice. La troisième fille épousa le fils de Sayyidinā Aboū Bakr, Mouhammad, et le fruit de leur union fut le grand walī Qāssim bin Mouhammad bin Aboū Bakr as-Siddīq. Sayyidinā al-Qāssim fut le quatrième dans la Chaîne d'Orée Naqshbandi. Il fut éduqué dans sa jeunesse par Salmān Fārsī. A Karbala, tous les enfants de Sayyidinā al-Houssayn furent martyrisés à l'exception de Sayyidinā Zayn al-Ābidīn. Il fut très malade à ce moment là, et l'ennemi, pensant qu'il était mort ne l'acheva pas. De lui, descend la lignée de tous les Āhl al-Bayt issus de Sayyidinā al-Houssayn, raison pour laquelle il est connu comme le Noūh des Sayyids. Il fut transporté à Chām après Karbala pour être soigné de sa maladie.

قال رسول الله صلى الله عليه وسلم ستخرج نار من حضرموت أو من نحو بحر حضرموت قبل يوم القيامة تحشر الناس قالوا يا رسول الله فما تأمرنا قال عليكم بالشام
قال أبو عيسى وفي الباب عن حذيفة بن أسيد وأنس وأبي هريرة وأبي ذر وهذا حديث حسن غريب صحيح من حديث ابن عمر
(الترمذي وأحمد في مسنده)

Le Prophète a dit:

> Un feu géant émergera d'Hadramawt (ou: de la direction de la mer d'Hadramawt) avant le Jour de la Résurrection qui sera la cause d'un grand déplacement de gens.
>
> Ils demandèrent: «Oh Messager d'Allāh ! Que nous ordonnes-tu en ce moment là? Il répondit: «Vous devez aller à *Chām*»[245]. Ce qui indique que la région de la péninsule Arabique ne pourra servir de refuge.

---

[245] D'Ibn 'Oumar par Tirmidhī, Āhmad et autres.

Chām et les *Abdāl*

Le Prophète ﷺ encouragea ses Compagnons à aller à *Chām* et demanda à Allāh ﷻ de la bénir.

عن ابن عمر قال: صلى رسول الله صلى الله عليه وسلم اللهم بارك لنا في شامنا ويمننا (رَواه مسلم من حديث طويل و البخاري،التّرْمذي و أحْمد في مسْنده)

Le Prophète ﷺ dit: «Oh Allāh ﷻ! Béni-nous dans notre Cham et dans notre Yémen!»[246]

Le Prophète ﷺ dit:

Oh Allāh ﷻ! Béni-nous dans notre sā'a et dans notre moudd (c'est-à-dire en toute mesure)! Béni-nous dans notre Mècque et dans notre Médine! Béni-nous dans notre *Chām* et dans notre Yémen![247]

حدثنا عبد الله حدثني أبي حدثنا حيوة بن شريح ويزيد بن عبد ربه قالا حدثنا بقية قال حدثني بجير بن سعد عن خالد بن معدان عن أبي قتيلة عن ابن حوالة أنه قال:

-قال رسول الله صلى الله عليه وسلم سيصير الأمر إلى أن تكون جنود مجندة جند بالشام وجند باليمن وجند بالعراق فقال ابن حوالة خر لي يا رسول الله إن أدركت ذاك قال عليك بالشام فإنه خيرة الله من أرضه يجتبي إليه خيرته من عباده فإن أبيتم فعليكم بيمنكم واسقوا من غدركم فإن الله عز وجل قد توكل لي بالشام وأهله .
(رواه أبو داود و أحْمد في مسْنده)

---

[246] Rapport d'Ibn 'Oumar d'un long hadith dans *Sahīh Boukhārī* (4:390), *Sahīh Ibn Hibbān* (16:290), *Sahīh Mouslim*, Tirmidhī et Āhmad (voir section "Les Tribulations en Provenance de l'Est/Najd.").

[247] Rapport d'Ibn 'Abbās par Tabarānī dans *al-Kabīr* (12:84 #12553) avec une bonne chaîne comme indiqué par Haythamī dans *Majma' al-zawā'id* (3:305). Aboū Nou'aym rapport quelque chose similaire à cela dans le *Hilya* (1985 éd. 6:133).

Le Prophète ﷺ dit:

> Allez à *Chām*, car c'est la crème des terres d'Allāh ﷻ sur terre. Allāh ﷻ l'a choisi pour les meilleurs de sa création comme lieu de résidence. Si vous ne souhaitez vous y rendre, alors allez au Yémén et buvez de ses ruisseaux. Allāh ﷻ m'a garanti la sécurité de *Chām* et de ses habitants.[248]

L'Imām Nawawī, dans son livre *Fadā'il Chām* (Les Mérites de *Chām*), mentionne quarante hadiths du Prophète ﷺ faisant état des immenses mérites de *Chām*. Dans son livre *L'importance de vivre à Chām*, al-'Izz Ibn 'Abd al-Salām dit que dix mille Compagnons sont allés à *Chām* sur les recommandations du Prophète ﷺ.

عَنْ عَبْدِ الله بْنِ العاصِ قال قال النَّبيّ صلى الله عَلَيْهِ و سلَّم لا ليأتينَّ على الناسِ زمانٌ لا يبقى على الأرْضِ مؤْمِن إلا لَحِق بالشام (حاكم)

'Abd Allāh Ibn 'Amr Ibn al-'Ās ؓ rapporta du Prophète ﷺ: «Il arrivera un temps pour l'humanité où certainement tout croyant se rendra à *Chām*».[249]

C'est-à-dire que le croyant abandonnera toute chose pour se rendre à *Chām*.

عن أبي الدرداء قال: قال رسول الله صلى الله عليه وسلم "بينا أنا نائم رأيت عمود الكتَّاب احتمل من تحت رأسي فظننت أنه مذهوب به فأتبعته بصري فعمد به إلى الشام ألا وإن الإيمان حين تقع الفتن بالشام
(رواه البزار ورجاله رجال الصحيح غير محمد بن عامر الأنطاكي وهو ثقة)

---

[248] *Sounan Aboū Dāwoūd. Mousnad Āhmad. Sahīh Ibn Hibbān* (16:295). Hākim, *Moustadrak* (4:510). Bayhaqī, *Sunan al-kubrā* (9:179):
  '*Alaykoum bish-shāmi fa innahā safwatou bilādillāh. Yaskounouhā khīratouhou min khalqihi. Fa man abā fal yalhaq bi-yamanihi. Wal yasqi min ghoudrihi. Fa-inna Allāha 'azza wa jalla takaffal lī shāmi wa āhlih.*

[249] Hākim (4:457). *Sahīh* avec les critères de *Sahīh Boukhārī* et *Sahīh Mouslim*. "*Layatīyanna 'alā an-nāsi zamanoun la yabqā 'alā al-ardi mou'minoun illa lāhiqa bi ash-shām.*"

Le Prophète ﷺ dit:

> En vérité, lorsque les épreuves et tribulations s'abattront (à l'apparition de Dajjāl), la sécurité (ou la foi) sera à *Chām*.[250]

L'Antéchrist couvrira le monde entier mais ne pourra pas entré en trois lieux: la Mècque, Médine et *Chām*. *Chām* est protégé par des anges et c'est le lieu de la Résurrection.

الشام أرضُ المَحشَر و المَنشَر

Aboū Dharr ؓ rapporte du Prophète ﷺ: «La terre de *Chām* est la place de la Résurrection et du Jugement».[251]

حدثنا عبد الله حدثني أبي حدثنا يزيد أنبأنا بهز عَن أبيهِ عَن جَدِّه قال: قلتُ يا رَسُولَ اللهِ أينَ تَأمُرُنِي قال-ها هُنا ونحا بِيَدِه نحو الشَّام قال إنكم مَحشُورُونَ رِجالاً ركبانًا وتجرون علىوجوهكم. (رَوَاهُ أحْمَدُ في مُسْنَدِهِ)

Le Prophète ﷺ dit aussi:

> Vous serez ressuscités, hommes (et femmes), certains à pied, d'autres à dos d'animaux. Et vous serez pris par vos visages par ici. (Et il montra du doigt la direction de *Chām*).[252]

Chām est le lieu de la Résurrection, et c'est un lieu spécial de refuge et de sécurité lorsque la confusion et chaos envahissent le monde. Le Prophète ﷺ mentionna plusieurs hadiths précisément sur les mérites de *Chām*; plusieurs milliers de Compagnons y émigrèrent et plusieurs saints (*awliyā'*) y sont, y compris les Abdāl (Substituts). Bien qu'il n'y ai plus de

---

[250] Tabarānī. "*Alā wa inna al-īmānou hīna taqa'ou al-fitan bi ash-Shām.*"

[251] Āhmad, *Mousnad*. Ibn Mājah. Albānī, *Sahīh al-jami'a* #3620. "*Ash-shāmou ard al-mahshar wal-manshari.*"

[252] (*sahīh*). Āhmad, *Mousnad* (5:3, 5). Tirmidhī, in "Qiyāma" #2426. Rapporté par Bahz bin Hakīm qui l'entendit de son père qui l'entendit de son grand père:
> *Innakoum mahshouroūn rijāloun wa roukbānoun. Wa toujarūna 'alā woujoūhikoum hā-hounnā. (Wa awma'a biyaddihi nahwa ash-shām).*

prophètes, il y a toujours des saints (*awliyā'*) comme Allāh ﷻ les décrit dans le Corān :

$$\text{أَلَا إِنَّ أَوْلِيَاءَ اللَّهِ لَا خَوْفٌ عَلَيْهِمْ وَلَا هُمْ يَحْزَنُونَ}$$

En vérité, les bien-aimés d'Allah seront à l'abri de toute crainte, et ils ne seront point affligés. (Yoūnous 10:62)

حدثني محمد بن عثمان بن كرامة: حدثنا خالد بن مخلد: حدثنا سليمان بن بلال: حدثني شريك بن عبد الله بن أبي نمر، عن عطاء، عن أبي هريرة قال: قال رسول الله صلى الله عليه وسلم: إن الله قال: من عادى لي وليا فقد آذنته بالحرب، وما تقرب إلي عبدي بشيء أحب إلي مما افترضت عليه، وما يزال عبدي يتقرب إلي بالنوافل حتى أحبه، فإذا أحببته: كنت سمعه الذي يسمع به، وبصره الذي يبصر به، ويده التي يبطش بها، ورجله التي يمشي بها، وإن سألني لأعطينه (رواه البخاري)

Aboū Hourayra ؓ rapporta du Prophète ﷺ un hadith *qoudsī* où Allāh ﷻ dit :

> Quiconque manifeste de l'inimité à l'encontre de Mon saint (*walī*), Je lui déclare la guerre. Mon serviteur se rapproche de Moi au moyen de ce qui lui a été enjoint et se rapproche de Moi d'avantage au moyen des actes surérogatoires (*nawāfil*) d'adoration jusqu'à ce que Je l'aime. Quand Je l'aime, Je deviens sa faculté auditive avec laquelle il entend et sa vue avec laquelle il voit et sa main avec laquelle il touche et son pied avec lequel il marche. S'il Me demande quelque chose, Je la lui donne et s'il cherche refuge en Moi, Je le lui accorde».[253]

Allāh ﷻ dit :

---

[253] *Sahīh Boukhārī*, (8:509). Cité et accepté aussi par Ibn Taymīyya :
Man 'adā lī walīyyan faqad ādhantouhou bil-harb... Fa idhā ahbabtouhou kountou sam'ahou alladhī yasma'ou bihi wa basarahou alladhī youbsirou bihi wa yadahou allatī yabtoushou bihā wa rijlahou allatī yamshī bihā. Wa in sa'alanī 'ataytouhou wa la'in ista'ādhanī la-out'iannahou.

$$\text{وَلَوْلَا دَفْعُ اللَّهِ النَّاسَ بَعْضَهُمْ بِبَعْضٍ لَفَسَدَتِ الْأَرْضُ}$$

Et si Allah ne neutralisait pas une partie des hommes par une autre, la terre serait certainement corrompue.. (al-Baqara 2:251)

Dans son explication de ce verset, Ibn Kathīr mentionne le hadith suivant:

$$\text{حدثنا عبد الله حدثني أبي حدثنا عبد الوهاب بن عطاء أنبأنا الحسن بن ذكوان عن عبد الواحد بن قيس عن عبادة بن الصامت عن النبي صلى الله عليه وسلم أنه قال: -الأبدال في هذه الأمة ثلاثون مثل إبراهيم خليل الرحمن عز وجل كلما مات رجل أبدل الله تبارك وتعالى مكانه رجلا (أَخْرَجَهُ أحمد في مسنده ، حاكم و التِّرْمذي في في نوادر الأُصُول، الجلال في كرامات الأولياء)}$$

Le Prophète ﷺ dit:

> Les Substituts (Abdāl) dans cette Communauté sont trente hommes similaires à Ibrāhīm ﷷ, l'Ami du Miséricordieux. Chaque fois que l'un d'eux meurt, Allāh ﷻ le substitue par un autre.[254]

$$\text{عن عبادة بن الصامت قال قال رَسُولُ الله صلى الله عليه و سلم بهم تَقومُ الأَرْضُ و بهم تُمطَرُونَ و بهم تنصَرُونَ(الطبراني في الكبير)}$$

Une version rajoute:

> Au moyen d'eux, le monde tourne *(bihim taqoūm al-ard)*, vous recevez la pluie, et vous accédez à la victoire.[255]

---

[254] Rapporté d'Oubāda Ibn Sāmit par Āhmad dans son *Mousnad*, *Hākim*, Tirmidhī dans *Nawādir al-oussoūl*, Ibn Mardoūyah, et Khallal *Karamāt al-awliyā'*. Haythamī dans *Majma' al-zawā'id*(10:62) indiqua que la chaîne d'Āhmad était bonne, et Souyoūtī le déclara de *sahīh* dans *Jami' al-saghīr*.

[255] Tabarānī dans *al-Kabīr* et Bazzār d' Oubāda Ibn Sāmit. Souyoūtī le déclare *sahīh* dans *Jami' al-saghīr* et Mounawī ne l'a pas contredit dans *Fayd al-qadīr*. Tabarānī rapport aussi dans *al-Kabīr* (10:181) de la part d'Ibn Mas'oūd une narration similaire mentionnant le nombre quarante.

عن أنس قال: قال رسول الله صلى الله عليه وسلم:
"لن تخلو الأرض من أربعين رجلاً مثل خليل الرحمن، فبهم تسقون، وبهم تنصرون، ما مات منهم أحد إلا أبدل الله مكانه آخر".
قال سعيد: وسمعت قتادة يقول: لسنا نشك أن الحسن منهم. رواه الطبراني في الأوسط وإسناده حسن

Le Prophète ﷺ dit:

> La terre ne sera dépourvue de quarante hommes similaires à l'Ami du Miséricordieux [*Ibrāhīm* ﷺ], et à travers eux les gens reçoivent la pluie et l'aide. Aucun d'eux ne meurt sans qu'Allāh ne le substitue par un autre.
>
> Qatāda dit: «Nous ne doutons point que al-Hassan est l'un d'eux».[256]

حدثنا عبد الله حدثني أبي حدثنا أبو المغيرة حدثنا صفوان حدثني شريح يعني ابن عبيد قال: ذكر أهل الشام عند علي بن أبي طالب رضي الله عنه وهو بالعراق فقالوا: إلعنهم يا أمير المؤمنين قال: لا إني سمعت رسول الله صلى الله عليه وسلم يقول:
-الأبدال يكونون بالشام وهم أربعون رجلا كلما مات رجل أبدل الله مكانه رجلا يسقى بهم الغيث وينتصر بهم على الاعداء ويصرف عن أهل الشام بهم العذاب (أخرَجه الإمام أحمد في مسنده الهيثمي في الزوائد و غيرهم)

Chourayh Ibn 'Oubayd ؓ dit que les gens de *Chām* furent mentionnés en présence d'Alī Ibn Aboū Tālib ؓ pendant qu'il se trouvait en Iraq, et certains lui dirent: «Maudit-les, Oh Commandeur des Croyants!». Il répondit:

> «Non, j'ai entendu le Messager d'Allāh ﷺ dire: « Les substituts (*al-abdāl*) sont à *Chām*, et ils sont au nombre de quarante hommes et Chaque fois que l'un d'eux meurt, Allāh ﷻ le substitue par un autre. Au moyen d'eux, Allāh

---

[256] Rapporté d'Anas et Tabarānī dans *al-Awsat* comme cite dans *Majma' al-zawā'id*(10:63).

envoie la pluie, nous donne victoire contre nos ennemies et épargne la population de *Châm* du châtiment».[257]

لَا تَسُبُّوا أَهْلَ الشَّامِ وَلكِنْ سُبُّوا شِرَارَهُم فَإِنَّ فِيهِم الأَبْدَال ....
(أَخْرَجَهُ الحاكم و صَحَّحه و ذهب الذهبي في مختصره)

'Alī Ibn Abī Tālib ﷺ rapporta du Prophète ﷺ:

Ne maudissez pas les gens de *Châm* mais insultez leur injustice, car parmi eux se trouvent les Abdāl.[258]

لَا تَسُبُّوا أَهْلَ الشَّامِ فَإِنَّ فِيهِم الأَبْدَال و سُبُّوا ظُلْمَتَهم (أَخْرَجَه الحاكم و صَحَّحه و ذهب الذهبي في مختصره)

Une autre narration dit qu'Alī Ibn Abī Tālib ﷺ dit aux gens d'Iraq:

---

[257] Rapporté par Āhmad dans son *Mousnad* et *Fadā'il al-sahāba* (2:906) avec une bonne chaîne comme indiqué par Sakhāwī dans *al-Maqāsid*, Haythamī dans *Majma' al-zawā'id*, Mounawī dans *Fayd al-qadīr*, Souyoūtī dans *Khabar al-dāll* et Ghoumarī dans ses notes sur le dernier dont il déclare les narrateurs de digne de confiance. Similairement, Souyoūtī le déclare de bon dans *Jami' al-saghīr*. Sakhāwī cita la narration de Shourayh Ibn 'Oubayd comme le plus important rapport sur les *Abdāl* et dit dans *Maqāssid al-hassana* (p. 33 #8):

> Ce qui renforce ce hadith et explique pourquoi il est utilisé couramment par les Imāms est ce qu'a dit notre Imām, al-Shafi'ī, au sujet d'un certain homme: "Nous le considérons être l'un des abdal», et la déclaration de Boukhari au sujet d'un autre: «Ils ne doutèrent pas qu'il fut l'un des abdal», et d'autres à part ces deux parmi les grands savants intègres, maîtres de hadiths et Imams employèrent aussi cette même description concernant d'autres personnes, déclarant qu'elles étaient du groupe des Abdāl.

Aboū Hātim dit au sujet d'Abd al-Kabīr Ibn Mou'afī qu'il fut considéré comme l'un des *Abdāl*. Aboū Dawoūd dans le *Sounan* rapporte la même chose de Mouhammad Ibn 'Isā au sujet d'Anbassa al-Qourashī. Ibn Mājah dans son *Sounan* dit la même chose de Yahyā Ibn 'Outhman al-Himsī, al-Khatīb dans *Jami' li akhlāq al-rawi* (2:229) d'Aboū 'Oumar al-Khawlānī, Bayhaqī dans *Shou'ab* (4:137) de Jābir Ibn Marzoūq, Daraqoutnī dans *al-'Ilal* (6:63) de Nadr Ibn Kathīr al-Sa'dī, Nawawī in *Boustān al-'arifīn* (p. 31) du maître de hadith Hammād Ibn Salāma Ibn Dīnār (d. 167), Fattānī dans son *Tadhkira* de Houbaysh Ibn Dīnār, etc. (*takhrīj* Dr. Gibril Haddad).

[258] Rapporté comme une partie d'un long hadith d'Alī par Tabarānī dans *al-Awsat*, *Nou'aym* et *ibn Assākir*.

Ne maudissez pas les gens de *Chām*, car parmi eux se trouvent les Substituts (*al-Abdāl*), plutôt maudissez leur injustice.[259]

Souyoūtī, dans *Ta'aqqoubāt 'al al-mawdoū'at*, affirme que la mention Prophétique de l'existence des Abdāl est *sahīh* et son sens général est *moutawātir* (généralement connue et acceptée)[260]. Ceci est confirmé par le maître d'hadith al-Kattanī dans son *Nazm al-moutanathir* (p. 220-221). La position de Souyoūtī est soutenue par le fait que les pieux Musulmans des trois premiers siècles de l'après-Hégire croient en l'existence des Abdāl, et Ibn Taymiyya lui-même incorpora une telle croyance dans sa doctrine Islamique intitulé *al-'Aqīda al-wāssitīyya*!

---

[259] Rapporté par *Hākim* qui l'attribue le grade d'authentique *(sahīh)* et Dhahabī le confirma.
[260] Un hadith est dit être *moutawātir* (lit. répété successivement ou ainsi de suite) lorsqu'il est rapporté par un tel grand nombre qu'il est impossible qu'ils se soient mis en accord sur le mensonge, de telle sorte que le fait qu'il soit communément accepté rend son autorité incontestable. Plusieurs hadiths appartenant à cette catégorie ont été acceptés par plusieurs générations de Musulmans depuis le temps du Saint Prophète. (Ibn Hajar al-'Asqalānī dans *Sharh noukhbat al-fikr*)

Les Occidentaux Embrassent l'Islam

Le Prophète donna un indice dans le hadith suivant, à savoir qu'au cours des Derniers Jours de ce monde, les gens de l'Ouest (*al-maghrib*) entreraient dans l'Islam en nombre important.

حدثنا عبدالملك بن شعيب بن الليث. حدثني عبدالله بن وهب. أخبرني الليث بن سعد. حدثني موسى بن علي عن أبيه، قال: قال المستورد القرشي، عند عمرو بن العاص:

سمعت رسول الله صلى الله عليه وسلم يقول "تقوم الساعة والروم أكثر الناس". فقال له عمرو: أبصر ما تقول. قال: أقول ما سمعت من رسول الله صلى الله عليه وسلم. قال: لئن قلت ذلك، إن فيهم لخصالا أربعا: إنهم لأحلم الناس عند فتنة. وأسرعهم إفاقة بعد مصيبة. وأوشكهم كرة بعد فرة. وخيرهم لمسكين ويتيم وضعيف. وخامسة حسنة وجميلة: وأمنعهم من ظلم الملوك (مسلم في كتاب الفتن)

Moustawrid al-Qoūrachi ﷺ, en visite chez 'Amr Ibn al-'Ās ﷺ lui relata le hadith suivant:

> Moustawrid al-Qoūrachi ﷺ dit qu'il entendit le Prophète ﷺ dire: «(Lorsque) l'Heure (Les Derniers Jours) s'annonce, les Roūm constitueront la majorité des gens». Lorsqu'Amr Ibn al-'Ās entendit ceci, il dit avec étonnement: «Fait attention à ce que tu dis!» Moustawrid al-Qoūrachi ﷺ dit: «Je dis ce que j'ai entendu du Messager d'Allāh ﷺ». 'Amr Ibn al-'Ās ﷺ dit: «Si tu confirmes ceci, alors il est vrai que résident en eux quatre qualités. Ils sont les plus sereins et patients face aux épreuves et aux tribulations. Ils se ressaisissent rapidement après des troubles (cherchant à résoudre le problème). Ils attaquent encore après avoir battu en retraite. Ils sont bienveillants avec les nécessiteux, les orphelins et les faibles. Une cinquième de leur qualité qui

leur est inhérente est qu'ils ne tolèrent pas l'oppression des tyrans».[261]

Voici est un hadith très intéressant du Prophète ﷺ au sujet duquel plusieurs personnes ont masqué leur inaptitude à le comprendre parce que jusqu'à récemment, le hadith n'étais pas bien compris. Les Musulmans ont accordé peu d'importance à ce hadith bien qu'il soit documenté et accepté par le défunt écrivain «Salafi» Nāsir al-Dīn Albānī qui rejeta tant d'hadiths. Albānī essaya d'éliminer certains détails du corps principal du hadith autant qu'il put. Pourtant, lorsqu'il «corrigea» les livres de hadiths *sahīh* pour éliminer les narrations qu'il jugea de fausses, il ne put rejeter ce présent hadith. Avoir survécu un tel dépouillement où plusieurs autres hadiths acceptables et fondés furent rejetés, indique que ce hadith-ci est particulièrement enraciné et sa validité est indéniable. En dépit du fait que ce hadith soit unanimement accepté par tous les savants et qu'il soit mentionné dans *Sahīh Mouslim*, les Musulmans aussi, tous l'ont ignoré. Etant donné que le sens de ce hadith ne fut pas bien compris, les Musulmans dans le passé ne purent apprécier comment de façon limpide ce hadith dévoile la grandeur du Prophète ﷺ. Aujourd'hui son sens est évident. Avant d'entamer la discussion de ce hadith, réitérons que ceci est seulement une explication du hadith du Prophète ﷺ sans velléité de support ou de critique politique d'un quelconque régime que ce soit.

Al-Qourachi ؓ mentionna à 'Amr Ibn al-'Ās ؓ que le Prophète ﷺ dit: «*ar-Roūm* constituerait la majorité des gens». Dans le passé, on faisait référence aux non-Musulmans comme *'Ajam* (les Perses) et *Roūm* (les Romains). Tout peuple d'Europe ou de l'extérieur de la péninsule arabique était appelé *Roūm*. En fait, *ar-Roūm* a deux sens: l'un se réfère aux *Āhl al-Kitāb* (Les gens du Livre), et dans ce cas particulier à ceux qui

---

[261] *Sahīh Mouslim*, "Kitāb al-Fitan" #2898, et mentionné par l'élève d'Albānī, Moustafa Shalabī dans son *Sahīh ashrāt as-sā'at*, p. 179:
   Taqoûm as-sâ'atou war-roûmou akthar oun-nâsi... Qāl la'in qoulta dhālika inna fîhim la-khisālan arbá'an: Innahoum la-ahlamou an-nāssi 'inda fitnatin: wa asrā'ouhoum ifāqatan ba'da moussibatin. Wa awshakouhoum karratan ba'da farratin. Wa khayroūhoum li miskīnin wa yatīmin wa da'īfin. Wa khāmissatou hassanatoun jamīlatoun: Wa amnā'ouhoum min dhoulm il-mouloūki.

vivent en Europe de l'Est. Le deuxième sens auquel ce hadith se réfère apparemment est ceux de Constantinople (Istanbul des temps moderne), les peuples de l'Europe et la civilisation Occidentale en générale. Le Prophète ﷺ fait référence à *ar-Roūm* qui sera le plus grand groupe et constituera la majorité des gens au cours des Jours Derniers. Aujourd'hui, il y a 1.2 milliard de Musulmans, mais le total des *Āhl al-Kitāb* réuni est au-delà de ce chiffre. Le Prophète ﷺ dit que *ar-Roūm* serait le groupe le plus en nombre lorsque l'Heure interviendra. C'est une assertion remarquable pour les Musulmans parce qu'elle indique une proximité de l'Heure.

Le Prophète ﷺ dit aussi que l'Islam entrera dans chaque foyer sur terre. Ainsi, lorsque Moustawrid al-Qoūrachi ؓ rapporta à Ibn al-'Ās ؓ le hadith au sujet de *Roūm* comme étant la majorité, ce dernier s'exclama: «Qu'est-tu es en train de dire? Fais attention! Ceci contredit le hadith du Prophète ﷺ que l'Islam entrera dans chaque maison». Al-Qoūrachi ؓ répliqua: «Je ne répète que ce que j'ai entendu le Prophète ﷺ dire». 'Amr Ibn al-'Ās ؓ se ravisa alors et décrivit les excellentes qualités des *Roūm*, ce qui était une indication qu'ils accepteraient facilement l'Islam. Ils sont les plus calmes et patients face aux tribulations et à la confusion. Ce qui veut dire qu'ils restent lucides et sur le qui-vive et essaient de résoudre le problème auquel ils sont confrontés. Ils recouvrent leurs sens après perturbation et rapidement passent à la normalisation après une tragédie. Dans le même élan, ils essaient d'attirer l'attention des gens sur le problème en cours en vue de sa résolution. Ils partent de nouveau à l'offensive après la retraite. Ils sont bienveillants envers les nécessiteux, les orphelins et les faibles tout en supportant aussi les causes humanitaires à travers le monde. La cinquième qualité mentionnée est qu'ils ne supportent pas la tyrannie des leaders sur les peuples, en d'autres termes, ils défendent les droits de l'homme.

L'Imām Boukhārī commente ce hadith des *ar-Roūm* constituant la majorité en indiquant qu'«au cours des Jours Derniers, *ar-Roūm* acceptera l'Islam parce que ces excellentes qualités ne se retrouvent que chez des gens qui ont la foi. (*Īmān*) (*hadhā yadoullou, wa Allāhou 'alam, inn ar-roūma sayaslamoūna fī ākhir iz-zamān...*)».

حدثنا علي بن حجر حدثنا عبد الله بن جعفر حدثني ثور بن زيد الديلي عن أبي الغيث عن أبي هريرة قال

كنا عند رسول الله صلى الله عليه وسلم حين أنزلت سورة الجمعة فتلاها فلما بلغ ﴿ وَآخَرِينَ مِنْهُمْ لَمَّا يَلْحَقُوا بِهِمْ ﴾ قال له رجل يا رسول الله من هؤلاء الذين لم يلحقوا بنا فلم يكلمه قال وسلمان الفارسي فينا قال فوضع رسول الله صلى الله عليه وسلم يده على سلمان فقال والذي نفسي بيده لو كان الإيمان بالثريا لتناوله رجال من هؤلاء

قال أبو عيسى هذا حديث حسن وقد روي من غير وجه عن أبي هريرة عن النبي صلى الله عليه وسلم وأبو الغيث اسمه سالم مولى عبد الله بن مطيع مدني (يعني الفارس و الرّوم) (في سنن الترّمذي في كتاب المناقب و البخاري في كتاب تفسير القرآن و أحمد في مسنده

L'Imām Boukhārī corrobore cette conclusion avec un autre hadith où le Prophète ﷺ dit:

> Je jure par Celui (Allāh ﷻ) qui détient mon âme que si la foi se trouvait dans les cieux, le premier groupe de gens à s'en saisir serait les Roūm et les Perses.[262]

Ce qui veut dire que les non-Musulmans se rueraient pour s'agripper à la foi (Islam) même si elle se trouvait dans les cieux. Ainsi, le Prophète ﷺ prédit il y a quatorze siècles que les occidentaux entreraient dans l'Islam au cours des Jours Derniers, et c'est ce que nous constatons aujourd'hui. En dépit des adversités qu'ils rencontrent, les occidentaux sont en train d'accepter l'Islam en vagues par la grâce d'Allāh ﷻ. Ceci n'est pas difficile pour Allāh ﷻ comme Il dit:

وَلَٰكِنَّ اللَّهَ يَهْدِي مَن يَشَاءُ

Allah guides qui Il veut (al-Qasas 28:56)

---

[262] *Sahīh Boukhārī*, (6: 63) dans l'explication de la *Soūrat al-Joumouʿah* et dans *Sahīh Mouslim* #2546:
> *Wa alladhī nafsī bi yadihi law kāna al-īmān bi thouraya latanāwalouhou rijāloun min hāʾoula (yʿanī faris wa roūm).*

L'Islam Entre Dans Chaque Foyer

Allāh ﷻ mentionne dans le Saint Corān :

فَأَقِمْ وَجْهَكَ لِلدِّينِ حَنِيفاً فِطْرَةَ اللَّهِ الَّتِي فَطَرَ النَّاسَ عَلَيْهَا لا تَبْدِيلَ لِخَلْقِ اللَّهِ ذَلِكَ الدِّينُ الْقَيِّمُ وَلَكِنَّ أَكْثَرَ النَّاسِ لا يَعْلَمُونَ

Soumets-toi donc humblement à la Religion, en pur croyant, selon la nature dont Dieu a doté les hommes en les créant. La création de Dieu n'admet pas de changement. Telle est la Religion immuable, mais la plupart des hommes ne savent pas.
(ar-Roūm 30:30)

حدثنا عبدان: أخبرنا عبد الله: أخبرنا يونس، عن الزهري قال: أخبرني أبو سلمة بن عبد الرحمن: أن أبا هريرة رضي الله عنه قال: قال رسول الله صلى الله عليه وسلم ما من مولود إلا يولد على الفطرة، فأبواه يهودانه، أو ينصرانه، أو يمجسانه، (مسلم في كتاب الجنائز و الترمذي في كتاب القدر، و أحمد في مسنده و غيرهم)

Aboū Hourayra ؓ rapporta que le Prophète ﷺ dit :

> Chaque enfant naît dans un état d'innocence (*fitra*). Ses parents le façonnent selon [une foi ou une autre].[263]

Le Prophète ﷺ n'a pas dit que les parents d'autrui font de lui un Musulman parce que tout être humain naît Musulman, dans un état d'Islam (c'est-à-dire soumission). Ainsi, les enfants nés de famille Musulmane demeurent Musulmans. La religion d'une personne peut être altérée par la croyance de ses parents, mais la réalité de l'état d'innocence originelle de l'Islam demeure en chacun et ne disparait jamais. Les parents non-Muslmans peuvent modifier la nature intrinsèque des croyances naturelles de l'enfant, mais la lumière de la foi qui réside au sein du cœur ne peut être éteinte et peut être ravivée à tout moment.

---

[263] *Sahīh Boukhārī* et *Sahīh Mouslim*. "*Mā min mawloūdin illa yoūladou 'alā al-fitrati fa abawāhou youhawwidānihi aw younasirrānihi aw youmajjisānihi…*"

Ceci est un fait évident aujourd'hui avec la conversion à l'Islam de milliers de gens d'origine diverses. Au fur et mesure que les Jours Derniers approchent, Allāh ﷻ guide les non-Musulmans à la voie directrice (*hidāya*) afin de les ramener à leurs origines spirituelles; ce faisant, ils retournent à l'Islam, la religion primordiale de l'humanité et sa nature intrinsèque.

Le fait que le verset apparaît dans la *Soūrah* qui désigne les gens de l'Ouest, *Roūm*, semble confirmer l'inclination de ce groupe vers la foi Islamique *c'est à dire l'état d'innocence dans lequel Allāh* ﷻ *créa tous les êtres humains* ... En outre, la *Soūrah* commence comme suit:

الم(1) غُلِبَتِ الرُّومُ(2) فِي أَدْنَى الْأَرْضِ وَهُم مِّن بَعْدِ غَلَبِهِمْ سَيَغْلِبُونَ(3) فِي بِضْعِ سِنِينَ لِلَّهِ الْأَمْرُ مِن قَبْلُ وَمِن بَعْدُ وَيَوْمَئِذٍ يَفْرَحُ الْمُؤْمِنُونَ(4) بِنَصْرِ اللَّهِ يَنصُرُ مَن يَشَاءُ وَهُوَ الْعَزِيزُ الرَّحِيمُ(5)

Alif. Lam. Mim. Les Romains ont été vaincus dans le pays tout proche; mais après leur défaite, ils seront vainqueurs dans dix années. Le commandement appartient à Dieu, avant et après. Ce jour-là, les croyants se réjouiront de la victoire de Dieu. Il donne la victoire à qui Il veut; Il est le Puissant, le Clément. (ar-Roūm 30:1-5)

Ces versets furent révélés lorsque les Perses l'emportèrent sur les Byzantins, à *Chām*, Grande Syrie[264]. En cette période, les croyants avaient espéré la victoire des byzantins qu'ils savaient être des Gens du Livre (*Āhl al-kitāb*) et qu'ils préféraient aux idolâtres Perses. Plus tard, lorsque la prédiction de la victoire des *Roūm* fut accomplie au terme de neuf ans après que ces versets furent révélés, les croyants s'en réjouirent. Cela marque l'affinité entre les Musulmans et les Gens du Livres au détriment des idolâtres. Il est ainsi facile à comprendre de ceci une prémonition de bonne augure pour les gens de *ar-Roūm*, et quel plus grand Bonheur que le ralliement de leurs cœurs à l'Islam comme confirmation de

---

[264] Note du traducteur: selon l'encyclopédie Wikipédia, La Grande Syrie, aussi appelée Syrie est un terme irrédentiste qui désigne une région historique du Moyen-Orient, sur les bords de la Méditerranée. On considère généralement qu'elle comprend grossièrement les territoires des états actuels de Syrie, du Liban, de Jordanie, d'Israël ainsi que les territoires palestiniens, certaines parties de l'Irak, le Sinaî et la province de Hatau en Turquie.

l'acceptation d'Allāh ﷻ et un accomplissement de leur foi. Pour cette raison, nous constatons une inclination des gens de l'Ouest vers l'Islam qui le perçoivent comme un parachèvement des Ecritures Saintes (la Bible et la Torah) et une finalisation de ce message.

L'Islam, en tant que religion de bienfaisance, s'opposera toujours au mal d'où qu'il vienne. L'Islam se saisit de toute opportunité pour sympathiser avec quiconque de la famille humaine se trouvant dans le besoin, lui venant en aide, faisant fi de son identité et de sa localité. Les promoteurs de l'Islam recherchent l'amour de leur Seigneur et cherchent à promouvoir cet amour au sein de l'humanité. Ils ne sont pas à la recherchent de pouvoirs politiques ou autres. Ils font preuve d'humilité devant leur Seigneur et ces signes sont palpables sur leurs visages. Leurs visages reflètent leur état de profonde humilité et d'obéissance à leur Créateur.

Allāh ﷻ dit dans le Saint Corān:

هُوَ الَّذِي أَرْسَلَ رَسُولَهُ بِالْهُدَى وَدِينِ الْحَقِّ لِيُظْهِرَهُ عَلَى الدِّينِ كُلِّهِ وَكَفَى بِاللَّهِ شَهِيدًا

C'est Lui qui a envoyé Son Messager avec la direction éclairante et la religion de Vérité pour la faire prévaloir de toute religion. Et Dieu suffit comme Témoin. (al-Fath 48:28)

Ce verset indique que le fait qu'Allāh ﷻ ait envoyé le Prophète ﷺ avec une direction éclairante et la Religion de vérité pout toute l'humanité, procède d'un agencement Divin. La divulgation spectaculaire de l'Islam par le Saint Prophète ﷺ témoigne de la véracité et de la portée de son essence, car en réalité il n'y a aucun lieu où il n'est arrivé ou n'a influencé. Selon l'explication de ce verset par les savants de la mouvance générale[265], l'Islam atteindra chaque recoin de la terre. Dans un autre verset, Allāh ﷻ dit dans le Saint Corān:

إِنَّ الدِّينَ عِندَ اللَّهِ الْإِسْلَامُ

Certes, la religion auprès de Dieu est Islam. (Āl-'Imrān 3:19)

---

[265] Note du traducteur: il s'agit d'*Ahl Sounna wa Jama'a*.

La religion d'Allāh ﷻ est l'Islam et par conséquent, personne ne pourrait entraver sa progression sauf si Allāh ﷻ décide autrement. Allāh ﷻ promet de protéger la religion de l'Islam et ce jusqu'au Jour du Jugement Dernier:

$$\text{إِنَّا نَحْنُ نَزَّلْنَا الذِّكْرَ وَإِنَّا لَهُ لَحَافِظُونَ}$$

Certes, Nous avons fait descendre le Rappel (Qour'an, Islam) et, certes, Nous en sommes le gardien....
(al-Hijr 15:9)

$$\text{حدثنا أبو المغيرة قال حدثنا صفوان بن سليم قال حدثني سليم بن عامر عن تميم الداري قال سمعت رسول الله صلى الله عليه وسلم يقول ليبلغن هذا الأمر ما بلغ الليل والنهار ولا يترك الله بيت مدر ولا وبر إلا أدخله الله هذا الدين بعز عزيز أو بذل ذليل عزا يعز الله به الإسلام وذلا يذل الله به الكفر وكان تميم الداري يقول قد عرفت ذلك في أهل بيتي لقد أصاب من أسلم منهم الخير والشرف والعز ولقد أصاب من كان منهم كافرا الذل والصغار والجزية." (أَخْرَجَهُ أحمد في مسنده ، الهَيْثَمي في الزوائد، البخاري في التاريخ و غيرهم)}$$

Le Prophète ﷺ dit:

> Cette cause noble parviendra où que le jour et la nuit accèdent. Allāh ﷻ n'épargnera aucune maison[266], même isolée, ni aucune tente[267] (c'est à dire ni ville ni région isolée de telle sorte que cette Religion y pénètre, élevant et honorant certains, alors que humiliant et rabaissant d'autres. Il rehaussera et honorera l'Islam alors qu'Il humiliera et rabaissera la mécréance[268].

---

[266] *Madar* – littéralement une maison en terre battue; indiquant villes et cités.
[267] *Wabar* -- une tente faite de peaux d'animaux ou une cave, indiquant des zones non peuplées.
[268] Rapporté de Tamīm al-Dārī par Āhmad dans son *Mousnad* avec une chaîne de narrateurs *sahīh* cf. al-Haythamī, *Majma' al-zawā'id* (6:14, 8:262); *Boukhārī* in *Tārīkh al-kabīr* (2:150 #2016); Tahawī, *Sharh Moushkil al-āthār*; Tabarānī, *al-Kabīr* (2:58 #1280) et *Mousnad al-shāmiyyīn* (2:79 #951); Ibn Mandah, "Kitāb al-Īmān" (2:982 #1085); Hākim dans le *Moustadrak* (4:330=1990 ed. 4:477 "*Sahīh* par le critère de *Boukhārī* et *Mouslim*,"

Aussi bien que la nuit et le jour sont partout visibles, ainsi en sera t-il de l'Islām, la religion d'Allāh ﷻ. Par Son Ordre Majestueux, Allāh ﷻ permettra à l'Islām de pénétrer chaque maison partout sur terre. Allāh ﷻ rehaussera la dignité des croyants et rabaissera les oppresseurs et les malfaisants. Lorsque Nemrod se dressa contre le Prophète Abrāham ﷺ, Allāh ﷻ l'humilia alors qu'il honora le Prophète Abrāham ﷺ en lui accordant la victoire sur Nemrod. Le même scénario se répéta lorsque Pharaon s'opposa au Prophète Moïse ﷺ. Pharaon fut noyé en mer et Moïse ﷺ fut victorieux. Lorsque les idolâtres s'opposèrent au Prophète Mouhammad ﷺ, ils échouèrent, et le Prophète ﷺ triompha en conformité à ce qu'Allāh ﷻ dit:

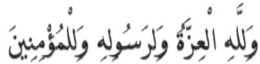

La Force et la Dignité appartiennent à Allah et à Son Messenger, ainsi qu'aux Croyants. (al-Mounafiqoūn 63:8)

Allāh ﷻ peut éprouver les croyants au moyen de difficultés, mais en ressort final, la vérité prévaudra sur le mensonge comme Allāh ﷻ et Son Prophète ﷺ l'ont promis.

Les prédictions de Prophète ﷺ faites il y a quatorze siècles au sujet de l'expansion de l'Islām commence à se manifester. L'Islām s'est répandu loin et partout et est bien connu dans le monde en dépit des efforts continus et soutenus pour dissuader le flot de personnes qui y adhèrent. En dépit des millions de dollars qui sont dépensés pour détourner les gens de l'Islām, l'Islām demeure la religion la plus rapide du monde en termes d'expansion. Les Musulmans comme les non-Musulmans sont désormais enclins à savoir davantage sur l'Islām. L'on trouve le Corān dans les bibliothèques, les librairies et dans les demeures de beaucoup de non-Musulmans.

---

al-Dhahabī l'accepte); et Bayhaqī, *Sounan al-koubrā* (9:181) le rapporte aussi de Miqdād ibn al-Aswad par Āhmad avec une bonne chaîne. Albānī dit aussi dans *Silsila sahīha* page 173, que c'est *sahīh*:

> Layabloughanna hādha al-amrou mā balagha al-laylou wan-nahār. Wa lā yatroukou Allāhou baytou madarin wa lā wabarrin illa adkhalahou Allāhou hādha ad-dīn. Bi 'izzin 'azīzin aw bi dhillin dhalīlin, 'izzan you'izzou Allāhou bihi al-Islāma, wa dhillan youdhillou bihi koufra.

Le livre Saint de l'Islam a atteint les quatre coins du monde au moyen des émissions des satellites et de la télévision. Les médias ont acheminés l'Islam au sein des demeures à travers le monde. Bien que ce ne fut pas le dessein de ces réseaux de communications, Allāh ﷻ de par Sa sagesse, a permis leur existence afin que le message de l'Islam atteigne chaque demeure ou îlot, réalisant la prédiction du Prophète ﷺ.

Allāh ﷻ dit dans le Saint Corān:

وَمَكَرُواْ وَمَكَرَ اللّهُ وَاللّهُ خَيْرُ الْمَاكِرِينَ

Et les autres se mirent à stratégier. Allah aussi stratégie. Et Allah est le meilleur des stratèges. (Āl-'Imrān 3:54)

Le plan d'Allāh ﷻ prévaudra sur n'importe quel dessein planifié par les hommes. L'Islam se répand partout, et même les dirigeants des pays non-Musulmans défendent la religion, témoignant du fait que l'Islam est une religion de paix et de tolérance.

Pour une personne ayant vécu cent ans ou même vingt ans auparavant, il aurait été invraisemblable que l'Islam puisse être le sujet sur toutes les lèvres comme c'est le cas aujourd'hui. L'Islam est le sujet en vogue dans le monde entier, et même au pôle Nord, les Esquimaux connaissent l'Islam, aussi bien qu'un visiteur au pôle Sud en parle[269]. Cette prophétie – que l'Islam pénétrera dans chaque maison – s'est accomplie. Ceci est encore un autre exemple que le Prophète ﷺ ne parle que de ce qu'Allāh ﷻ lui révéla.

وَمَا يَنطِقُ عَنِ الْهَوَى إِنْ هُوَ إِلَّا وَحْيٌ يُوحَى

Il ne parle pas par caprice, ce n'est là qu'une révélation révélée.
(Najm 53:3-4)

Ce hadith est aussi une révélation de la part d'Allāh ﷻ[270], et ce qu'Il ﷻ révéla à Son Prophète ﷺ il y a plusieurs années de cela s'est accompli. Telle est la carrure du Prophète Mouhammad ﷺ qu'Allāh ﷻ honora au

---

[269] L'Antarctique est une zone internationale, inhabitée, l'unique place où l'un peut se rendre sans visa. Même dans un tel lieu isolé du monde, un visiteur se familiarise avec l'Islam.
[270] Voir aussi la section "Rejection de Hadith."

moyen de telles connaissances miraculeuses que personne n'a possédé ni avant ni après lui.

L'Antéchrist (Dajjāl)

A L'instar de tous les prophètes et messagers avant lui, le Prophète Mouhammad ﷺ a prédit la venue de l'antéchrist comme l'un des signes ultimes précédant l'avènement du Jour du Jugement.

حدثنا علي بن محمد حدثنا عبد الرحمن المحاربي عن إسمعيل بن رافع أبي رافع عن أبي زرعة السيباني يحيى بن أبي عمرو عن عمرو بن عبد الله عن أبي أمامة الباهلي قال

خطبنا رسول الله صلى الله عليه وسلم فكان أكثر خطبته حديثا حدثناه عن الدجال وحذرناه من قوله أن قال إنه لم تكن فتنة في الأرض منذ ذرأ الله ذرية آدم أعظم من فتنة الدجال وإن الله لم يبعث نبيا إلا حذر أمته الدجال وأنا آخر الأنبياء وأنتم آخر الأمم...... (روى في سنن إبن ماجة في كتاب الفتن)

Le Prophète ﷺ dit:

> Oh gens! Depuis le temps d'Adam ﷺ, il n'y a aucune tribulation aussi grande que celle de l'avènement de l'antéchrist (Dajjāl). En vérité, chaque prophète envoyé par Allāh a averti sa communauté à propos de Dajjāl. Je suis le Dernier Prophète et vous êtes la Dernière Oummah...[271]

Le Prophète Mouhammad ﷺ est le Prophète de tous, Musulmans et non-Musulmans. Dans ce hadith, le Prophète ﷺ s'adresse à l'humanité entière en disant: «Oh êtres humains!» (*nās*) non pas: «Oh Musulmans!»

---

[271] (*sahīh*). Ibn Mājah #4128 "Kitāb al-Fitan." Hākim, *Moustadrak* (4:436 et 437). Souyoūtī, *Jami' al-saghīr* #4752. Albānī, *Silsila sahīha* #2457:

> *Yā ayyouhā an-nās innahā lam takoun fitnatin 'alā wajh al-ard moundhou dharā dhourrīyata ādam 'azham min fitnat id-dajjāl. Inna Allāha ('azza wa jall) lam yab'ath nabīyyan illa hadhar oummatahou min al-dajjāl. Wa anā ākhir oul-anbiyā'a wa antoum ākhir oul-oumam...*

ou «Oh croyants!» L'émergence du Massīh ad-Dajjāl (Dajjāl, le Faux Messie ou Antéchrist) est véritablement un événement effroyable pour tous les habitants de la terre et adviendra au cours des Jours Derniers. «Il sillonnera la terre, répandant partout la corruption»[272] et sèmera la frayeur parmi les croyants, fera basculer leur foi de la croyance en mécréance. Même les Compagnons du Prophète ﷺ, il y a quatorze ans de cela, furent pris de peur à l'idée de l'avènement du Dajjāl.

Le Dajjāl surgira entre *Chām* et l'Iraq, et d'autres hadiths suggèrent qu'il émergera de Khorassan, l'Iran et avancera rapidement pour couvrir toute la terre.

حدثنا الوليد بن مسلم. حدثنا عبدالرحمن بن يزيد بن جابر عن يحيى بن جابر الطائي، عن عبدالرحمن بن جبير بن نفير، عن ابيه، جبير بن نفير، عن النواس بن سمعان، قال:

ذكر رسول الله صلى الله عليه وسلم الدجال ذات غداة. فخفض فيه ورفع. حتى ظنناه في طائفة النخل. فلما رحنا اليه عرف ذلك فينا. فقال "ما شانكم؟" قلنا: يا رسول الله! ذكرت الدجال غداة. فخفضت فيه ورفعت. حتى ظنناه في طائفة النخل. فقال "غير الدجال اخوفني عليكم. ان يخرج، وانا فيكم، فانا حجيجه دونكم. وان يخرج، ولست فيكم، فامرؤ حجيج نفسه. والله خليفتي على كل مسلم. انه شاب قطط. عينه طافئة. كاني اشبهه بعبدالعُزَّى بن قطن. فمن ادركه منكم فليقرا عليه فواتح سورة الكهف. انه خارج خلة بين الشام والعراق. فعاث يمينا وعاث شمالا. يا عباد الله! فاثبتوا" قلنا: يا رسول الله! وما لبثه في الارض؟ قال "اربعون يوما. يوم كسنة. ويوم كشهر. ويوم كجمعة. وسائر ايامه كايامكم" قلنا: يا رسول الله! فذلك اليوم الذي كسنة، اتكفينا فيه صلاة يوم؟ قال "لا. اقدروا له قدره" قلنا: يا رسول الله! وما اسراعه في الارض؟ قال "كالغيث استدبرته الريح. فياتي على القوم فيدعوهم، فيؤمنون به ويستجيبون له. فيامر السماء فتمطر. والارض فتنبت. فتروح عليهم سارحتهم، اطول ما كانت ذرا، واسبغه ضروعا،

---

[272] Ibid. (*sahīh*). Ibn Mājah #4128 "Kitāb al-Fitan." Hākim, *Moustadrak* (4:436 et 437). Souyoūtī, *Jami' al-saghīr* #4752. Albānī, *Silsila sahīha* #2457.

وامده خواصر . ثم ياتي القوم. فيدعوهم فيردون عليه قوله . فينصرف عنهم . فيصبحون محلين ليس بايديهم شيء من اموالهم. ويمر بالخربة فيقول لها: اخرجي كنوزك . فتتبعه كنوزها كيعاسيب النحل . ثم يدعو رجلا ممتلئًا شبابا . فيضربه بالسيف فيقطعه جزلتين رمية الغرض ثم يدعوه فيقبل ويتهلل وجهه . يضحك . فبينما هو كذلك اذ بعث الله المسيح ابن مريم . فينزل عند المنارة البيضاء شرقي دمشق . بين مهرودتين . واضعا كفيه على اجنحة ملكين . اذا طاطا راسه قطر . واذا رفعه تحدر منه جمان كاللؤلؤ. فلا يحل لكافر يجد ريح نفسه الا مات . ونفسه ينتهي حيث ينتهي طرفه . فيطلبه حتى يدركه بباب لد . فيقتله . ثم ياتي عيسى ابن مريم قوم قد عصمهم الله منه . فيمسح عن وجوههم ويحدثهم بدرجاتهم في الجنة . فبينما هو كذلك اذ اوحى الله الى عيسى: اني قد اخرجت عبادا لي، لا يدان لاحد بقتالهم . فحرز عبادي الى الطور . ويبعث الله ياجوج وماجوج. وهم من كل حدب ينسلون . فيمر اوائلهم على بحيرة طبرية . فيشربون ما فيها . ويمر اخرهم فيقولون: لقد كان بهذه، مرة، ماء . ويحصر نبي الله عيسى واصحابه . حتى يكون راس الثور لاحدهم خيرا من مائة دينار لاحدكم اليوم. فيرغب نبي الله عيسى واصحابه . فيرسل الله عليهم النغف في رقابهم . فيصبحون فرسى كموت نفس واحدة . ثم يهبط نبي الله عيسى واصحابه الى الارض . فلا يجدون في الارض موضع شبر الا ملاه زهمهم ونتهم . فيرغب نبي الله عيسى واصحابه الى الله . فيرسل الله طيرا كاعناق البخت . فتحملهم فتطرحهم حيث شاء الله . ثم يرسل الله مطرا لا يكن منه بيت مدر ولا وبر . فيغسل الارض حتى يتركها كالزلفة . ثم يقال للارض: انبتي ثمرك، وردي بركتك . فيومئذ تاكل العصابة من الرمانة . ويستظلون بقحفها . ويبارك في الرسل . حتى ان اللقحة من الابل لتكفي الفئام من الناس. واللقحة من البقر لتكفي القبيلة من الناس. واللقحة من الغنم لتكفي الفخذ من الناس . فبينما هم كذلك اذ بعث الله ريحا طيبة . فتاخذهم تحت اباطهم . فتقبض روح كل مؤمن وكل مسلم . ويبقى شرار الناس، يتهارجون فيها تهارج الحمر، فعليهم تقوم الساعة".
(مسلم كتاب في الفتن، أبو داود في كتاب الفتن و الترمذي في كتاب الفتن)

Nawwās Ibn Samʿān ﷺ rapporta que le Messenger ﷺ d'Allāh fut mention de Dajjāl un jour dans la matinée. Il le décrivit par moment comme quelque chose d'insignifiant, par ailleurs il le décrivit comme pourvu d'une capacité (de confusion) énorme au point que nous ayons le sentiment qu'il était parmi les palmiers dattiers. Lorsque nous nous rendîmes chez lui (le Saint Prophète) dans la soirée, il perçut sur nos visages des signes de perturbations et de crainte. Il nous interrogea: «Qu'est-ce qui vous angoisse?» Nous répondîmes: «Messager d'Allāh ﷺ, tu as fait une référence à Dajjāl dans la matinée, (le décrivant par moment) comme quelque chose d'insignifiant mais par ailleurs comme une menace sérieuse au point que nous ayons cru qu'il était dans les (voisinages) des palmiers dattiers. Sur ce il dit: «je crains plus pour vous en ce qui concerne autre choses que Dajjāl. S'il apparaît alors que je suis parmi vous, alors j'en découdrai avec lui, endossant votre responsabilité, mais s'il apparaît alors que je ne suis plus parmi vous, chacun devrait assumer sa propre responsabilité, et Allāh ﷺ prendra soin de chaque Musulman, assumant ma responsabilité (sauvegardera chacun contre son mal). Il (Dajjāl) apparaîtra comme un jeune homme aux cheveux bouclés et avec un œil aveugle. Je le compare à ʿAbd-oul-ʿOuzza bin Qatān. Celui d'entre vous qui vivra ce moment devra réciter à son encontre les premiers versets de la *Soūrat al-Kahf*. Il apparaîtra sur le chemin entre la Syrie et l'Iraq et répandra la déception partout. Oh serviteur d'Allāh ﷺ! Adhère (à la voie de la Vérité)». Nous demandâmes: «Messager d' Allāh ﷺ, Quelles est la durée de son séjour sur terre?» Il répondit: «Elle est de quarante jours, un jour étant comme une année et un jour comme un mois, et un mois étant comme une semaine, et les reste des jours seront comme vos jours réguliers». Nous demandâmes à nouveau: «Messager d'Allāh ﷺ, la prière d'un jour sera-t-elle suffisante puisque le jour équivaudra à l'année?» Sur ce, il répondit: «Non, vous devez estimer le temps (et observez la prière en conséquence). Nous lui demandâmes à nouveau:

«Messager d'Allāh ﷺ, à quelle vitesse se déplacera t-il sur terre?» Il répondit: «A la vitesse du nuage transporté par le vent. Il apparaîtra aux gens et les invitera (à une mauvaise religion), et ils affirmeront leur foi en lui et répondront à son appel. Il ordonnera au ciel, et il pleuvra, et de la terre poussera des espèces végétales. Puis le soir, leurs animaux reviennent à eux avec plus d'embonpoint et leurs mamelles emplies de lait et leurs flancs étirés. Il apparaîtra à un autre groupe de gens et les invitera. Mais ils le rejetteront, et il s'éloignera d'eux, et la sécheresse s'abattra sur eux, causant la perte de toutes leurs richesses. Il marchera sur la terre appauvrie et lui dira: «Libère tes trésors, et les trésors jailliront et s'accumuleront comme un amas d'abeilles. Ensuite, il interpellera une personne rayonnant de jeunesse, le tranchera en deux morceaux au moyen de son sabre (et les mettra à une distance séparant) l'archer et sa cible. Il appellera ensuite ce (jeune homme) à lui, et ce dernier avancera, souriant et le visage (radieux de joie) et c'est à cet instant qu'Allāh ﷺ enverra le Christ, fils de Marie, et il descendra sur le minaret blanc dans la partie orientale de Damas, et il sera vêtu d'habits légèrement teints de safran avec les mains reposant sur les ailes de deux anges. Lorsqu'il baisse la tête, des gouttes de transpiration en tomberont, et lorsqu'il relève sa tête, des gouttes comparables à des perles en jailliront. Tout mécréant qui sentira de sa personne mourra, et son haleine est perceptible aussi loin que sa vue. Il recherchera (Dajjāl) jusqu'à ce qu'il le saisisse aux portes de Loudd et le tuera. Puis un groupe de gens ayant bénéficié de la protection d'Allāh ﷺ viendra à Jésus ﷺ, fils de Marie, et il essuiera leur visages et les informera de leurs positions au Paradis, et c'est dans de telles circonstances qu'Allāh ﷺ révélera à Jésus ﷺ les mots qui suivent: «J'ai suscité de parmi Mes serviteurs un groupe tel que personne ne sera en mesure de l'affronter. Par conséquent, conduit ces gens en sécurité à Toūr, et Allāh ﷺ enverra Gog et Magog, et ils jailliront de toute pente. Les premiers d'entre eux passeront par le lac de Tibériad et boiront son eau. Et lorsque les derniers y passeront, ils diront: «Jadis, il y avait de l'eau ici». Jésus ﷺ et ses compagnons seront assiégés ici (à Toūr, et l'étau se resserra sévèrement autour d'eux) au point que la tête du taureau castré leur sera plus chère que cent dinārs, et l'Apôtre d'Allāh ﷺ Jésus ﷺ et ses compagnons supplieront Allāh ﷺ qui leur enverra des insectes (s'attaquant à leurs cous, et ils périront tous au petit matin comme une seule personne. Alors, l'Apôtre d'Allāh ﷺ, Jésus ﷺ et ses compagnons sortiront de leur cachette, et ils ne trouveront sur terre aucun lopin aussi petit que l'étendue d'une main ouverte qui ne soit jonché de leur putréfaction et bondé d'odeur exécrable. L'Apôtre d'Allāh ﷺ, Jésus ﷺ et ses compagnons, une fois de plus imploreront Allāh ﷺ qui enverra des oiseaux aux cous comme ceux des chameaux de Bactriane[273] qui les transporteront et les déverseront là où Dieu voudra».

Puis Allāh ﷺ enverra une pluie qu'aucune maison en argile ou (de tente) faite à partir de poils de chameaux ne pourra endurer, et elle nettoiera la terre jusqu'à ce qu'elle devienne comme un miroir. Puis injonction sera faite à la terre de libérer ses fruits et restaurer sa bienfaisance, et comme une résultante, il y poussera des grenades [si larges] qu'un groupe de personne pourra en manger à satiété et user de sa peau comme ombrage; la vache laitière sera si profuse en lait qu'un groupe en boira à satiété. La chamelle laitière sera (si généreuse) en lait que toute une tribu entière en boira à satiété et la brebis laitière sera si laiteuse qu'une famille entière en boira à satiété et à ce moment, Allāh ﷺ enverra un vent plaisant qui rafraîchira (les gens), même sous leurs aisselles et ôtera la vie à chaque Musulman, et seulement les méchants survivront et seront ceux qui commettront

---

[273] Note du traducteur: Bactriane est une ancienne région de l'Asie centrale, dans le nord de l'Aghanistan dont la capitale aujourd'hui est Balch.

l'adultère comme les ânes, et l'Heure Ultime s'abattra sur eux.[274]

Ce hadith rapporte que le Dajjāl se déplace sur terre à l'image d'un nuage transporté par le vent.

حدثنا إبراهيم بن المنذر: حدثنا الوليد: حدثنا أبو عمرو: حدثنا إسحق: حدثني أنس بن مالك رضي الله عنه، عن النبي صلى الله عليه وسلم قال ليس من بلد إلا سيطؤه الدجال، إلا مكة والمدينة، ليس له من نقابها نقب إلا عليه الملائكة صافين يحرسونها، ثم ترجف المدينة بأهلها ثلاث رجفات، فيخرج الله كل كافر ومنافق (مسلم في أَشْرَاط الساعة)

Anas rapporta du Prophète : « Aucun lieu n'échappera à l'emprise de Dajjāl à l'exception de Makka et de Médine... »[275]

حدثنا يحيى بن سليمان قال: أخبرني ابن وهب قال: حدثني عمر ابن محمد: أن أباه حدثه، عن ابن عمر رضي الله عنهما قال:
كنا تتحدث بحجة الوداع، والنبي صلى الله عليه وسلم بين أظهرنا، ولا ندري ما حجة الوداع، فحمد الله وأثنى عليه، ثم ذكر المسيح الدجال فأطنب في ذكره، وقال: (ما بعث الله من نبي إلا أنذره أمته، أنذره نوح والنبيون من بعده، وإنه يخرج فيكم، فما خفي عليكم من شأنه فليس يخفى عليكم: أن ربكم ليس على ما يخفى عليكم – ثلاثا – إن ربكم ليس بأعور، وإنه أعور العين اليمنى، (البخاري في كتاب المغازي)

Ibn 'Oumar rapporta du Prophète :

> Je vous mets en garde contre lui (le Dajjāl), et aucun prophète n'est venu sans en avoir fait pour sa nation. Aucun doute, Noé prévint sa nation contre lui, mais je vous dirai quelque chose à son sujet qu'aucun

---

[274] *Ibid. Sahīh Mouslim*, #2937 "Kitāb al-Fitan." Aboū Dawoūd, *Sounan* #4321, "Kitāb al-Malāhim." Tirmidhī #2241 "Kitāb al-Fitan."
[275] *Sahīh Mouslim*, "Kitāb Ashrāt as-Sā'at."

prophète devancier n'a dit à son peuple. Retenez qu'il est borgne, et Allāh ﷻ n'est pas borgne.[276]

حدثنا عبد الله حدثني أبي حدثنا محمد بن جعفر وروح قالا حدثنا شعبة عن حبيب بن الزبير قال سمعت عبد الله بن أبي الهذيل قال روح، العنزي يحدث عن عبد الرحمن بن أبزى عن عبد الله بن خباب عن أبي بن كعب وقال روح في حديثه، أن عبد الله بن خباب حدثه عن أبي بن كعب عن النبي صلى الله عليه وسلم- .أنه ذكر الدجال عنده فقال: عينه خضراء كالزجاجة فتعوذوا بالله من عذاب القبر. (أحمد في مسنده)

Aboū bin K'ab ؓ rapporte du Prophète ﷺ: «L'œil de l'Antéchrist est comme du cristal».[277]

حدثنا محمد بن المثنى ومحمد بن بشار . قالا: حدثنا محمد بن جعفر. حدثنا شعبة عن قتادة، قال: سمعت أنس بن مالك قال: قال رسول الله صلى الله عليه وسلم "ما من نبي إلا وقد أنذر أمته الأعور الكذاب. ألا إنه أعور . وإن ربكم ليس بأعور . ومكتوب بين عينيه ك ف ر (مسلم في كتاب الفتن و البُخاري في كتاب الفتن)

Anas Ibn Malik ؓ rapporte du Prophète ﷺ:

> Aucun Prophète n'a failli à prévenir son peuple de ce menteur borgne. En vérité, il est borgne, et ton Seigneur n'est pas borgne. Entre ses yeux seront inscrites les lettres suivantes: *Kāf, Fa, Ra* (*kafara*).[278]

Sur le front de l'Antéchrist seront inscrit les lettres *ka, fa, ra* (c'est-à-dire *kafara* ر ف ك). Le Prophète ﷺ dit que ceci ne sera visible seulement qu'aux croyants, ceux qu'Allāh ﷻ désire sauver de la tribulation de Dajjāl. Le Dajjāl n'est pas une organisation édifiée sous le nom de *kafara*, ni une communauté ni un pays. L'Antéchrist est un humain. Le Prophète ﷺ nous informa qu'au cours des Jours Derniers, apparaîtra une

---

[276] *Sahīh Boukhārī*.
[277] *Mousnad Āhmad*. "*Ad-dajjāl 'aynouhou khadra kaz-zoujāj*"
[278] *Sahīh Mouslim*, "Kitāb al-Fitan." *Sahīh Boukhārī*, "Kitāb al-Fitan."

personne qui décevra toute l'humanité. Le Dajjāl aura un pouvoir sur ce monde (*dounyā*). Ainsi, les Musulmans doivent être très vigilants à ne pas cultiver l'amour pour ce monde en leurs cœurs en vue de sauvegarder leur religion et ne pas le suivre[279]. Il guérira les malades en passant sa main sur eux à l'instar de Jésus ﷺ, mais ce stratagème conduira les gens sur le chemin de l'enfer. Ainsi, le Dajjāl est le Faux Messie ou l'Antéchrist (*Massīh ad-*Dajjāl). Il prétendra être le Messie et conduira les gens en erreur en exhibant d'innombrables prouesses.

حدثنا يحيى بن بكير: حدثنا الليث، عن عقيل، عن ابن شهاب قال: أخبرني عبيد الله بن عبد الله بن عتبة: أن أبا سعيد الخدري رضي الله عنه قال: حدثنا رسول الله صلى الله عليه وسلم حديثا طويلا عن الدجال، فكان فيما حدثنا به أن قال: (يأتي الدجال، وهو محرم عليه أن يدخل نقاب المدينة، ينزل بعض السباخ التي بالمدينة، فيخرج إليه رجل هو يومئذ خير الناس، أو من خير الناس، فيقول: أشهد أنك الدجال، الذي حدثنا عنك رسول الله صلى الله عليه وسلم حديثه،

---

[279] Une fois, le Prophète ﷺ appela ses Compagnons au lever du soleil et leur demanda de courir vers une montagne (Jabal Ouhoud), faisant dos au soleil, pour attraper leur silhouette. Quiconque serait en mesure d'attraper sa silhouette serait récompensé du manteau du Prophète ﷺ. Ils ne cherchèrent pas à savoir pourquoi il leur demandait un tel exercice; mieux, ils lui laissèrent le soin de le leur dire, et ils coururent tous, essayant d'attraper leurs silhouettes. Au fur et à mesure qu'ils essayèrent d'attraper leurs silhouettes, faisant dos au soleil, celles-ci s'éloignaient d'eux. Bien qu'à l'évidence l'on puisse prédire qu'il est impossible d'attraper sa silhouette, les compagnons ne remirent pas en cause l'ordre du Prophète ﷺ (**s'il peut être accompli ou non**) usant de cette évidence. Ils firent plutôt preuve d'intelligence pour accomplir l'ordre dicté mais refusèrent (**d'évaluer si un ordre doit être suivi ou non**) de le remettre en cause. Ils savaient qu'il était le Prophète ﷺ qui ne proférait aucun mot de son propre chef ou désir mais seulement rapportait ce qu'Allāh lui révélait. Malheureusement, les Musulmans d'aujourd'hui sont très loin de cet amour et cette croyance en la personne du Prophète ﷺ, et souvent ils agissent contrairement à ce qu'il ordonna. Lorsqu'ils atteignirent la montagne, il leur ordonna de rebrousser chemin et: «Courrez vers moi». Ils furent suivis par leurs silhouettes alors qu'ils couraient vers le Prophète ﷺ. Il leur dit: «Oh mes Compagnons! Quiconque court après cette vie mondaine est comparable à celui qui court après sa silhouette, et il ne la rattrapera jamais. Celui qui court après *ākhira* (vers moi et le message que j'ai apporté d'Allāh), ce monde lui courra après à l'image de votre silhouette après vous». Il est dit: «*ad-dounyā jīfatoun wa toulābouhā kilābouhā* – le monde est une carcasse, et ceux qui le courent après sont comparables aux chiens».

فيقول الدجال: أرأيت إن قتلت هذا ثم أحييته هل تشكون في الأمر؟ . فيقولون: لا، فيقتله ثم يحييه، فيقول حين يحييه: والله ما كنت قط أشد بصيرة مني اليوم، فيقول الدجال: أقتله فلا أسلط عليه

(رَوَاهُ البُخَارِي و مسلم فِي كِتَابِ الفِتَنِ)

Le Prophète ﷺ dit:

> Le Dajjāl viendra vêtu comme un pèlerin (en ihrām) aux portes de Medīne. L'un de ses nobles habitants avancera et dira: «Je témoigne que tu es le Dajjāl qui fut mentionné par le Prophète ﷺ». Le Dajjāl dira à ses adeptes: «Si je le tue et le revivifie, croiriez vous en moi?» Ils répondent: «Oui». Le Dajjāl le tue et le ramène à la vie. Lorsque l'homme revient à la vie, il dit: «Je (jure) par Allāh ﷻ, je suis certain que tu es le Dajjāl!» Le Dajjāl le tue alors....[280]

Le Dajjāl apparaîtra doté de pouvoirs maléfiques et démoniaques. Sa terreur entraînera les Musulmans à le suivre, les ramenant ainsi à l'état de mécréance. Il masquera la vérité et promouvra le mensonge. Le Prophète ﷺ dit que le Dajjāl sera en mesure d'exhiber dans sa main l'image d'un aïeul défunt de quelqu'un à l'instar d'un écran de télévision. Ce défunt dira : «Oh mon fils! Cet homme dit vrai. Je suis au paradis parce que j'étais bienveillant, et j'ai cru en lui». En réalité, le défunt est en enfer. Si le défunt dit: «Croit en cet homme, je suis en enfer pour ne pas avoir cru en lui», l'on doit répondre à Dajjāl comme suit: «Non, il est au Paradis. Ce qu'il dit est faux».

حدثنا علي بن محمد حدثنا عبد الرحمن المحاربي عن إسمعيل بن رافع أبي رافع عن أبي زرعة السيباني يحيى بن أبي عمرو عن عمرو بن عبد الله عن أبي أمامة الباهلي قال خطبنا رسول الله صلى الله عليه وسلم فكان أكثر خطبته حديثا حدثناه عن الدجال وحذرناه فكان من قوله أن قال إنه لم تكن فتنة في الأرض منذ ذرأ الله ذرية آدم أعظم من فتنة الدجال وإن الله لم يبعث نبيا إلا حذر أمته الدجال وأنا آخر

---

[280] *Saḥīḥ Boukhārī* (8:103) et *Saḥīḥ Mouslim* #2938.

الأنبياء وأنتم آخر الأمم وهو خارج فيكم لا محالة لا يخرج وأنا بين ظهرانيكم فأنا حجيج لكل مسلم وإن يخرج من بعدي فكل امرئ حجيج نفسه والله خليفتي على كل مسلم وإنه يخرج من خلة بين الشام والعراق فيعيث يمينا ويعيث شمالا يا عباد الله فاثبتوا فإني سأصفه لكم صفة لم يصفها إياه نبي قبلي إنه يبدأ فيقول أنا نبي ولا نبي بعدي ثم يثني فيقول أنا ربكم ولا ترون ربكم حتى تموتوا وإنه أعور وإن ربكم ليس بأعور وإنه مكتوب بين عينيه كافر يقرؤه كل مؤمن كاتب أو غير كاتب وإن من فتنته أن معه جنة ونارا فناره جنة وجنته نار فمن ابتلي بناره فليستغث بالله وليقرأ فواتح الكهف فتكون عليه بردا وسلاما كما كانت النار على إبراهيم وإن من فتنته أن يقول لأعرابي أرأيت إن بعثت لك أباك وأمك أتشهد أني ربك فيقول نعم فيتمثل له شيطانان في صورة أبيه وأمه فيقولان يا بني اتبعه فإنه ربك وإن من فتنته أن يسلط على نفس واحدة فيقتلها وينشرها بالمنشار حتى يلقى شقتين ثم يقول انظروا إلى عبدي هذا فإني أبعثه الآن ثم يزعم أن له ربا غيري فيبعثه الله ويقول له الخبيث من ربك فيقول ربي الله وأنت عدو الله أنت الدجال والله ما كنت بعد أشد بصيرة بك مني اليوم

Aboū Oumāma al-Bāhilī ﷺ rapporta que le Prophète ﷺ dit:

> ...le Dajjāl dira à un Bédouin Arabe: «Qu'en penseriez-vous si je ramenais à la vie votre père et votre mère? Témoignerez-vous que je suis votre Seigneur? Le Bédouin dira: «Oui». Ainsi deux démons surgiront avec l'apparence de son père et de sa mère et lui diront: «Oh mon fils! suit le, car il est ton seigneur...»[281]

Tout ce que l'Antéchrist exhibera sera l'opposé de la vérité.

حدثني محمد بن رافع. حدثنا حسين بن محمد. حدثنا شيبان عن يحيى، عن أبي سلمة، قال: سمعت أبا هريرة قال:

قال رسول الله صلى الله عليه وسلم "ألا أخبركم عن الدجال حديثًا ما حدثه نبي

---

[281] *Sounan Ibn Mājah* #4067, "Kitāb al-Fitan."

قومه؟ إنه أعور . وإنه يجيء معه مثل الجنة والنار . فالتي يقول إنها الجنة، هي النار . وإني أنذرتكم به كما أنذر به نوح قومه" (البخاري في كتاب أحاديث الأنبياء و مسلم في كتاب الفتن)

Aboū Hourayra ﷺ rapporta que le Prophète ﷺ dit:

> (Puis-je vous informer de quelque chose au sujet de Dajjāl qu'aucun prophète avant moi n'en a fait mention à son peuple? Le Dajjāl est borgne et viendra avec quelque chose qui ressemble au paradis et à l'enfer; mais en réalité ce qu'il appelle le paradis sera l'enfer. Je vous ai mis en garde contre lui comme Noah ﷺ a mis son peuple en garde contre lui.[282]

حدثنا أبو بكر بن أبي شيبة . حدثنا يزيد بن هارون عن أبي مالك الأشجعي، عن ربعي بن حراش، عن حذيفة، قال:

قال رسول الله صلى الله عليه وسلم "لأنا أعلم بما مع الدجال منه . معه نهران يجريان . أحدهما، رأى العين، ماء أبيض . والآخر، رأى العين، نار تأجج . فإما أدركن أحد فليأت النهر الذي يراه نارا وليغمض . ثم ليطأطئ رأسه فيشرب منه . فإنه ماء بارد . وإن الدجال ممسوح العين . عليها ظفرة غليظة . مكتوب بين عينيه كافر . يقرؤه كل مؤمن، كاتب وغير كاتب (مسلم في كتاب الفتن، البخاري في كتاب الفتن و أبو داود)

Houdhayfah ﷺ rapporta que le Prophète ﷺ dit:

> J'en sais plus sur le pouvoir de Dajjāl qu'il en sait sur lui-même. Il aura en sa disposition deux rivières qui coulent: l'une faite d'eau aussi limpide que du cristal, et l'autre apparaîtra comme des flammes de feu.[283] Quiconque sera témoin de ceci, qu'il choisisse la rivière qui ressemble au feu, et qu'il ferme les yeux, baisse la tête et en boive, car

---

[282] *Saḥīḥ Boukhārī* (4:104). *Saḥīḥ Mouslim* #2936.
[283] Tout comme le chalumeau du soudeur exige l'usage d'un masque, l'eau coule des yeux au regard de la si brûlante rivière du feu de Dajjāl.

ce sera en réalité de l'eau fraîche.²⁸⁴ Le Dajjāl est borgne; l'emplacement de l'autre œil sera couvert par un segment de peau (*mamssoūha*). Entre ses yeux sera inscrit le mot *kāfir* (mécréant), et chaque croyant²⁸⁵ sera en mesure de le lire même s'il est illettré.²⁸⁶

L'avènement de l'Antéchrist devra intervenir au cours des Jours Derniers. Cet effroyable moment approche, et lorsque cela aura lieu, trois villes seront en sécurité: Makka, Madīna et *Chām* (Damas). Quiconque recherche la sécurité à ce moment là devra se ruer vers l'une de ces trois villes.

حدثني أبو بكر بن إسحق أخبرنا أبو اليمان أخبرنا شعيب عن الزهري قال أخبرني عروة بن الزبير أن عائشة زوج النبي صلى الله عليه وسلم أخبرته أن النبي صلى الله عليه وسلم كان يدعو في الصلاة اللهم إني أعوذ بك من عذاب القبر وأعوذ بك من فتنة المسيح الدجال وأعوذ بك من فتنة المحيا والممات اللهم إني أعوذ بك من المأثم والمغرم قالت فقال له قائل ما أكثر ما تستعيذ من المغرم يا رسول الله فقال إن الرجل إذا غرم حدث فكذب ووعد فأخلف

(رَوَاهُ المسلم)

Sayyidā 'A'icha ﷺ rapporta une invocation que le Prophète ﷺ récitait en prière:

> Oh Allāh ﷻ! Je cherche refuge en Toi du tourment de la tombe et de la tentation de l'Antéchrist!...²⁸⁷

Le Prophète ﷺ et ses Nobles Compagnons furent anxieux de l'avènement de l'Antéchrist. Les Musulmans à fortiori doivent prendre garde à l'Antéchrist (Dajjāl) au vu de ce que le Prophète ﷺ mentionna et rechercher la protection d'Allāh ﷻ contre ce mal terrifiant.

---

²⁸⁴ Le Prophète mit en garde dans un autre hadith de ne pas boire de la rivière dont le contenu ressemble à de l'eau, car quiconque en boira sera corrompu et confus.
²⁸⁵ Allāh dotera chaque croyant lettré ou illettré de la capacité et l'aptitude à reconnaître l'Antéchrist, Dajjāl.
²⁸⁶ *Sahīh Mouslim*, #2934 "Kitāb al-Fitan." *Sahīh Boukhārī* (8:101) "Kitāb al-Fitan." Aboū Dawoūd #4315.
²⁸⁷ Sahīh Boukhārī et Sahīh Mouslim.

Le Prophète ﷺ conseilla vivement les Musulmans d'être constamment en ablution, *woudou'*. Le Prophète ﷺ lui-même avait l'habitude de refaire son ablution pour la prière bien qu'il fut au préalable en état ablution parce que c'est *noūroun 'ala noūr* (*lumière sur lumière*). Au Jour du Jugement, la lumière de l'ablution (*woudou'*) rayonnera des croyants. C'est aussi une protection contre les maux de ce monde comme le dit le Prophète ﷺ: «Le *woudou'* est l'arme du croyant». Au moment où la foi d'une personne est à l'épreuve, il est important de se maintenir en état de *woudou'* à tout instant et la renouveler le plus vite possible une fois perdue pour tenir le mal et les démons à l'écart.

Le Prophète ﷺ recommanda aussi la récitation de certains versets du Corān comme moyen de protection contre le Dajjāl.

حدثنا حفص بن عمر حدثنا همام حدثنا قتادة عن سالم بن أبي الجعد عن معدان بن أبي طلحة عن حديث أبي الدرداء يرويه عن النبي صلى الله عليه وسلم قال من حفظ عشر آيات من أول سورة الكهف عصم من فتنة الدجال قال أبو داود وكذا قال هشام الدستوائي عن قتادة إلا أنه قال من حفظ من خواتيم سورة الكهف و قال شعبة عن قتادة من آخر الكهف

Aboū Darda ؓ rapporta que le Prophète ﷺ dit:

> Quiconque mémorise les dix premiers versets[288] de la Soūrat al-Kahf (et dans une autre version, les dix derniers versets[289]) est à l'abri de la tentation de Dajjâl.

وأخرج أبو عبيد وابن مردويه عن أبي الدرداء، عن النبي صلى الله عليه وسلم قال: "من حفظ عشرة آيات من أول سورة الكهف، ثم أدركه الدجال، لم يضره. ومن حفظ خواتيم سورة الكهف، كانت له نورا يوم القيامة" (درر المنثور للإمام السّيوطي وأخرج أبو عبيد وابن مردويه)

---

[288] Ceci est rapporté dans *Sahīh Mouslim*, "Kitāb al-Salāt," "Chapitrer sur l'Excellence de la *Soūrat al-Kahf* et *Ayat al-Koursī*," et par Āhmad, Aboū Dawoūd, Tirmidhī, *Nasā'ī*, *Ibn Hibbān*, *Hākim*, et *Bayhaqī*.

[289] *Sunan Abū Dawūd*, "Chapitre sur l'apparution de l'Anté-Christ", *Sahīh Mouslim*, "Kitāb al-Salāt," "Chapirtre sur l'Excellence de la *Soūrat al-Kahf* et *Ayat al-Koursī*," et par Āhmad et Nasā'ī.

Dans une autre hadith, Abou Dardā' ﷺ rapporta du Prophète ﷺ :

> Si le Dajjāl débouche sur quelqu'un qui a mémorisé les dix premiers versets de la Soūrat al-Kahf, il ne saurait lui causer aucun mal. Et quiconque mémorise les dix derniers versets de la Soūrat al-Kahf sera illuminé le Jour du Jugement.[290]

Pour ces versets de protection, voir le chapitre «Versets de la Soūrat al-Kahf» à la page **370**.

---

[290] Souyoūtī, *Dourr al-Manthoūr*.

Le Mahdī ﷺ

À Notre époque présente, nombreux sont ceux qui ne croient pas en l'avènement du Mahdī al-Mountadhar (Sauveur attendu) ﷺ au cours des Jours Derniers. Pourtant, le Prophète ﷺ prédit à ses Compagnons l'apparition du Mahdī ﷺ et insista sur son inévitable arrivée. Par ignorance, certaines personnes affirment que le Mahdī ﷺ est un concept Chi'ite et ne fait pas parti des croyances Islamiques Sunnite traditionnelles. Bien au contraire, l'avènement du Mahdī ﷺ est une doctrine enracinée tant chez les Musulmans Sunnites[291] que les Chi'ites et mieux pour toute l'humanité. Au vu des textes religieux pertinents, il est censé émergé comme un leader pour les croyants et les âmes bienfaisantes de parmi toutes les nations du monde. L'avènement du Mahdī ﷺ est confirmé par plusieurs narrations (hadith) authentiques. Les Musulmans alors ne devraient plus s'inquiéter sur la probabilité de l'arrivée du Mahdī ﷺ, mais ils doivent plutôt se soucier pour ce qu'ils ont apprêté pour cette période.

Du fait de leur manque d'éducation religieuse, nombreux sont les Musulmans de nos jours qui savent peu ou rien au sujet du Mahdī ﷺ. Le Mahdī ﷺ est une figure de proue dont l'avènement surviendra avant le Jour du Jugement.

حدثنا مسدد أن عمر بن عبيد حدثهم و حدثنا محمد بن العلاء حدثنا أبو بكر يعني ابن عياش ح و حدثنا مسدد حدثنا يحيى عن سفيان ح و حدثنا أحمد بن إبراهيم حدثنا عبيد الله بن موسى أخبرنا زائدة ح و حدثنا أحمد بن إبراهيم حدثني عبيد الله بن موسى عن فطر المعنى واحد كلهم عن عاصم عن زر عن عبد الله

عن النبي صلى الله عليه وسلم قال لو لم يبق من الدنيا إلا يوم قال زائدة في حديثه لطول الله ذلك اليوم حتى يبعث فيه رجلا مني أو من أهل بيتي يواطئ اسمه اسمي

---

[291] Musulmans de la mouvance traditionnelle *Āhl as-Sunnat wal Jamā'ah*.

واسم أبيه اسم أبي زاد في حديث فطر يملأ الأرض قسطا وعدلا كما ملئت ظلما وجورا وقال في حديث سفيان لا تذهب أو لا تنقضي الدنيا حتى يملك العرب رجل من أهل بيتي يواطئ اسمه اسمي

قال أبو داود لفظ عمر وأبي بكر بمعنى سفيان (رَوَاهُ أَحْمَدُ فِي مُسْنَدِهِ و التِّرْمِذي في سُنَنِهِ)

Le Prophète ﷺ dit à son sujet:

> Si ce monde devrait durer qu'un seul jour, Allāh ﷻ l'allongerait jusqu'à ce qu'un homme émerge. Il est de moi (c'est-à-dire de ma famille). Son nom est comme le mien (c'est-à-dire Mouhammad), le nom de son père est comme le nom de mon père (c'est à dire 'Abd Allāh). Il emplira la terre d'égalité et de justice aussi bien qu'elle a été emplie d'injustice et d'oppression.[292]

Ce hadith extrêmement authentique (*sahīh*) fut même accepté par Ibn Taymīyya et al-Albānī[293]. Le Prophète ﷺ dit que si le monde ne devrait durer qu'un seul jour, Allāh ﷻ l'allongerait pour que le Mahdī عليه السلام apparaisse.

Le Mahdī عليه السلام vient pour enrayer le mal et établir la paix dans le monde. Les Musulmans et les Chrétiens ont entendu parler du retour de Jésus عليه السلام et l'escomptent, mais bon nombre de Musulmans ne considèrent pas son arrivée comme imminente. Les juifs attendent le Messie, les Chrétiens attendent Jésus عليه السلام, et les Musulmans attendent à la fois le Mahdī عليه السلام et Jésus عليه السلام. Toutes les religions les décrivent comme des personnes vennant sauver le monde. Allāh ﷻ dit:

---

[292] Hadith *Sahīh* selon Tirmidhī dans al-Fitan #2231 and #2232. Ibn Taymiyya dans *Minhāj as-Sounnah* (4:211). Aboū Dawoūd, "Kitāb al-Mahdī" #4282. Albānī, *Silsila sahīha* #1529:

> *Law lam yabqā min ad-dounyā illa yawmoun wāhidoun latawwal Allāha dhālik al-yawm hatta yab'ath Allāh fīhi rajoulan minnī (aw min āhli baytī) youwātīou ismuhou ismī wa ism abīhi ism abī yamla al-ard qistan wa 'adlan kamā mouli'at zhoulman wa joūra.*

[293] Les deux savants sont tres «strictes» sur le critère des hadiths.

$$\text{وَقُلْ جَاءَ الْحَقُّ وَزَهَقَ الْبَاطِلُ إِنَّ الْبَاطِلَ كَانَ زَهُوقاً}$$

Et dis: "La Vérité est venue et l'Erreur a disparu. Car l'Erreur est destinée à disparaître.(al-Isrā' 17:81)

Ils ne feront usage ni de fusils ni d'armes mais auront un pouvoir spirituel, et tous les croyants les suivront. Simultanément, les mécréants se rallieront à l'Antéchrist, Dajjāl, et constitueront l'armée du mal.

Le Mahdī est un calife *(khalīfa)* pour tous les Musulmans. Beaucoup de gens de nos jours appellent à l'instauration d'un Califat. Le Prophète mit en garde contre l'apparition de 40 faux califes avant l'émergence du Mahdī. Quiconque appelle à l'instauration du Califat a théoriquement raison. Cependant, la plupart des gens ne comprennent pas le vrai sens du «califat», pensant que c'est un mouvement politique ou la «modernisation» de l'Islam. Le Califat n'est pour personne à l'exception du Mahdī qui est un descendant du Prophète et qui vient avec le support divin.

حدثنا أحمد بن إبراهيم، ثنا عبد الله بن جعفر الرَّقي، ثنا أبو المليح الحسن بن عمر، عن زياد بن بيان، عن عليّ بن نفيل، عن سعيد بن المسيّب، عن أمّ سلمة قالت: سمعت رسول الله –صلى الله عليه وسلم- يقول: المهديّ من عترتي من ولد فاطمة (أخرجه أبو داود في سننه في كتاب المهدي و ابن ماجه)

Oumm Salama rapporta du Prophète: «Le Mahdī est de ma famille, de la descendance de Fātima».[294]

حدثنا عبد الله حدثني أبي حدثنا فضل بن دكين حدثنا ياسين العجلي عن إبراهيم بن محمد بن الحنفية عن أبيه عن علي رضي الله عنه قال: قال رسول الله صلى الله عليه وسلم: المهدي منا أهل البيت يصلحه الله في ليلة (اخرجه أحمد في مسنده)

'Alī Ibn Aboū Tālib rapporta du Prophète:

> Le Mahdī est des nôtres, Āhl al-Bayt (la Famille du Prophète); Allāh l'apprêtera en une nuit.[295]

---

[294] *(sahīh)* Aboū Dāwoūd, "Kitāb al-Mahdī," #3603. Ibn Mājah, (4:135). *"Al-mahdīyou min 'itratī, min waladi Fātima."*

Il émergera soudainement au cours des Jours Derniers.

ابن ماجه عن أبي سعيد أن النبي صلى الله عليه وسلم قال يكون في أمتي المهدي أن قصد فسبع وإلا فتسع فتنعم فيه أمتي نعمة لم يسمعوا بمثلها قط يؤتي أكلها ولا تدخر عنهم شيئًا والمال يومئذ كدوس كدوس فيقوم الرجل فيقول يا مهدي أعطني فيقول خذوا.

وأخرج ابن أبي شيبة ونعيم بن حماد في الفتن وابن ماجه وأبو نعيم عن ابن مسعود قال بينما نحن عند رسول الله صلى الله عليه وسلم إذ أقبل فتية من بني هاشم فلما رآهم النبي صلى الله عليه وسلم اغرورقت عيناه وتغير لونه فقلت ما نزال نرى في وجهك شيئًا تكرهه فقال إنا أهل بيت اختار الله لنا الآخرة على الدنيا وإن أهل بيتي سيلقون بعدي بلاءً وتشريدًا وتطريدًا حتى يأتي قوم من قبل المشرق معهم رايات سود فيسألون الحق فلا يعطونه فيقاتلون فينصرون فيعطون ما سألوا فلا يقبلونه حتى يدفعوها إلى رجل من أهل بيتي فيملأها قسطًا كما ملؤوها جورًا فمن أدرك ذلك منكم فليأتهم ولو حبوًا على الثلج فإنه المهدي.

'Abd Allāh ibn Mas'oūd ﷺ est cité avoir dit:

> Une fois, nous étions en compagnie du Messager d'Allāh ﷺ lorsque des jeunes de la Banoū Hāchim vinrent (le voir). Dès que le Saint Prophète ﷺ les vit, ses yeux débordèrent de larmes, et il devint pâle. Il ('AbdAllāh) mentionna: «Nous n'aimons pas la contenance de votre visage qui perdure. Sur ce, il répondit: «Nous sommes les Gens de la Maison (et) Allāh ﷺ a préféré pour nous le monde futur au détriment du monde (matériel), et ma famille endurera des calamités après moi, des expulsions et des attaques jusqu'à ce qu'émerge de l'Est un peuple muni de bannières noires. Ils demanderont à ce que justice soit faite, et on ne la leur accordera pas. Alors, ils se battront et seront secourus. Puis, on leur accordera ce qu'ils avaient requis, mais ils ne l'accepteront pas jusqu'à ce qu'ils remettent ce (trésor) à une personne de ma famille, et ce sera rempli de justice tout comme ce le fut

---

[295] (sahīh) Āhmad. Albānī, Sahīh al-jami' #6735. "Al-mahdīyou minna āhl il-bayt yaslahahou Allāhou fī laylah."

d'iniquité. Quiconque vivra cette situation devra aller vers ces gens si nécessaire en rampant sur la neige ou sur la glace).²⁹⁶

Dans ce hadith extraordinaire, le Prophète ﷺ a prédit ce qui adviendra de ses petits enfants et sa famille après son départ. Il a prédit avec justesse que les Gens de la Maison (*Āhl al-Bayt*) auront à affronter de terribles difficultés, et ils seront exilés. Il a prédit que sa noble famille deviendrait fugitive, clandestine avec des gens à leur talons visant à les exterminer. «Jusqu'à ce que émerge de l'Est», et le Prophète ﷺ pointa l'Est du doigt, des gens munis de bannières noires. Ils demanderont à ce que l'ordre et la justice (*al-haqq*) soient rétablis. Ils le leur refuseront. Ils se battront et seront victorieux. Il leur sera accordé ce qu'ils avaient requis, mais à ce moment-là, ils ne l'accepteront pas». D'autres hadiths indiquent que les bannières noires provenant de la région de Khorassan annoncent l'imminente apparition du Mahdī ﷺ. Khorassān est situé dans l'actuel Iran, et certains savants ont dit que ce hadith signifie que lorsque les bannières noires apparaissent en Asie Centrale, c'est-à-dire en direction de Khorassān, alors l'émergence du Mahdī ﷺ est imminente.

وأخرج ابن ماجه والحاكم وصححه وأبو نعيم عن ثوبان قال قال رسول الله صلى الله عليه وسلم يقتل عند كنزكم ثلاثة كلهم ابن خليفة ثم لا تصير إلى واحد منهم ثم تطلع الرايات السود من قبل المشرق فيقتلونكم قتلا لم يقتله قوم ثم يجيء خليفة الله المهدي فإذا سمعتم به فأتوه فبايعوه ولو حبوا على الثلج فإنه خليفة الله المهدي (أحمد في مسنده)

Thawbān ﷺ rapporta du Prophète ﷺ:

Si vous le voyez, allez et prêtez lui allégeance même si vous devez ramper sur la glace, car il est l'Emir (*Khalīfa*) d'Allāh ﷻ, le Mahdī.²⁹⁷

---

²⁹⁶ *Aboū Na'īm* et Ibn Mājah, "Kitāb al-Fitan." Al-Hākim l'a rapporté dans *al-Moustadrak* à partir de la chaîne de 'Oumar bin Qays obtenue d'al-Hakam qui relate d'Ibrāhīm. Selon *al-Zawa'id*, sa chaîne de transmission est *da'īf* à cause de la faiblesse (*douf*) de Yazīd bin Abī Zīyād al-Koūfī. Mais il n'y a pas que Yazīd bin Abī Zīyād qui le rapporte d'Ibrāhīm.

²⁹⁷ Ibn Mājah, "Kitāb al-Fitan" #4084

Ce hadith montre que la connaissance du Prophète ﷺ s'étend à celle des pays de climats froids ou pays de «glace» qui étaientt inconnus des Arabes. Il étale aussi sa connaissance du devenir de l'Islam, c'est-à-dire que le message de l'Islam atteindra ces terres lointaines.

ابن أبي شيبة وأحمد وأبو داود وأبو يعلى والطبراني عن أم سلمة عن النبي صلى الله عليه وسلم يكون اختلاف عند موت خليفة فيخرج رجل من أهل المدينة هاربا إلى مكة فيأتيه ناس من أهل مكة فيخرجونه وهو كاره فيبايعونه بين الركن والمقام ويبعث إليه بعث من الشام فيخسف بهم بالبيداء بين مكة والمدينة فإذا رأى الناس ذلك أتاه أبدال الشام وعصائب أهل العراق فيبايعونه ثم ينشأ رجل من قريش أخواله كلب فيبعث إليهم بعثًا فيظهرون عليهم وذلك بعث كلب والخيبة لمن لم يشهد غنيمة كلب فيقسم المال ويعمل في الناس بسنة نبيهم صلى الله عليه وسلم ويلقي الإسلام بجرانه إلى الأرض يلبث سبع سنين ثم يتوفى ويصلي عليه المسلمون. (أخرجه ابن حبّان)

Oumm Salama ﷺ rapporta du Prophète ﷺ:

> Un conflit interviendra après la mort d'un calife. Un homme des gens de Médine surgira, se précipitant vers la Mècque. Des Mècquois l'approcheront, l'exhiberont contre son gré et lui plaideront Allegiance entre l'angle (de la Ka'ba) et le Maqām (la Station d'Abrāham, proche de la Ka'ba). Une armée en provenance de *Chām* sera envoyée en son encontre mais sera engloutie dans le désert entre la Mècque et Médine. Lorsque les gens seront témoins de cela, les Abdāl[298] (Substituts) de *Chām* et les meilleures personnes d'Iraq l'aborderont et lui plaideront allégeance entre le recoin et le Maqām. Alors, émergera un homme des Qouraych dont les oncles maternels sont issus de la tribu des Kalb. Il enverra une armée contre eux. Ils (le Mahdī et les croyants) les détruiront et seront victorieux, et il partagera aux gens les récompenses. Il instituera parmi eux et obéira à la Sounnah du Prophète ﷺ. L'Islam couvrira la terre

---

[298] Ceux-ci sont un groupe de *awliyā'* (saints) auxquels le Prophète fit référence dans plusieurs hadiths. (Voir chapitre "Chām et les Abdāl.")

entière. Il demeurera sept ans avec eux. Puis il mourra, et les Musulmans performeront la prière funéraire sur lui.[299]

أحمد ومسلم عن أبي سعيد وجابر عن رسول الله صلى الله عليه وسلم قال يكون في آخر الزمان خليفة يقسم المال ولا يعده. وأخرج أبو نعيم عن أبي سعيد عن النبي صلى الله عليه وسلم قال

يكون في أمتي المهدي إن قصر عمره فسبع سنين وإلا فثمان وإلا فتسع سنين تتنعم أمتي في زمانه نعيما لم يتنعموا مثله قط البر والفاجر يرسل الله السماء عليهم مدرارا ولا تدخر الأرض شيئًا من نباتها .

وأخرج أبو نعيم عن أبي سعيد عن النبي صلى الله عليه وسلم أنه قال

تملأ الأرض ظلما وجورا فيقوم رجل من عترتي فيملأها قسطا وعدلا يملك سبعا أو تسعا .

وأخرج أحمد وأبو نعيم عن أبي سعيد قال قال النبي صلى الله عليه وسلم

لا تنقضي الدنيا حتى يملك الأرض رجل من أهل بيتي يملأ الأرض عدلا كما ملئت قبله جورا يملك سبع سنين .

وأخرج أبو نعيم والحاكم عن أبي سعيد أن رسول الله صلى الله عليه وسلم قال

يخرج المهدي في أمتي يبعثه الله غياثا للناس تنعم الأمة وتعيش الماشية وتخرج الأرض نباتها ويعطي المال صحاحا .

يخرج في آخر أمتي المهدي، يسقيه الله الغيث، وتخرج الأرض نباتها، ويعطي المال صحاحا، وتكثر الماشية، وتعظم الأمة، يعيش سبعا أو ثمانيا .

ك – عن ابن مسعود)(أخرجه الحاكم في المستدرك (558/4) وقال صحيح ووافقه الذهبي وعن أبي سعيد الخدري. ص.

Aboū Saʿīd al-Khoudrī ⸎ rapporta du Prophète ﷺ :

Le Mahdī apparaîtra au cours des Derniers Jours de ma Oummah. Allāh ⸎ lui assujettira le vent et la pluie, et la terre retrouvera sa verdure. Il distribuera de sa richesse

---

[299] Saḥīḥ Ibn Ḥibbān #6757.

en abondance, le cheptel sera abondant, et la Oummah sera vaste et honorée. Il vivra sept ou huit annnées...[300]

A ce moment, Allāh ﷻ ordonnera l'ouverture des cieux, transformant les déserts en de véritables paradis au moyen de pluies abondantes en l'honneur du Mahdī ﷺ.

حدثنا قتيبة بن سعيد حدثنا يعقوب وهو ابن عبد الرحمن القاري عن سهيل عن أبيه عن أبي هريرة أن رسول الله صلى الله عليه وسلم قال لا تقوم الساعة حتى يكثر المال ويفيض حتى يخرج الرجل بزكاة ماله فلا يجد أحدا يقبلها منه وحتى تعود أرض العرب مروجا وأنهارا. (أَخْرَجه مسلم في كتاب الزكاة و أَحمد في مسنده)

Dans un autre hadith, Aboū Hourayra ﷺ rapporta du Prophète ﷺ:

L'Heure n'interviendrai pas avant que vous regorgiez de fortune et qu'elle surabonde parmi vous, et jusqu'à ce qu'un homme veuille s'acquitter de son aumône mais ne trouve personne à qui l'offrir et jusqu'à ce que la terre des Arabes regorge une fois de plus de rivières qui coulent partout.[301]

Avec l'avènement du Mahdī', Allāh ﷻ enverra de grandes averses, à la fois de fortes pluies et une provision spirituelle abondante. Alors, la terre sera en pleine mesure de produire des plantes. Certaines descriptions suggèrent que la terre produira des pastèques de dimensions si grandes qu'elles ne pourront plus pousser de la terre mais sur les arbres. Al-Mahdī ﷺ distribuera l'argent en abondance, et le cheptel abondera. Ce sera l'âge d'or, la meilleure période pour la Oummah. Il

---

[300] (*sahīh*) Hākim, *Mustadrak* (4:557 and 558). Albānī, *Silsila sahīha*, #711. D'autres hadiths mentionnés ici ne sont pas traduit mais sont similaires dans le contenu:
 Yakhroujou fī ākhiri oummatī al-Mahdī yousqīhi allāhou al-ghaytha wa toukhrij al-ardou nabātouhā wa y 'outī al-māla sihāhan wa takthourou al-māshīyyat wa tan 'oum oul-oummah ya 'iychou sab 'an aw thamānīyyan.

[301] *Sahīh Mouslim*, "Kitāb al-Zakāt" #157. Āhmad, *Mousnad* #8819:
 Lā taqoūm ous-sā 'atou hatta yakthoura fīkoum al-māla wa yafīdou, wa hatta youkhrij ar-rajoulou bizakāti mālihi falā yajidou āhadan yaqbalouhā minhou, wa hatta ta 'oūda ard oul-'arabī mouroūjan wa anhāra.

vivra sept ou huit ans, et lorsqu'il décédera, 'Issā ﷺ (Jésus) officiera la prière funèbre en son honneur.

Ibn Kathīr dit:

> Je pense que l'émergence [du Mahdī's] intervient avant la descente de 'Issā bin Maryam ﷺ comme les hadiths les suggèrent.³⁰²

حدثنا ابن بكير: حدثنا الليث، عن يونس، عن ابن شهاب، عن نافع مولى أبي قتادة الأنصاري: أن أبا هريرة قال:

قال رسول الله صلى الله عليه وسلم كيف أنتم إذا نزل ابن مريم فيكم، وإمامكم منكم. (أَخْرَجه البخاري و مسلم)

Le Prophète ﷺ mentionna:

> Comment seriez-vous lorsque descend sur vous le fils de Maryam ('Issā, Jésus) alors que votre Imām (Mahdī) se trouve parmi vous (dirigeant la prière)?³⁰³

---

³⁰² *Abū Dāwoūd*, "Kitāb al-Fitan wal-Malāhīm" (1:55).
³⁰³ *Sahīh Boukhārī* et *Sahīh Mouslim*. "Kayfa antoum idha nazala ibnou maryama fīkoum wa imāmoukoum minkoum!"

Le Retour de Jésus Christ ('Issā ibn Mariam (السَّلَامُ))

Le retour de Jésus Christ ﷺ des cieux sur terre est mentionné dans plusieurs hadiths du Prophète ﷺ.

عَنْ إِبْن سمعان قال ذكر رسول الله صلى الله عليه فينزل عند المنارة البيضاء شرقي دمشق . بين مهرودتين . واضَعا كفيه على أجنحة ملكين . إذا طأطأ رأسه قطر . وإذا رفعه تحدر منه جمان كاللؤلؤ . فلا يحل لكافر يجد ريح نفسه إلا مات . ونفسه ينتهي حيث ينتهي طرفهُ (اخرجه مسلم في كتاب الفتن)

Nawās Ibn Sama'ān ؓ rapporta du Prophète ﷺ :

[Jésus Christ ﷺ, fils de Marie] descendra sur le minaret blanc à l'Est de Damas... posant ses mains sur les ailes de deux Anges. Lorsqu'il baisse la tête, des gouttes de sueur en tombent, et lorsqu'il la relève, des gouttes à l'image de perles en jailliront. Tout mécréant qui sentira l'odeur de son souffle mourra, et son souffle sera perceptible aussi loin que la portée de sa vue.[304]

Le Prophète ﷺ décrit l'avènement de Jésus ﷺ sur le minaret Blanc dans la partie Est connu comme *Masjid al-Oumawī*.[305] De ce point, Jésus ﷺ, avec le Mahdī ﷺ, conduiront les croyants contre le Dajjāl, l'Antéchrist.

---

[304] *Mouslim*, "Kitāb al-Fitan." portion d'un long hadith:
 ... fayanzilou 'inda al-minārat-il-bayda charqi id-dimashq.... Wādihan kafayyhi 'alā ajniḥati malikayn. Idhā tā'tā' rāsouhou qatara. Wa idhā rafa 'hou tahadara minhou joumānoun kal-lou'lou. Fa lā yahillou li-kāfirin yajidu rīha nafasihi illa māt. Wa nafasahou yantahī haythou yantahī tarfouh...

[305] Faisant preuve de tolérance Islamique, l'édifice était partagée entre les Musulmans, les Chrétiens et les Juifs au temps du second calife 'Oumar ibn al-Khattāb ؓ.

حدثني زهير بن حرب . حدثنا معلى بن منصور . حدثنا سليمان بن بلال . حدثنا سهيل عن أبيه، عن أبي هريرة:

أن رسول الله صلى الله عليه وسلم قال »لا تقوم الساعة حتى ينزل الروم بالأعماق، أم بدابق . فيخرج إليهم جيش من المدينة. من خيار أهل الأرض يومئذٍ . فإذا تصادفوا قالت الروم: خلوا بيننا وبين الذين سبوا منا نقاتلهم. فيقول المسلمون: لا . والله ! لا نخلي بينكم وبين إخواننا . فيقاتلونهم . فينهزم ثلث لا يتوب الله عليهم أبدا . ويقتل ثلثهم، أفضل الشهداء عند الله . ويفتح الثلث . لا يفتنون أبدا . فيفتحون قسطنطينية . فبينما هم يقتسمون الغنائم، قد علقوا سيوفهم بالزيتون، إذ صاح فيهم الشيطان: إن المسيح قد خلفكم في أهليكم . فيخرجون . وذلك باطل . فإذا جاءوا الشام خرج. فبينما هم يعدون للقتال، يسوون الصفوف، إذ أقيمت الصلاة. فينزل عيسى ابن مريم صلى الله عليه وسلم. فأمهم . فإذا رآه عدو الله، ذاب كما يذوب الملح في الماء . فلو تركه لانذاب حتى يهلك ولكن يقتله الله بيده فيريهم دمه في حربته (أخرجه مسلم في كتاب الفتن و الذهبي في التذكرة)

Dans un autre hadith, le Prophète ﷺ dit:

> (Les Musulmans) seront en train d'ajuster leurs rangs pour la prière. 'Issā ibn Maryam descendra parmi eux et sera leur leader. Lorsque le maudit ennemi d'Allāh ﷻ, Dajjāl, (l'Antéchrist) le verra, il fondra comme le sel se dissout dans l'eau. Si ('Issā) l'abandonne (ainsi), il se dissoudra complètement (et mourra), mais Allāh ﷻ fera en sorte qu'il le tue de sa main. Alors, il exhibera aux gens les traces de son sang sur sa lance.[306]

عن جابر قال، قال رسول الله صلى الله عليه وسلم،
لا تزال أمتي ظاهرين على الحق حتى ينزل عيسى بن مريم فيقول إمامهم تقدم فيقول

---

[306] *Muslim*, "Kitāb al-Fitan" #2897. Portion d'un long hadith:
... *yousawoūn as-soufoūf idh ouqīmat as-salāt fa yanzilou 'Isā ibn Maryam fa-ammahoum fa idhā ra'ā 'adoūwallāhi dhāba kamā yadhoūbou al-milhou fil-mā'i. Fa law tarakahou landhaba wa lākin yaqtoulahou-Llāhou biyadih. Fayourihim dammahou fī harbatih.*

$$\text{أنت أحق بعضكم أمراء على بعض أمر أكرم به هذه الأمة (أخرجه مسلم في كاتب الإيمان و الهيثمي في الزَوائد)}$$

Jābir Ibn 'Abd Allāh ﷺ rapporta du Prophète ﷺ:

> 'Issā ﷺ descendra parmi eux, et leur leader (le Mahdī) lui dira: «Dirige la prière pour nous», et il répondra: «Non, certains d'entre vous ont plus droit au leadership que d'autres, et Allāh ﷺ a honoré ainsi cette Oummah».[307]

Ibn Qayyim mentionna dans *Manar al-mounīf* que le leader dans ce hadith est le Mahdī ﷺ qui requerra à Jésus ﷺ de diriger les Musulmans en prière. Jésus ﷺ restera sur terre non pas comme un prophète mais plutôt comme un membre de la communauté du Prophète Mouhammad ﷺ. Les Musulmans le prendront comme leur leader. Selon Chalabi, le Mahdī ﷺ dirigera la prière des Musulmans, et Jésus ﷺ les gouvernera selon la loi Divine (*Charī'ah*).[308] L'Imām Mouslim met l'accent sur le fait que Jésus ﷺ gouvernera selon la Loi Divine Islamique dans un chapitre intitulé: La descente de Jésus fils de Marie pour gouverner avec la loi Divine de notre Prophète Mouhammad ﷺ. En effet, le Prophète ﷺ mentionna que Jésus ﷺ irait au hajj (le grand pèlerinage) et fera escale pour le visiter au cours de son voyage à Médine.

$$\text{عن أبي هريرة قال قال رسول الله صلى الله عليه و سلم ليهبطنّ الله عيسى ابن مريم حكماً عدلاً و إماماً مُقسطاً فاَيسلُكنّ فج الرَوحاء حاجّاً أوْ مُعتمراً و ليَقفنّ على قبري فيُسلّمنَّ علي ولأردَنَّ عليه (الحاكم في المستَدرك)}$$

Aboū Hourayra ﷺ rapporta du Prophète ﷺ:

> En vérité, 'Issā ibn Maryam ﷺ descendra en tant que juge équitable et un gouverneur juste. Il ira au hajj

---

[307] *Sahīh Mouslim* #157 "Kitāb al-Īmān", "Chapitre sur la Descente d'Issā ibn Maryam pour gouverner avec la Loi Divine de notre Prophète Mouhammad."
[308] Sahīh ashrāt as-sā'at (p 258)

(pèlerinage) et viendra me saluer à ma tombe, et certainement je lui répondrai!³⁰⁹

Allāh ﷻ mentionne dans le Saint Corān :

$$\text{وَإِن مِّنْ أَهْلِ الْكِتَابِ إِلَّا لَيُؤْمِنَنَّ بِهِ قَبْلَ مَوْتِهِ وَيَوْمَ الْقِيَامَةِ يَكُونُ عَلَيْهِمْ شَهِيدًا}$$

> *Il n'y aura personne, parmi les gens du Livre, qui n'aura pas foi en lui avant sa mort. Et au Jour de la Résurrection, il sera témoin contre eux.* (an-Nissā' 4:159)

A l'instar de tous les prophètes, le Prophète Jésus ﷺ est venu avec le message divin de soumission à Dieu le Tout Puissant, qui n'est rien d'autre que l'Islam. Ce verset montre que lorsque Jésus ﷺ retournera, il rectifiera lui-même les mauvaise interprétations et idées à son sujet. Il affirmera sans équivoque le message initial dont il fut porteur à l'époque de sa prophétie, et il affirmera n'avoir jamais prétendu être le fils de Dieu. Mieux, il confirmera à son retour ce qu'il avait prédit lors de sa première venue, à savoir que le Prophète Mouhammad ﷺ est le sceau des messagers. Lors de son retour, beaucoup de non Musulmans accepteront Jésus ﷺ comme un serviteur d'Allāh ﷻ le Tout Puissant, comme un Musulman et un membre à part entière de la Communauté de Mouhammad ﷺ (Oummah).

Ibn 'Abbās ؓ dit :

> Au moment de la descente de 'Issā ﷺ, il ne restera sur la face de la terre... personne qui adore [autre divinité] qu'Allāh, [à l'exception] que tous ceux croiront en 'Issā ﷺ et le suivront comme l'Esprit émanant d'Allāh ﷻ, Sa Parole, Son serviteur et Messenger.³¹⁰

Au Jour de la Résurrection, Jésus ﷺ témoignera en faveur des gens du Livre (non-Musulmans) qui lors de son second retour auront rectifié leur croyance à son sujet et auront accepté le Prophète Mouhammad ﷺ. Inversement, Jésus ﷺ témoignera contre ceux qui auront insisté dans

---

³⁰⁹ Hākim, *Moustadrak* (2:651) #4162. Dhahabī assura son authenticité.
³¹⁰ Cité par Ibn al-Jawzī (d. 597) dans son *Tafsīr* (2:247-248), dans lequel il dit : "C'est la position de Qatāda, Ibn Zayd, Ibn Qoutayba et Ibn Jarīr al-Tabarī l'ont adopté."

l'erreur, qui auront altéré son message et ses enseignements en le prenant pour le fils de Dieu, et ceux qui auront rejeté le Prophète Mouhammad ﷺ comme le Sceau des Messagers.

Jésus ﷺ gouvernera pendant quarante ans, et la terre sera emplie de paix et de joie.

Abou Sou'oud, dans son commentaire du Corān dit:

> ...période pendant laquelle il y aura qu'une communauté sur terre où les lions, les tigres et les loups pâtureront côte à côte avec les chameaux, les bovins et les moutons etc... pendant quarante ans après quoi, 'Issā ﷺ mourra et sera enterré.[311]

فيَمْكُث في الأرْض أربَعين سنة ثمَّ يتوفَّى فيصلِّي عليه المسلمونَ (أخْرجه أحْمد في مسْنده و أبو داود في كتَاب الملاحم)

Aboū Hourayra ﷺ rapporta du Prophète ﷺ:

> ('Issā) demeurera sur terre pendant quarante ans, ensuite il mourra, et les Musulmans prieront (la prière funèbre) sur lui.[312]

Dix ans après son décès, la terre sera si corrompue au point qu'il n'y aura même pas une seule personne pour dire: *Lā ilāha ill-Allāh* (il n'y a de dieu que Dieu), en d'autres termes, il n'y aura plus de monothéiste. Lorsque l'iniquité s'accaparera de nouveau de la terre, le Jour du Jugement sera proche. Allāh ﷻ enverra du paradis une brise d'un odorat agréable pour saisir les âmes des croyants.

---

[311] Abou al-Sou'oud (d. 951) dan son *Tafsīr* (2:252).
[312] (*sahīh*) Aboū Dawoūd, "Kitāb al-Malāhīm" (3:24). Souyoūtī, *Jami' al-saghīr*, (5:265). "Thoumma yamkouthou fil-ardi arba'ina sannatin thumma yatawafā wa yusalli 'alayhi al-mouslimoūn."

La Bête de la Terre

L'un des signes des Jours Derniers mentionné dans ce hadith est l'émergence de la «Bête de la Terre» (*Dābbat al-Ard*). Allāh ﷻ l'a mentionné dans le Saint Corān:

$$وَإِذَا وَقَعَ الْقَوْلُ عَلَيْهِمْ أَخْرَجْنَا لَهُمْ دَابَّةً مِنَ الْأَرْضِ تُكَلِّمُهُمْ أَنَّ النَّاسَ كَانُوا بِآيَاتِنَا لَا يُوقِنُونَ$$

> *Et quand la Parole tombera sur eux, Nous leur ferons sortir de terre une bête qui leur parlera; les gens n'étaient nullement convaincus de la vérité de Nos signes (ou versets).* (an-Naml 27:82)

La Bête est aussi mentionnée dans les hadiths du Prophète ﷺ.

> حدثنا أبو خيثمة، زهير بن حرب وإسحاق بن إبراهيم وابن أبي عمر المكي واللفظ لزهير (قال إسحاق أخبرنا، وقال الآخران حدثنا) سفيان بن عيينة عن فرات القزاز، عن أبي الطفيل، عن حذيفة بن أسيد الغفاري قال اطلع النبي صلى الله عليه وسلم علينا ونحن نتذاكر فقال ما تذاكرون؟ قالوا نذكر الساعة قال إنها لن تقوم حتى ترون قبلها عشر آيات فذكر الدخان، والدجال، والدابة، وطلوع الشمس من مغربها، ونزول عيسى ابن مريم صلى الله عليه وسلم، ويأجوج ومأجوج. وثلاثة خسوف خسف بالمشرق، وخسف بالمغرب، وخسف بجزيرة العرب وآخر ذلك، نار تخرج من اليمن، تطرد الناس إلى محشرهم (أخرجه مسلم في كتاب الفتن و أبو داود في سننه)

Houdhayfa ﷜ rapporta du Prophète ﷺ:

> (L'Heure) n'interviendra pas avant que vous observez dix signes: la fumée, le Dajjāl, la Bête (de la Terre), le lever du soleil à l'ouest, la descente de Jésus fils de Marie ؑ,

le Gog et le Magog, les glissements de terrain (ou tremblement de terre) en trois lieux: l'un à Est, un autre à l'ouest et un dernier en Arabie à l'issu duquel le feu brûlera en provenance du Yémen, poussant les gens vers leur lieu de rassemblement.[313]

Ibn Jarīr ﷺ rapporta d'Alī ﷺ que la phrase suivante tirée du Coran: «*Pour le fait que l'humanité n'ait pas cru en nos signes avec certitude*» sera prononcée par la Bête de la Terre à l'adresse de l'humanité. Cela séparera les gens en deux catégories et étiquettera sur le front de chacun la marque de la croyance ou celle de la mécréance.

حدثنا يزيد أخبرنا حماد بن سلمة وعفان حدثنا حماد أخبرنا علي بن زيد عن أوس بن خالد عن أبي هريرة

عن النبي صلى الله عليه وسلم قال تخرج الدابة ومعها عصا موسى عليه السلام وخاتم سليمان عليه السلام فتخطم الكافر قال عفان أنف الكافر بالخاتم وتجلو وجه المؤمن بالعصا حتى إن أهل الخوان ليجتمعون على خوانهم فيقول هذا يا مؤمن ويقول هذا يا كافر (مسند أحمد)

Aboū Hourayra ﷺ rapporta du Prophète ﷺ: «La Bête de la Terre surgira et aura en sa possession la canne de Moise ﷺ et la bague de Salomon ﷺ».[314]

حدثنا عبد الله حدثني أبي حدثنا علي بن بحر حدثنا أبو تميلة بالمثناة يحيى بن واضح الأزدي أخبرني خالد بن عبيد أبو عصام حدثنا عبد الله بن بريدة عن أبيه قال:

-ذهب بي رسول الله صلى الله عليه وسلم إلى موضع بالبادية قريبا من مكة فإذا أرض يابسة حولها رمل فقال رسول الله صلى الله عليه وسلم تخرج الدابة من هذا الموضع فإذا فتر في شبر (أخرجه ابن ماجه في كتاب الفتن)

---

[313] *Sahīh Mouslim*, "Kitāb al-Fitan" #6931.
[314] Tirmidhī et *Mousnad Āhmad*.

Barīdah rapporta: «Le Prophète me conduisit dans un lieu du désert prés de Makka. C'était un lopin de terre aride bordé de sable. Le Prophète dit : «Le Bête surgira de ce lieu. C'était une petite surface».[315]

---

[315] Ibn Mājah, "Kitāb al-Fitan."

Le Lever du Soleil à l'Ouest

Un autre signe relative aux Jours Derniers est le lever du Soleil à l'Ouest.

حدثنا موسى بن إسماعيل، حدثنا عبد الواحد، حدثنا عمارة، حدثنا أبو زرعة، حدثنا أبو هريرة رضي الله عنه قال:
قال رسول الله صلى الله عليه وسلم، (لا تقوم الساعة حتى تطلع الشمس من مغربها، فإذا رآها الناس آمن من عليها، فذاك حين، لا ينفع نفسا إيمانها لم تكن آمنت من قبل (أَخْرجه البخاري في كتاب التفسير)

Aboū Hourayra rapporta du Prophète :

> L'Heure n'interviendra pas tant que le soleil ne se serait pas levé à l'Ouest. Tout vivant de parmi les témoins oculaires de cet événement croira mais à ce moment là *«Il ne servira à rien à une âme d'y croire alors si elle n'a pas cru auparavant»* (al-An'am 6:158)[316]

Ceci fut expliqué par les savants y compris Ibn Kathīr, que foi ou repentir à ce moment ne serait pas accepté. La porte de la foi et celle du repentir seront fermées avec cette marque énorme inscrite.

---

[316] *Sahīh Boukhārī*, "Kitāb at-Tafsīr."

La Terre est Couverte de Fumée

Allāh dit:

فَارْتَقِبْ يَوْمَ تَأْتِي السَّمَاءُ بِدُخَانٍ مُبِينٍ يَغْشَى النَّاسَ هَذَا عَذَابٌ أَلِيمٌ

Guette donc le jour où le ciel produira une fumée bien visible qui enveloppera les hommes. Ce sera un châtiment douloureux !
(ad-Doukhān 44:10-11)

En 1945, les savants Musulmans ont pensé que le verset fait allusion à l'explosion atomique sur Hiroshima. En son temps, ce champignon de nuage était la plus énorme fumée en date, mais aujourd'hui, les armes nucléaires peuvent produire des explosions par milliers de fois plus puissantes. Non seulement ces armes sont plus puissantes, mais la possibilité à faire usage en quantité massive de missiles plus rapides en réponse à une attaque ou fausse alerte est plus grande. Mieux, le verset ne se réfère pas seulement à une explosion singulière mais à une fumée manifeste (*moubīn*), et donc visible à tous dans le monde entier. De ce fait, celle-ci ne peut être circonscrite à une seule ville ou un seul pays. La fumée couvrira le globe entier, indiquant une destruction massive.[317]

حدثنا هاشم بن مرثد الطبراني ثنا محمد بن إسماعيل بن عياش حدثني أبي حدثني ضمضم بن زرعة عن شريح بن عبيد عن أبي مالك الأشعري أن رسول الله صلى الله عليه وسلم قال إن الله عز وجل أجاركم من ثلاث خلال ان لا يدعو عليكم نبيكم فتهلكوا جميعا وأن لا يظهر أهل الباطل على أهل الحق وان لا تجتمعوا على ضلالة فهؤلاء أجاركم الله منهن وربكم أنذركم ثلاثا الدخان يأخذ المؤمن منه كالزكمة

---

[317] "Les analyses scientifiques montrent que si l'on laisse tomber 1000 bombes sur 100 villes, l'on créera un énorme manteau noir de fumée épaisse, radioactive et graisseuse d'une immensité qu'elle couvrira la terre pendant un an, éclipsera le soleil et produira un hiver nucléaire…"
Helen Caldicott, M.D.

ويأخذ الكافر فينتفخ ويخرج من كل مسمع منه والثانية الدابة والثالثة الدجال
(أخرجه الطبّراني في الكبير و في الزَّوائد)

Aboū Malik al-Ach'arī ❧ rapporta du Prophète ﷺ:

> Votre Seigneur vous a mis en garde contre trois signes: La fumée qui affecte le croyant à la manière de la cataracte[318] et qui affligera le mécréant en l'emplissant jusqu'à ce qu'il en libère par les tambours de ses oreilles. Le deuxième, la Bête de la Terre. Le troisième, le Dajjāl.[319]

Dans ce hadith, le Prophète ﷺ dit qu'il y aura une énorme quantité de fumée au cours des Jours Derniers. Lorsqu'un croyant respirera cette fumée, il manifestera les symptômes de la grippe. Cela indique que c'est une substance toxique qui affectera les croyants mais ne les tuera pas. Le Prophète ﷺ n'a pas circonscrit son effet à un seul croyant ou à un groupe de croyants mais aux «croyants» en général (partout) qui seront enrhumés une fois qu'ils inhaleront cette fumée. Une autre indication de la nature planétaire de la fumée par le Prophète ﷺ est que lorsqu'elle apparaîtra, elle couvrira toute la terre. Une fumée d'une telle immensité pourrait provenir de plusieurs sources: la fumée sulfurique nocive des volcans; la fumée émanant de l'embrasement du pétrole ou celle provenant d'une explosion nucléaire.

Contrairement aux croyants, les mécréants en seront enflés puis éclateront par conséquent et mourront. La science moderne montre que lors d'une sévère blessure corporelle issue d'explosion comme celle causée par une explosion nucléaire, les organes solides du corps, aussi

---

[318] Une maladie qui cause une inflammation de la membrane muqueuse affectant chroniquement les passages du nez et de l'air.

[319] Ibn Hājar, *Fath* (8:571). Rapporté par Tabarānī et Ibn Jarīr. Ibn Kathīr dit que son *isnad* est digne de confiance. Commentant sur *Soūrat al-Doukhān* dans une autre narration, 'Alī Ibn Aboū Tālib ❧ confirme à propos de la fumée et de ses effets tant sur les croyants que les mécréants:

> *Inna rabbakoum indharakoum thalāthan: ad-doukhān yākhoudh oul-mou'mina kaz-zoukmati, wa yākhoudh oul-kāfira fa yantafikhou hatta yakhrouja min koulli masma'in minhou. Wa thānīyaou: ad-dābbatou. Wa thālithatou: ad-dajjāl.*

bien que le sang et les autres fluides, se dilatent sous la pression de la vague explosive. Sous la pression croissante, ils se dilatent et compriment les organes emplis d'air (comme les oreilles) jusqu'à ce qu'ils éclatent comme dit le Prophète ﷺ: «l'emplissent au point qu'il diffuse des tambours des oreilles»³²⁰. Ce phénomène n'a été mentionné par aucun prophète. Ainsi, dans ce hadith, nous voyons un autre exemple de la connaissance miraculeuse du Prophète ﷺ.

Comme une miséricorde d'Allāh ﷻ, les croyants en seront épargnés. Allāh ﷻ fait comme bon Lui semble et sera sauvé quiconque Il désire sauver. A l'époque de Noé ﷺ, vivait une vieille femme qui n'avait pas pu embarquer dans l'arche. Pourtant, elle ne fut pas noyée par le déluge. Lorsque l'arche de Sayyidinā Noé ﷺ accosta, il lui demanda comment elle avait survécu au déluge qui avait engouffré toute la terre. Elle répondit: «Quel déluge? Je me souviens seulement qu'un jour, l'une de mes vaches revenant du pâturage avait de la boue sur les pattes, et cela ne s'est jamais passé auparavant».

Ceci montre que quiconque Allāh ﷻ voudra protéger le sera et aucune affliction ne le ou la touchera. Dans l'au-delà, Allāh ﷻ sauvera quiconque atteste de Son Unité en prononçant l'attestation de la foi (*chahāda*): *achaddou an lā ilāha ill-Allāh wa achaddou anna Mouhammadsun rassoūloullāh*. La miséricorde dont la Oummah bénéficie du Prophète Mouhammad est une conséquence de l'amour spécial d'Allāh ﷻ voué au Prophète ﷺ, car il est *habīboullāh* – le Bien Aimé d'Allāh ﷻ – faisant de cette nation une nation pourvue de Miséricorde (*Oummatan marhoūma*). Pour l'amour du plus aimé de Sa création, Allāh ﷻ enverra **tous** les croyants au Paradis.

حدثنا عثمان بن أبي شيبة حدثنا كثير بن هشام حدثنا المسعودي عن سعيد بن أبي بردة عن أبيه عن أبي موسى قال، قال رسول الله صلى الله عليه وسلم أمتي

---

³²⁰ Dans certain cas, la force de l'explosion peut être assez considérable au point de forcer des bulles d'air dans le flot sanguin (embolie d'air), au sens tout à fait littéral "gonfler" ou "emplir" d'air.

هذه أمة مرحومة ليس عليها عذاب في الآخرة عذابها في الدنيا الفتن والزلازل والقتل
(سنن أبي داود)

Aboū Moūssā ﷺ rapporta du Prophète ﷺ :

> Ce peuple qui est le mien est celui à qui est faite miséricorde. Il n'aura pas de punition dans l'autre monde, mais sa punition dans ce monde sera constituée d'épreuves, de tremblement de terre et du fait qu'ils seront tués.[321]

---

[321] *Sunan Aboū Dawoūd*, Livre 35, #4265:

Gog et Magog (Yā'joūj et Mā'joūj)

Dans le Saint Corān, Allāh ﷻ dit:

حَتَّى إِذَا بَلَغَ بَيْنَ السَّدَّيْنِ وَجَدَ مِن دُونِهِمَا قَوْمًا لَا يَكَادُونَ يَفْقَهُونَ قَوْلًا قَالُوا يَا ذَا الْقَرْنَيْنِ إِنَّ يَأْجُوجَ وَمَأْجُوجَ مُفْسِدُونَ فِي الْأَرْضِ فَهَلْ نَجْعَلُ لَكَ خَرْجًا عَلَى أَن تَجْعَلَ بَيْنَنَا وَبَيْنَهُمْ سَدًّا قَالَ مَا مَكَّنِّي فِيهِ رَبِّي خَيْرٌ فَأَعِينُونِي بِقُوَّةٍ أَجْعَلْ بَيْنَكُمْ وَبَيْنَهُمْ رَدْمًا آتُونِي زُبَرَ الْحَدِيدِ حَتَّى إِذَا سَاوَى بَيْنَ الصَّدَفَيْنِ قَالَ انفُخُوا حَتَّى إِذَا جَعَلَهُ نَارًا قَالَ آتُونِي أُفْرِغْ عَلَيْهِ قِطْرًا فَمَا اسْطَاعُوا أَن يَظْهَرُوهُ وَمَا اسْتَطَاعُوا لَهُ نَقْبًا قَالَ هَذَا رَحْمَةٌ مِّن رَّبِّي فَإِذَا جَاءَ وَعْدُ رَبِّي جَعَلَهُ دَكَّاءَ وَكَانَ وَعْدُ رَبِّي حَقًّا

Jusqu'à ce qu'il atteigne un pays où, entre deux barrières montagneuses, il trouva un peuple qui comprenait à peine une parole. Ces gens dirent: «O Dhou al-Qarnaïn! Gog et Magog sèment la corruption sur la terre. Pouvons-nous te payer un tribut pour que tu construises une barrière entre nous et eux?» Il dit: «Le pouvoir que mon Seigneur m'a accordé est meilleur [qu'un tribut]. Aidez-moi donc avec vigueur, et j'établirai un rempart entre vous et eux. Apportez-moi des blocs de fer! «Lorsque l'espace compris entre les deux montagnes eut été comblé, il dit: «Soufflez! «Et lorsque le fer eut été porté au rouge, il dit encore: «Apportez-moi de l'airain fondu, que je le verse dessus». Gog et Magog ne purent ni escalader le rempart ni le percer. Il dit: «Cet ouvrage est une miséricorde venue de mon Seigneur! Quand s'accomplira la promesse de mon Seigneur, Il le rasera. La promesse de mon Seigneur est véridique.
(al-Kahf 18:93-98)

Le Prophète ﷺ dit qu'il adviendra une période après 'Issā ﷺ ou il n'y aura plus de problème et de haine dans le monde. Puis un ennemi géant Gog et Magog (Yâ'joûj et Mā'joūj) apparaîtront et occuperont toute la terre comme mentionné dans les versets sus-mentionné. L'Imam Souyouti décrit ces gens dans son *tafsīr ad-Dourr al-manthoūr*. Ils ont des petits yeux, la chevelure rougeâtre ou jaunâtre. Certains ont des oreilles si larges qu'ils peuvent se servir de l'une comme paillasson et de l'autre comme une couverture. Leurs poils sur leurs corps les protègent contre les températures extrêmes. Leurs hauteurs et leur tour de ceinture sont de mesures égales. Certains sont de la hauteur d'un homme ou moins et d'égale tour de ceinture. D'autres sont hauts de la longueur de cent vingt mesures de bras et de mesure identique en tour de ceinture. Rien ne peut les arrêter, ni hommes ni montagnes. Ils surgiront de toute direction et envahiront la terre.

حدثنا يحيى بن بكير: حدثنا الليث، عن عقيل، عن ابن شهاب، عن عروة بن الزبير: أن زينب بنت أبي سلمة حدثته، عن أم حبيبة بنت أبي سفيان، عن زينب بنت جحش رضي الله عنهن:
أن النبي صلى الله عليه وسلم دخل عليها فزعا يقول لا إله إلا الله، ويل للعرب من شر اقترب، فتح اليوم من ردم يأجوج ومأجوج مثل هذه وحلق بإصبعه الإبهام والتي تليها، قالت زينب بنت جحش فقلت يا رسول الله، أنهلك وفينا الصالحون؟ قال نعم، إذا كثر الخبث(البخاري في أحاديث الأنبياء)

> Zaynab bint Jahsh, *Oumm oul-Mou'minīn* (Mère des Croyants) rapporta qu'une fois le Prophète ﷺ vint à elle, tremblotant et dans un état de frayeur puis dit: «Il n'a de dieu qu'Allāh! Malheur aux Arabes due à un danger imminent. Une ouverture à été faite dans le mur de Gog et Magog comme celle-ci», formant un cercle avec son pouce et son index. Elle demanda: «O Messager d'Allāh ﷺ! Serions nous détruits alors qu'il y a parmi nous (des) vertueux?» Il répondit: «Oui, lorsque la corruption[322] est répandue».[323]

Il y a quatorze siècles de cela, il n'y avait qu'une petite ouverture dans la barrière de Gog et Magog, et le Prophète ﷺ tremblota dû à l'énorme calamité dont sa Communauté serait victime suite à leur invasion. Aujourd'hui, les Musulmans sont d'avantage proche de la période du Gog et Magog, pourtant ils sont inattentifs, insoucieux de leur avènement.

---

[322] *Khoubth* – particulièrement fornication, *zinā*.
[323] *Sahīh Boukhārī*, "Kitāb al-Fitan."

Plusieurs Musulmans, heureux et détendus, prennent place devant leur poste de télévision, oubliant Allāh ﷻ et inattentifs à l'au-delà. Cette inattention a atteint le point où, soucieux de ne manquer aucune émission, certains Musulmans lorsque la prière est due, prient tout en regardant la télévision. Plutôt de se concentrer sur leur prière, ils font attention à leur poste de télévision. Au menu de la télévision figure toute sorte de corruption (*khoubth*), d'obscénité avec des gens en tenue provocatrice et même se ventant du nombre important d'actes de fornication dont ils se sont rendus coupables. Les gens sont fiers de ce comportement indigne. C'est la corruption dont a prédit le Prophète ﷺ avant l'avènement de Yā'joūj et Mā'joūj. Au temps du Prophète ﷺ, l'ouverture par laquelle Yā'joūj et Mā'joūj sortiront était de dimension infime, mais avec la fornication (*zinā*) répandue partout aujourd'hui, cette dimension a du s'élargir pour leur permettre de nous envahir. Un tel comportement est une invitation à Yā'joūj et Mā'joūj d'envahir l'humanité.

Dans le Saint Corān, il est mentionné que Dhoul-Qarnayn ؑ érigea un mur pour empêcher Yā'joūj and Mā'joūj de sortir[324]. L'Imām Souyoūtī, dans son explication de la *Soūrat al-Kahf* (chapitre 18), relata que le mur mesure cent miles[325] de long [soit 160.9 km] et deux cent cinquante yards[326] de haut [soit 228.5 m]. Ce mur sera détruit et Yā'joūj et Mā'joūj émergeront et dévoreront le monde entier. Ils boiront toute l'eau de la terre, consommant tout sur la terre et n'épargneront rien. Yā'joūj et Mā'joūj sont de l'autre côté de la barrière et essaient de la démolir chaque jour. Un jour, ils diront «*inchā'Allāh* nous passerons à travers demain», et avec la bénédiction de dire *inchā'Allāh* [si Dieu le veut], ils seront autorisés à accéder à l'autre côté.

حدثنا محمد بن بشار وغير واحد – المعنى واحد – واللفظ لمحمد بن بشار، قالوا أخبرنا هشام بن عبد الملك، أخبرنا أبو عوانة عن قتادة عن أبي رافع عن حديث

---

[324] Soūrat al-Kahf (18).
[325] Note du traducteur: Mile= nom masculin, mesure itinéraire anglo-saxone valant 1609 mètres.
[326] Note du traducteur: Yard=nom masculin, ancienne unité anglo-saxonne de longueur valant 0,914 mètre.

أبي هريرة عن النبي صلى الله عليه وسلم في السد قال
يحفرونه كل يوم حتى إذا كادوا يخرقونه قال الذي عليهم ارجعوا فستخرقونه غدا،
فيعيده الله كأمثل ما كان حتى إذا بلغ مدتهم وأراد الله أن يبعثهم على الناس
قال الذي عليهم ارجعوا فستخرقونه غدا إن شاء الله، واستثنى، قال: فيرجعون
فيجدونه كهيئته حين تركوه، فيخرقونه ويخرجون على الناس فيستقون المياه،
ويفر الناس منهم فيرمون بسهامهم إلى السماء فترجع مخضبة بالدماء، فيقولون: قهرنا
من في الأرض وعلونا من في السماء قسوة وعلوا، فيبعث الله عليهم نغفا في أقفائهم
فيهلكون. قال فوالذي نفس محمد بيده إن دواب الأرض تسمن وتبطر وتشكر شكرا
من لحومهم (الترمذي في أبواب التفسير- سُورة الكهف)

Aboū Hourayra ﷺ rapporta du Prophète ﷺ:

> Chaque jour, Gog et Magog essaient de trouver une issue de sortie à travers la barrière. Lorsqu'ils perçoivent les rayons du soleil à travers elle, leur leader dit: «Retournez, vous pourriez continuer à creuser demain», et lorsqu'ils reviennent, ils trouvent la barrière davantage résistante que la veille. Cela continuera jusqu'à ce qu'advienne leur temps, et qu'Allāh ﷻ souhaite les libérer. Ils creuseront jusqu'à ce qu'ils perçoivent les rayons du soleil, et ainsi le responsable parmi eux dira: «Retournez, vous pourriez continuer à creuser demain *incha'Allāh*». Dans ce cas, il fera une exception en ajoutant *incha'Allāh*, renvoyant ainsi l'affaire à la volonté d'Allāh ﷻ. Ils retourneront le lendemain et trouveront l'ouverture telle qu'ils l'ont laissé. Ils continueront à creuser et trouveront une issue au détriment des gens. Ils boiront toute l'eau, et les gens se cacheront dans leurs forteresses. Gog et Magog lanceront leurs flèches dans le ciel, et elles tomberont ensanglantées sur la terre. Gog et Magog diront: «Nous avons vaincu les gens de la terre et défait les gens des cieux». Alors Allāh ﷻ enverra à leurs nuques un genre de ver qui causera leur mort. Par celui dans la Main de Qui

se trouve l'âme de Mouhammad, les bêtes de la terre s'enfleront.[327]

Le Prophète ﷺ mentionna que lorsque Yā'joūj et Mā'joūj apparaîtront, ils s'abattront sur l'humanité. A ce moment, Sayyidinā 'Issā ﷺ serait parti, (ou selon certaines versions, il sera encore présent sur terre) et les croyants fuiront Yā'joūj and Mā'joūj pour se réfugier dans leurs demeures. Leurs énormes contingents s'abattront sur le lac Tiberias et boiront son eau jusqu'à sec. Yā'joūj et Mā'joūj sont robustes, des millions en nombre et avançant ensemble. Après avoir tué tout et bu toute l'eau disponible, il restera quelque Musulmans retranchés dans leurs demeures. Yā'joūj et Mā'joūj diront: «Nous avons fini avec les gens sur terre. Maintenant nous devrons en finir avec les gens des cieux». Comme Nemrod, ils lanceront des flèches en direction des cieux, et Allāh ﷻ leur fera voir retombées leurs flèches ensanglantées. Ils diront alors: «Nous avons exterminé les cieux». Yā'joūj et Mā'joūj en découdront d'abord avec les Musulmans puis s'attaqueront aux cieux, directement à Allāh ﷻ. Alors que l'attaque physique adviendra dans le futur, l'attaque idéologique a déjà commencé. Les athées s'en prennent ouvertement à la religion, aux hommes religieux et même se dressent directement contre Allāh ﷻ le Tout Puissant.

أخرج نعيم بن حماد في الفتن وابن مردويه بسند واه، عن ابن عباس رضي الله عنهما قال، قال رسول الله صلى الله عليه وسلم بعثني الله ليلة أسري بي إلى يأجوج ومأجوج، فدعوتهم إلى دين الله وعبادته فأبوا أن يجيبوني، فهم في النار مع من عصى من ولد آدم وولد إبليس" (درر المنثور)

Le Prophète ﷺ dit qu'au cours de la nuit d'Isra' et Mi'raj, il fut délégué comme messager à l'endroit de Gog et Magog:

> Je les ai appelés à l'Islam et à Allāh ﷻ, et ils ont refusé. Ils iront en Enfer avec ceux de parmi les enfants d'Adam ﷺ et les enfants de Satan (*Iblīs*).[328]

---

[327] Tirmidhī, "Abwāb Tafsīr," Soūrat al-Kahf.
[328] Suyūtī, *Dourr al-Manthoūr*, explication de la *Soūrat al-Kahf*.

La Destruction de la Ka'ba

Après l'apparition de Yā'joūj et Mā'joūj, l'un des signe des Jours Derniers mentionné dans les recueils de hadiths authentiques est la destruction de la Ka'ba, de ses ornements et du retrait de sa couverture, *kiswa*. Ce sera un fait accomplit tant sur le plan figuratif que littéral avec le démantèlement de la Ka'ba en phase ultime. La Ka'ba est le point focal d'où l'Islam prend sa source. Malheureusement, la structure physique de l'édifice est tout ce qui a survécu depuis ce temps. Toutes les reliques relatives à la Ka'ba depuis le temps des Compagnons et de leurs Successeurs ont été retirées par les adeptes de l'idéologie Wahhābite. Il y a même eu une tentative de se débarrasser du *Maqām Ibrāhīm*. La secte Wahhābite a aussi démantelé les assises idéologiques de l'Islam et détruit l'essence de la Ka'ba qui représente la vraie compréhension et les enseignements authentiques de l'Islam. Ce qui suit est une introduction à l'avènement du démantèlement réel de la Ka'ba par Dhou-Souwayqatayn qui apparaîtra au cours des Jours Derniers.

Un homme d'Ethiopie nommé *Dhou-Souwayqatayn* – qui signifie un homme aux jambes frêles – détruira la Ka'ba.

حدثنا علي بن عبد الله: حدثنا سفيان: حدثنا زياد بن سعد، عن الزهري، عن سعيد بن المسيب، عن أبي هريرة رضي الله عنه، عن النبي صلى الله عليه وسلم قال يخرب الكعبة ذو السويقتين من الحَبَشَةِ (أخرجه الترمذي)

Aboū Hourayra ﷺ rapporta du Prophète ﷺ: «*Dhou-Souwayqatayn* d'Ethiopie détruira la Ka'ba».[329]

Le Prophète ﷺ décrit son apparence en détail:

حدثنا عمرو بن علي: حدثنا يحيى بن سعيد: حدثنا عبيد الله بن الأخنس: حدثني ابن أبي مليكة، عن ابن عباس رضي الله عنهما، عن النبي صلى الله عليه

---

[329] Tirmidhī. Une autre version est rapportée par 'Abd Allāh Ibn 'Amr Ibn al-'As, Āḥmad dans son *Mousnad* (2:220). Haythamī, *Majma' az-zawā'id*(3:301). "*Yakhroub al-Ka'bata dhou-souwayqatayni min al-habasha.*"

وسلم قال كأني به أسود أفحج، يقلعها حجرا حجرا (أخرجه البخاري في كتاب الحجّ)

Ibn 'Abbās ﷺ rapporta avoir entendu le Prophète ﷺ dire : «C'est comme si je le voyais, il est de teint noir, aux jambes courbées, et il démantèlera (la Ka'ba) pierre par pierre».[330]

La vengeance d'Allāh ﷻ tomba sur Abrāha lorsqu'il tenta de détruire la Ka'ba à l'époque du grand-père du Prophète ﷺ. Allah mentionne ceci dans le Saint Corān:

أَلَمْ تَرَ كَيْفَ فَعَلَ رَبُّكَ بِأَصْحَابِ الْفِيلِ أَلَمْ يَجْعَلْ كَيْدَهُمْ فِي تَضْلِيلٍ وَأَرْسَلَ عَلَيْهِمْ طَيْرًا أَبَابِيلَ تَرْمِيهِم بِحِجَارَةٍ مِّن سِجِّيلٍ فَجَعَلَهُمْ كَعَصْفٍ مَّأْكُولٍ

N'as-tu pas vu comment ton Seigneur a agi envers les gens de l'Eléphant? N'a-t-Il pas rendu leur ruse complètement vaine? et envoyé sur eux des oiseaux par volées qui leur lançaient des pierres d'argile? Et Il les a rendus semblables à une paille mâchéeup. (al-Fīl 105:1-5)

Allāh ﷻ envoya des oiseaux des cieux portant dans leurs becs des pierres brûlantes de l'Enfer (*sijjīl*) semblables à des astéroïdes ou du laser. Une grosse pierre peut assommer une personne et la tuer mais une petite pierre jetée par un oiseau ne saurait être autant destructive. Pourtant, ces petites pierres brûlantes et explosives anéantissèrent complètement l'armée d'Abrāha. Des que ces pierres atteignirent le sol, elles détruisirent l'armée d'Abrāha qui se désintégra sous leur chaleur intense. Ils étaient des milliers de soldats mais aucun cadavre ne fût disponible pour être enterré parce que calciné par le feu. Ils étaient venus détruire la Ka'ba mais Allāh ﷻ les détruisit. Finalement, au cours des Jours Derniers, Allāh ﷻ permettra que la Ka'ba soit démantelée.

---

[330] *Saḥīḥ Boukhārī*, (2:59) "Kitāb al-Hajj," Chapitre sur la destruction de la Ka'ba. "*Ka-annī bihi aswadoun afhajoun yaqlā'ouha hajjaran hajjara [ya'nī al-Ka'bata].*"

Jour du Jugement

L'Approche de l'Heure

Les Événements Finaux

Dans les paragraphes antérieurs, nous avons fait cas des signes des Jours Derniers décrits par le Prophète Mouhammad ﷺ et leurs manifestations en notre temps. Le Prophète ﷺ nous informa des signes des Jours Derniers, indiquant que le Jour du Jugement est proche, mais quand adviendra t-Il exactement est du ressort d'Allāh ﷻ. Ce Jour où Allāh ﷻ passera son jugement sur toute l'humanité. Allāh ﷻ dit dans le Saint Corān:

يَسْأَلُونَكَ عَنِ السَّاعَةِ أَيَّانَ مُرْسَاهَا قُلْ إِنَّمَا عِلْمُهَا عِندَ رَبِّي لَا يُجَلِّيهَا لِوَقْتِهَا إِلَّا هُوَ ثَقُلَتْ فِي السَّمَاوَاتِ وَالْأَرْضِ لَا تَأْتِيكُمْ إِلَّا بَغْتَةً يَسْأَلُونَكَ كَأَنَّكَ حَفِيٌّ عَنْهَا قُلْ إِنَّمَا عِلْمُهَا عِندَ اللَّهِ وَلَٰكِنَّ أَكْثَرَ النَّاسِ لَا يَعْلَمُونَ

> *Ils t'interrogent sur l'Heure: "Quand arrivera-t-elle?" Dis: "Seul mon Seigneur en a connaissance. Lui seul la manifestera en son temps. Lourde elle sera dans les cieux et (sur) la terre et elle ne viendra à vous que soudainement." Ils t'interrogent comme si tu en étais averti. Dis: "Seul Allah en a connaissance." Mais beaucoup de gens ne savent pas.* (al-'Arāf 7:187)

يَسْأَلُونَكَ عَنِ السَّاعَةِ أَيَّانَ مُرْسَاهَا(42) فِيمَ أَنتَ مِن ذِكْرَاهَا(43) إِلَىٰ رَبِّكَ مُنتَهَاهَا(44) إِنَّمَا أَنتَ مُنذِرُ مَن يَخْشَاهَا(45) كَأَنَّهُمْ يَوْمَ يَرَوْنَهَا لَمْ يَلْبَثُوا إِلَّا عَشِيَّةً أَوْ ضُحَاهَا(46)

> *Ils t'interrogent au sujet de l'Heure: "Quand va-t-elle jeter l'ancre?" Quelle (science) en as-tu pour le leur dire? Son terme n'est connu que de ton Seigneur. Tu n'es que l'avertisseur de celui qui la redoute. Le jour où ils la verront, il leur semblera n'avoir demeuré qu'un soir ou un matin!*
> (an-Nāzi'āt 79: 42-46)

Même si une personne venait à vivre cent ans, cette durée de vie lui paraîtra comme un rêve lorsque l'Heure adviendra. Certains soutiennent qu'il n'y aura pas de Jour de Compte et que ce monde poursuivra son cours pendant des millions d'années. Cependant, ces versets clarifient que le Jour du Jugement adviendra soudainement, à un temps connu seulement d'Allāh ﷻ. Les signes mineurs des Jours Derniers (*'alamāt as-soughra*) mentionnés par le Prophète ﷺ sont déjà apparus, alors tout Musulman – de préférence tout être humain – se doit d'être sur ses gardes.

حدثنا أحمد بن المقدام: حدثنا الفضيل بن سليمان: حدثنا أبو حازم: حدثنا سهل بن سعد رضي الله عنه قال:
رأيت رسول الله صلى الله عليه وسلم قال بإصبعيه هكذا، بالوسطى والتي تلي الإبهام: (بعثت أنا والساعة كهاتين (أخرجه البخاري في كتاب التفسير).

Cet événement ne doit pas être présumé être éloigné car le Prophète ﷺ dit: «J'ai été envoyé très proche du Jour du Jugement tels ces deux doigts (et il montra son index et le majeur)».[331]

En vérité, dans chaque prière, les Musulmans récitent la *Soūrat al-Fātiha* dans laquelle Allāh ﷻ fait mention de «Le Roi du Jour du Jugement» (*māliki yawm id-dīn*)». En dépit de ceci, les Musulmans ne se soucient point de l'avènement de ce Jour.

اقْتَرَبَ لِلنَّاسِ حِسَابُهُمْ وَهُمْ فِي غَفْلَةٍ مَعْرِضُونَ

Le règlement de leurs comptes approche pour les hommes mais, dans leur insouciance, ils s'en détournent. (Al-Anbīyā' 21:1)

Le Prophète ﷺ dit que l'Islam disparaîtra graduellement. Lorsque cela s'amorcera, les gens n'auront conscience ni de la prière à performer, ni du jeûne à observer, et ils ne donneront pas d'aumône.

حدثنا علي بن محمد حدثنا أبو معاوية عن أبي مالك الأشجعي عن ربعي بن حراش عن حذيفة بن اليمان قال

---

[331] *Sahīh Boukhārī*, (8:510) "Kitāb al-Tafsīr." *Soūrat an-Nazi'āt*.

قال رسول الله صلى الله عليه وسلم يدرس الإسلام كما يدرس وشي الثوب حتى لا يدري ما صيام ولا صلاة ولا نسك ولا صدقة وليسرى على كتاب الله عز وجل في ليلة فلا يبقى في الأرض منه آية وتبقى طوائف من الناس الشيخ الكبير والعجوز يقولون أدركنا آباءنا على هذه الكلمة لا إله إلا الله فنحن نقولها فقال له صلة ما تغني عنهم لا إله إلا الله وهم لا يدرون ما صلاة ولا صيام ولا نسك ولا صدقة فأعرض عنه حذيفة ثم ردها عليه ثلاثا كل ذلك يعرض عنه حذيفة ثم أقبل عليه في الثالثة فقال يا صلة تنجيهم من النار ثلاثا (أخرجه إبن ماجه في كتاب الفتن)

Houdhayfa Ibn al-Yaman ﷺ rapporta que le Prophète ﷺ dit:

> L'Islam se détériora à la manière dont les vêtements se détériorent jusqu'à ce qu'il n'y ait plus personne qui sache jeûner, prier, donner l'aumône et ce que sont les rites. Le Corān disparaîtra en une nuit, et aucun de ses versets ne demeurera sur terre. Certains groupes de personnes âgées diront: «Nous avons entendu nos pères dire Lā ilāha illa Allāh, alors nous le répétons». Silah demanda à Houdhayfa ﷺ: «Quelle sera l'importance pour eux de dire Lā ilāha illa Allāh lorsqu'ils ne savent pas ce que sont la prière, le jeûne, les rites et donner l'aumône?» Houdhayfa ﷺ l'ignora; puis Silah répéta sa question trois fois, et Houdayfa ﷺ l'ignora après chaque question posée. Finalement, il lui répondit: «O! Silah, cela les sauvera de l'enfer», et il répéta cela trois fois.[332]

حدثنا عبد بن حميد . أخبرنا عبدالرزاق. أخبرنا معمر عن ثابت، عن أنس، قال: قال رسول الله صلى الله عليه وسلم: لا تقوم الساعة على أحد يقول الله الله (أخرجه مسلم في كتاب الإيمان)

Le Prophète ﷺ dit: «Le Jour du Jugement n'adviendra jamais sur quiconque dit: «*Allāh, Allāh*».[333]

---

[332] Ibn Mājah. Albānī, *Silsila sahīha*, # 87.
[333] Mouslim, "Kitāb al-Īmān."

Ce qui voudrait dire que le Jour du Jugement adviendra seulement que lorsqu'il n'y aura personne se rappelant de Son Seigneur. Il n'y aura alors seulement que des non-croyants sur terre..

Allāh ﷻ dit dans le Saint Corān:

$$\text{وَيَوْمَ يُنفَخُ فِي الصُّورِ فَفَزِعَ مَن فِي السَّمَاوَاتِ وَمَن فِي الْأَرْضِ إِلَّا مَن شَاءَ}$$

Le Jour où l'on soufflera dans la trompette, ceux qui sont dans les cieux et ceux qui sont sur la terre seront effrayés, sauf ceux que Dieu voudra épargner... (an-Naml 27:87)

Lorsqu'Allāh ﷻ ordonnera à l'Ange Isrāfīl ﷺ de souffler la Trompette, tout de ce monde disparaîtra, et il en sera de même pour tous les habitants des cieux *(samāwāt)* à l'exception de ceux dont Allāh ﷻ voudra. L'Angel Isrāfīl ﷺ donnera le premier coup de Trompette, causant une destruction totale. Le monde entier sera pris d'agitation et se désintégrera en poussière, et rien ne demeurera sauf ce qu'Allāh ﷻ voudra.

L'ordre sera donnée par Allāh ﷻ à Isrāfīl ﷺ de souffler la Trompette de nouveau, mais au lieu de destruction cette fois, ce deuxième coup de Trompette fera ressusciter toute la création. Ainsi, Allāh ﷻ montre Son Pouvoir et Sa Grandeur et qu'avec la même Trompette, Il est capable de donner la mort et redonner la vie une fois de plus.

$$\text{وَمَا قَدَرُوا اللَّهَ حَقَّ قَدْرِهِ وَالْأَرْضُ جَمِيعًا قَبْضَتُهُ يَوْمَ الْقِيَامَةِ وَالسَّمَاوَاتُ مَطْوِيَّاتٌ بِيَمِينِهِ سُبْحَانَهُ وَتَعَالَى عَمَّا يُشْرِكُونَ (67) وَنُفِخَ فِي الصُّورِ فَصَعِقَ مَن فِي السَّمَاوَاتِ وَمَن فِي الْأَرْضِ إِلَّا مَن شَاءَ اللَّهُ ثُمَّ نُفِخَ فِيهِ أُخْرَى فَإِذَا هُم قِيَامٌ يَنظُرُونَ (68) وَأَشْرَقَتِ الْأَرْضُ بِنُورِ رَبِّهَا وَوُضِعَ الْكِتَابُ وَجِيءَ بِالنَّبِيِّينَ وَالشُّهَدَاءِ وَقُضِيَ بَيْنَهُم بِالْحَقِّ وَهُمْ لَا يُظْلَمُونَ}$$

Ils n'ont pas estimé Dieu à sa juste valeur. La terre entière, le Jour de la Résurrection, sera une poignée dans Sa main et les cieux seront pliés dans Sa dextre. Qu'Il soit glorifié et exalté au-dessus de ce qu'ils Lui associent !

On soufflera dans la trompette et tous les êtres des cieux et de la

terre seront frappés par la foudre, sauf ceux pour qui Dieu en décidera autrement. Puis la trompette sonnera une autre fois, et voici que tous se dresseront et regarderont.
La terre brillera de la lumière de son Seigneur. Le Livre sera présenté, les prophètes et les témoins seront appelés, une juste sentence sera prononcée sur tous les différends et nul ne sera lésé!
(az-Zumar 39:67-69)

Le Coccyx Demeure

Le Prophète ﷺ donna un indice au sujet de la reconstitution des êtres humains à la résurrection, et cela s'est avéré vrai avec les progrès de la technologies.

حدثنا عمر بن حفص: حدثنا أبي قال: حدثنا الأعمش قال: سمعت أبا صالح قال: سمعت أبا هريرة، عن النبي صلى الله عليه وسلم قال: بين النفختين أربعون. قالوا يا أبا هريرة، أربعون يوما؟ قال أبيت، قال أربعون سنة؟ قال أبيت، قال أربعون شهرا؟ قال أبيت ويبلى كل شيء من الإنسان إلا عجب ذنبه، فيه يُركب الخلق (أخرجه البُخاري في كتاب تفسير القُرآن)

Aboū Hourayra ؓ rapporta du Prophète ﷺ:

> Entre les deux coups de la Trompette, il y aura quarante. Les gens demandèrent: «Oh Aboū Hourayra! Quarante jours?» Il ne répondit pas. Ils dirent: «Quarante années?» Il persista dans son refus et ajouta: «Tout du corps humain se décomposera à l'exception du coccyx, et de cet os, Allāh ﷻ reconstituera le corps entier».[334]

حدثنا عبد الله حدثني أبي حدثنا علي بن حفص أنبأنا ورقاء عن أبي الزناد عن الأعرج عن أبي هريرة قال قال رسول الله صلى الله عليه وسلم -كل ابن آدم تأكله الأرض إلا عجب الذنب فإنه منه خلق ومنه يركب. (أخرجه الإمام مالك في الجنائز و غيره)

Aboū Hourayra ؓ rapporta aussi que le Prophète ﷺ dit:

> La terre consume tout du corps humain à l'exception du coccyx. Il en fut créé, et de ceci se fera sa reconstitution.[335]

---

[334] *Sahîh Boukhārī* (6:338).
[335] Imām Mālik, *Mouwatta*, chapitre 16.

Il y a quatorze siècles de cela, le Prophète ﷺ dit qu'à la mort, le corps entiers est consumé par la terre à l'exception du coccyx. Les scientifiques Musulmans n'étaient pas à même de comprendre ce hadith par le passé car à l'examen d'une tombe ouverte, ils ne trouvaient pas l'os du coccyx du à la désintégration totale du corps entier. Les scientifiques ont pu finalement dénouer le secret que cachait ce hadith du Prophète ﷺ usant des techniques sophistiquées de l'analyse de l'ADN. Les Scientifiques prirent un échantillon du coccyx et le soumirent aux pressions les plus inimaginables. Ils le broyèrent sous haute pression, le firent bouillir et même l'incinérèrent, mais quelque soit le procédé utilisé, il fut impossible de détruire l'ADN contenu dans le coccyx. Sous des conditions qui détruisirent tous les os et toutes les cellules, le résidu du coccyx d'une manière ou d'une autre survécu, préservant de ce fait l'ADN de cette personne. Chaque cellule du corps humain renferme le schéma génétique complet du corps entier, et ce résidu microscopique de l'ADN du coccyx contient suffisamment d'information pour récréer l'être humain en entier.

Une telle connaissance dont Allāh ﷻ a gratifié le Prophète ﷺ étale en fait la Grandeur d'Allāh ﷻ, notre petitesse et une preuve capitale à l'endroit des croyants et le fait qu'il leur soit préférable de consacrer leur temps à la recherche des bienfaits de l'au-delà plutôt que de s'adonner à la poursuite des intérêts et plaisirs de cette vie temporaire.

Le Coccyx et l'Embryologie

Le hadith précédent mentionne que l'être humain est «formé» à partir du coccyx: «Il en fut créé, et sa reconstitution s'y repose». Examiner ceci à la lumière des découvertes embryologiques modernes est révélateur. A approximativement deux semaines de gestation, l'embryon en formation se sépare du placenta au point que la seule liaison entre les deux n'est qu'une sorte de tige reliée à l'extrémité de la queue de l'embryon, qui plus tard devient le foyer du coccyx[336]. Cette tige est la forme primitive du cordon ombilical qui acheminera du placenta vers l'embryon en formation, la substance nutritive. Non seulement le cordon ombilical est la seule source nourricière du coccyx vers l'embryon, mais le développement de l'embryon lui-même commence au point du coccyx.

L'orientation de l'embryon et le développement subséquent s'amorcent lorsqu'une ligne dénommée «tige primitive» prend forme à partir du coccyx et progresse vers la boîte crânienne (la tête). Le développement continu de ce point, et la phase finale de la fermeture du tube nerveux se fait encore à l'extrémité de la queue. Il y a quatorze siècle, le Prophète ﷺ a décrit le coccyx et le développement de l'être humain en disant que l'humanité «en fut créée et sa reconstitution s'y repose».

De telles découvertes sont suffisantes, Oh humanité pour se rendre compte de la Gloire de Celui dont la Grandeur est infinie et dont l'Excellence sur Sa création est incommensurable! Un fait indéniable et suffisant qui étale notre dépendance de son Pardon, son Amour et de sa Tendre Miséricorde.

---

[336] Early Embryogenesis. Dr. David Rapaport. UCSD Département de chirurgie, Division d'Anatomie.

Le Résidu du Coccyx et la Résurrection

Au premier coup de trompette, Allāh ﷻ détruira tout, et au second coup de trompette, les êtres humains et la création seront ramenés à la vie. Puis, Allāh ﷻ enverra une pluie pour une durée de quarante jours dont la hauteur des eaux atteindra soixante dix coudées.

حدثنا أبو كريب، محمد بن العلاء . حدثنا أبو معاوية عن الأعمش، عن أبي صالح، عن أبي هريرة، قال:
قال رسول الله صلى الله عليه وسلم ما بين النفختين أربعون قالوا يا أبا هريرة أربعون يوما؟ قال أبيت. قالوا أربعون شهرا؟ قال أبيت قالوا أربعون سنة؟ قال أبيت ثم ينزل الله من السماء ماء فينبتون كما ينبت البقل ، قال وليس من الإنسان شيء إلا يبلى إلا عظما واحدا وهو عجب الذنب ومنه يركب الخلق يوم القيامة (أَخْرَجَهُ البخاري في كتاب تفسير و مسلم في كتاب الفتن)

Aboū Hourayra ؓ rapporta que le Prophète ﷺ dit:

> ...Allāh ﷻ fera descendre une pluie qui fera germer les gens comme des légumes. Le corps humain sera totalement détruit à l'exception du coccyx. Allāh ﷻ s'en servira pour reconstituer le corps entier.[337]

Chaque goutte de pluie sera composée de sperme qui s'attachera à «l'œuf» de chaque personne – ceci étant le résidu du coccyx – en vue de recréer cette personne.

Allāh ﷻ dit dans le Saint Corān:

---

[337] *Sahīh Boukhārī. Sahīh Mouslim* (9:p. 92). *Riyād as-sālihīn* #1836:
   Wa yablā koullou shay'in min al-insāni illa 'ajb adh-dhanab fīhī yourakkab oul-khalq. Thoumma younazzilu Allāhou min as-samā'i mā'an, fayanboutoūna kamā yanbout oul-baql.

$$\text{وَمِنْ آيَاتِهِ أَنَّكَ تَرَى الْأَرْضَ خَاشِعَةً فَإِذَا أَنزَلْنَا عَلَيْهَا الْمَاءَ اهْتَزَّتْ وَرَبَتْ إِنَّ الَّذِي أَحْيَاهَا لَمُحْيِي الْمَوْتَىٰ إِنَّهُ عَلَىٰ كُلِّ شَيْءٍ قَدِيرٌ}$$

C'est un de Ses signes que tu voies la terre nue et désolée ; mais lorsque Nous faisons descendre sur elle l'eau du ciel, elle se ranime et redevient féconde. Certes, Celui qui lui redonne la vie fait aussi revivre les morts. Assurément, Il est puissant sur toute chose.
(Fussilat 41:39)

Allāh ﷻ dit:

$$\text{إِذَا زُلْزِلَتِ الْأَرْضُ زِلْزَالَهَا وَأَخْرَجَتِ الْأَرْضُ أَثْقَالَهَا}$$

Lorsque la terre sera secouée par son tremblement, que la terre rejettera ses fardeaux.... (al-Zalzala 99:1-2)

A la manière dont un tamis est agité afin de séparer les particules de dimension différente, la Terre sera similairement agitée et libérera les résidus du coccyx. Allāh ﷻ fera ressortir tous ces résidus en passant toute la terre au tamis afin que chacun entre en contacte avec la goutte de pluie [de sperme] qui lui est destinée. Allāh ﷻ récréera la terre et ramènera chaque personne, homme, femme et enfant à leur condition initiale.

Les Evénements du Jour du Jugement

L'avènement de la résurrection sera si soudaine que l'humanité sera surprise de la manière qu'elle fut ramenée en vie.

وَنُفِخَ فِي الصُّورِ فَإِذَا هُم مِّنَ الْأَجْدَاثِ إِلَىٰ رَبِّهِمْ يَنسِلُونَ قَالُوا يَا وَيْلَنَا مَن بَعَثَنَا مِن مَّرْقَدِنَا هَٰذَا مَا وَعَدَ الرَّحْمَٰنُ وَصَدَقَ الْمُرْسَلُونَ

On soufflera dans la trompette, et voilà que de leurs tombes ils se précipiteront vers leur Seigneur.
" Malheur à nous !, s'écrieront-ils. Qui donc nous a arrachés à nos couches ? C'est là ce que le Miséricordieux avait promis, et les envoyés disaient vrai! (Yā Sīn 36: 51-52)

Dans un autre verset, Allāh ﷻ dit:

فَإِذَا نُقِرَ فِي النَّاقُورِ فَذَٰلِكَ يَوْمَئِذٍ يَوْمٌ عَسِيرٌ عَلَى الْكَافِرِينَ غَيْرُ يَسِيرٍ

Lorsqu'on sonnera de la trompette, ce Jour sera un Jour pénible, un Jour peu facile pour les mécréants. (al-Mouddathir 74:8-10)

وَقَالَ الْإِنسَانُ مَا لَهَا يَوْمَئِذٍ تُحَدِّثُ أَخْبَارَهَا بِأَنَّ رَبَّكَ أَوْحَىٰ لَهَا

Et que l'homme s'exclamera: «Qu'a-t-elle?»
Ce Jour-là, elle relatera sa chronique d'après ce que ton Seigneur lui aura révélé. (az-Zalzala 99:3-5)

Allāh ﷻ révélera à la terre de relater ce que chacun aurait œuvré dans cette vie.

فَمَن يَعْمَلْ مِثْقَالَ ذَرَّةٍ خَيْرًا يَرَهُ وَمَن يَعْمَلْ مِثْقَالَ ذَرَّةٍ شَرًّا يَرَهُ

Ce Jour-là, les hommes surgiront par groupes pour que leur soient montrées leurs actions. Alors, celui qui aura fait le poids d'un atome de bien le verra, et celui qui aura fait le poids d'un atome de mal le verra.
(az-Zalzala 99: 6-8) .

Ce jour là, certains visages seront rayonnants de la miséricorde d'Allāh ﷻ du fait de leurs bonnes œuvres, et d'autres seront assombris par la punition d'Allāh ﷻ du fait de leurs mauvaises actions.

$$\text{وُجُوهٌ يَوْمَئِذٍ مُّسْفِرَةٌ ضَاحِكَةٌ مُّسْتَبْشِرَةٌ وَوُجُوهٌ يَوْمَئِذٍ عَلَيْهَا غَبَرَةٌ تَرْهَقُهَا قَتَرَةٌ}$$

Ce jour-là, il y aura des visages rayonnants, rieurs et joyeux. Et des visages, ce jour-là, seront couverts de poussière, enveloppés de ténèbres. Ce seront ceux des mécréants, des libertins !
('Abasa 80:38-41)

En vérité, le Jour du Jugement est un événement effroyable au cours duquel Allāh ﷻ rassemblera l'humanité entière et passera Son jugement en fonction de ce qu'a œuvré chaque âme dans cette vie.

$$\text{وَتَرَكْنَا بَعْضَهُمْ يَوْمَئِذٍ يَمُوجُ فِي بَعْضٍ وَنُفِخَ فِي الصُّورِ فَجَمَعْنَاهُمْ جَمْعًا}$$

Ce Jour-là, Nous laisserons certains hommes déferler sur d'autres, et il sera soufflé dans la trompette. Alors, Nous les rassemblerons tous.
(al-Kahf 18:99)

Les êtres humains et jinns – autres créatures d'Allāh qui sont pourvues d'intelligence et doté de capacité de discernement, et par conséquent sont ténu responsables de leurs actions – se déferleront comme des vagues les uns sur les autres. Allāh ﷻ affirme par là qu'Il les rassemblera tous au Jour du Jugement. Personne n'en sera exclu, qu'il soit roi, président ou personne ordinaire, qu'il soit être humain ou jinn. Tous seront traumatisés et inquiets tel le poisson en dehors de l'eau, chancelant, ne savant quoi dire et foudroyé par la crainte d'Allāh ﷻ. Selon le hadith du Prophète ﷺ:

> Les gens les plus heureux et les plus sereins ce Jour là sont ceux qui peuvent trouver une place où poser leurs orteils.

Transpiration

Au Jugement Dernier, il n'y aura pas d'espace où se tenir debout; les gens seront amassés les uns sur les autres en ce jour horrible. Ce sera un jour grave, un jour dont la gravité restera inimaginable pour les êtres humains. Le soleil les accablera et les châtiera à tel point que leurs cerveaux en seront échauffés.

حدثنا الحكم بن موسى، أبو صالح. حدثنا يحيى بن حمزة عن عبدالرحمن بن جابر.

حدثني سليم بن عامر حدثني المقداد بن الأسود قال

سمعت رسول الله صلى الله عليه وسلم يقول تدني الشمس يوم القيامة من الخلق

حتى تكون منهم كمقدار ميل

قال سليم بن عامر فوالله! ما أدري ما يعني بالميل أمسافة الأرض أم الميل الذي

تكتحل به العين، قال فيكون الناس على قدر أعمالهم في العرق (مسلم في باب القيامة)

Ils transpireront tous comme le Prophète ﷺ dit:

> Les gens seront couverts par la sueur en fonction de leurs actions[338].

Certaines personnes seront couvertes par la sueur jusqu'à leurs genoux, d'autres le seront jusqu'à leurs têtes, comme certains jusqu'à leurs bouches, et d'autres s'y noieront. Aboū Hourayra ﷺ rapporta un autre hadith du Prophète ﷺ où les gens de l'Enfer transpireront à tel point qu'elle atteindra la hauteur de soixante dix coudées comme une rivière, les inondant et les noyant. Le soleil embrasera leurs têtes. Il n'y aura aucun ombrage à l'exception de ce qu'Allāh ﷻ enverra au-dessus des croyants.

وَعَرَضْنَا جَهَنَّمَ يَوْمَئِذٍ لِّلْكَافِرِينَ

---

[338] Rapporté d'al-Miqdād par *Mouslim*, Tirmidhī et Āhmad.

Ce Jour-là, Nous placerons la Géhenne bien en évidence devant les mécréants.
(al-Kahf 18:100)

Allāh ﷻ étalera l'Enfer aux mécréants. L'ordre sera donné aux anges par Allāh ﷻ d'exhiber l'Enfer. Le Prophète ﷺ dit que *Jahannam* (l'Enfer) a 70000 rênes; chaque rêne est tirée par 70000 anges. Il obstruera tout l'horizon, ne laissant aucune issue conduisant au Paradis. Tout le monde sera inquiet parce que personne ne pourra atteindre le Paradis si ce n'est en passant par le Pont au-dessus de l'Enfer, le *Sirāt al-Moustaqīm*, la Voie Droite. Chaque être humain aura à le traverser comme Allāh ﷻ le mentionne dans le Saint Corān :

وَإِن مِّنكُمْ إِلَّا وَارِدُهَا كَانَ عَلَىٰ رَبِّكَ حَتْمًا مَّقْضِيًّا

Il n'est aucun d'entre vous qui ne devra s'en approcher: c'est là un arrêt fixé par ton Seigneur (Maryam 19:71)

Allāh ﷻ dit dans le Saint Corān :

وَنَحْشُرُهُمْ يَوْمَ الْقِيَامَةِ عَلَىٰ وُجُوهِهِمْ عُمْيًا وَبُكْمًا وَصُمًّا

Le Jour de la Résurrection, Nous les rassemblerons prosternés sur leurs faces, aveugles, muets et sourds Jugement, (al-Isrā' 17:97)

Et dans un autre verset :

الَّذِينَ يُحْشَرُونَ عَلَىٰ وُجُوهِهِمْ إِلَىٰ جَهَنَّمَ أُولَٰئِكَ شَرٌّ مَّكَانًا وَأَضَلُّ سَبِيلًا

Ceux qui seront traînés sur le visage et dans la Géhenne.... (al-Fourqān 25:34)

Du fait de leurs manières odieuses dans cette vie, les mécréants seront conduits en Enfer.

حدثنا عبد الله بن محمد حدثنا يونس بن محمد البغدادي حدثنا شيبان عن قتادة حدثنا أنس بن مالك رضي الله عنه أن رجلا قال يا نبي الله كيف يحشر الكافر على وجهه يوم القيامة؟ قال أليس الذي أمشاه على الرجلين في الدنيا قادرا على أن يمشيه

على وجهه يوم القيامة (أخرجه البخاري في كتاب تفسير القرآن و مسلم في كتاب صفة القيامة و الجنّة و النّار).

Anas Ibn Malik ﷺ rapporta:

Un homme demanda au Prophète ﷺ: «Oh Prophète Allāh ﷺ! Comment un mécréant peut-il se déplacer sur sa face au Jour du Jugement?» Le Prophète ﷺ répondit: «N'est-ce pas que Celui (Allāh ﷺ) qui le fit marcher sur ses deux pieds peut le faire marcher aussi sur sa face au Jour du Jugement?»[339]

Allāh ﷺ décrit les mécréants qui seront mis en Enfer et leurs œuvres dans cette vie.

الَّذِينَ كَانَتْ أَعْيُنُهُمْ فِي غِطَاءٍ عَن ذِكْرِي وَكَانُوا لَا يَسْتَطِيعُونَ سَمْعاً

Ceux-là même dont les yeux étaient bandés à Mon rappel et qui ne pouvaient supporter de l'entendre. (al-Kahf 18:101)

Les mécréants furent voilés et refusèrent de se rappeler d'Allāh ﷺ ou d'entendre même Son Rappel, *dhikr*. Allāh ﷺ mentionne le fait de se rappeler de Lui tant par le cœur que par la langue dans plusieurs versets du Corān et authentiques narrations du Prophète ﷺ[340]. Les mécréants furent voilés du souvenir d'Allāh ﷺ, et ils refusèrent d'écouter l'avertissement que le Prophète ﷺ leur donna. Il les appela au souvenir

---

[339] *Sahīh Boukhārī* and *Sahīh Mouslim*.
[340] Lorsque l'un des Compagnons demanda au Prophète quelle genre de prière facile il pourrait performer, le Prophète lui dit: maintien ta langue mouillée avec le rappel d'Allāh. (Tirmidhī, Ibn Mājah, et Āhmad d'Abd Allāh ibn Bousr.)
Le Dhikr peut être performer en récitant *Lā ilāha illa-Allāh* comme mentionné dans le hadith: Le meilleur *dhikr* est *Lā ilāha illa-Allāh*. (Tirmidhī, Nasā'ī, Ibn Mājah, Ibn Hibbān, Bayhaqī dans *Shou'ab al-Imān*, de Jābir ibn 'Abd Allāh). On peut faire le rappel d'Allāh en disant: "Allāh, Allāh" comme mentionné par Allāh: "*alā bi dhikr-illāhi tatma'inn oul-qouloūb — en vérité au rappel d'Allāh, les cœurs trouvent paix et satisfaction*" (ar-Ra'd 13:28); ou récitant les Attributs d'Allāh: *Yā Rahmān, Yā Salām, Ya Latīf,* etc... comme le Coran dit: "*A Allah appartient les plus beaux noms et en l'Appelant à travers eux … - wa lillāh il-asma oul-housnā fad'ouhou bihā*" (al-'Arāf 7:180).

d'Allāh ﷻ, mais du fait de leur animosité envers le Prophète Mouhammad ﷺ, ils refusèrent.

Le Prophète ﷺ dit que lorsqu'Isrāfīl ﷺ soufflera dans la trompette, la terre deviendra immaculée comme du cristal, et au Jour du Jugement, le Trône d'Allāh ﷻ viendra sur une étendue de sable cristalline (claire). Cela voudrait dire que rien ne demeurera.

$$\text{يَوْمَ تُبَدَّلُ الْأَرْضُ غَيْرَ الْأَرْضِ وَالسَّمَاوَاتُ وَبَرَزُوا لِلَّهِ الْوَاحِدِ الْقَهَّارِ}$$

Le Jour où la terre sera remplacée par une autre terre. (Ibrāhīm 14:48)

Toutes les montagnes, toutes les mers, vents, étoiles, galaxies, la technologie se désintégreront à la suite du coup de la trompette et disparaîtront dans la non-existence. L'ordre sera donné à la terre par Allāh ﷻ de se purifier de tout ce qui est corrompu, dégoûtant et ignominieux parce que jamais Son Trône ne peut descendre dans un lieu inondé de péchés, de tyrannies, de tueries et de violence. L'humanité commença à s'entre-tuer depuis le temps des fils d'Adam ﷺ lorsque Cain tua son frère Abel.

Allāh ﷻ dit dans le Saint Corān:

$$\text{يَوْمَ هُم بَارِزُونَ لَا يَخْفَى عَلَى اللَّهِ مِنْهُمْ شَيْءٌ لِّمَنِ الْمُلْكُ الْيَوْمَ}$$

A qui appartient la royauté, aujourd'hui (Ghāfir 40:16)

Rien ne demeurera et Allāh ﷻ s'adressera à Soi-même: «A Qui appartient aujourd'hui le Royaume, Qui est le Roi des rois?» Aucune âme n'osera répondre, qu'elle soit celle d'un chef d'état ou d'une royauté. Plutôt Allāh ﷻ répondra Lui-même: «Le Royaume est à Moi Seul».

$$\text{لِلَّهِ الْوَاحِدِ الْقَهَّارِ}$$

A Dieu, l'Unique, l'Invincible! (Ghāfir 40:16).

Cheick Fakhrouddin an-Noūrī, un fameux savant en son temps, demanda à Cheick 'Alī Ramitanī: «Allāh ﷻ mentionna dans le Saint Corān qu'au Jour des Promesses, Il posa la question: *«Ne suis-Je pas votre Seigneur?»* (al-'Arāf 7:172) et la réponse fut affirmative alors qu'au Jour du Jugement, Il interrogera: *«A Qui appartient aujourd'hui le Royaume?»* (Ghāfir

40:16) et personne ne répondra. Pourquoi ont-ils répondu à la question: «Ne Suis-Je pas Votre Seigneur? Alors qu'au Jour du Jugement ils ne répondront pas?» Dans sa réponse, Cheick 'Alī Ramitanī fit preuve d'une géniale compréhension du Saint Corān et du hadith lorsqu'il dit:

> Lorsque la première question «Ne suis-Je pas votre Seigneur?» fut posée à l'humanité, ce fut le jour où Allāh ﷻ imposa la Loi Sacrée à tous les humains. Répondre à une question est obligation selon la Loi. Ce fut la raison pour laquelle ils répondirent à la question. Cependant, au Jour du Jugement, toutes les obligations prennent fin, et à ce moment, la prise de conscience de la vérité et du monde spiritual s'amorce. En spiritualité, il n'y a de meilleur que le silence parce que la spiritualité est un flux du cœur au cœur que la langue ne peut exprimer. C'est la raison pour laquelle le silence fut la réponse à la deuxième question. Allāh ﷻ répond Lui-même à Sa propre question: «A qui appartient aujourd'hui le Royaume» en disant: «Il appartient à Allāh ﷻ, l'Unique, l'Invincible».

Allāh ﷻ dit dans le Saint Corān:

يَوْمَ يَفِرُّ الْمَرْءُ مِنْ أَخِيهِ وَأُمِّهِ وَأَبِيهِ وَصَاحِبَتِهِ وَبَنِيهِ لِكُلِّ امْرِئٍ مِنْهُمْ يَوْمَئِذٍ شَأْنٌ يُغْنِيهِ

Le Jour où l'homme fuira son frère sa mère, son père, sa compagne et ses fils, ce jour-là, à chaque homme suffira ce qui le concerne.

('Abassa 80:34-37)

L'Intercession

Au Jour du Jugement, il n'y aura ni frères ni sœurs, ni mères, ni pères. Les humains s'éviteront les uns les autres, essayant de se sauver eux-mêmes. Chacun dira: «Moi, moi! O Allāh ﷻ! pardonne-moi! Ait pitié de moi».

Ce jour là, même ceux qui ont accompli de bonnes œuvres se rendront compte de l'insignifiance de leurs actions face à l'énorme récompense et faveur qu'Allāh ﷻ leur attribua au cours de leur vie sur terre. Avec une telle prise de conscience, survient la peur que toutes leurs actions ne seront d'aucun poids face à la balance (al-Mīzān) lorsqu'ils apparaîtront devant Celui qui administre la justice parfaite, al-'Adl. En ce moment, nul ne sera à l'abri des terreurs du Jour du Jugement à l'exception de celui qu'Allāh ﷻ favorise de Sa clémence.

حدثنا أسود بن عامر حدثنا جرير بن حازم قال سمعت محمد بن سيرين قال أخبرني أبو هريرة قال، قال رسول الله صلى الله عليه وسلم ما منكم من أحد يدخله عمله الجنة ولا ينجيه من النار إلا برحمة من الله وفضل قال، قالوا يا رسول الله ولا أنت قال ولا أنا إلا أن يتغمدني الله منه برحمة قال، وقال رسول الله صلى الله عليه وسلم بيده يقبضها ويبسطها

Aboū Hourayra rapporta que le Messager d'Allāh dit:

> Aucun de vous ne peut entrer au Paradis par vertu de ses actions seules. Ils dirent: «Messager d'Allāh, même pas toi?» Il répondit: «Même pas moi, mais Allāh ﷻ me couvrira de Sa Grâce et Miséricorde».[341]

La seule personne à ne pas dire *Nafsī, nafsī*, «moi, moi» le Jour de l'extrême détresse est le Prophète Mouhammad ﷺ. Les communautés des autres prophètes accourront à leurs prophètes, mais ceux-là ne seront être en mesure de leur venir en aide. Mieux, tous les autres prophètes demanderont au Prophète Mouhammad ﷺ d'intercéder pour

---

[341] *Sahīh Mouslim*, Book 39, # 6761 et plusieurs autres narrations similaires.

eux et leurs communautés. Le Prophète ﷺ dira: «L'intercession est pour moi» (anā lahā), et Allāh ﷻ octroiera au Prophète ﷺ la permission d'intercéder pour toutes les communautés.

حدثنا علي بن نصر بن علي الجهضمي حدثنا عبيد الله بن عبد المجيد حدثنا زمعة بن صالح عن سلمة بن وهرام عن عكرمة عن ابن عباس قال جلس ناس من أصحاب رسول الله صلى الله عليه وسلم ينتظرونه، قال فخرج حتى إذا دنا منهم سمعهم يتذاكرون فسمع حديثهم فقال بعضهم عجبا إن الله عز وجل اتخذ من خلقه خليلا اتخذ إبراهيم خليلا وقال آخر ماذا بأعجب من كلام موسى كلمه تكليما وقال آخر فعيسى كلمة الله وروحه وقال آخر آدم اصطفاه الله فخرج عليهم فسلم وقال قد سمعت كلامكم وعجبكم إن إبراهيم خليل الله وهو كذلك وموسى نجي الله وهو كذلك وعيسى روح الله وكلمته وهو كذلك وآدم اصطفاه الله وهو كذلك ألا وأنا حبيب الله ولا فخر وأنا حامل لواء الحمد يوم القيامة ولا فخر وأنا أول شافع وأول مشفع يوم القيامة ولا فخر وأنا أول من يحرك حلق الجنة فيفتح الله لي فيدخلنيها ومعي فقراء المؤمنين ولا فخر وأنا أكرم الأولين والآخرين ولا فخر قال أبو عيسى هذا حديث غريب (أخرجه الترمذي في سننه في كتاب المناقب)

Ibn 'Abbās ؓ rapporta que des gens proches du Prophète ﷺ vinrent et l'attendirent. Lorsqu'il sortit, il les approcha et les entendit dire:

> Quelle merveille qu'Allāh ﷻ Tout-puissant et Glorieux a pris une de Ses créatures comme Son Ami intime – Abraham ؑ – pendant qu'un autre s'interrogea: «Qu'est ce qui est plus merveilleux que Sa parole à Moïse ؑ auquel Il parla directement!» Encore un autre dit: «Et Jésus ؑ est la parole d'Allāh ﷻ et Son esprit» tandis qu'un autre dit: «Adam ؑ fut choisi par Allah». Le Prophète ﷺ dit: «J'ai entendu votre conversation, et tout ce que vous avez dit est vrai, et moi, je suis le Bien-aimé d'Allāh ﷻ (Habīb Allah). Je dis cela sans orgueil. Je tiens l'étendard de la gloire au Jour du Jugement, je suis le premier intercesseur, le premier dont l'intercession est acceptée, le premier à faire la ronde des portes du paradis afin qu'Allāh ﷻ me l'ouvre. J'y entrerai avec les pauvres

de ma Communauté. Je dis cela sans orgueil. Je suis le plus honoré, du premier au dernier, et je dis cela sans orgueil».[342]

L'une des clefs pour obtenir la Miséricorde d'Allāh est l'amour. L'amour d'Allāh et de Son Prophète Mouhammad compte parmi les clefs pour accéder au Paradis. La preuve est dans le hadith suivant:

حدثنا سليمان بن حرب حدثنا حماد بن زيد، عن ثابت، عن أنس رضي الله عنه أن رجلا سأل النبي صلى الله عليه وسلم عن الساعة، فقال متى الساعة؟ قال وماذا أعددت لها. قال لا شيء، إلا أني أحب الله ورسوله صلى الله عليه وسلم، فقال أنت مع من أحببت. قال أنس فما فرحنا بشيء فرحنا بقول النبي صلى الله عليه وسلم أنت مع من أحببت، قال أنس فأنا أحب النبي صلى الله عليه وسلم وأبا بكر وعمر وأرجو أن أكون معهم بحبي إياهم، وإن لم أعمل بمثل أعمالهم (أخرجه البُخَارِي في كِتَاب فضَائِلِ الصَّحَابَةِ)

Anas rapporta:

> Un bédouin demanda au Prophète au sujet du Jour Dernier (l'Heure). Il dit: «Sûrement, il adviendra. Qu'as-tu préparé pour ce jour?» L'homme dit: «O Messenger d'Allāh! Je n'ai pas fait assez en terme de prière et de bonnes œuvres, mais j'aime Allāh et Son Messenger». Le Prophète dit: «Tu sera avec ceux que tu aimes». Anas dit que lorsqu'ils entendirent ceci, les Musulmans se réjouirent comme jamais ils ne le firent par le passé. Anas dit: «Ce faisant, j'aime le Prophète , Aboū Bakr et 'Oumar, j'espère être avec eux à cause de l'amour que j'ai pour eux quoique mes actions ne sont pas similaires aux leurs».[343]

Dieu a créé plusieurs moyens pour sauver les êtres humains de la punition – en dépit de leur nature intrinsèque – car l'humanité fut créée faible, susceptible à l'influence de Satan, aux désires, aux plaisirs

---

[342] Tirmidhī.
[343] *Sahih Boukhārī* (5:37), livre "Compagnons du Prophète."

mondains et au mal. La Miséricorde d'Allāh est vaste, et à travers elle, les croyants trouvent réconfort.

حدثنا قتيبة بن سعيد حدثنا يعقوب بن عبد الرحمن عن عمرو بن أبي عمرو عن سعيد بن أبي سعيد المقبري عن أبي هريرة رضي الله عنه قال سمعت رسول الله صلى الله عليه وسلم يقول إن الله خلق الرحمة يوم خلقها مائة رحمة فأمسك عنده تسعا وتسعين رحمة وأرسل في خلقه كلهم رحمة واحدة فلو يعلم الكافر بكل الذي عند الله من الرحمة لم ييئس من الجنة ولو يعلم المؤمن بكل الذي عند الله من العذاب لم يأمن من النار

Aboū Hourayra ⸎ rapporta qu'il entendit le Prophète ﷺ d'Allāh ﷻ dire:

> En vérité, Allāh ﷻ créa la Miséricorde. Le jour où Il la créa, Il l'a divisa en cents parties. Il retint quatre vingt neuf parts et fit descendre une part à l'ensemble de toutes Ses créatures. Si le mécréant se doutait de toute la Miséricorde qu'Il a en Ses Mains, il ne perdrait pas espoir d'entrer au Paradis, et si le croyant se doutait de tout le châtiment que détient Allāh ﷻ, il ne se considérerait pas protégé de l'Enfer.[344]

Pour bénéficier de cette Miséricorde, Allāh ﷻ attribue à une seule phrase une valeur assez suffisante pour compenser les mauvaises actions d'une personne fussent-elles excessives.

حدثنا معاذ بن أسد أخبرنا عبد الله أخبرنا معمر عن الزهري قال أخبرني محمود بن الربيع وزعم محمود أنه عقل رسول الله صلى الله عليه وسلم وعقل مجة مجها من دلو كانت في دارهم قال سمعت عتبان بن مالك الأنصاري ثم أحد بني سالم قال غدا علي رسول الله صلى الله عليه وسلم فقال لن يوافي عبد يوم القيامة يقول لا إله إلا الله يبتغي به وجه الله إلا حرم الله عليه النار

'Outbān bin Mālik Al-Ansārī ⸎, l'un des gens de la tribu des Banī Sālim, rapporta que le Messenger ﷺ d'Allāh ﷻ vint à lui et dit:

---

[344] *Sahīh Boukhārī*, "Kitāb ar-Riqāq" #5988:

> Si une personne vient au Jour du Jugement ayant dit: *Lā ilāha ill-allāh,* avec sincérité, avec l'intention d'obtenir le Plaisir d'Allāh ﷻ, Allāh ﷻ lui interdira l'Enfer.[345]

Une telle tradition nous rappelle que la Miséricorde d'Allāh ﷻ est au-delà de notre imagination. Dans le même élan, ces traditions sont un avertissement afin d'éviter un abus de Sa Miséricorde par la transgression des limites établies par la pure *Chari'ah.*

Nous concluons ce chapitre en mettant l'accent sur un principe essentiel en Islam: En dernier ressort, c'est l'éminente Miséricorde d'Allāh ﷻ qui assurera le salut de l'humanité au jour le plus effroyable; Et cette Miséricorde d'Allāh ﷻ est symbolisée par la personne du Prophète d'Allāh ﷺ, Sayyīdinā Mouhammad ﷺ. Il le décrit dans la *Soūrat al-Anbīyā 21:107*:

وَمَا أَرْسَلْنَاكَ إِلَّا رَحْمَةً لِّلْعَالَمِينَ

Nous ne t'avons envoyé que comme une miséricorde pour les mondes.

Par conséquent, notre espoir s'appuie sur l'Intercession du Prophète ﷺ qui est notre garantie dans l'au-delà plutôt que sur nos œuvres qui, sans aucun doute, sont dépourvues de sincérité et de perfection. C'est seulement à travers la Miséricorde d'Allāh ﷻ que représente Son Bien Aimé Messager ﷺ que nous pouvons être assurés de protection et d'affranchissement:

يَخَافُونَ يَوْمًا تَتَقَلَّبُ فِيهِ الْقُلُوبُ وَالْأَبْصَارُ

un Jour où les cœurs et les regards seront bouleversés. (an-Noūr 24:37)

---

[345] *Sahīh Boukhārī,* "Kitāb ar-Riqāq" #5943.

CONCLUSION

Occupez-vous de vous-même[346]

Quatorze siècles auparavant, Allāh ﷻ révéla le verset suivant dans le Saint Corān:

يَا أَيُّهَا الَّذِينَ آمَنُوا عَلَيْكُمْ أَنفُسَكُمْ لاَ يَضُرُّكُم مَّن ضَلَّ إِذَا اهْتَدَيْتُمْ

O vous qui croyez ! Vous êtes responsable de vous-mêmes. Celui qui est égaré ne vous nuira pas si vous êtes bien guidés. Tous vous retournerez à Dieu. (al-Mā'ida 5:105)

حدثنا هشام بن عمار حدثنا صدقة بن خالد حدثني عتبة بن أبي حكيم حدثني عن عمه عمرو بن جارية عن أبي أمية الشعباني قال

أتيت أبا ثعلبة الخشني قال قلت كيف تصنع في هذه الآية قال أية آية قلت

يا أيها الذين آمنوا عليكم أنفسكم لا يضركم من ضل إذا اهتديتم

قال سألت عنها خبيرا سألت عنها رسول الله صلى الله عليه وسلم فقال بل ائتمروا بالمعروف وتناهوا عن المنكر حتى إذا رأيت شحا مطاعا وهوى متبعا ودنيا مؤثرة وإعجاب كل ذي رأي برأيه ورأيت أمرا لا يدان لك به فعليك خويصة نفسك فإن من ورائكم أيام الصبر الصبر فيهن على مثل قبض على الجمر للعامل فيهن مثل أجر خمسين رجلا يعملون بمثل عمله

(سنن ابن ماجه)

زاد في رواية أبي داود: قيل يا رسول الله أجر خمسين رجلا منا أو منهم؟ قال بل أجر خمسين منكم.

Aboū Oummaya Sha'banī, l'un Compagnon du Prophète ﷺ, troublé par le sens de ce verset, demanda à un autre Compagnon, Aboū Tha'labat al-Khashnī: «Comment dois-je comprendre ce verset?» A la suite duquel, Aboū Tha'labah rendu visite au Prophète ﷺ pour se renseigner auprès de lui sur son interprétation. Le Prophète ﷺ expliqua:

---

[346] s'apprêter pour l'Au-delà.

> Ordonne le bien, interdit le mal jusqu'à ce que tu constates que le corrompu est obéit, que les passions basses sont la norme, et le monde matériel (*dounyā*) exerce une puissante influence. [Lorsque ceci a lieu], chacun chérira sa propre opinion et ne supportera point d'être sous l'injonction [d'un autre]. En ce moment, occupez-vous de vous-même et abandonner les masses populaires et quiconque les suit dans leur élan! En vérité, dans les jours à venir, il sera important d'être extrêmement indulgent. Lorsque cela a lieu, quiconque persévère avec patience sera comme un homme qui tient une braise. Sa récompense sera celle de cinquante hommes qui lui sont égaux.[347]

Interprétant le verset ci-dessus de la *Soūrat al-Mā'ida*, le Prophète ﷺ nous donne un important conseil pour la période que nous vivons. Il nous recommande de nous prendre en charge. C'est une responsabilité qu'Allāh ﷻ nous fait endosser. Un autre verset dans le Saint Corān fait écho du même message:

يَا أَيُّهَا الَّذِينَ آمَنُوا قُوا أَنْفُسَكُمْ وَأَهْلِيكُمْ نَارًا وَقُودُهَا النَّاسُ وَالْحِجَارَةُ

O vous qui croyez ! Préservez vos personnes et vos familles d'un Feu (al-Tahrīm 66:6).

Ceci veut dire que le croyant se préoccupe d'abord de sa propre conduite et non de celle des autres.

Cependant, se prendre en charge n'est pas synonyme de s'abstenir de faire des recommandations aux autres. Cela contredirait le sens manifeste des expressions «Ordonne le bien et interdit le mal», une impérative répétée à plusieurs reprises dans le Corān. Néanmoins, il y a des facteurs qui déterminent leur exécution. Le hadith fait cas de deux.

---

[347] Ibn Mājah et Tirmidhī. Dans la version d'Aboū Dawoūd, il rajoute à la fin de la narration: Il fût dit: "O Prophète d'Allāh! (veux-tu dire) la récompense de cinquante des hommes de parmi eux ou cinquante des hommes de parmi nous?" Le Prophète répliqua: "Non, la récompense de cinquante hommes de parmi vous."

Quelque soit l'enseignement dispensé, il doit l'être dans un esprit convenable. Il va sans dire qu'un conseil sincère n'est nullement indiqué à indisposer le malfaisant: ce qui veut dire que l'appel à la rectitude ne devrait être suscité par une attitude hautaine prétendant à cette rectitude. Œuvrer pour Allāh ﷻ est le dévouement qu'on Lui consacre à l'exception de tout autre. A l'instant même où l'on est épris d'un sentiment de supériorité au détriment du fautif, la sincérité de l'exhortation disparaît car elle vise à satisfaire ce sentiment de supériorité au lieu d'être vouée à Allāh ﷻ.

Lorsque l'exhortation est sincère, celui à qui elle est adressée l'accepte facilement et l'utilise comme outil pour s'améliorer. En effet, l'amour va de pair avec la sincérité; et l'amour, naturellement s'accompagne d'obéissance. C'est une une loi profonde de la vie spirituelle. Par conséquent, lorsqu'un bien-aimé prodigue un conseil, cette exhortation est facilement acceptée et suivie. En vérité, l'amour est le facteur on ne peut plus important permettant aux gens à parfaire leurs mœurs et suivre l'enseignement qui leur ait prodigué, qu'ils aient sollicité ou non cet enseignement. C'est seulement dans une atmosphère d'amour qu'une amélioration peut à jamais se réaliser. C'est seulement dans un environnement d'amour que l'on peut effectivement ordonner le bien et interdire le mal.

Nous commençons à comprendre ici le secret, la raison principale pour laquelle il fut possible aux Compagnons d'abandonner immédiatement leurs mauvaises mœurs sur l'ordonnance du Prophète ﷺ. Cette cause fut leur amour pour le Messager d'Allāh ﷺ et leur foi en lui, et il en découla leurs reformes morales. Il inspira ses disciples de tant d'amour au point que l'inspiration de ses injonctions perdura plusieurs générations, même au-delà des trois pieuses générations des Compagnons, de celle des Successeurs et de celle des Successeurs des Successeurs. Celles-ci furent les trois générations qu'il décrivit comme les meilleures, en comptant à partir de son temps jusqu'au notre.

Alors, lorsque le Prophète ﷺ dit: «Ordonne le bien et interdit le mal», l'amour et la croyance sont les clefs de motivations pour une perfection du caractère et le respect des commandements Divin.

L'amour, la foi et le respect – ces trois éléments de motivation – doivent être présents afin que l'exhortation puisse avoir ses effets escomptés. Lorsque l'amour est absent, l'entreprise entière s'écroule.

La deuxième condition dont le Prophète ﷺ fit état comme un pré requis à l'ordonnance au bien et à l'interdiction du mal est: «jusqu'à ce que tu observes que le corrompu est obéit, les passions basses sont suivies, et le monde matériel (*dounyā*) exerce une puissante influence». «Le corrompu est obéit» est la traduction du mot Arabe *chahīh*, un individu qui est entièrement corrompu (*foussoūq*) et déviant, et qui tombe dans la catégorie d'individu que le Corān décrit comme: «*celui qui erre*». *Une telle personne ne croit pas en Allāh* ﷻ ni ne se soumet à aucune Loi Divine, même la loi Islamique révélée, la *Charī'ah*. Lorsque ce sont de tels gens de bas caractères qui doivent dicter des injonctions, la société s'engouffre alors dans une condition de corruption. Dans un tel état, naturellement «toute ordonnance au bien et interdiction du mal» n'aura point d'effet. Ainsi, l'injonction du hadith «ordonnez le bien et interdisez le mal» reçoit un écho plus fort. Pour cette raison, le Prophète ﷺ mentionne le verset Corānique qui fait référence à ce que doivent faire les croyants de notre temps.

Selon l'explication du Corān par le Prophète ﷺ, Allāh ﷻ dit: «Tenez-vous à vous même!» Ne vous engagez pas dans des critiques infructueuses, des querelles et des disputes. Lorsque vous êtes témoin du «corrompu est obéit», cela voudrait dire que rien ne peut changer. Personne ne vous prêtera l'oreille. Au moment où la corruption et la confusion sont monnaie courante, il y aura seulement qu'une poignée de personne qui sera réceptive à l'injonction d'ordonner le bien et d'interdire le mal. Les gens de cette période feront fi des conseils, et il n'y aura pas d'espoir de les influencer comme ce fut le cas avec ceux du temps du Prophète Noūh ﷷ.

Encore, le Prophète ﷺ donne des directives quant à la recommandation d'ordonner le bien et d'interdire le mal: «jusqu'à ce tu vois … le monde matériel exercer une forte influence (*wa dounyā mou'aththira*)». Ce qui veut dire qu'il nous incombe de recommander le bien et d'interdire le mal jusqu'à ce que le monde matériel, bien qu'il soit vieillissant et en décadence, exerce une influence au point que les gens s'y agrippent, en succombent, se détournent d'Allāh ﷻ et oublient le monde de l'au-delà. Telles sont les circonstances qui portent atteinte à la force de l'injonction et constituent un facteur limitant à sa mise en œuvre. Pour comprendre pourquoi ce facteur limitant est d'actualité, il faut considérer le contraste entre la période où le Corān fût révélé et la notre.

Au temps du Prophète ﷺ, 'Oumar ؓ donna la moitié de ce qu'il possédait au Prophète ﷺ. Aboū Bakr ؓ donna **tout** ce qu'il possédait. Lorsque le Prophète ﷺ lui demanda ce qu'il avait laissé à sa famille, Aboū Bakr ؓ répondit: «Allāh ﷻ et Son Messenger». Allāh ﷻ et le Prophète ﷺ furent une raison suffisante pour motiver leur générosité puisque leur service à Dieu Lui était exclusif.

Le détachement d'Aboū Bakr ؓ et d'Oumar ؓ des richesses de ce monde temporaire témoigne d'un contraste absolu avec l'emprise de fer que les gens ont aujourd'hui sur leurs possessions. Ils s'empressent à bâtir une vie mondaine, de grosses maisons, à ajouter plusieurs zéros à leur compte bancaire, à posséder plusieurs voitures etc. Ils (spécialement les riches) se refusent à donner la plus infime partie de leur fortune en charité. Ils négligent de payer la *zakāt*, le dû de purification obligatoire qui incombe à chaque Musulman. Tous chérissent *dounyā* au point de s'en agripper. Cependant, à chaque moment de notre vie, ce monde que voici s'écroule et disparaît.

Le hadith continue et dit: «abandonne les masses populaires et quiconque les imitent!». En ces temps de trouble, le mieux est d'éviter à s'ingérer dans la confusion générale qui sévit dans la société. Ne vous encombrez pas avec les organisations Musulmanes ou non-Musulmanes qui se disputent, se vilipendent et par conséquent n'aboutissent qu'à générer plus de problèmes. Les Musulmans sont venus dans ce pays[348] à la recherche de leur subsistance et d'un refuge mais certainement pas

---

[348] Note du traducteur: Le Cheick s'adressait à une audience de Musulmans aux États-Unis d'Amérique, mais ce conseil est valable pour tous les Musulmans dans la mesure où les querelles entre associations ou groupes sont monnaie courante, générant souvent plus de problèmes dans nos sociétés qu'au préalable.

pour perturber la société. Ceci est la seule approche d'espérance pour une salvation individuelle et de celle de nos proches.

Le texte continue: «En vérité, dans les jours à venir, il y aura des moments qui nécessiteront une indulgence extrême», c'est-à-dire que la patience extrême doit être le lot du commun des mortels. Après tout, rein ne change sauf par la volonté d'Allāh ﷻ comme Il le dit dans un autre verset:

$$\text{إِنَّ اللّهَ لاَ يُغَيِّرُ مَا بِقَوْمٍ حَتَّى يُغَيِّرُواْ مَا بِأَنْفُسِهِمْ}$$

En vérité, Allah ne modifie point l'état d'un peuple, tant que les (individus qui le composent) ne modifient pas ce qui est en eux-mêmes. (al-Ra'd 13:11)

Les leaders Musulmans ne pourront pas changer la condition de la communauté parce qu'ils ne servent pas Allāh ﷻ avec abnégation. Plutôt, ils ont leur propre gain en vue. Ils aspirent au prestige personnel et à ceux des régimes politiques qu'ils représentent ardemment. Telle est la situation dans laquelle nous voyons aujourd'hui plusieurs, sinon la majorité des Musulmans à travers le monde.

Toutefois, le hadith nous offre un remède pour ces maux. Il dit: «Quiconque persévère avec patience sera comme un homme qui tient une braise». Tenir une braise est l'échelle de mesure de la santé spirituelle en ces temps. Le feu calcinera notre chair. Mais cette cautérisation métaphorique étant la résultante d'une telle patience est le seul remède à la maladie qui nous afflige en notre temps.

On pourrait se demander comment les choses ont pu en arrivées à ce niveau. Après tout, il n'y a pas longtemps, le plus haut niveau de savoir était la connaissance relative à Allāh ﷻ, Ses messagers et Ses livres. Dans les pays Musulmans, la meilleure éducation était celle de l'Islam. En vérité, l'Islam était le point de mire de toute éducation. Cela ne dura jusqu'aux deux ou trois siècles derniers. A cette époque, n'étaient-ils pas des humains comme ceux d'aujourd'hui? Ne menaient-ils pas leur vie en se nourrissant comme nous le faisons? N'avaient-ils pas des sentiments de joie comme les gens d'aujourd'hui? Ils ont vécu jusqu'à ce que leur terme soit arrivé, et ils ont rendu l'âme comme les gens d'aujourd'hui le font. Tous, nous rendrons l'âme; personne ne restera définitivement dans cette vie présente. Les gens d'aujourd'hui continuent à s'alimenter, à fonder un foyer et éventuellement rendent leur âme. Pourrions-nous assumer que les gens abandonnent Allāh ﷻ simplement à cause du confort de la vie moderne: la disponibilité de l'eau courante dans les maisons, l'électricité et la climatisation? Qu'est-ce qui a donc changé entre le 6ème et le 21ème siècle?

Le Prophète ﷺ explique: «et chacun chérira sa propre opinion». Ce qui veut dire que chacun vénéra la sienne au point de ne plus croire que celle d'une personne puisse être bonne. Dans le passé, lorsqu'un savant faisait un exposé, pas un seul élève n'osait soulever une objection ni une question sur le contenu. Ils s'affairaient à prendre des notes et à les mémoriser. Un point de clarification pouvait être sollicité mais la dispute n'était pas permise.

Cette approche traditionnelle contraste avec le système éducationnel d'aujourd'hui. Dans chaque classe, vous trouverez autant d'opinions qu'il y a d'élèves présents. Ceci est vrai non seulement dans les institutions d'éducation mais aussi ailleurs. Dans les forums au cours desquels les gens se réunissent pour se donner des idées et réfléchir, les participants s'interpellent: «tu as tort!» considérant leur opinion étant la meilleure. D'autres s'engagent dans des débats, aboutissant éventuellement à des querelles dans la mesure où personne ne concède à tout ce qui peut affaiblir sa position. Même un enfant, dans la fleur de l'âge prétend être plus savant que ses géniteurs, et personne ne peut le convaincre du contraire. De même, un époux ne peut céder à son épouse et vice-versa. Nul ne veut se mettre à l'écoute de l'autre. Cette attitude d'obstination est monnaie courante à tous les niveaux de la société: la vie conjugale, la vie sociale et politique.

La manifestation on ne peut plus claire de la prédiction du Prophète ﷺ a lieu dans notre quotidien: le débat télévisé. Deux personnes de point de vues extrêmement opposées sur une issue s'engagent dans une bataille verbale dans laquelle le téléspectateur est supposé déduire une conclusion objective. En se focalisant sur les différences au lieu des similarités, les arguments ne peuvent que s'amplifier et de rares solutions sont perceptibles. En plus de cette confusion les diverses opinions de l'audience qui éloignent le spectateur d'une conclusion constructive ou rationnelle. Une présentation de deux opinions extrêmes ne laisse aucun terrain pour une approche ou une discussion raisonnable, aboutissant finalement à un sens de désespoir et de confusion pour le spectateur.

Encore, le Prophète ﷺ dit: «personne ne supportera être sous l'injonction [d'un autre]». Ce qui se traduit par le fait que l'ordre donné par un leader ne sera pas exécuté. Si les gens élisent un leader ou un 'amīr et lui prêtent serment d'allégeance (bay'a) puis lui désobéissent, pourquoi l'avoir élu alors? Pourquoi élire un leader pour le désobéir par la suite? Le Prophète ﷺ nous informe ainsi que les règles et les ordres seront rejetés, et il s'ensuivra une société chaotique. Il n'y aura ni respect pour l'autorité ni droit d'autrui protégé, et personne ne pourra changer une telle situation. Si une personne s'empare de vos biens, vous ne saurer les retrouver. Si du tort vous ait fait, vous ne pourrez vous défendre. Lorsque cela a lieu, l'on ne peut changer ce qu'advient au faible, à celui qui est sans ressource et aux laissez pour compte. Nul ne pourra leur venir en aide, car le plus fort s'est emparé de tout au dépend du faible. La loi de la jungle prévaudra.

Finalement, le Prophète ﷺ dit: «Sa récompense sera celle de cinquante hommes qui suivent ma voie et font [comme vous m'avez vu faire]». Ce qui veut dire que toute personne en ce temps aussi difficile, capable de s'agripper à la sounnah du Prophète ﷺ et d'être patient en s'occupant de soi-même et des siens, aura la récompense équivalente aux actes de dévotion de cinquante personnes pieuses: la prière, le jeûne, l'aumône, le pèlerinage, la supplication et œuvrer pour la cause de Dieu. Les Musulmans qui maintiennent leurs familles dans la voie de la vertu et qui ne s'engagent pas dans la vague de confusion sociale qui les cerne bénéficieront d'une telle récompense.

Le caractère miraculeux du *tafsīr* du Prophète ﷺ au sujet du verset de la *Soūrat al-Mā'ida* doit être maintenant évident. Il a prédit miraculeusement il y a quatorze siècles la situation que nous vivons aujourd'hui, celle où les gens suivront les idéologies et les gens corrompus. Il a prédit comment chacun serait obstiné sur sa propre opinion, les lois et l'ordre seraient abandonnés et le chaos menacerait chaque société humaine. Il a prédit comment les leaders de la communauté Musulmane renonceront à la poursuite de la bonté et ordonneront ouvertement ce qu'Allāh ﷻ a interdit ou au pire, feront un amalgame de ce qu'Il a permis (*halāl*) avec ce qu'Il a interdit (*harām*), et cela ajouté à la confusion générale. Nous sommes témoins aujourd'hui de la prédiction du Prophète ﷺ au sujet de l'avènement de la période où les personnes corrompues seront obéit, et les gens leurs courront après par passion et par bas-désir.

Allāh ﷻ a adjoint le nom du Prophète ﷺ à Son Nom pour montrer la grandeur de Mouhammad ﷺ lorsqu'Il fait de l'expression suivante une condition pour la foi : *Lā ilāha illa-Allāh Mouhammadoun Rassoūloullāh – Il n'y a de dieu sauf Allāh et Mouhammad est le Prophète d'Allāh*. Ces versets et hadiths prédisant les évènements de la Fin Des Temps témoignent des miracles, des preuves de la parfaite connaissance que Dieu conféra au Prophète ﷺ.

Dans la mesure où nous sommes témoins des signes des Jours Derniers avec les masses média, à la télévision comme dans les journaux, il nous incombe de faire attention et d'entreprendre ce que le Prophète ﷺ nous conseilla au cours d'une telle période. Ne pas faire attention à ces signes on ne peut plus claires serait moins irréfléchi qu'un personne conduisant en direction opposée sur une voie à sens unique.

Nous concluons ce livre avec quelque hadiths qui relatent les signes apparents et dont la portée est qu'en vérité, nous vivons les Jours Derniers.

حدثنا ابن عفان قال حدثنا قاسم بن اصبغ قال حدثنا عوف عن ابى المغيرة عن عبد الله بن عمرو قال اول مصر من امصار العرب يدخله الدجال البصرة.

Ibn 'Affān rapporte que Qāssim bin Asbagh dit... que 'Awf ibn Moughīrah dit d'Abd Allāh ibn 'Amrou ﷺ qui dit : «La première des terres des Arabes où l'Antéchrist entrera est Basra».[349]

---

[349] Hadith mawqoūf, avec une chaîne authentique, et Aboul Moughīra bin al Qawwās et Ibn Mou'īn le considèrent solide (thiqa). Il est aussi cité par al-Mouqri' ad-Dānī (d. 444 H.) dans son livre al-Fitan wa ghawā'ilouha wassa'atou wa ashrātouhā. Vérifié et authentifié par al-Moubārakfoūrī à la page 1145 du même livre, publié par dār al-'asima Riyādh. Arabie Saoudite.

هو موقوف؛ و اسناده صحيح؛ و ابو المغيرة القواس وثقه ابن معين. و قد تم تحقيق هذا الحديث .

و قد ذكره ابي عمرو عثمان بن سعيد المقرئ الداني المتوفي سنة 444. في كتابه الفتن وغوائلها و الساعة واشراطها . تحقيق المباركفوري. صفحة 1145 .

وقد جاء فيما رواه الامام أحمد في مسنده(216/4)
من حديث عثمان بن أبي العاص في سياق طويل . . . فأول مصر يرده (الدجال) المصر الذي بملتقى البحرين(يعني البصرة) .

Le même hadith fut rapporté avec une légère différence dans les termes dans le *Mousnad* de l'Imām Āhmad comme une partie d'un long hadith de 'Outhman ibn al-'Ās ﷺ dans lequel il dit: «...le première lieu où l'Antéchrist entrera est l'endroit où se rencontrent deux rivières (c'est-à-dire Basra)».[350]

و قد أورد المقريزي في الخطط(334/1) عن عبد الله بن الصامت ان أسرع الأرضين خرابا البصرة و مصر ؛ فقلت و ما يخربهما؛ وفيهما عيون الرجال والأموال؟ فقال يخربهما القتل الأحمر والجوع الأغبر؛ كأني بالبصرة كأنها نعامة جاثمة .

'Abd Allāh ibn as-Sāmit ﷺ dit: «Les deux premiers territoires qui seront aussitôt détruit sont Basra et l'Egypte». J'ai dit: «Quelle est la cause de leur destruction alors que résident en elles la crème des gens et la [grande] richesse?» Il dit: «La cause de leur destruction est la 'tuerie rouge.' Il en résultera la faim: C'est comme si je vois Basra tomber comme une autruche, de sa hauteur au sol».[351]

Le terme utilisé ici est *al-qatl al-ahmar* qui signifie soit un intense carnage, soit par amour de «ce qui est rouge». Dans les sources Arabes, l'or est souvent décrit comme «le rouge». Cependant, de toutes les substances rouges, la plus évidente et applicable est le feu dont la source la plus dominante aujourd'hui est le **Pétrole**: le carburant et le gaz. A

---

[350] *Le Mousnad* d'Āhmad #4/216 et al-Mouqri' ad-Dānī (d. 444 H.) dans son livre *al-Fitan wa ghawā'ilouha wassa'atou wa ashrātouhā* page 1145.
[351] Al-Maqrīzī dans son livre *al-Khoutat* 1/334.

partir de ceci, l'on peut conclure que la source du feu sera la cause de la destruction des terres Arabes – le **Pétrole**.

وورد عن علي بن ابي طالب أنه وصف البصرة بانها أسرع الأرضين خرابا . ذكره ياقوت الحموي في معجم البلدان (436/1) . وقـد ذكـر أيضـا في كتاب الفتن و غوائلها صفحة 908 .

Il est rapporté que Sayyidina 'Alī ibn Abī Ṭālib ﷺ a décrit al-Basra comme «le territoire à être détruit aussitôt».[352]

De ces narrations et celle du Chapitre «Le Feu en Provenance du Hijāz», nous pouvons comprendre qu'une énorme bataille et destruction aura lieu pour une cause – un fait qui est évident aujourd'hui pour celui qui examine les explications de ces hadiths narrés il y a quatorze siècles. Cette cause est le pétrole. Comme prédit par le Prophète Mouhammad ﷺ, le premier territoire qui sera assailli au moment où le pétrole deviendra le centre d'intérêt de toutes les nations sera Basra.

Un tel discernement éclairera certainement les gens lucides à réaliser que ce que le Prophète ﷺ a prédit s'est déjà réalisé ou se réalisera dans le futur – et seul Allāh ﷻ est savant. Il incombe alors à ceux qui sont attentifs de faire attention aux avertissements prophétiques, de se vouer à soi-même et d'éviter ceux qui cherchent à induire les individus et les sociétés en conflit.

Le Prophète Mouhammad ﷺ fut capable de voir tous ces événements des Jours Derniers avec la vision de pénétration qu'Allāh ﷻ lui conféra. Puis, par souci d'amour pour sa Communauté, même au cours de ses derniers jours, il prodigua des conseils aux croyants en vue de sauvegarder leurs âmes et récolter une énorme récompense. Certain de ses conseil spirituels sont fournis dans l'Appendice de ce livre, «Récitations quotidiennes pour une Protection des Tribulations» à la page 373, en particulier les dix derniers versets de la *Soūrat al-Kahf* qui sont une protection effective contre l'épreuve de l'Antéchrist.

---

[352] Mentionné dans mou'jam al-bouldān,1/436 par Yāqoūt al-Hamawī et mentionné aussi par al-Mouqri' ad-Dānī (d. 444 H.) dans son livre al-Fitan wa ghawā'ioluhā was-sa'atou wa ashrātouhā., page 908.

APPENDICE

Supplications et Recitations De Protection

Versets de la Soūrat al-Kahf

Les dix premiers versets ou les dix derniers versets de la *Soūrat al-Kahf* doivent être réciter pour la protection de la tribulation de l'Antéchrist (ad-Dajjāl).

Les dix premiers versets sont:

الْحَمْدُ لِلَّهِ الَّذِي أَنْزَلَ عَلَى عَبْدِهِ الْكِتَابَ وَلَمْ يَجْعَلْ لَهُ عِوَجًا(1) قَيِّمًا لِيُنْذِرَ بَأْسًا شَدِيدًا مِنْ لَدُنْهُ وَيُبَشِّرَ الْمُؤْمِنِينَ الَّذِينَ يَعْمَلُونَ الصَّالِحَاتِ أَنَّ لَهُمْ أَجْرًا حَسَنًا(2) مَاكِثِينَ فِيهِ أَبَدًا(3) وَيُنْذِرَ الَّذِينَ قَالُوا اتَّخَذَ اللَّهُ وَلَدًا(4) مَا لَهُمْ بِهِ مِنْ عِلْمٍ وَلَا لِآبَائِهِمْ كَبُرَتْ كَلِمَةً تَخْرُجُ مِنْ أَفْوَاهِهِمْ إِنْ يَقُولُونَ إِلَّا كَذِبًا(5) فَلَعَلَّكَ بَاخِعٌ نَفْسَكَ عَلَى آثَارِهِمْ إِنْ لَمْ يُؤْمِنُوا بِهَذَا الْحَدِيثِ أَسَفًا(6) إِنَّا جَعَلْنَا مَا عَلَى الْأَرْضِ زِينَةً لَهَا لِنَبْلُوَهُمْ أَيُّهُمْ أَحْسَنُ عَمَلًا(7) وَإِنَّا لَجَاعِلُونَ مَا عَلَيْهَا صَعِيدًا جُرُزًا(8) أَمْ حَسِبْتَ أَنَّ أَصْحَابَ الْكَهْفِ وَالرَّقِيمِ كَانُوا مِنْ آيَاتِنَا عَجَبًا(9) إِذْ أَوَى الْفِتْيَةُ إِلَى الْكَهْفِ فَقَالُوا رَبَّنَا آتِنَا مِنْ لَدُنْكَ رَحْمَةً وَهَيِّئْ لَنَا مِنْ أَمْرِنَا رَشَدًا

Louange à Allah qui a fait descendre sur Son serviteur (Mouhammad), le Livre, et n'y a point introduit de tortuosité (ambiguïté)!:

(Un Livre) d'une parfaite droiture pour avertir d'une sévère punition venant de Sa part et pour annoncer aux croyants qui font de bonnes œuvres qu'il y aura pour eux une belle récompense,

où ils demeureront éternellement:

et pour avertir ceux qui disent: "Allah S'est attribué un enfant.":

Ni eux ni leurs ancêtres n'en savent rien. Quelle monstrueuse parole que celle qui sort de leurs bouches! Ce qu'ils disent n'est que mensonge..

Tu vas peut-être te consumer de chagrin parce qu'ils se détournent de toi et ne croient pas en ce discours

Nous avons placé ce qu'il y a sur la terre pour l'embellir, afin d'éprouver (les hommes et afin de savoir) qui d'entre eux sont les meilleurs dans leurs actions.

Puis Nous allons sûrement transformer sa surface en un sol aride.

Penses-tu que les gens de la Caverne et d'Ar-Raqîm ont constitué une chose extraordinaire d'entre Nos prodiges?

Quand les jeunes gens se furent réfugiés dans la caverne, ils dirent: "Ô notre Seigneur, donne-nous de Ta part une miséricorde; et assure nous la droiture dans tout ce qui nous concerne". (al-Kahf 18:1-10)

Les dix derniers versets sont:

الَّذِينَ كَانَتْ أَعْيُنُهُمْ فِي غِطَاءٍ عَن ذِكْرِي وَكَانُوا لَا يَسْتَطِيعُونَ سَمْعًا(101) أَفَحَسِبَ الَّذِينَ كَفَرُوا أَن يَتَّخِذُوا عِبَادِي مِن دُونِي أَوْلِيَاءَ إِنَّا أَعْتَدْنَا جَهَنَّمَ لِلْكَافِرِينَ نُزُلًا(102) قُلْ هَلْ نُنَبِّئُكُم بِالْأَخْسَرِينَ أَعْمَالًا(103) الَّذِينَ ضَلَّ سَعْيُهُمْ فِي الْحَيَاةِ الدُّنْيَا وَهُمْ يَحْسَبُونَ أَنَّهُمْ يُحْسِنُونَ صُنْعًا(104) أُولَٰئِكَ الَّذِينَ كَفَرُوا بِآيَاتِ رَبِّهِمْ وَلِقَائِهِ فَحَبِطَتْ أَعْمَالُهُمْ فَلَا نُقِيمُ لَهُمْ يَوْمَ الْقِيَامَةِ وَزْنًا(105) ذَٰلِكَ جَزَاؤُهُمْ جَهَنَّمُ بِمَا كَفَرُوا وَاتَّخَذُوا آيَاتِي وَرُسُلِي هُزُوًا(106) إِنَّ الَّذِينَ آمَنُوا وَعَمِلُوا الصَّالِحَاتِ كَانَتْ لَهُمْ جَنَّاتُ الْفِرْدَوْسِ نُزُلًا(107) خَالِدِينَ فِيهَا لَا يَبْغُونَ عَنْهَا حِوَلًا(108) قُل لَّوْ كَانَ الْبَحْرُ مِدَادًا لِّكَلِمَاتِ رَبِّي لَنَفِدَ الْبَحْرُ قَبْلَ أَن تَنفَدَ كَلِمَاتُ رَبِّي وَلَوْ جِئْنَا بِمِثْلِهِ مَدَدًا(109) قُلْ إِنَّمَا أَنَا بَشَرٌ مِّثْلُكُمْ يُوحَىٰ إِلَيَّ أَنَّمَا إِلَٰهُكُمْ إِلَٰهٌ وَاحِدٌ فَمَن كَانَ يَرْجُو لِقَاءَ رَبِّهِ فَلْيَعْمَلْ عَمَلًا صَالِحًا وَلَا يُشْرِكْ بِعِبَادَةِ رَبِّهِ أَحَدًا(110)

dont les yeux étaient couverts d'un voile qui les empêchait de penser à Moi, et ils ne pouvaient rien entendre non plus.

Ceux qui ont mécru, comptent-ils donc pouvoir prendre, pour alliés, Mes serviteurs en dehors de Moi? Nous avons préparé l'Enfer comme résidence pour les mécréants.

Dis: "Voulez-vous que Nous vous apprenions lesquels sont les plus grands perdants, en œuvres?

Ceux dont l'effort, dans la vie présente, s'est égaré, alors qu'ils s'imaginent faire le bien?'

Ceux-là qui ont nié les signes de leur Seigneur, ainsi que Sa rencontre. Leurs actions sont donc vaines". Nous ne leur assignerons pas de poids au Jour de la Résurrection.

C'est que leur rétribution sera l'Enfer, pour avoir mécru et pris en raillerie Mes signes (enseignements) et Mes messagers.

Ceux qui croient et font de bonnes œuvres auront pour résidence les Jardins du "Firdaws," (Paradis),,

où ils demeureront éternellement, sans désirer aucun changement.

Dis: "Si la mer était une encre (pour écrire) les paroles de mon Seigneur, certes la mer s'épuiserait avant que ne soient épuisées les paroles de mon Seigneur, quand même Nous lui apporterions son équivalent comme renfort."..

Dis: "Je suis en fait un être humain comme vous (mais) Il m'a été révélé (par Allah) que votre Dieu est un Dieu unique (Allah)! Quiconque, donc, espère rencontrer son Seigneur, qu'il fasse de bonnes actions et qu'il n'associe dans son adoration aucun autre à son Seigneur".

(al-Kahf 18:101-110)

Récitations quotidiennes pour une Protection des Tribulations

Pour se préserver des grandes difficultés qui s'abattrons sur l'humanité au cours des Jours Derniers, les Musulmans sont conseillés de réciter chaque jour les *adhkār* suivant:

100-1000 fois *Astaghfiroullāh wa atoūbou ilayh* (استغفر الله واتوب اليه)

100-1000 fois Lā hawla walā quwatta illa billāh il 'Alī–yil 'Azhīm (لا حول ولا قوة الا بالله العلي العظيم)

100-1000 fois *Hasbounallāh wa ni'mal Wakīl* (حسبنا الله ونعمَ الوكيل)

100-1000 fois *Bismillāh ir-Rahmān ir-Rahīm* (بسم الله الرحمان الرحيم)

100-1000 fois *Ya Wadoūd* (يا واحد)

5000 *Allāh, Allāh* de manière audible [vocale] (الله الله)

5000 *Allāh, Allāh* avec le Cœur [silencieux] (الله الله)

2000 *Salawāt* sur le Prophète ﷺ: *Allāhoumma salli 'ala Mouhammadin wa 'ala āli Mouhammadin wa sallim* (اللهم صلي على محمَّد وعلى آل محمَّد وسلم)

100 fois *Soūrat al-Ikhlās* (سورة الاخلاص)

Si l'on ne peut pas performer ceci, alors il est recommandé de prier au moins deux *rak'ats* de *Salāt al-Hifz* (prière de protection) pour une protection contre les afflictions célestes et terrestres, consistant à deux *rak'ats* habituels de prière, récitant la *Soūrat al-Fātihā* suivie de deux fois la *Soūrat al-Ikhlās* dans la première *rak'at* et une fois la *Soūrat al-Fātihā* suivie d'une fois la *Soūrat al-Ikhlās* dans la seconde *rak'at*.

D'autres titres du Conseil Supreme Islamique des Etats Unis

La Science Soufie de l'Accomplissement de soi. Une approche des Dix sept caractères destructive,

Les Dix étapes pour être disciple Et Les six réalités du Cœur

Par Cheikh Mouhammad Hicham Kabbani

Livre de poche 296 p.

Tazkiyat al-Nafs /Tassawwouf, Ihsan

La Science De La Purification Du Cœur

Et l'Etat d'Excellence

Par Cheikh Mouhammad Hicham Kabbani

Livre de poche. 293 p.

Chafa'a, L'Intercession

Par Cheikh Mouhammad Hicham Kabbani

Livre de poche. 258 p.

Le Concept de Jihad en Islam

Les Principes de Leadership en Temps de Guerre et de Paix

Par Cheikh Mouhammad Hicham Kabbani

Livre de poche. 96 p.

BIENTOT A PARAITRE:

Les Anges Dévoilés : Une Perspective Soufie

Par Cheikh Mouhammad Hicham Kabbani.

www.ingramcontent.com/pod-product-compliance
Lightning Source LLC
Chambersburg PA
CBHW030301080526
44584CB00012B/395